Wolfgang Breuer

Dynamisches Segment-Managemen
auf Hochtechnologiemärkten

AF125805

Wolfgang Breuer

Dynamisches Segment-Management auf Hochtechnologiemärkten

DUV Springer Fachmedien Wiesbaden GmbH

Die Deutsche Bibliothek — CIP-Einheitsaufnahme

Breuer, Wolfgang:
Dynamisches Segment-Management auf
Hochtechnologiemärkten / Wolfgang Breuer.
(DUV : Wirtschaftswissenschaft)
Zugl.: Köln, Univ., Diss., 1994
ISBN 978-3-8244-0222-9   ISBN 978-3-663-12062-9 (eBook)
DOI 10.1007/978-3-663-12062-9

© Springer Fachmedien Wiesbaden 1993
Ursprünglich erschienen bei Deutscher Universitäts-Verlag GmbH, Wiesbaden 1993

Lektorat: Gertrud Bergmann

ISBN 978-3-8244-0222-9

GELEITWORT

Technisch innovative Unternehmen benötigen die Umsetzung von Grundlagenwissen in marktfähige Produkte. Unter diesem Gesichtspunkt untersucht Herr Dr. Breuer im vorliegenden Buch, wie die Grundsätze einer marktorientierten Unternehmenssteuerung auf stark technologisch geprägte Branchen übertragen werden können. Er bezieht sich dabei auf komplexe Technologien mit breitem Anwendungsspektrum, die auf der Anbieterseite umfassende Forschungs- und Entwicklungsarbeiten erfordern und bei den Abnehmern mit hoher Erklärungsbedürftigkeit sowie besonderen Implementierungsaufgaben verbunden sind (sog. Hochtechnologien). Der auf raschen technischen Wandel und entsprechende Substitutionsgefahren zurückgehende Zeit- und Wettbewerbsdruck schafft in diesen Fällen besondere Risiken. Ein Beispiel, auf das sich der Autor in seiner Arbeit öfter bezieht, ist die Computertomographie.

Nach einer eingehenden Erläuterung von Merkmalen der Hochtechnologie (Kapitel 2) zeigt Herr Dr. Breuer im 3. Kapitel auf, welche Folgerungen hieraus für das Technologiemarketing zu ziehen sind. Die Sicherung des Markterfolgs verlangt eine Feinabstimmung zwischen dem Anwendungspotential einer Technologie und den Bedürfniseigenheiten sowie den zeitlichen Bedürfnisänderungen verschiedener Abnehmergruppen. Somit wird besonderes Gewicht auf das Konzept der Marktsegmentierung, unter Berücksichtigung dynamischer Entwicklungen im Zeitablauf, gelegt. Herkömmlicherweise findet sich die Ansicht, daß Segmentierungsmerkmale für längere Zeit gültig (also "stabil") sein sollten. Damit wird aber ein Bedürfniswandel, wie er gerade für noch nicht ausgereifte Hochtechnologiemärkte charakteristisch ist, zu sehr vernachlässigt. Herr Dr. Breuer zeigt Wege auf, wie diesem Dynamisierungserfordernis entsprochen werden kann.

Zunächst stellt der Verfasser im Kapitel 4 verschiedene Formen von Segmentveränderungen, vor allem den Wandel von Bedürfnisstrukturen, dar. Er unterstreicht dabei die Wichtigkeit einer regelmäßig wiederholten Marktsegmentierung im Sinne eines iterativen Vorgehens sowie die Notwendigkeit einer Antizipation der Bedürfnisveränderungen bei den Abnehmern von Hochtechnologieprodukten. Dem dynamischen Segment-Management kommt die Aufgabe zu, die Segmentbildung, Segmentbewertung, Zielgruppenauswahl und segmentspezifische Marktbearbeitung im Zeitablauf zu überwachen und zu steuern, um eine Anpassung des Fits zwischen Technologie- und Bedürfnispotential zu erreichen.

Dementsprechend wird zunächst erörtert, wie das Informationsproblem zur angemessenen Segmentbildung auf Hochtechnologiemärkten bewältigt werden kann. Die in Betracht kommenden Quellen und Methoden der primären wie auch der sekundären

Marktforschung kommen ebenso zur Sprache wie Prognoseverfahren zur Vorausschau auf Bedürfnisverschiebungen (darunter auch der sog. Lead-User-Ansatz und die Kohortenanalyse). Darauf aufbauend werden, nach grundsätzlichen Anmerkungen zur Bewertung und Auswahl von Zielgruppen, die Aufgaben einer Anpassung segmentspezifischer Marktbearbeitungsmaßnahmen behandelt. Die Arbeit schließt mit Überlegungen zur organisatorischen Verankerung des dynamischen Segment-Managements und mit Schlußfolgerungen für die Führung. Immer wieder veranschaulicht der Autor seine Vorschläge anhand praktischer Beispiele.

Das vorliegende Buch verknüpft - erstmals so ausführlich und konsequent - die Absatzprobleme von Hochtechnologiebranchen mit einem dynamischen Ansatz der Marktsegmentierung und Marktbearbeitung. Herr Dr. Breuer hat damit Neuland bearbeitet. Deshalb wird seine Untersuchung sowohl im akademischen Bereich als auch bei Praktikern auf großes Interesse stoßen. Seine Anregungen verdienen es, aufgegriffen und weitergeführt zu werden.

Prof. Dr. Richard Köhler

VORWORT

Die Strategie der Marktsegmentierung zur Anpassung des Marketinginstrumentariums an unterschiedliche Abnehmerbedürfnisse sieht sich heute zunehmend mit dynamischen Märkten konfrontiert. Dennoch findet man in der einschlägigen Fachliteratur fast durchgängig die Anforderung der zeitlichen Stabilität an eine Marktsegmentierungskonzeption. Eine umfassende und zugleich tiefergehende Betrachtung des Problems sich im Zeitablauf - mitunter auch sehr rasch - verändernder Marktsegmente liegt bislang nicht vor. Dies ist umso erstaunlicher, als daß dieses Problem auf der einen Seite gerade in vielen Hochtechnologiebranchen von Bedeutung ist, es auf der anderen Seite aber nicht an Beiträgen zu den grundsätzlichen Problemstellungen eines Hochtechnologiemarketing mangelt.

Die Aufgabe der vorliegenden Untersuchung besteht deshalb darin, ausgehend von einer schrittweisen Entwicklung der grundlegenden Merkmale des Phänomens Hochtechnologie, eine konsequente Verknüpfung des Hochtechnologiemarketing mit einem dynamischen Ansatz der Marktsegmentierung zu erarbeiten. Damit soll im wissenschaftlichen Bereich eine kritische Diskussion der herkömmlichen Zeitstabilitätsbedingung in Gang gesetzt sowie einer neuen Sichtweise der traditionellen Marktsegmentierung Vorschub geleistet werden. Dem im Hochtechnologiebereich tätigen Management soll darüber hinaus eine spezifische Betrachtungsweise von Hochtechnologiemärkten vermittelt werden, die eine Basis für die Planung und Steuerung der produktpolitischen Aktivitäten bildet.

Für die Betreuung meiner Arbeit und die dabei gewährten Freiräume möchte ich ganz besonders meinem Doktorvater, Herrn Prof. Dr. Richard Köhler, danken. Herrn Prof. Dr. Günter Sieben danke ich für die freundliche Übernahme des Korreferats.

Das vorliegende Buch ist aber auch ein Resultat der Anregung und Begleitung durch die unternehmerische Praxis. In diesem Zusammenhang denke ich ganz besonders an die Monitor Company Inc., eine strategische Unternehmensberatung, die im Umfeld der Harvard Business School entstanden ist, und in deren Mailänder Dependance ich während eines Beratungsprojektes erstmalig auf die vorliegende Problemstellung aufmerksam wurde. Dank schulde ich aber auch der Zentralabteilung Unternehmensplanung und -entwicklung der Siemens AG in München, bei der sich im Rahmen einer Projektmitarbeit die Gelegenheit ergab, im Bereich der Computertomographie (gewissermaßen als "spin-off-Aktivität") zu recherchieren und mit diesem Beispiel aus der Medizintechnik einige wesentliche Gesichtspunkte zu veranschaulichen.

Die Arbeit entstand während meiner Tätigkeit am Seminar für Allgemeine BWL, Marktforschung und Marketing der Universität zu Köln. Ganz herzlich möchte ich mich bei all den Kollegen bedanken, die durch ihre Unterstützung zu ihrer Fertigstellung beigetragen sowie einen erfrischenden Wind in unser Seminar gebracht haben. Mein besonderer Dank gilt hierbei Herrn Dipl.-Kfm. Axel Faix für die inhaltliche Durchsicht des Manuskripts und die anregenden Diskussionen. Ein offenes Ohr für die vielfältigen "Abrundungsaktivitäten" in der Schlußphase fand ich außerdem bei Frau Dipl.-Kff. Anne Christin Kemper, Herrn Dipl.-Kfm. Ansgar Strumann, Frau Dr. Susanne Schwamborn sowie Frau Dipl.-Kff. Marion Büttgen. Für die Anfertigung zahlreicher Abbildungen und des Literaturverzeichnisses danke ich Frau Anja Wilke und Frau Barbara Möllemann.

Da gerade in den letzten Monaten einer solchen Arbeit nicht allzu viele Stunden für die Mitmenschen übrig bleiben, danke ich meinen Freunden und meiner Familie für das Verständnis, das sie mir in dieser Zeit entgegenbrachten. Insbesondere meiner Mutter und meinem bereits früh verstorbenen Vater möchte ich schließlich meinen Dank dafür aussprechen, daß sie mir durch ihre Unterstützung diesen Weg überhaupt erst ermöglicht haben.

Wolfgang Breuer

INHALTSVERZEICHNIS

ABBILDUNGSVERZEICHNIS

1. Einführung

Die Bedeutung neuer Technologien und die Intensität des technologiegetriebenen Wettbewerbs haben in den vergangenen Jahren stark zugenommen. In gleichem Maße hat sich auch die Diskussion über die Wettbewerbsfähigkeit von Unternehmen oder ganzer Nationen ausgeweitet. In einem Bericht zu einer Studie des Fraunhofer-Instituts für Systemtechnik und Innovationsforschung (ISI) in Karlsruhe kommt der Grundtenor dieser Diskussion im Hinblick auf die Bundesrepublik zum Ausdruck: "Deutschlands Industrie ist bei High-Tech auf Stagnation programmiert - oder sogar auf Schrumpfen. ... Dieser Rückgang ... geht im wesentlichen auf eine Stagnation der Forschungsaufwendungen der Wirtschaft zurück".[1] Solche und ähnliche Aussagen verlangen jedoch nach einer differenzierteren Betrachtung. So wiesen bereits Freeman, Cooper und Pavitt im Jahre 1978 darauf hin, daß die Industriestaaten noch über mindestens drei Dekaden hinweg selbst ohne weitere Forschungsaktivitäten einen hohen Grad der technischen Entwicklung und des Wirtschaftswachstums realisieren könnten, da ein großer Teil der technologischen Potentiale noch gar keine Anwendung in Technik, also konkreten Produkten, gefunden habe.[2]

Die Existenz technologischer Potentiale allein bringt den Wirtschaftssubjekten einer Volkswirtschaft noch keinen Nutzen: Erst ihre Ausschöpfung in Form neuer oder verbesserter und vom Markt gewünschter Produkte kann dieses leisten. Deshalb sind in der Diskussion auch Stimmen zu vernehmen, die der Forderung nach höheren Aufwendungen für Forschung und Entwicklung (F+E) nicht uneingeschränkt folgen möchten: "Weltkonzerne, die ganze Forscherheere beschäftigen und über F+E-Budgets in Milliardenhöhe verfügen, sind nicht zwangsläufig die innovationsträchtigsten Gesellschaften im Lande. ... Etliche Konzernriesen wie Bosch, BMW oder BASF landen erstaunlicherweise nur auf den mittleren Rängen."[3] Viele Beispiele zeigen, daß es häufig an der Fähigkeit mangelt, vorhandenes technisches Wissen in marktfähige Produkte umzusetzen:

"Zu Zeiten, als noch keiner so recht wußte, was mit Flüssigkristallen anzufangen war, hat der Darmstädter Chemie- und Pharmakonzern Merck auf die neue Entdeckung gesetzt - und damit der deutschen Industrie den Grundstoff für die Bildschirmtechnik der Zukunft zu Füßen gelegt. Doch aufgehoben haben ihn die Japaner. Die bauen heute Flachbildschirme für Laptops und Notebooks daraus ... . Ungewöhnlich daran ist nur, daß es zumindest einen deutschen Gewinner gibt: Die japanische Innovationsfreude hat Merck einen Zukunftsmarkt eröffnet, auf dem die Darmstädter heute führend sind. Für die (deutschen) Ge-

---

1) Korbmann (1993), S. 27f.
2) Vgl. Freeman/Cooper/Pavitt (1978), S. 211f.
3) Baden (1992), S. 140.

rätehersteller wird die Sache jedoch laufen, wie sie immmer läuft; erst verpassen sie die <u>Technik</u>, dann verlieren sie den Markt. "[4]

Ein weiteres typisches Beispiel:

"So hat die deutsche Firma Hell das Faxgerät erfunden und als eine der ersten auf den Markt gebracht. Doch weil niemand bei Hell darüber nachgedacht hatte, was der Anwender wirklich braucht, war das Gerät viel zu kompliziert und obendrein auch noch zu teuer. Ein Flop. Heute halten die Japaner das Monopol bei Faxautomaten, und Hell hat die Produktion eingestellt. "[5]

Zu einer erfolgreichen Vermarktung von Technologien gehört auch die flexible Anpassung der auf ihr beruhenden Produkte an <u>unterschiedliche</u> Abnehmerbedürfnisse. Eine Studie der Unternehmensberatung McKinsey & Company ergab, daß sich erfolgreiche Unternehmen deutlich ausgeprägter an Marktsegmenten orientieren als weniger erfolgreiche.[6] Dies klingt zunächst wie ein einfaches Rezept, doch dessen Umsetzung bereitet vielen Unternehmen offenkundig erhebliche Probleme: "Kundenorientierung ist zwar ein völlig richtiges Prinzip, aber diejenigen, die dieses Prinzip predigen, vernachlässigen häufig, auf die besonderen Schwierigkeiten und 'Tricks' hinzuweisen, die damit verbunden sind, die richtigen Kundengruppen ausfindig zu machen."[7]

Der vorliegenden Arbeit liegt die Ausgangsfrage zugrunde, wie ein mittels eigener Forschung oder unternehmensextern erworbenes technologisches Potential möglichst umfassend in Form von Produkten vermarktet werden kann. Sogenannte Hochtechnologien stehen dabei im Mittelpunkt der Überlegungen. In ihrem Falle stellt sich das Problem der Kommerzialisierung mit ganz besonderer Dringlichkeit, da der Hochtechnologiesektor durch eine Reihe von Besonderheiten geprägt ist, die in dieser Arbeit in einer Gesamtschau auch als das "Phänomen Hochtechnologie" bezeichnet werden.

Um den Facettenreichtum des gewählten Themas ordnen und einer problemorientierten Behandlung zuführen zu können, ist die vorliegende Arbeit nach der logischen Sequenz "Kontext - kontextbezogene Problemlösungsanforderungen - Problemlösungsvorschlag" aufgebaut. Es ergeben sich daraus drei Hauptkapitel, die jeweils auf in sich eigenständigen Gedankengebäuden beruhen und deren verknüpfende Gesamtbetrachtung die Ausgangsfrage beantwortet (siehe Abbildung 1).

---

4) Preissner-Polte/Schwarzer (1992), S. 86 (Original ohne Hervorhebungen; Zusatz in Klammern durch Verfasser).
5) Preissner-Polte/Schwarzer (1992), S. 90.
6) Vgl. Nevens/Summe/Uttal (1990), S. 60 und S. 61.
7) Gerybadze (1993), S. 42.

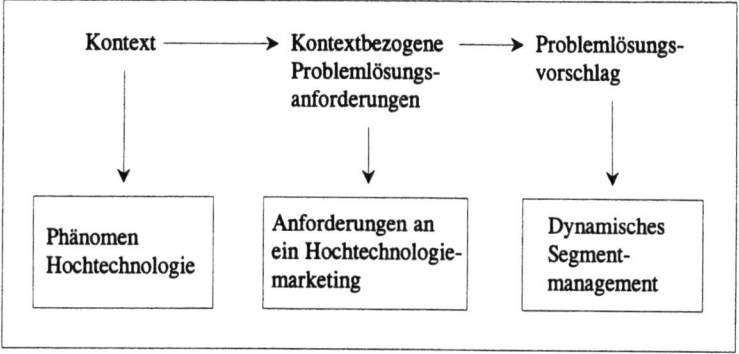

Abb. 1: Grundlegende Struktur der Arbeit

In Kapitel 2 werden zunächst die wesentlichen Aspekte des Phänomens Hochtechnologie herausgearbeitet und in einen Beziehungszusammenhang gebracht. Kapitel 3 beinhaltet daran anknüpfend eine ausführliche Erörterung der Anforderungen an ein die Abnehmerbedürfnisse in den Mittelpunkt stellendes Technologiemarketing vor dem Hintergrund des Phänomens Hochtechnologie (Hochtechnologiemarketing). Die Konzeption eines dynamischen Segment-Managements in Kapitel 4 zeigt dann einen möglichen Lösungsweg zur Erfüllung dieser Anforderungen in seiner grundsätzlichen Ausgestaltung auf. Der dabei verfolgte Grundgedanke besteht in einer Dynamisierung eines bedürfnisorientierten Marktsegmentierungsansatzes und findet seinen Ausdruck in einer dynamischen Betrachtung der drei Teilaufgaben einer Marktsegmentierung: Der Segmentbildung, der Segmentbewertung und anschließenden Zielgruppenauswahl sowie der segmentspezifischen Marktbearbeitung. Dabei geht es vor allem um die Erarbeitung einer managementorientierten Grundhaltung, die man auch mit einem "Denken in Marktsegmenten" umschreiben könnte und die eine die einzelnen Anforderungen des Hochtechnologiemarketing integrierende Betrachtungsweise ermöglichen soll.

2. Das Phänomen Hochtechnologie: Terminologische Basis und grundlegende Merkmale

2.1 Theorie, Technologie und Technik

Vor einer Annäherung an das Phänomen Hochtechnologie muß zunächst Klarheit darüber bestehen, was im allgemeinen unter einer Technologie verstanden wird und welche Aufgabe ihr im Verhältnis zur Theorie und zur Technik zukommt. Ausgangspunkt ist dabei, wie Chmielewicz es ausdrückt, die "Technologie des Ingenieurwesens"[8] und damit der naturwissenschaftlich-technische Bereich.

Die Naturwissenschaften befassen sich als Realwissenschaften "mit der gesamten Natur einschließlich des Menschen, soweit er selbst ein Teil der Natur ist, also mit körperlichen (physischen) Gegenständen, die ohne das Zutun des Menschen existieren."[9] Hierzu zählen beispielsweise die Physik, die Chemie und die Biologie. Aufgabe der Naturwissenschaften ist einerseits die Erklärung und Voraussage der empirischen Gegebenheiten in ihrem Objektbereich und andererseits die Schaffung der Grundlagen für die Lösung praktischer Probleme.[10]

Wie bei allen Wissenschaften stehen theoretische Aussagensysteme im Zentrum der Naturwissenschaften. Die in ihnen enthaltenen Gesetzesaussagen sind ein unverzichtbarer Bestandteil für wissenschaftliche Erklärungen und Voraussagen (theoretisches Wissenschaftsziel).[11]

Die Naturwissenschaften beinhalten ferner technologische Aussagensysteme. Unter einer theoretisch fundierten Technologie wird das Wissen über die Anwendung naturwissenschaftlich-theoretischer Aussagen zur Lösung praktischer Probleme verstanden (pragmatisches Wissenschaftsziel).[12] Der Begriff des technischen Know-hows bzw. technischen Wissens wird im weiteren Verlauf der Arbeit synonym zum Begriff der Technologie verwendet.[13] Technisches Wissen beruht aber nicht ausschließlich auf theoretischen Aussagen.[14] Dieser Sachverhalt wird in Abschnitt 2.3.1 ausführlicher erörtert.

---

8) Chmielewicz (1994), S. 169.
9) Wöhe (1993), S. 24f. Vgl. auch Stachowiak (1969), S. 128.
10) Vgl. Popper (1972), S. 49 und Wild (1976), Sp. 3890f.
11) Vgl. Stählin (1973), S. 10 und Wild (1976), Sp. 3890.
12) Vgl. Stählin (1973), S. 10 und S. 27ff. sowie Stachowiak (1973), S. 271. Ferner Specht (1993), Sp. 4155 und Pfeiffer/Metze (1989), Sp. 2002.
13) Vgl. hierzu auch Ewald (1989), S. 34. Zörgiebel spricht dagegen vom technologischen Know-how. Vgl. Zörgiebel (1983), S. 11.
14) So definiert die OECD bspw. die Biotechnologie als "... the application of scientific and engineering principles to the processing of materials by biological agents to provide goods." Bull/Holt/Lilly (1982), S. 21.

Technik hingegen bezeichnet die konkrete, unmittelbare Anwendung einer Technologie mit dem Ergebnis technischer Problemlösungen.[15] Pfeiffer spricht auch vom "finalen Charakter der Technik"[16]. Dabei kann es sich um Produkte oder Produktionstechniken handeln.[17]

Die begriffliche Unterscheidung von Theorie, Technologie und Technik ist wesentlich für die weiteren Ausführungen. Technologien lassen sich von Theorien durch ihre unterschiedliche Zielorientierung klar abgrenzen (pragmatisches vs. theoretisches Wissenschaftsziel). Dagegen können die Grenzen zwischen Technologie und Technik im konkreten Einzelfall unscharf bleiben, da ja auch schon der Technologie ein ausgeprägter Anwendungsbezug innewohnt. Deutlich wird dies bei Ewald, wenn er über die Genese von Technologie und Technik ausführt: "Technologie und Technik entstehen bei FuE-Prozessen in einer Art Kuppelproduktion, bei der einerseits materielle technische Problemlösungen und andererseits das dazugehörige immaterielle technische Know-how für die Erzeugung anfallen."[18] Die schwer zu fassende Grenze zwischen Technologie und Technik schlägt sich auch im allgemeinen Sprachgebrauch und in der wissenschaftlichen Literatur nieder: Technologie und Technik werden oftmals synonym verwendet.[19]

Für das bessere Verständnis der Unterscheidung zwischen Technologie und Technik mag eine Metapher herangezogen werden, die für den gesamten Verlauf der Arbeit als "Denkstütze" Verwendung finden kann: Versteht man Technologie als technisches Know-how im obigen Sinne, so ist Technik bzw. sind Produkte das "Vehikel", um dieses Know-how zu transferieren und zu kommerzialisieren.[20]

---

15) Vgl. Specht (1993), Sp. 4155, Pfeiffer/Metze (1989), Sp. 2002, Perillieux (1987), S. 12, aber auch Stachowiak (1973), S. 271.
Pfeiffer/Metze beziehen auch immaterielle Problemlösungen in den Technikbegriff ein, ähnlich Osten (1989), S. 4f., der auf das Beispiel Computer Aided Design (CAD) verweist. Vgl. zum technologischen bzw. technischen Charakter von Software auch Wimmer/Zerr/Roth (1993), S. 19.
16) Pfeiffer (1971), S. 88f.
17) Vgl. dazu Specht (1993), Sp. 4155. Im Mittelpunkt der vorliegenden Arbeit stehen Produkte.
18) Ewald (1989), S. 33 (Original mit Hervorhebungen).
19) Vgl. z.B. den Titel der Arbeit von Ropohl (1979): "Eine Systemtheorie der Technik. Zur Grundlegung der Allgemeinen Technologie". In der Arbeit von Weiss (1989) zum Management diskontinuierlicher Technologie-Übergänge wird auf S. 1 darauf hingewiesen, daß im "folgenden .. ganz in diesem pragmatischen Sinn verfahren und Technik mit Technologie synonym verwendet" werde. Ebenso spricht Hermanns (1984), S. 90 vom "Technologie- bzw. Technikbegriff" (Original mit Hervorhebungen).
20) Pfeiffer (1980), S. 423 spricht in diesem Zusammenhang von von in "Produkten ... inkorporierter Technologie", Mittag (1985), S. 17 von der sog. "Embodiment-Hypothese". Asenkerschbaumer unterscheidet als weitere Träger technischen Know-hows quasi-materielle Träger (Konstruktionszeichnungen u.ä.), personelle Träger (Übertragung von technischem Wissen bspw. durch Abnehmerschulungen) und rechtliche Träger. Vgl. Asenkerschbaumer (1987), S. 72. Als rechtliche Träger sind insbesondere Patent- oder

2.2 Vorbemerkungen zur Untersuchung des Phänomens Hochtechnologie

Der Begriff der Hochtechnologie wird sowohl im wissenschaftlichen Kontext als auch in der Umgangssprache vielfach verwendet. Hochtechnologie ist als Gegenstand aktueller Diskussionen aber auch ein schillernder Begriff. Ausdrücke wie "High-Tech" oder "Spitzentechnologie" werden häufig synonym verwendet.[21] In einer jüngst erschienenen empirischen Studie zu den Besonderheiten des Hochtechnologiesektors stellen die Verfasser gleich zu Beginn fest: "Das Gebiet der High-Technology läßt sich allerdings nicht hinreichend exakt definieren. Einige Abgrenzungsüberlegungen setzen an der Technologie selbst an. Hochtechnologien werden danach als solche Technologien angesehen, deren Leistungsdaten sich in kurzen Zeitabständen mit hoher Intensität verändern und dabei anerkannte Technologien regelmäßig substituieren. Andere Abgrenzungen setzen an einfachen objektivierbaren Größen, insbesondere an der F&E-Intensität an, indem sie davon ausgehen, daß in High-Tech-Branchen mit besonders hohen F&E-Anstrengungen zu rechnen ist."[22] Sowohl bei Durchsicht wissenschaftlicher Literatur als auch von Beiträgen aus der Unternehmenspraxis findet man dementsprechend eine Fülle von quantitativen und qualitativen Merkmalen zur Kennzeichnung des Hochtechnologiebereichs.[23] Eine Darstellung des kaum zu überschauenden Gesamtkomplexes der mit dem Hochtechnologiesektor verbundenen Einzelmerkmale ohne ein die einzelnen Facetten erklärendes und ordnendes Raster wäre nicht im Sinne der vorliegenden Arbeit. Im vorliegenden Kapitel wird deshalb der Versuch unternommen, im Zuge der Erörterungen ein bestimmtes - und zwar abstrakteres - Verständnis zu wecken für das, was sich im allgemeinen Sprachgebrauch mit "der" Hochtechnologie zu verbinden pflegt und welches in dieser Arbeit auch als das Phänomen Hochtechnologie bezeichnet wird.

Ein erster Schritt besteht darin, sich dem Phänomen Hochtechnologie über den Technologiebegriff anzunähern. Betrachtet man Hochtechnologie als eine besondere Art von Technologie, d.h. als eine bestimmte Art von technischem Know-how - und das ist ja wohl mit dem Zusatz "Hoch" beabsichtigt - so stellt sich die Frage, auf welche Sachverhalte sich dieser Zusatz bezieht und inwieweit damit eine Intensitätsaussage verbunden ist.[24] Im Hinblick auf mögliche Intensitätsaussagen ist allerdings schon an dieser Stelle darauf hinzuweisen, daß objektive Messungen von technischem Know-

Know-how-Lizenzen zu nennen. Vgl. dazu auch Kern (1973), S. 86ff. und Mittag (1985), S. 91ff.

21) Vgl. bspw. Gazdar (1992), S. 10 und Preissner-Polte/Schwarzer (1992), S. 86. Gelegentlich wird auch von "Spitzentechnik" gesprochen. Vgl. hierzu Brockhoff (1986), S. 431 und Küffner (1987), S. 7.

22) Meffert/Lamnek/Maisberger et al. (1991), S. 9. Ganz ähnlich Wolfrum (1991), S. 6.

23) Vgl. hierzu bspw. den Merkmalskatalog bei Specht (1987), S. 88 und Eiting (1989), S. 12.

24) Vgl. eine ähnliche Sichtweise bei Moriarty/Kosnik (1989), S. 7f.

how trotz aller bereits vorhandenen Vorschläge zur Lösung dieses Problems kaum möglich sind.[25] Die Einstufung einer Technologie als Hochtechnologie wird immer auch einer subjektiven Beurteilung bedürfen, die dann allerdings auf begründeten Aussagen beruhen sollte.

Der Kritik an einer mangelnden theoretischen Durchdringung des Know-how-Begriffs versucht Asenkerschbaumer Rechnung zu tragen, indem er mehrere konstitutive Aspekte des Know-how-Begriffs thematisiert.[26] Danach lassen sich die objektbezogene Dimension (inhaltliche Ausprägungen des technischen Know-hows), die subjektbezogene Dimension (Träger des technischen Know-hows, z.B. Produkte), die zielbezogene Dimension (Mittel-Zweck-Verhältnis von technischem Know-how und Unternehmenszielen) und die zeitbezogene Dimension (Veränderungen des technischen Know-hows im Zeitablauf) unterscheiden.[27] Vom Anliegen her ganz ähnlich schlagen Pfeiffer/Metze ein Analyseraster für Technologien vor, das die inhaltlichen Komponenten technischen Know-hows, seine Beziehungen zu Abnehmern und Wettbewerbern sowie seine Ressourcenbasis umfaßt.[28] Zur Strukturierung des Phänomens Hochtechnologie wird im folgenden an diese beiden Bezugsrahmen zur Analyse technischen Know-hows angeknüpft, wobei zielbezogene Aspekte des technischen Know-hows erst in Kapitel 3 eine nähere Betrachtung finden.

In Abschnitt 2.3 werden zunächst die inhaltlichen Komponenten technischen Knowhows erörtert und eine Übertragung auf den Hochtechnologiebereich vorgenommen.

Eine ausschließlich objektbezogene Betrachtung würde aber die Gesichtspunkte der Anwendung einer Technologie in Produkten und im sozio-technischen Feld der Abnehmer ausblenden.[29] Diesem zweifachen Anwendungszusammenhang wird in Abschnitt 2.4 zunächst durch eine Betrachtung der subjektbezogenen Dimension technischen Know-hows Rechnung getragen. Dabei werden Produkte in ihrer Eigenschaft als materielle Träger technischen Know-hows und als Mittel zur Ausschöpfung technologischer Potentiale in den Mittelpunkt der Überlegungen gestellt. Andere Formen der marktlichen Verwertung technischen Know-hows sind nicht Gegenstand dieser Arbeit.[30] Im Anschluß daran werden zentrale Gedanken zur Anwendung von Hochtechnologien im Abnehmerbereich formuliert.

---

25) Vgl. dazu Asenkerschbaumer (1987), S. 31f. und die dort zitierte Literatur.
26) Vgl. Asenkerschbaumer (1987), S. 11ff.
27) Vgl. hierzu Asenkerschbaumer (1987), S. 36f., S. 60, S. 120 und S. 144.
28) Vgl. Pfeiffer/Metze (1989), Sp. 2003.
29) Vgl. Asenkerschbaumer (1987), S. 21.
30) Alternativ wäre bspw. an eine Lizenzvergabe oder an einen Technologieverkauf zu denken. Vgl. Wolfrum (1991), S. 321.

Die zur Gewinnung und Verwertung technischen-Knows notwendigen unternehmens-spezifischen Ressourcen sind Gegenstand der Betrachtungen in Abschnitt 2.5.

Die zeitliche Dimension ist von ganz besonderer Bedeutung im Hochtechnologiebe-reich. In den Darlegungen zu Technologie- und Produktlebenszyklen sowie einer ver-knüpfenden Betrachtung dieser beiden Modelle (Abschnitt 2.6) wird zunächst eine Be-schreibung zeitlicher Abläufe vorgenommen, ohne an dieser Stelle auf deren Ursachen näher einzugehen. Dieser Abschnitt dient ferner dem Zweck, mit den Begriffen des Technologie- und Produktlebenszyklus ein begriffliches Instrumentarium zur Verfü-gung zu stellen, mit dem auch in Kapitel 3 und 4 der Arbeit eine eindeutige Zuord-nung der Aussagen zur technologiebezogenen bzw. zur produktbezogenen Betrach-tungsebene möglich wird.

In Abschnitt 2.7 geht es dann um die Verknüpfung der vorangegangenen Erörterungen mit grundlegenden Gedanken aus dem Bereich der Innovationsforschung. Durch die Behandlung des Begriffs der Produktinnovation und deren Erscheinungsformen werden unter anderem auch die Ausführungen zu den inhaltlichen Ausprägungen technischen Know-hows vertieft. Im Anschluß daran verdeutlichen die Überlegungen zum innovativen Wettbewerb insbesondere die Ursache für die zeitlichen Abläufe im Hochtechnologiebereich. Die an das Ende dieses Abschnitts gestellte Diskussion zu den Auslösemechanismen für Produktinnovationen (technology push vs. demand pull) leitet bereits zum Kapitel 3 dieser Arbeit über.

Grundlegende Bemerkungen zum Sachverhalt der Unsicherheit beenden dann in Abschnitt 2.8 die Untersuchung des Phänomens Hochtechnologie.

2.3 Die Wissensbasis von Hochtechnologien

2.3.1 Wissenschaftslogische Know-how-Komponenten von Technologien

In Anlehnung an die Arbeiten von Pfeiffer kann der Unterbau technischer Know-hows auf Basis wissenschaftslogischer Überlegungen in eine Reihe grundsätzlich un-terschiedlicher Wissenskomponenten aufgeschlüsselt werden.[31]

Technisches Know-how kann zunächst einmal seine Grundlagen in wissenschaftlichen empirischen und vorwissenschaftlichen empirischen Aussagen haben.[32]

---

31) Siehe hierzu Pfeiffer (1971), S. 37ff. und Pfeiffer (1980), S. 426ff.
32) Bei beiden Aussagenarten handelt es sich um synthetische Aussagen, d.h. um Aussagen über eine zunächst in logischer Hinsicht nicht widerspruchsvolle Realität. Vgl. hierzu auch Popper (1989), S. 13, auf dessen Arbeiten sich Pfeiffer in seinen hier verwendeten Darlegungen u.a. bezieht. Die Gültigkeit synthetischer Aussagen kann nur durch eine

<u>Wissenschaftliche empirische Aussagen</u> lassen sich wiederum unterscheiden in Gesetzesaussagen und singuläre Aussagen. Beide sind notwendige Bestandteile wissenschaftlicher Erklärungen. Eine wissenschaftliche Erklärung ist eine Klasse von Aussagen, von denen einige den zu erklärenden Sachverhalt in Form singulärer Aussagen beschreiben (das Explikandum), während die anderen, nämlich Gesetzesaussagen und die sogenannte Antecedensbedingung (singuläre Aussagen in Form situationsspezifischer Ausgangsbedingungen) die eigentliche Erklärung bilden (das Explikans).[33] Das Explikandum wird dabei aus dem Explikans logisch deduziert, und es werden allgemeine Ursache-Wirkungs-Beziehungen freigelegt. Ein solches naturwissenschaftliches Erklärungsschema kann nun durch seine Umkehrung praktische Relevanz für technische Anwendungen finden, indem die allgemeine Ursache-Wirkungs-Beziehung in ihre technologische Form (Ziel-Mittel-Beziehung) gebracht wird. Bei gegebenen Spezifikationen für einen zu realisierenden Sachverhalt und bei Kenntnis der entsprechenden naturwissenschaftlichen Gesetzesaussage können technisch realisierbare Ausgangsbedingungen (z.B. Produktionsbedingungen, Maschinenauslegungen) deduziert werden.[34]

<u>Vorwissenschaftliche empirische Aussagen</u> können dagegen auch ohne theoretische Basis und damit ohne Erklärungswissen "durch das sog. Versuchs- bzw. Probierverhalten in mehr oder weniger systematisch durchgeführten Trial-und-Error-Prozessen gewonnen"[35] werden. Hierbei werden dann spezielle Ursache-Wirkungs-Beziehungen freigelegt, die sich aber auf Grund der induktiven Vorgehensweise ganz entscheidend von gesetzesmäßig begründeten Ursache-Wirkungs-Beziehungen unterschei-

---

Gegenüberstellung mit der Realität überprüft werden. Haben synthetische Aussagen einen derartigen empirischen Informationsgehalt, daß sie das Auftreten anderer vorstellbarer Realitäten ausschließen, so handelt es sich um <u>empirische Aussagen</u>, die anhand des Popper-Kriteriums der Falsifizierbarkeit überprüft und damit auch widerlegt werden können. Insofern ist die Gültigkeit synthetischer Aussagen immer nur vorläufiger Natur. Vgl. Köhler (1974), Sp. 53f. und Popper (1989), S. 13f.
Gegenüber den synthetischen Aussagen sind <u>analytische Aussagen</u> rein logisch begründet. Analytische Aussagen sind Gegenstand der <u>Formalwissenschaften</u> (Mathematik, Logik, Schaltalgebra, allgemeine Informationstheorie usw.). Sie stellen den Realwissenschaften, zu denen auch die Naturwissenschaften zu rechnen sind, das Gerüst zur Darstellung synthetischer empirischer Aussagen zur Verfügung. Vgl. Stachowiak (1969), S. 127. Für den hier zu behandelnden Sachverhalt sind sie insoweit relevant, als daß allein auf ihnen - d.h. ohne direkten realwissenschaftlichen Bezug - aufbaut und dann auf einer technologischen Ebene bei der Entwicklung von Software (Programmiersprachen usw.) zur Anwendung kommt. Vor diesem Hintergrund müßten analytische Aussagen eigentlich in die Überlegungen zu den Komponenten technischen Wissens einfließen, um den Softwareanteil von Technologien gebührend berücksichtigen zu können. Um die folgenden Ausführungen nicht zu kompliziert werden zu lassen, werden analytische Aussagen von den weiteren Überlegungen ausgeklammert.
33) Vgl. Popper (1972), S. 50 sowie Köhler (1974), Sp. 52f.
34) Vgl. Popper (1972), S. 52 sowie Pfeiffer (1971), S. 76f.
35) Pfeiffer (1980), S. 431.

den.[36] Vergleicht man die durch Induktionsschluß gewonnenen vorwissenschaftlichen Aussagen über die Realität mit naturwissenschaftlichen Aussagen von der logischen Struktur einer Erklärung, so kann man den in vorwissenschaftlichen Aussagen
als Ursache bezeichneten Sachverhalt mit dem Tatbestand gleichsetzen, der durch die
singulären Aussagen im Explikans beschrieben wird. Der als Wirkung bezeichnete
Sachverhalt kann demgegenüber mit dem Tatbestand gleichgestellt werden, der durch
die singulären Aussagen des Explikandums beschrieben wird. Diese singulären Aussagen unterscheiden sich ihrer Natur nach nicht von denjenigen in naturwissenschaftlichen Erklärungen. Ein beachtlicher Unterschied ist aber darin zu sehen, daß
es hier an einer Gesetzesaussage als einem logischen Band zwischen Ursache und
Wirkung mangelt.[37]

Wissenschaftlichen Erklärungen und vorwissenschaftlichen Aussagen kommt eine unterschiedliche Qualität zu. Pfeiffer spricht in diesem Zusammenhang von einem
"Qualitätsgefälle".[38] Unter Qualität ist dabei der Sachverhalt zu verstehen, der in der
wissenschaftstheoretischen Literatur unter dem Informationsgehalt von Aussagen behandelt wird.[39] Eine hohe Qualität bedeutet demzufolge, daß die entsprechenden
Aussagen bei präzise gefaßten Ursachen eine breitere Anzahl empirischer
Sachverhalte erklären können und/oder die Wirkungen präzise vorhersagen können.

Das Qualitätsgefälle zwischen diesen beiden unterschiedlichen Grundlagen technischen
Know-hows ist im Hinblick auf ihre Anwendung erheblich. Exemplarisch sei hier auf
die Ammoniak-Synthese verwiesen.[40] Aus spezifischen Ausgangsbedingungen (wie
z.B. Druck und Temperatur, Ausgangsmengen des Stick- und Wasserstoffs) kann anhand naturwissenschaftlicher Erklärungen die Menge des entstehenden Ammoniaks
deduziert werden. Mittels technologischer Umformung ist es aber auch umgekehrt
möglich, ausgehend von der gewünschten Ammoniakmenge die spezifischen Ausgangsbedingungen (Produktionsbedingungen bzw. Maschinenauslegung) zu ermitteln.[41] Dieser Sachverhalt findet sich in Abbildung 2 in der linken Hälfte wieder.
Kann auf theoretische Aussagen zurückgegriffen werden, so kann laut der schematischen Darstellung von einer geforderten Spezifikation (z.B. Abnehmeranforde-

---

36) Vgl. Pfeiffer (1971), S. 82.
37) Vgl. Pfeiffer (1971), S. 83f.
   Kritisch äußert sich deshalb auch Popper (1972), S. 51 zu den Begriffen "Ursache" und
   "Wirkung" in diesem Zusammenhang. Er befürchtet, daß hierdurch allzu schnell die Bedeutung der für eine wissenschaftliche Erklärung notwendigen Gesetzesaussage in den
   Hintergrund rückt.
38) Pfeiffer (1980), S. 429.
39) Beim Informationsgehalt geht es um die Allgemeinheit und Bestimmtheit von Aussagen.
   Vgl. dazu Popper (1989), S. 85f., Köhler (1966), S. 18ff. und Stählin (1973), S. 29.
40) Vgl. im folgenden Pfeiffer (1971), S. 76f.
41) Es handelt sich in diesem Fall um das sog. Haber-Bosch-Verfahren.

rungen) unmittelbar und präzise auf die dazu notwendige Auslegung einer Maschine o.ä. geschlossen werden. Stehen dagegen nur singuläre Aussagen im Sinne spezifischer Ursache-Wirkungs-Beziehungen als Wissen zur Verfügung, sind in den meisten Fällen umfangreichere Versuchsreihen notwendig, bis die für die Realisierung der geforderten Spezifikation "passende" Maschinenauslegung gefunden ist.

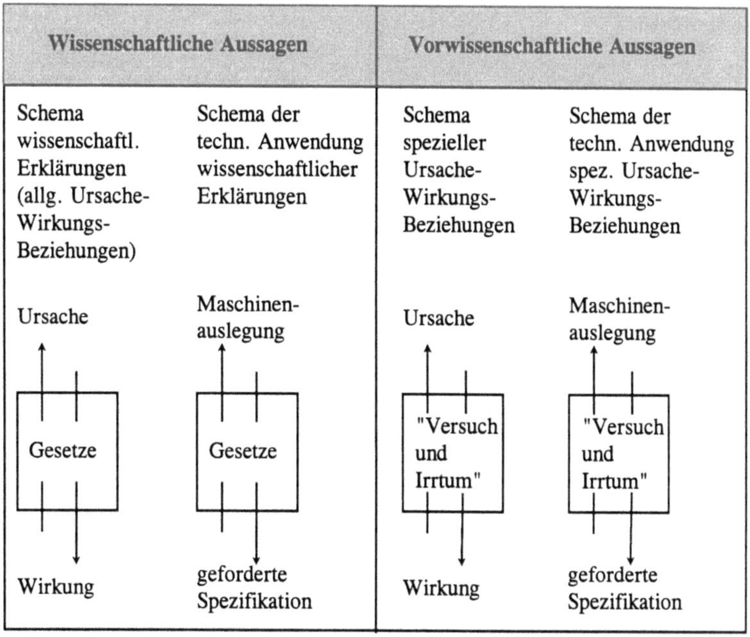

Wissenschaftliche Aussagen		Vorwissenschaftliche Aussagen	
Schema wissenschaftl. Erklärungen (allg. Ursache-Wirkungs-Beziehungen)	Schema der techn. Anwendung wissenschaftlicher Erklärungen	Schema spezieller Ursache-Wirkungs-Beziehungen	Schema der techn. Anwendung spez. Ursache-Wirkungs-Beziehungen
Ursache ↑	Maschinen-auslegung ↑	Ursache ↑	Maschinen-auslegung ↑
Gesetze	Gesetze	"Versuch und Irrtum"	"Versuch und Irrtum"
Wirkung	geforderte Spezifikation	Wirkung	geforderte Spezifikation

Abb. 2: Qualitätsvergleich der Anwendung von wissenschaftlichen und vorwissenschaftlichen Aussagen
Quelle: In Anlehnung an Pfeiffer (1980), S. 430.

Die Qualität theoretischer Aussagen zeigt sich ganz allgemein in der Genauigkeit der Aussagen, der Möglichkeit, Versuchsreihen durch a priori-Berechnungen zu ersetzen sowie bei der Erschließung völlig neuer Anwendungsmöglichkeiten durch Freilegung der inneren Struktur von Sachverhalten.[42] Letzteres läßt sich auch dahingehend interpretieren, daß theoretisch fundierte Technologien das systematische Orten neuer Einsatzgebiete erleichtern bzw. überhaupt erst ermöglichen.

---

42) Vgl. Pfeiffer (1980), S. 429ff.

Pfeiffer kommt nun im Anschluß an seine Überlegungen zur Unterscheidung qualitativ unterschiedlicher Know-how-Komponenten zu dem Schluß, daß eine Technologie die vorstehend herausgebildeten Know-how-Komponenten "in einer spezifischen lösungsbezogenen Gruppierung enthält, wobei .. erhebliche Unterschiede im Umfang der Verwendung einzelner Komponenten bestehen".[43] Eine Technologie kann somit als eine Zusammenstellung von Wissensteilmengen unterschiedlichen Umfangs verstanden werden:[44]

I   technisches Know-how auf der Basis naturwissenschaftlicher Theorien (allgemeine Ursache-Wirkungs-Beziehungen)[45]

II   technisches Know-how auf der Basis vorwissenschaftlicher Aussagen (spezielle Ursache-Wirkungs-Beziehungen)

Wichtig ist nun, daß die lösungsbezogene Gruppierung der einzelnen Know-how-Komponenten, von Pfeiffer auch Systemprinzip genannt, als eine eigenständige technische Know-how-Komponente betrachtet werden kann.[46] Erst durch das Systemprinzip können diejenigen Aussagen der einzelnen Teilmengen erkannt und ausgewählt werden, die für die Realisierung einer technischen Problemlösung Relevanz haben.[47] Es kann somit als eine weitere Teilmenge technischen Knowhows festgehalten werden:[48]

III   Technisches Know-how basierend auf dem Wissen über das Systemprinzip.

Bezogen auf die Teilmenge I gewinnt das Systemprinzip, d.h. die Auswahl und lösungsbezogene Ordnung theoretischer Aussagen (Reduktion einer theoretischen Aussagenstruktur auf eine technologisch relevante Aussagenstruktur), eine ganz besondere

---

43) Pfeiffer (1980), S. 433, ebenso Pfeiffer (1971), S. 89. Vgl. zur "Knowledge Base of Technology" auch Tornatzky/Fleischer (1990), S. 12f.
44) In Anlehnung an Pfeiffer (1971), S. 89ff.
Siehe aber auch Pfeiffer (1980), S. 432, der in Ergänzung zu Pfeiffer (1971) und unter Verweis auf Ropohl (1979) ferner technisches Können als eine besondere Art empirischen Wissens mit in die Überlegungen einbezieht. Im Sinne einer psychophysischen Geschicklichkeit stellt technisches Können kein kognitives Wissen im eigentlichen Sinne dar, sondern ist eher als eine operative Variante technischen Know-hows zu verstehen. Technisches Können kann sowohl dem einzelnen Individuum als auch einer Organisation zugesprochen werden; häufig mangelt es aber an einer intersubjektiv überprüfbaren Beschreibung. Vgl. Ropohl (1979), S. 290 und S. 211f.
45) Vgl. hierzu auch Ropohl (1979), S. 214, der von "der höchstentwickelten Ausprägung technischen Wissens", dem technischen Gesetzeswissen, spricht.
46) Vgl. Pfeiffer (1980), S. 433 und Pfeiffer (1971), S. 89. Im Ingenieurwesen spricht man auch vom sog. Konstruktionsprinzip, von Rezepturen u.ä.
47) Vgl. hierzu auch Pfeiffer (1980), S. 433 und Stählin (1973), S. 29.
48) Ähnlich Pfeiffer (1971), S. 89ff.

Bedeutung, wenn Aussagen aus unterschiedlichen Theorien in ein und derselben technischen Problemlösung zusammenwirken.[49]

Technologien können auch durch systemtheoretische Konzeptionen beschrieben werden. Unter Zugrundelegung eines hierarchischen Systemverständnisses können sich Technologien je nach Betrachtungsebene wiederum aus mehreren, voneinander abgrenzbaren und in einer komplementären Beziehung zueinander stehenden Subtechnologien zusammensetzen.[50] Das Wissen über das Systemprinzip kann deshalb auch als ein Wissen hinsichtlich der Kombination von Subtechnologien verstanden werden.

2.3.2 Hochtechnologie als angewandte Naturwissenschaft

Aufbauend auf den im vorangegangenen Abschnitt unterschiedenen Know-how-Komponenten kann nunmehr in einem ersten Schritt die eingangs gestellte Frage beantwortet werden, auf welchen Sachverhalt sich der Zusatz "Hoch" bezieht und inwieweit damit eine Intensitätsaussage verbunden ist. Leitgedanke ist dabei, daß sich konkrete Technologien im Hinblick auf den Umfang, den die einzelnen Know-how-Komponenten einnehmen, unterscheiden.[51] Hochtechnologien zeichnen sich dadurch aus, daß sie zu einem bedeutenden Anteil auf naturwissenschaftlichen Theorien sowie dem Wissen über das Systemprinzip beruhen. Technologien, bei denen dies nicht zutrifft, können - im Sinne einer Negativabgrenzung - als "einfache" Technologie bezeichnet werden.[52]

So spricht Rammert von sogenannten "science-based" Technologien (als typische Beispiele werden die auf der Molekularbiologie beruhenden Technologien und die Mikroelektronik genannt) und stellt eine deutliche Abhängigkeit dieser Technologien von naturwissenschaftlichen Erkenntnissen fest.[53] Ebenso sehen Shanklin/Ryans sowie Rexroad in einer ausgeprägten wissenschaftlichen Basis ein grundlegendes Merkmal von Hochtechnologien.[54]

In der Literatur wird in der Regel nicht unmittelbar auf das Merkmal eines hohen Anteils naturwissenschaftlichen Wissens abgestellt. Statt dessen wird der Begriff

---

49) Vgl. Stählin (1973), S. 29f. und auch Köhler (1976a), S. 313f.
50) Vgl. Ropohl (1979), S. 56.
51) Pfeiffer legt in diesem Zusammenhang eine Untergliederung in "Typengruppen" vor, die sich hinsichtlich der Zusammensetzung des technischen Know-hows unterscheiden, und zeigt anhand einiger Beispiele aus der Technikgeschichte die prinzipielle Zuordnungsmöglichkeit konkreter Technologien zu den sich ergebenden Typen auf. Siehe Pfeiffer (1971), S. 91f.
52) In der Literatur finden sich in diesem Zusammenhang auch Begriffe wie "middle tech" oder "low tech". Vgl. Moriarty/Kosnik (1989), S. 10, Zahn (1986), S. 15 und Servatius (1988), S. 184f.
53) Vgl. Rammert (1988), S. 21. Ähnlich Gazdar (1992), S. 12.
54) Vgl. Shanklin/Ryans (1987), S. 60 und Rexroad (1983), S. 3.

Hochtechnologie in seiner objektbezogenen Dimension anhand von Merkmalen wie "hohe Technologieintensität"[55], "höchster Leistungsstandard"[56], "proximity to the state-of-the-art"[57], oder "hoher Technologieinput"[58] charakterisiert. Hinter diesen Formulierungen scheint sich aber implizit das "science based"-Merkmal im obigen Sinne zu verbergen.

In einer aktuelleren Studie des Stanford Research Institute (SRI) zum Hochtechnologiebereich wird die enge Verbindung zwischen Naturwissenschaften und Hochtechnologie ebenfalls deutlich:

> "Die physikalischen Technologien haben durch die Umsetzung von Forschungsergebnissen der Atomphysik, der Kristallphysik sowie neuer Erkenntnisse der Verhaltensweisen von Ladungsträgern moderne physikalisch-chemische Verfahren und neue Produktionsverfahren ermöglicht. Die Herstellung von Lichtleitfasern und optischen Datenträgern sind hier Beispiele. Die Biochemie einschließlich der Gentechnik hat mit den Erkenntnissen über Zelle und Zellkern sowie der langsam fortschreitenden Erklärungsmöglichkeit von Stoffwechselvorgängen ein Problemlösungspotential, das heute kaum abgeschätzt werden kann. ... Medizin, Umweltschutz, Agrarwirtschaft, aber auch Kommunikationstechnik und Produktionstechnik werden wesentlich durch sie verändert werden."[59]

Gleichzeitig weist das SRI darauf hin, daß Hochtechnologien häufig nur im wechselseitigen Zusammenwirken technische Problemlösungen und neue Anwendungsmöglichkeiten schaffen.[60] Dies unterstreicht die Bedeutung des Wissens über das Systemprinzip bei Hochtechnologien.

Im Hinblick auf die inhaltliche Ausprägung des technischen Know-hows ist auch die im medizinischen Bereich Anwendung findende Technologie der Computertomographie (CT) als Hochtechnologie zu bezeichnen.[61] Sie wird an einigen Stellen im weiteren Verlauf der Arbeit herangezogen werden, um die diskutierten Zusammenhänge zu veranschaulichen. Die Computertomographie gehört zu den sogenannten bildgebenden Verfahren in der medizinischen Diagnostik. Deren Aufgabe besteht in der Erzeugung von Bildern des Innern lebender Organismen mit Hilfe verschiedener

---

55) Vgl. hierzu etwa Mueller/Deschamps (1986), S. 32f., Zahn (1986), S. 20f. und Servatius (1988), S. 184f.
56) Vgl. Zimmermann (1987), S. 17.
57) Siehe Bender (1986), S. 193.
58) Vgl. Brockhoff (1986), S. 431.
59) o.V. (1990), S. 186. Siehe hierzu auch Gazdar (1992), S. 15f.
   Im Anhang (Spalte 1) findet sich eine auf der genannten Studie basierende tabellarische Übersicht zu wichtigen Hochtechnologien. Auf die Spalten 2 - 4 dieses Anhangs wird in den folgenden Abschnitten verwiesen.
   Weitere exemplarische Übersichten finden sich bei Preissner-Polte/Schwarzer (1992), S. 89, Rüdiger (1991), S. 38ff. sowie Meffert/Lamnek/Maisberger et al. (1991), S. 202.
   Zu tiefergehenden Darstellungen einzelner Hochtechnologiebereiche vgl. Gazdar (Hrsg.) (1992) sowie Küffner (1987).
60) Vgl. o.V. (1990), S. 186.

Strahlenarten. Die Computertomographie ist ein spezielles Röntgen-Schichtaufnahme-
verfahren, bei dem sogenannte Schnittbilder (Computertomogramme) des unter-
suchten Objekts mit Hilfe eines Computers berechnet werden. Eine Folge solcher
Schnittbilder ermöglicht dem Diagnostiker, Schicht für Schicht einen dreidimensiona-
len Einblick in die untersuchte Körperregion zu gewinnen.[62] Die Computertomographie beruht auf einer größeren Anzahl von Subtechnologien, die auf der Basis naturwissenschaftlicher Erkenntnisse entwickelt wurden. Dazu gehören beispielsweise die
Röntgentechnologie, die Detektorentechnologie und die Computertechnologie.[63] Die
Verknüpfung dieser Subtechnologien erfordert ein ausgeprägtes Wissen im Hinblick
auf das Systemprinzip.[64]

Für den Zweck der vorliegenden Arbeit ist die Frage nach der objektbezogenen Dimension der Hochtechnologie nun hinreichend beantwortet. Offen hingegen ist noch,
welche Schlußfolgerungen daraus für die hier zu behandelnde Problemstellung gezogen werden können.

Der Ansatz, technisches Know-how in Teilmengen unterschiedlicher Qualität und unterschiedlichen Umfangs zu unterteilen, fördert zunächst das Verständnis dafür, daß
technologische Entwicklungen auch auf dem bloßen Wissen um spezielle Ursache-
Wirkungs-Beziehungen, d.h. auf einem durch Versuchsverhalten gefundenen vorwissenschaftlichen Wissen beruhen können, ohne daß dieses naturwissenschaftlich schon
erklärt werden kann. In vielen Bereichen hat dieses Wissen auch heute noch eine
Schlüsselrolle inne und ist in jedem Fall eine notwendige Teilmenge technischen
Know-hows.[65] Als Beispiel kann hier die Pharmaindustrie angeführt werden. So
macht Rammert deutlich:

---

61) Siehe dazu auch Maly (1992), S. 26.
62) Vgl. Krestel (1988), S. 6 und S. 89f.
Als ältestes bildgebendes Verfahren ist die klassische Röntgendiagnostik bekannt. Bei ihr
entstehen die Aufnahmen, in dem der gesamte von der Röntgenstrahlung erfaßte dreidi-
mensionale Objektbereich auf eine zweidimensionale Bildauffangplatte projiziert wird. In
den auf diese Weise erzeugten Bildern überlagern sich zwangsläufig Strukturen aus unterschiedlichen Tiefen des Objektbereichs. Es entstehen sogenannte Überlagerungsbilder mit
mehr oder weniger verwischt abgebildeten inneren Strukturen. Die Computertomographie
ist ein Verfahren, das diesen Überlagerungseffekt vermeidet. Vereinfachend wird dabei
aus einer Vielzahl einzelner Projektionen bzw. Abtastwerte der darzustellenden Objektschicht mittels eines Computers ein Bild dieser Schicht berechnet und auf einem Video-
monitor dargestellt. Im Computertomogramm entspricht dann einem Bilddetail genau ein
Objektdetail und nicht eine Vielzahl in Röntgenstrahlrichtung hintereinanderliegender
Objektelemente. Die Computertomographie ermöglicht deshalb eine mit der klassischen
Röntgendiagnostik nicht erreichbare äußerst kontrastreiche Weichteildarstellung. Darüber
hinaus sind die aufgrund der besonderen Art der Bilderzeugung gelieferten Aufnahmen
unmittelbar quantitativ auswertbar. Vgl. Krestel (1988), S. 89f.
63) Vgl. Krestel (1988), S. 91ff. und Alexander/Kalender/Linke (1985), S. 139.
64) Siehe auch Dümmling (1984), S. 5.
65) Vgl. hierzu auch Tornatzky/Fleischer (1990), S. 25.

"Die Arzneimittelforschung ist aufgrund ihrer operativen und kognitiven Voraussetzungen ein außergewöhnlich kostenintensiver und risikobehafteter Prozeß: Bedingt durch den gleichzeitig vorparadigmatischen Stand des Grundlagenwissens ist der notwendige Aufwand für empirische Untersuchungsarbeit unvergleichbar hoch. In großangelegten Versuch- und Irrtum-Verfahren wird die Wirksamkeit von Substanzen in vielen tausend Versuchen durch systematische Beobachtung von Zufällen ermittelt."[66)]

Ungeachtet einer differenzierteren Betrachtung einzelner Teilbereiche kann demzufolge vermutet werden, daß weite Teile des Pharmabereichs gemäß der obigen inhaltlichen Charakterisierung von Hochtechnologien typischerweise keinen hochtechnologischen Charakter aufweisen. Das hat dann aber auch zur Konsequenz, daß aufgrund des geringeren Informationsgehalts der Aussagen eine systematische Variation des Pharmaprodukten zugrunde liegenden technischen Wissens und ein systematisches Erschließen neuer Indikationsbereiche nur sehr begrenzt möglich ist. Im Falle von Hochtechnologien ist aber genau dieses möglich, da sie auf der Kenntnis allgemeiner Ursache-Wirkungs-Beziehungen mit einem entsprechend höheren Informationsgehalt beruhen.

Ferner sind Hochtechnologien als sehr komplexe Technologien zu bezeichnen.[67)] Das Ausmaß der Komplexität einer Technologie wird durch die Anzahl der Subtechnologien, durch die Anzahl der zwischen den Subtechnologien möglichen Beziehungen sowie durch die Verschiedenheit der Subtechnologien und Beziehungen bestimmt.[68)] Wegen ihrer hohen Komplexität verfügen Hochtechnologien gleichzeitig über ein hohes Variationspotential. Als Variationspotential einer Technologie ist das grundsätzlich mögliche Gestaltungspotential der Kombination von Elementen oder Subsystemen und der sie verbindenden Beziehungen zu verstehen.[69)] Die Bedeutung des Wissens über das Systemprinzip bei Hochtechnologien kann an dieser Stelle wiederum unterstrichen werden.

Als Schlußfolgerung läßt sich an dieser Stelle festhalten, daß im Falle von Hochtechnologien nicht nur die Möglichkeit eines systematischen Variierens des technischen Know-hows gegeben ist, sondern daß sie wegen ihrer Komplexität zugleich auch über ein ausgeprägtes Variationspotential verfügen.

Abschließend sei an dieser Stelle auf einen weiteren wesentlichen Sachverhalt hingewiesen, der recht anschaulich bei Gazdar vorgetragen wird: "High-Tech läßt sich am

---

66) Rammert (1988), S. 143.
67) Hingewiesen sei auf eine Unterscheidung zwischen Gering-, Mittel- und Hochtechnologien bei Bühner, bei der die (im konkreten Fall einer Klassifizierung subjektiv eingeschätzte) technologische Komplexität als Abgrenzungskriterium fungiert. Vgl. Bühner (1988), S. 92f. Vgl. ferner Remmerbach (1988), S. 145.
68) Vgl. zu dem hier verwendeten Komplexitätsbegriff Luhmann (1980), Sp. 1064f.
69) Vgl. zur Varietät von Systemen auch Bronner (1992), Sp. 1122.

einfachsten beschreiben als die Spitze der technologischen Entwicklung <u>zu einem</u> <u>bestimmten Zeitpunkt</u>. Der Zeitfaktor stellt eine wichtige, wenn auch schwer fixierbare Meßgröße dar: Gehörten beispielsweise in den vierziger und fünfziger Jahren Detektoren und Transistoren zur Speerspitze der damaligen High-Tech-Entwicklung, ist die Weltbühne der Technik in den letzten zwanzig Jahren von Mikroprozessoren und Laserstrahlen maßgeblich beherrscht worden."[70] Auch Brockhoff betont, daß der Begriff Hochtechnologie nur zeitpunktbezogen Verwendung finden kann.[71] Der hier zum Ausdruck kommende Sachverhalt der "Vergänglichkeit" des Hochtechnologiecharakters deutet bereits darauf hin, daß das "science based"-Kriterium alleine zur Beschreibung von Hochtechnologien nicht hinreichend sein kann, da sich der Anteil naturwissenschaftlichen Wissens und des Wissens über das Systemprinzip im Zeitablauf bei einer gegebenen Technologie nicht ändern kann. Es müssen noch andere Merkmale im Gesamtzusammenhang des Phänomens Hochtechnologie vorliegen, die im Zeitablauf für den Abbau des Hochtechnologiecharakters von Technologien verantwortlich zeichnen und die im Verlaufe von Kapitel 2 herauskristallisiert werden sollen.

2.4 Die Anwendungszusammenhänge von Hochtechnologien

2.4.1 Die Ausschöpfung technologischer Potentiale durch Produkte

Von einem technisch-ökonomischen Standpunkt aus betrachtet ist der final angestrebte Zweck von technischem Know-how in der konkreten praktischen Anwendung zu sehen, bei der wirtschaftlich verwertbare technische Problemlösungen (Technik bzw. Produkte) entstehen. Die aktivierbaren Möglichkeiten einer Technologie zur Schaffung von neuen Produkten oder zur Veränderung von Produkteigenschaften werden allgemein als das <u>Potential einer Technologie</u> bezeichnet.[72]

Die Ausschöpfung einer Technologie äußert sich dabei in einer Abnahme der Differenz zwischen dem potentiellen und aktuellen Anwendungsgrad der Technologie im Zeitablauf. Das Potential einer Technologie kann deshalb auch als die Menge des grundsätzlich anwendbaren technischen Wissens definiert werden, das aber zu einem gegebenen Zeitpunkt aus technischen oder wirtschaftlichen Gründen nicht notwendigerweise vollständig zum Einsatz kommt.[73] Die Menge des tatsächlich genutzten technischen Wissens wird auch als <u>angewandte Technologie</u> bezeichnet, ihr Gegen-

---

70) Gazdar (1992), S. 11f. (Original ohne Hervorhebungen).
71) Vgl. Brockhoff (1986), S. 432.
72) In Anlehnung an Servatius (1985), S. 35 und Servatius (1991), S. 33.
73) Vgl. hierzu Gerybadze (1982), S. 27f. und Kogler (1991), S. 9f. Die Spalte 3 des Anhangs gibt einen tabellarischen Überblick zur Einschätzung der gegenwärtigen Anwendungsreife von Hochtechnologien.

stück ist die nicht angewandte Technologie.[74] Anhand dieser Abgrenzungen kann ferner eine Unterscheidung zwischen technologischem und technischem Wandel getroffen werden. Der technologische Wandel bezieht sich auf die Veränderung des Bestandes an grundsätzlich verfügbarem technischen Wissen (Technologiepotential). Technischer Wandel bezieht sich dagegen auf die Veränderung des Bestandes des dann auch tatsächlich genutzten Wissens.[75] Der technische Wandel steht im Mittelpunkt dieser Arbeit.

Im Rückblick auf den vorangegangenen Abschnitt kann an dieser Stelle ein wesentliches Merkmal von Hechtechnologien formuliert werden: Hochtechnologien sind allgemein durch ein hohes technologisches Potential gekennzeichnet, welches vielfältige Variationen und Differenzierungen auf der produktbezogenen Ebene ermöglicht.

Unter einem Produkt ist eine auf die Befriedigung von Abnehmerbedürfnissen gerichtete Kombination von Eigenschaften zu verstehen.[76] Die Eigenschaftsbündel können sowohl materielle als auch immaterielle Komponenten umfassen. Die materiellen Produktkomponenten konstituieren das Produkt in seiner physischen Ausgestaltung (Kernprodukt). Brockhoff spricht in Anlehnung an Kotler auch vom substantiellen Produktbegriff.[77] Einzig der substantielle Produktbegriff fällt mit dem Sachverhalt zusammen, der als Technik bezeichnet wurde. Zu den immateriellen Produktbestandteilen sind die produktbegleitenden bzw. funktionellen Dienstleistungen zu zählen.[78] Werden funktionelle Dienstleistungen als immaterielle Produktbestandteile mit eingeschlossen, so wird vom erweiterten Produktbegriff gesprochen.[79] Unter funktionellen Dienstleistungen werden im Rahmen dieser Arbeit alle immateriellen Leistungen verstanden, die ein Anbieter erbringt, um die Beschaffung und Nutzung seiner in Form von Produkten vermarkteten Technologie durch einen Abnehmer zu ermöglichen oder zumindest zu erleichtern.[80] Hierzu gehören unmittelbar produktgerichtete Leistungen wie Transport, Montage, Inbetriebnahme, Instandhaltung, Kunden- und Ersatzteildienst, aber auch subjektbezogene Leistungen wie beispielsweise die Schulung und Beratung im Hinblick auf Produkteigenschaften.[81] Es wird

---

74) Vgl. Gerybadze (1982), S. 28.
75) Vgl. Gerybadze (1982), S. 32.
76) Siehe auch Brockhoff (1993a), S. 15 und Kern (1979), Sp. 1434f.
77) Vgl. Brockhoff (1993a), S. 11 und Kotler (1974), S. 415. Zweifellos sind aber auch Softwareanteile - trotz ihrer immateriellen Natur - unter den substantiellen Produktbegriff zu fassen, wenn ohne sie die Funktionsfähigkeit des Kernprodukts nicht gegeben ist.
78) Vgl. Forschner (1989), S. 9.
79) Siehe Brockhoff (1993a), S. 11. In diesem Zusammenhang findet auch der Begriff des Leistungsbündels Verwendung. Vgl. dazu Kern (1979), Sp. 1434 und Engelhardt/Kleinaltenkamp/Reckenfelderbäumer (1993), S. 395.
80) Vgl. dazu auch Forschner (1989), S. 14.
81) Umfassendere tabellarische Übersichten zu funktionellen Dienstleistungen finden sich u.a. bei Forschner (1989), S. 70ff. oder auch Meyer (1985), S. 100f. Die hohe Bedeutung, die ihnen von Abnehmern zugemessen wird, schlägt sich auch in den Ergebnissen

deutlich, daß funktionelle Dienstleistungen gewissermaßen als "Katalysatoren" dazu dienen können, ein gegebenes technologisches Potential möglichst umfassend in Form von Produkten ausschöpfen zu können. Der erweiterte Produktbegriff hat deshalb eine wichtige Bedeutung für die marktliche Verwertung von Hochtechnologien.[82]

Im Hinblick auf den substantiellen Produktbegriff sind Hochtechnologieprodukte als technisch sehr komplexe Produkte zu bezeichnen.[83] Einen Eindruck davon kann der Übersichtsschaltplan eines Computertomographen vermitteln (siehe Abbildung 3).

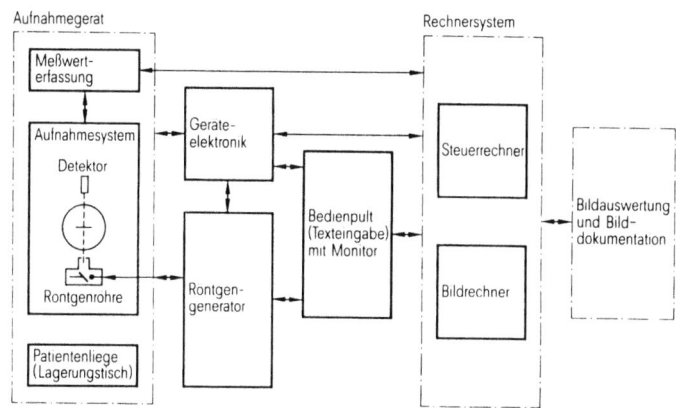

Abb. 3: Übersichtsschaltplan eines Computertomographen
Quelle: Krestel (1988), S. 430.

Die hohe Komplexität von hochtechnologischen Produkten kann bei einer funktionalen Betrachtung auch so verstanden werden, daß Hochtechnologieprodukten zahlreiche technische Teilfunktionen innewohnen, die in einem vielfältigen Beziehungszusammenhang stehen.[84]

2.4.2 Die Anwendung von Hochtechnologien im Abnehmerbereich

Um Überschneidungen mit den Erörterungen in Kapitel 3 und 4 dieser Arbeit zu vermeiden, beschränkt sich der vorliegende Abschnitt auf die wesentlichsten Gesichts-

---

einer jüngeren empirischen Studie zu investiven Dienstleistungen nieder. Vgl. dazu Simon, H. (1993), S. 13f.
82) Vgl. dazu auch Brockhoff (1993a), S. 12.
83) Zur Komplexität von Hochtechnologieprodukten vgl. auch Benkenstein (1987), S. 105 sowie Davidow (1987), S. 55 und Remmerbach (1988), S. 157.
84) Siehe auch Tornatzky/Fleischer (1990), S. 11f.

punkte, die das Phänomen Hochtechnologie bei einer abnehmerbezogenen Betrachtung kennzeichnen: die Anwendungskomplexität von Hochtechnologieprodukten, ihre Erklärungsbedürftigkeit sowie das in der Regel breite Anwendungsspektrum von Hochtechnologien.

Produkte finden ihre Anwendung im sozio-technischen Feld der Abnehmer, das als eine Einheit verstanden werden kann, in dem ein technisches Sachsystem und ein menschliches Handlungssystem zusammenwirken.[85] Dabei stehen den Funktionen des technischen Sachsystems (technischen Funktionen bzw. Produktfunktionen) Handlungsfunktionen im menschlichen Handlungssystem (Abnehmerfunktionen) in Form einer Äquivalenzbeziehung gegenüber.[86] Analog zu den technischen Teilfunktionen eines Produktes können auch die Abnehmerfunktionen in Teilfunktionen zerlegt werden. Je nach Anzahl und Verschiedenartigkeit dieser Funktionen und der zwischen ihnen bestehenden Beziehungen können dann aus Abnehmersicht mehr oder weniger komplexe Technologien bzw. Produkte unterschieden werden.[87] Dieser im weiteren in Abgrenzung zur technischen Komplexität eines Produktes als Anwendungskomplexität bezeichnete Sachverhalt kann sich nicht nur in der unmittelbaren Anwendung eines Produktes offenbaren, sondern zeigt sich häufig auch in hohen Anforderungen an die Implementierung einer neuen Technologie im sozio-technischen Feld.[88]

Eine hohe technische Komplexität muß aber nicht zwingend mit einer hohen Anwendungskomplexität einhergehen.[89] Im Falle von Hochtechnologieprodukten ist aber festzustellen, daß die Produkte nicht nur in technischer Hinsicht von sehr komplexer Natur sind, sondern daß auch die Anwendung dieser Produkte aufgrund einer Vielzahl verschiedenartiger Abnehmerfunktionen einer hohen Komplexität unterliegt.[90] Ein Beispiel dafür ist wiederum der Computertomograph. Abbildung 4 illustriert den Ablauf einer computertomographischen Untersuchung mit den einzelnen Teilfunktionen. Darüber hinaus ist der erstmalige Einsatz eines Computertomographen in der Röntgendiagnostik-Abteilung eines Krankenhauses mit einer Reihe von ablauforgani-

---

85) Vgl. Ropohl (1979), S. 189. Ähnlich auch Tornatzky/Fleischer (1990), S. 14f., die vom "social context" einer Innovation sprechen. Vgl. auch Wasson (1974), S. 14ff., der vom "use-system" eines Produktes spricht.
86) Vgl. Ropohl (1979), S. 193.
87) Merkle (1984), S. 9f. unterscheidet im Hinblick auf die Komplexität der Anwendungssituation zwischen Produkten mit hoher Komplexität (z.B. Nachrichtensatelliten), Produkten mit mittlerer Komplexität (z.B. CAD-Anlagen) sowie Produkten mit niedriger Komplexität (z.B. Speicherschreibmaschinen). Ganz ähnlich Osten (1989), S. 40.
88) Vgl. hierzu auch Kirsch/Kutschker (1978), S. 33 sowie sehr ausführlich Tornatzky/Fleischer (1990), S. 197ff.
89) Bspw. sind moderne Automobile bereits von recht komplexer technischer Natur, ihre Nutzung durch einen mehr oder weniger geübten Autofahrer ist dagegen sehr einfach. Vgl. zu diesem Beispiel auch Osten (1989), S. 40.
90) Vgl. hierzu auch die Ergebnisse der High-Tech-Studie von Meffert/Lamnek/Maisberger et al. (1991), S. 42 sowie Remmerbach (1988), S. 157f.

satorischen Änderungen verbunden, die - im Vergleich mit der klassischen Röntgendiagnostik - insbesondere durch eine andersartige Bildauswertung und Bilddokumen-
tation verursacht werden.

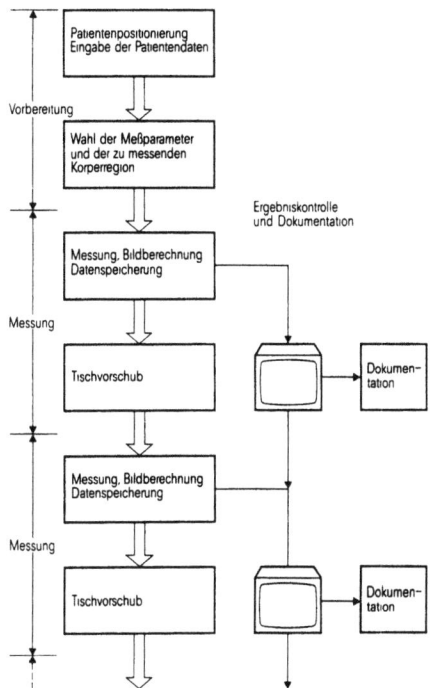

Abb. 4: Ablauf einer computertomographischen Untersuchung
Quelle: Alexander/Kalender/Linke (1985), S. 132.

Je höher aber die Anwendungskomplexität eines Produktes ist, desto größer sind auch
seine Erklärungsbedürftigkeit und die damit verbundenen Lernerfordernisse aus der
Sicht des Abnehmers.[91] Hochtechnologieprodukte können deshalb als sehr erklärungsbedürftige Produkte[92] sowie gleichermaßen als "high-learning products"[93]

---

91) Vgl. hierzu Baaken (1987), S. 3, Strothmann (1979), S. 23 sowie Osten (1989), S. 40.
   Unter der Anwendungskomplexität eines Produktes kann deshalb auch der Grad seiner
   Erklärungsbedürftigkeit verstanden werden. So schreibt Remmerbach (1988), S. 157:
   "Der Komplexitätsgrad von Innovationen konkretisiert die Schwierigkeit und die Anforderung an das spezifische Know-How, welches von den potentiellen Kunden durch An-
   lernen, Einweisung oder z.B. durch Beratung für die Produktnutzung aufgebracht werden
   muß."
92) Vgl. hierzu auch Specht (1987), S. 88, Benkenstein (1990), S. 398 und Brockhoff
   (1993a), S. 12.
93) Vgl. Wasson (1974), S. 71.

charakterisiert werden. Die hohe Bedeutung von funktionellen Dienstleistungen im Hochtechnologiesektor ist aufs engste mit diesem Sachverhalt verbunden.[94] Der Einsatz eines Computertomographen wird beispielsweise durch eine ganze Reihe funktioneller Dienstleistungen der Anbieter begleitet: Beratung hinsichtlich der speziellen Ausgestaltung der Räumlichkeiten und der Implementationserfordernisse für den Krankenhausbetrieb, Installation, Inbetriebnahme und Funktionsüberprüfung der Geräte, Schulung des Bedienpersonals und der Diagnoseärzte oder weltweite On-line-Fehlerdiagnosen auf Computerbasis.[95]

Mit der zunehmenden Anwendung einer Technologie nimmt aber häufig die Erklärungsbedürftigkeit der auf dieser Technologie beruhenden Produkte ebenso wie die damit verbundenen Lernerfordernisse auf seiten der Abnehmer ab. Damit ist dann auch ein erster Anhaltspunkt für die Beantwortung der Frage nach der Vergänglichkeit des Hochtechnologiecharakters von Technologien gefunden.

Je komplexer nun eine Technologie bzw. die auf ihr basierenden Produkte sind, umso größer ist das Gestaltungspotential und umso vielfältiger sind die potentiellen Anwendungsmöglichkeiten dieser Technologie. Hochtechnologien bzw. Hochtechnologieprodukte verfügen deshalb über ein sehr breites Anwendungsspektrum.[96] Neben den vielfältigen Anwendungsmöglichkeiten in der medizinischen Diagnostik[97] können Computertomographen prinzipiell überall dort Anwendung finden, wo es um das Sichtbarmachen der inneren Strukturen eines Objekts anhand eines nicht-invasiven Verfahrens geht. Die Computertomographie hat beispielsweise in der jüngeren Vergangenheit auch Anwendung in der Archäologie im Rahmen von Mumien-Untersuchungen gefunden.[98]

In den bisherigen Ausführungen wurde noch keine explizite Aussage darüber getroffen, inwieweit mit Produkten der Hochtechnologie Investitionsgüter und/oder Konsumgüter angesprochen sind. Investitionsgüter lassen sich definieren als "Leistungen, die von Organisationen (Nicht-Konsumenten) beschafft werden, um mit ihrem Einsatz (Ge- oder Verbrauch) weitere Güter für die Fremdbedarfsdeckung zu erstellen."[99]

---

94) Siehe Jugel/Zerr (1989), S. 162.
95) Vgl. dazu Maly (1992), S. 32, Kotler/Bliemel (1992), S. 623 und Alexander/ Kalender/Linke (1985), S. 145.
96) Vgl. dazu auch Remmerbach (1988), S. 145f.
   Einen umfassenden tabellarischen Überblick über die aktuellen und potentiellen Anwendungsbereiche zahlreicher Hochtechnologien gibt die Spalte 2 des Anhangs.
97) Vgl. ausführlicher dazu Alexander/Kalender/Linke (1985), S. 97ff. und Krestel (1988), S. 453ff.
98) Siehe dazu o.V. (1993a), S. 15ff.
99) Engelhardt/Günter (1981), S. 24. Die von Engelhardt/Günter einbezogene Möglichkeit, daß auch der Produktionsverbindungshandel als Nachfrager auftreten kann, wurde in dieser Wiedergabe ausgeblendet. Der indirekte Absatz, d.h. die Einschaltung von Absatzmittlern, wird in der vorliegenden Arbeit nicht problematisiert.

Hierzu gehören dann auch die investiven Dienstleistungen. Investitionsgüter unterscheiden sich demzufolge von Konsumgütern in ihrem Verwendungszweck sowie in der Art der Nachfrager.[100] Schaut man sich die exemplarische Zusammenstellung konkreter Hochtechnologien im Anhang an, so erscheint es plausibel, daß Hochtechnologien in der überwiegenden Anzahl der Fälle in Leistungserstellungsprozessen Verwendung finden, ohne dabei ausschließen zu können, daß Hochtechnologieprodukten auch eine gewisse Bedeutung im Konsumgüterbereich zukommt.[101] Die vorliegende Arbeit betrachtet das Phänomen Hochtechnologie in Anbetracht einer investiven Verwendung der Produkte.

2.5 Ressourcenbezogene Aspekte im Entstehungs- und Verwertungszusammenhang von Hochtechnologien

Ausgangspunkt der folgenden Überlegungen ist der Ressourcenbegriff bei Wernerfelt: "By a resource is meant anything which could be thought of as a strength or weakness of a given firm. More formally, a firm's resources at a given time could be defined as those (tangible and intangible) assets which are tied semipermanently to the firm"[102] Neben der Unterscheidung zwischen materiellen und immateriellen Ressourcen rückt Wernerfelt in dieser Definition zwei weitere Merkmale unternehmensspezifischer Ressourcen ins Blickfeld. Zum einen drücken sich Ressourcen in Stärken oder Schwächen gegenüber Wettbewerbern aus.[103] Zum anderen sind Ressourcen einer zeitlichen Betrachtung zu unterziehen. Ressourcen stellen Potentiale dar, die im Zeitablauf zunehmen, aber auch abnehmen können.

Zu den unternehmensspezifischen Ressourcen werden gemeinhin materielle Ressourcen (Produktionsanlagen, Sevicezentren usw.), finanzielle Ressourcen, Humanressourcen (darunter auch "managerial skills"), "organizational skills", Technologien sowie die Fähigkeiten in der Forschung und Entwicklung gezählt.[104] Dieser kurze Überblick zeigt bereits den Stellenwert immaterieller Ressourcen ("intangible assets"). Die Auffassung der Kompetenzen bzw. des Wissens eines Unternehmens als Ressource findet sich auch bei Pfeiffer wieder, wenn er von einem "unternehmensbezogenen Know-how" spricht: "Aus der Perspektive einer industriellen Unternehmung kann zum Know-how (im weiteren Sinne) alles Wissen gerechnet werden, daß notwendig ist, bedarfsgerechte Produkte ... wirtschaftlich zu finden, zu entwickeln und konstruieren, zu produzieren und zu vertreiben, sowie alles Wissen

100) Vgl. hierzu auch Plinke (1991), S. 172.
101) Vgl. ähnlich Schaible/Hönig (1991), S. 26.
102) Wernerfelt (1984), S. 172.
103) Siehe auch Plinke (1992), S. 831f.
104) Vgl. dazu Hofer/Schendel (1978), S. 145, Wernerfelt (1984), S. 172 und Knyphausen (1993), S. 777ff.

zur Schaffung der strukturellen Voraussetzungen."[105] Technisches Wissen als eine Teilmenge des unternehmensbezogenen Know-hows hat im Hochtechnologiebereich eine ganz besondere Bedeutung. Es liegt deshalb nahe, sich im folgenden zunächst mit der Forschung und Entwicklung "als dem Inbegriff der systematischen Produktion neuen Wissens"[106] zu beschäftigen.

Unter Forschung und Entwicklung sind alle Tätigkeiten zu verstehen, die "den Ewerb neuer Kenntnisse ... und/oder die erstmalige oder neuartige Anwendung derartiger Kenntnisse anstreben."[107] Dabei hat sich eine Einteilung in die Tätigkeitsbereiche Grundlagenforschung, angewandte Forschung und Entwicklung weitgehend durchgesetzt.[108]

Die Grundlagenforschung ist auf die Gewinnung neuer naturwissenschaftlicher Erkenntnisse mit dem Ziel der Durchdringung von Ursache-Wirkungs-Zusammenhängen ausgerichtet. Ohne in der Regel selbst an der unmittelbaren praktischen Anwendung ihrer Ergebnisse orientiert zu sein, stellt sie die Grundlage für die angewandte Forschung dar. Bei ihr geht es darum, Wissen im Hinblick auf die Anwendung wissenschaftlicher Erkenntnisse zu erwerben. Durch die technologische Umformung der Aussagen der Grundlagenforschung entsteht in der angewandten Forschung eine Technologie. Ziel der Entwicklungstätigkeit ist dann anschließend die konkrete, unmittelbare Umsetzung einer Technologie in Produkte unter Berücksichtigung der marktlichen Anforderungen.

Von Vorentwicklung wird dann gesprochen, wenn sich die angewandte Forschung im Rahmen einer fortgeschrittenen Spezifizierung bereits auf eine bestimmte Produkttechnologie richtet.[109] Der Vorentwicklung kommt die Aufgabe zu, einen "Pool" von Produkttechnologien aufzubauen, auf die im Bedarfsfall zurückgegriffen werden kann.[110]

An zahlreichen Stellen werden quantitative Kennzahlen des F+E-Aufwands als alleiniges oder zumindest hervorgehobenes Merkmal zur Charakterisierung des Hochtechnologiesektors herangezogen.[111] Danach ist der Hochtechnologiebereich durch einen

---

105) Pfeiffer (1980), S. 433f.
106) Knyphausen (1993), S. 779.
107) Kern/Schröder (1977), S. 16.
108) Vgl. zu den folgenden Begriffsabgrenzungen Staudt (1993), Sp. 1186f., Brose (1982), S. 90f. und Tornatzky/Fleischer (1990), S. 51ff. und S. 75ff.
109) Vgl. Specht (1992), S. 549f. Vgl. zum Begriff der Produkttechnologie auch Hermanns (1984), S. 90 und Strebel (1990), S. 371 und S. 373. Zur Unterscheidung zwischen Technologien und produktspezifischen Technologien siehe auch Sommerlatte/ Deschamps (1985), S. 48f.
110) Vgl. Brecht (1991), S. 90.
111) Vgl. bspw. Merkle (1984), S. 5, Meffert/Remmerbach (1988), S. 331 oder Maidique/Hayes (1984), S. 29.

überdurchschnittlich hohen F+E-Aufwand gekennzeichnet. Probleme ergeben sich aber im Hinblick auf die Vergleichbarkeit und Aussagekraft statistischer Erhebungen zu den Aufwendungen für Forschung und Entwicklung.[112] Insbesondere stellt sich hier die Frage nach einer geeigneten Bezugsbasis. Die Qualifizierung einer Technologie als Hochtechnologie alleinig durch quantitative Kennzahlen des F+E-Aufwands ist deshalb kritisch zu betrachten.[113] Erinnert sei an dieser Stelle an das weiter oben angeführte Beispiel der Pharmaforschung. Obgleich diese durch einen hohen F+E-Aufwand gekennzeichnet ist, handelt es sich in diesem Bereich - folgt man der in dieser Arbeit vorgelegten inhaltlichen Charakterisierung von Hochtechnologien - nicht zwingend um Hochtechnologien.

Darüber hinaus weist Wolfrum darauf hin, daß bei einer einzelbetrieblichen Perspektive weder eine in "Eigenregie" betriebene Grundlagenforschung noch in jedem Fall die angewandte Forschung eine notwendige Voraussetzung für Entwicklungsaktivitäten sind.[114] Die Gewinnung bzw. der Erwerb theoretischen und technischen Wissens ist beispielsweise auch durch Auftragsforschung oder einen Technologiekauf möglich.[115] So berichten Tornatzky/Fleischer über eine Studie der National Science Foundation, nach der nur 12% der gesamten Aufwendungen für Forschung und Entwicklung in den USA im Jahre 1987 auf den Bereich der Grundlagenforschung entfielen, 21% auf die angewandte Forschung und bemerkenswerte 67% auf die Produktentwicklung.[116] Dabei wurde der weitaus überwiegende Teil der Grundlagenforschung und auch rund die Hälfte der angewandten Forschung in Universitäten oder bundesstaatlichen Laboratorien betrieben. Obgleich die Grundlagenforschung eine unabdingbare Voraussetzung für Hochtechnologien darstellt, unterstützen diese Zahlen die Feststellung, daß der unternehmensspezifischen Ressource "Entwicklung" ein ganz wesentlicher Stellenwert bei der ressourcenorientierten Charakterisierung des Phänomens Hochtechnologie einzuräumen ist.

Hierdurch wird bereits angedeutet, daß neben dem "Bestand" technischen Wissens noch weitere Fähigkeiten und Ressourcen erforderlich sind, um dieses Wissen auch erfolgreich vermarkten zu können. Teece spricht in diesem Zusammenhang auch von sogenannten "complementary assets".[117] Dazu gehören zunächst einmal solche, über die eine Unternehmung unabhängig von der Vermarktung einer bestimmten Technologie verfügt bzw. verfügen muß ("generic complementary assets"). Zum anderen sind aber auch Ressourcen notwendig, die speziell auf die marktliche Verwertung einer

---

112) Vgl. dazu ausführlicher Brockhoff (1992), S. 142.
113) Ähnlich Wolfrum (1992), S. 6 und Shanklin/Ryans (1987), S. 59f.
114) Vgl. Wolfrum (1991), S. 11f.
115) Vgl. ausführlicher zu alternativen Technologiequellen Wolfrum (1991), S. 293ff.
116) Vgl. dazu Tornatzky/Fleischer (1990), S. 77f.
117) Teece (1987), S. 191.

ganz bestimmten Technologie zugeschnitten sind, so daß die Notwendigkeit ihres Vorhandenseins oder Aufbaus demnach durch diese Technologie verursacht wird ("specialized complementary assets").[118] "Complementary assets" kommt eine ganz besondere Bedeutung im Hochtechnologiebereich zu. Dies ist bereits bei den Ausführungen zu funktionellen Dienstleistungen erkennbar geworden. So führt Teece das spätere Scheitern des zunächst äußerst erfolgreichen Pioniers im Bereich der Computertomographie, der Firma Electrical Musical Industries (EMI), auf die mangelhafte Ausstattung mit eben diesen "complementary assets" zurück. EMI fehlte es gegenüber seinen Folgern Technicare, General Electric und Siemens ganz einfach an den notwendigen Fähigkeiten im Technischen Service und im Hinblick auf Abnehmerschulungen.[119]

Im weiteren Verlauf der Arbeit wird der Terminus "complementary assets" als Oberbegriff Verwendung finden, wenn auf das Erfordernis von Ressourcen außerhalb des Bereichs technischen Wissens hinzuweisen ist. Wichtig ist nun, daß auch die Fähigkeiten in der Produktentwicklung - einschließlich der Vorentwicklung - in dieser Arbeit als "complementary assets" aufgefaßt werden. Denn wie bereits ausführlich erörtert wurde, sind Produkte als ein Mittel zur Vermarktung von Technologien zu betrachten. Das Entwicklungs-Know-how stellt mithin eine der Ressourcen dar, die zur marktlichen Verwertung einer Technologie erforderlich sind. Die Grundlagenforschung und die noch nicht auf konkrete Produkttechnologien gerichtete angewandte Forschung sind dagegen der "Kernressource" des technischen Wissens zuzuordnen.[120]

2.6 Zeitliche Aspekte im Hochtechnologiebereich

Die Ausschöpfung eines technologischen Potentials ist wie jede Potentialvariation mit dem Verstreichen einer bestimmten Zeitspanne verbunden.[121] Diese zeitliche Dimension ist Gegenstand der folgenden Überlegungen.

2.6.1 Zeitliche Aspekte unter Bezugnahme auf Technologielebenszyklen

Technologielebenszyklusmodelle werden in der Literatur häufig unter dem Gesichtspunkt eines Planungs- und Entscheidungsinstrumentes dargestellt und diskutiert. Gleichzeitig wird festgestellt, daß diesem Konzept als isoliertem Einzelinstrument nur

---

118) Vgl. Teece (1987), S. 192f.
119) Vgl. dazu Maly (1992), S. 31 und Teece (1987), S. 207f.
120) Vgl. Teece (1987), S. 192, der zwischen einem "core technological know-how" und den "complementary assets" unterscheidet.
121) Vgl. dazu auch Kern (1992), S. 41f.

eine begrenzte Aussagekraft zukommen kann.[122] So folgert Perillieux, daß das Technologielebenszykluskonzept nicht dazu in der Lage ist, "die Unternehmung bei der Verfolgung des Ziels der maximalen Technologieausnutzung durch direkte Handlungsempfehlungen zu unterstützen. Sein Wert liegt vielmehr im Aufzeigen grundsätzlicher Zusammenhänge und Entwicklungsverläufe, deren Kenntnis allerdings zu einer Verbesserung des Entscheidungsverhaltens beitragen kann."[123] Das Aufgreifen der Grundgedanken des Technologielebenszykluskonzepts dient im vorliegenden Abschnitt dazu, die Entstehung und Ausschöpfung eines technologischen Potentials im Zeitablauf zu verdeutlichen und dabei gleichzeitig das Untersuchungsfeld der vorliegenden Arbeit zu begrenzen.

Ein Technologielebenszyklus beschreibt in idealtypischer Weise den Entwicklungsverlauf einer Technologie. In der graphischen Darstellung wird dabei in Analogie zum Produktlebenszyklus zumeist ein S-förmiger Kurvenverlauf unterstellt.[124] Dabei ist allen Ansätzen zum Technologielebenszyklus gemeinsam, daß die Zeit als die den Entwicklungsverlauf erklärende Variable verwendet wird. Sie wird gewissermaßen als stellvertretende Größe für alle auf den Entwicklungsverlauf einer Technologie wirkenden Einflußfaktoren aufgefaßt.[125] Unterschiedlich dagegen wird die in der graphischen Darstellung auf der Ordinate abgetragene abhängige Variable, die Maßgröße, gehandhabt. So stellt beispielsweise der Ansatz von Ford/Ryan auf den "Ausbreitungsgrad einer Technologie" ab.[126] Ford/Ryan verstehen darunter den Umsatz, der durch die Vermarktung einer Technologie erreicht wird.[127] Dieser setzt sich zum einen aus den Umsätzen der unmittelbaren Vermarktung der Technologie und zum anderen aus den Umsätzen der auf Basis dieser Technologie selbst entwickelten Produkte zusammen. Die Unternehmensberatung Arthur D. Little bezieht sich dagegen auf die Größe "Grad der Erreichung des Wettbewerbspotentials".[128] Die genannten Maßgrößen sind vor dem Hintergrund ihres Analysezwecks zu sehen. Arthur D. Little fokussiert auf die Bewertung von F&E-Investitionen und deren po-

---

122) Vgl. hierzu stellvertretend Wolfrum (1991), S. 101.
123) Perillieux (1987), S. 35. Siehe auch Meffert (1974), S. 133f., der auf die didaktische und heuristische Funktion von Lebenszyklen hinweist.
124) Vgl. Wolfrum (1992), S. 98.
125) Vgl. Höft (1992), S. 31.
126) Vgl. Ford/Ryan (1981), S. 120. Im Original wird von "Penetration of technology" gesprochen.
127) Vgl. Ford/Ryan (1981), S. 119f.
128) Vgl. Sommerlatte/Deschamps (1985), S. 52 und Saad/Roussel/Tiby (1991), S. 66f. Unklar bleibt die Operationalisierung dieser Größe. Dazu Höft (1992), S. 79: "Im übrigen geht aus der Verwendung der Bezugsgröße 'Grad der Erreichung des Wettbewerbspotentials' nicht hervor, wie bzw. anhand welcher Dimension - denkbar sind hier Prozentwerte, absolute oder kumulierte Werte (Stückzahlen etc.) - der Technologielebenszyklusverlauf bestimmt wird oder ob es sich um einen qualitativen Maßstab handelt."

tentielle Auswirkungen auf die wettbewerbliche Stellung einer Unternehmung.[129) Ford/Ryan verstehen ihr Konzept hingegen als Planungs- und Entscheidungshilfe, um im Hinblick auf die jeweilige Phase im Lebenszyklus beurteilen zu können, inwieweit und in welchem Verhältnis von den beiden genannten Vermarktungsalternativen Gebrauch gemacht wird, um die Technologie einer möglichst vollständigen Verwertung zuzuführen[130).

Der Ansatz von Ford/Ryan wird im Modell des erweiterten Technologielebenszyklus bei Höft aufgegriffen.[131) Höft wählt dabei als abhängige Variable die "Anzahl der Anwendungen auf der Basis einer Technologie" und versteht darunter letztlich die Anzahl der Anwendungen in Form von Produkten.[132) Da die vorliegende Arbeit ausschließlich auf die Vermarktung einer Technologie durch Produkte abstellt, wird diese Sichtweise den folgenden Ausführungen in erster Linie zugrunde gelegt. Bei einer finanziellen Betrachtung kann auch der durch die Vermarktung der Technologie generierte Umsatz als Maßgröße des Technologielebenszyklus Verwendung finden.[133)

In Anlehnung an Höft können die Hauptphasen der Technologieentstehung und der Technologieanwendung unterschieden werden. Die zuletzt genannte Phase bezeichnet Höft auch als Anwendungszyklus (siehe Abbildung 5).

Die Phase vor Beginn der eigentlichen Vermarktung ist durch die drei grundlegenden Tätigkeitsbereiche der Grundlagenforschung, der angewandten Forschung und der Produktentwicklung für die ersten Anwendungen gekennzeichnet.[134) Gleichzeitig ist hier an den Aufbau der notwendigen "complementary assets" zu denken. Zu beachten ist hierbei, daß die Forschungsaktivitäten weder sequentiell ablaufen noch abrupt bei Beginn des Anwendungszyklus enden müssen.[135) Während plausibel ist, daß die Grundlagenforschung nach dem Zeitraum der ersten Anwendungen ausläuft, wird der angewandten Forschung während des gesamten Anwendungszyklus eine anfangs noch erhebliche, gegen Ende dann allerdings abnehmende Bedeutung zukommen.

---

129) Vgl. hierzu auch Servatius (1985), S. 118ff.
130) Vgl. Ford/Ryan (1981), S. 117f.
131) Vgl. dazu Höft (1992), S. 81ff.
132) Vgl. Höft (1992), S. 84. Michel stellt in diesem Zusammenhang auf die "Anwendungsmenge" einer Technologie als Maßgröße ab. Vgl. Michel (1987), S. 16.
133) Siehe dazu auch Zörgiebel (1983), S. 33, der als Maßgröße für das Anwendungspotential einer Technologie neben der Anzahl ihrer Anwendungen auch das Marktvolumen einer Technologie anführt.
Im Anhang (Spalte 4) findet sich ein tabellarischer Überblick zu den geschätzten Größenordnungen des Weltmarktvolumens zahlreicher Hochtechnologien für die Jahre 1995 und 2000.
134) Vgl. Höft (1992), S. 81.
135) Vgl. dazu auch Brose (1982), S. 91.

- 29 -

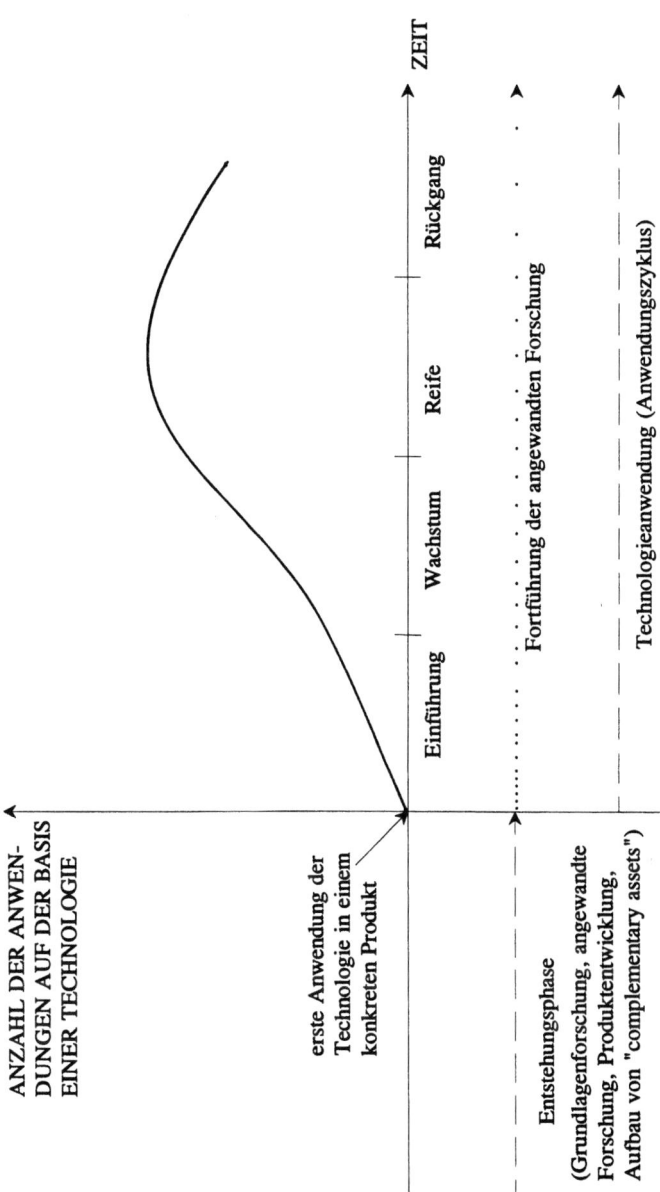

Abb. 5: Modell des erweiterten Technologielebenszyklus
Quelle: In Anlehnung an Höft (1992), S. 82.

Mit der ersten konkreten Anwendung der Technologie in einem Produkt und dessen Angebot auf dem Markt beginnt der Anwendungszyklus.[136] Er umfaßt die folgenden Phasen:[137]

In der Einführungsphase muß sich zunächst erweisen, ob die Eigenschaften des auf der neuen Technologie beruhenden Produktes den Abnehmeranforderungen entsprechen. Die angewandte Forschung und die Produktentwicklung werden in dieser Phase auf die Modifizierung der Funktionalitäten der ersten Anwendung gerichtet sein. Parallel dazu erfolgt die Suche nach weiteren Anwendungsfeldern der neuen Technologie.

In der Wachstumsphase steigt die Zahl der Anwendungen der Technologie stark an. Der Schwerpunkt der F+E-Aktivitäten verschiebt sich zur Produktentwicklung.

Die Reifephase ist dadurch gekennzeichnet, daß die Anzahl der Anwendungsfälle zwar noch steigt, der relative Zuwachs aber zu sinken beginnt. In der Mehrzahl der potentiellen Anwendungsgebiete wird die Technologie bereits verwendet. Sie kann jetzt nur noch durch geringfügige Produktvariationen und Produktdifferenzierungen weiter ausgeschöpft werden.

Mit Beginn der Phase des Rückgangs wird die Technologie nun in allen bekannten Anwendungsfeldern eingesetzt. Die Ausbreitung der Technologie hat ihr Maximum erreicht. Infolge des ausgeschöpften Entwicklungspotentials kommt es zu einer zunehmenden Verdrängung durch neue und leistungsfähigere Technologien, was dann einen zunächst langsamen, dann aber akzelerierenden Rückgang der Technologieausbreitung zur Folge hat.

Nicht alle Technologien durchlaufen den gesamten Zyklus in der dargelegten idealtypischen Weise. Zum einen können leistungsfähigere Substitutionstechnologien einen Technologieverfall bereits kurz nach Anwendungsbeginn oder in der Wachstumsphase bewirken.[138] Zum anderen können scheinbar verdrängte Technologien durch Veränderungen des Umfelds wieder für neue Anwendungen Relevanz bekommen.

Abschließend ist darauf hinzuweisen, daß Hochtechnologien - entgegen der bisweilen anzutreffenden Meinung - eine recht lange Lebensdauer zukommen kann. Dies belegt beispielsweise der bereits über zwei Jahrzehnte andauernde Lebenszyklus der Computertomographie.[139] Abbildung 6 verdeutlicht, daß die bildgebenden Verfahren der medizinischen Diagnostik mehr oder weniger nebeneinander existieren können, ohne

---

136) Vgl. Höft (1992), S. 83.
137) Vgl. zum folgenden Höft (1992), S. 86f. und Zörgiebel (1983), S. 32f.
138) Vgl. dazu auch Zörgiebel (1983), S. 34 und Wolfrum (1991), S. 100.
139) Die Computertomographie fand erstmalig im Jahre 1972 eine klinische Anwendung.

daß die eine Technologie die andere vollständig verdrängt. Im übernächsten Abschnitt wird gezeigt, daß die eigentliche Dynamik im Hochtechnologiesektor auf der technischen Ebene - d.h. auf der Ebene der Hochtechnologieprodukte - zu suchen ist. Dessen ungeachtet ist eine allgegenwärtige Substitutionsgefahr in Rechnung zu stellen, gegenüber der sich keine Hochtechnologie schützen läßt.[140] Seit Beginn der achtziger Jahre konkurriert beispielsweise die Kernspintomographie (auch Magnet-Resonanz-Tomographie) in nicht wenigen Anwendungsbereichen mit der Computertomographie.[141] Nachdem letztere gegen Ende der achtziger Jahre erheblichen Boden gegenüber der Kernspintomographie verloren hatte, spricht man der Computertomographie für die neunziger Jahre aber wieder eine erhöhte Relevanz zu.[142]

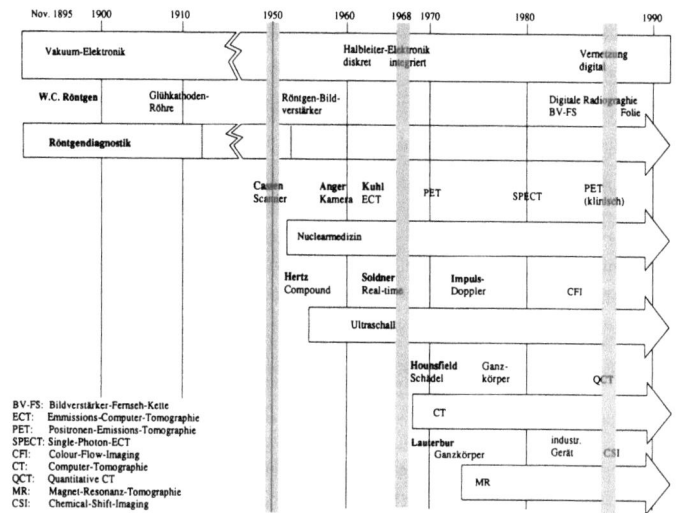

Abb. 6: Bildgebende Verfahren in der medizinischen Diagnostik (Entwicklung im Zeitablauf)
Quelle: Maly (1992), S. 33.

Abschließend ist an dieser Stelle zu klären, auf welcher Bezugsebene ein Technologielebenszyklus zu bilden ist. Die Frage des Aggregationsniveaus stellt sich nicht nur bei einer konkreten Anwendung des Konzepts, bei der unterschiedliche Aggregationsniveaus zu unterschiedlichen Entwicklungsverläufen führen können,[143] sondern auch im Rahmen der konzeptionellen Überlegungen im vorliegenden Kapitel. Mit der Be-

---

140) Vgl. Benkenstein (1992), S. 8.
141) Vgl. hierzu auch Dümmling (1984), S. 16f.
142) Vgl. Schubert (1993), S. 62.
143) Siehe auch Höft (1992), S. 83.

antwortung dieser Frage kann nämlich zugleich eine Bezugsebene für den weiteren Verlauf dieser Arbeit bestimmt werden: Wird im folgenden von Hochtechnologie bzw. Technologie gesprochen, so ist damit die spezifische technologische Grundlage einer bestimmten Produktklasse gemeint. Unter einer Produktklasse ist dabei eine Gruppe von Produkten der grundsätzlich gleichen Eigenschaftsart zu verstehen.[144] Gemäß dieser Auffassung wurde weiter oben vom Lebenszyklus der Computertomographie gesprochen. Sie stellt die technologische Grundlage für eine ganze Klasse in technischer Hinsicht dann durchaus unterschiedlich ausgestalteter Computertomographen dar.

Das heißt aber auch, daß etwa die Gentechnologie oder die Mikroelektronik nach dem hier zum Ausdruck gebrachten Verständnis keine eigentlichen Technologien darstellen. Sie sind vielmehr als Oberbegriffe für eine ganze Reihe von Technologien zu verstehen, zwischen denen zwar ein mehr oder weniger ausgeprägter Zusammenhang im Hinblick auf das zugrunde liegende theoretische Grundlagenwissen besteht, die aber letztlich ein jeweils eigenständiges technisches Wissen repräsentieren.[145]

2.6.2 Zeitliche Aspekte unter Bezugnahme auf Produktlebenszyklen

Auch in diesem Abschnitt wird nur so weit auf das Lebenszyklusmodell eingegangen, wie es zum Verständnis grundsätzlicher Zusammenhänge und Entwicklungsverläufe auf der produktbezogenen Ebene notwendig ist. Gleichzeitig wird bereits auf die beabsichtigte Zusammenführung der beiden Konzepte im darauf folgenden Abschnitt hingewirkt.

Produktlebenszyklusmodelle beschreiben in der Regel anhand einer S-förmigen Kurve die Entwicklung eines Produktes in Abhängigkeit von der Zeit.[146] In der Literatur findet sich eine geraume Anzahl von Produktlebenszyklusmodellen. Sie unterscheiden sich im wesentlichen in der Anzahl und der Benennung der Phasen sowie in der Berücksichtigung bzw. Nichtberücksichtigung des Zeitraums vor der Markteinführung eines Produktes.[147] Als abhängige Variable (Maßgröße) finden sich je nach Verfasser und instrumentellem Ziel des Modells Absatzmengen, Umsatzzahlen, Gewinne

---

144) Vgl. hierzu auch Kotler/Bliemel (1992), S. 624.
145) Im Falle der Gentechnologie bspw. Verfahren zur Produktion von Medikamenten, zur Züchtung gentechnisch manipulierter Nutztiere und Pflanzen oder zur Herstellung von Enzymen für die Waschmittelproduktion. Vgl. dazu auch Böhler (1989), S. 636ff.
146) Vgl. Meffert (1974), S. 89.
    Konkrete Entwicklungsverläufe können aber erheblich von diesem idealtypischen Verlaufsmuster abweichen. Graphische Darstellungen von verschiedenen empirisch ermittelten Produktlebenszyklusverläufen finden sich bei Höft (1992), S. 24f. und Meffert (1974), S. 125.
147) Vgl. hierzu eine umfassende tabellarische Übersicht bei Höft (1992), S. 18ff.

oder auch differenziertere Kennzahlen aus dem Rechnungswesen, wie z.B. cash flows und Deckungsbeiträge.[148]

Die ausdrückliche Berücksichtigung der einer Markteinführung vorgelagerten Entstehungsphasen findet sich in den Arbeiten von Pfeiffer/Bischof.[149] Mit dem Aufgreifen dieses Ansatzes können die in der Regel langen Entwicklungszeiten im Hochtechnologiebereich Berücksichtigung finden und die Ausführungen zum Problem der sogenannten "Zeitfalle" in Abschnitt 3.3.1.2 vorbereitet werden. In begrifflicher Abstimmung mit dem Modell des erweiterten Technologielebenszyklus wird im folgenden von einem erweiterten Produktlebenszyklus gesprochen.[150]

Im erweiterten Konzept des Produktlebenszyklus werden zwei Hauptphasen unterschieden: die Entstehungsphase und der Marktzyklus (siehe Abbildung 7).

Der Produktlebenszyklus umfaßt nach dieser Auffassung den Zeitraum von der ersten Produktidee bis zum Ausscheiden des realisierten Produktes aus dem Markt.[151] In der Entstehungsphase stehen die Produktentwicklung und die produktions- und absatzbezogenen Vorbereitungen im Vordergrund.[152] Der darauf folgende Marktzyklus beginnt mit der Einführung eines Produkts auf dem Markt und endet mit seinem Ausscheiden. Wie in Abbildung 7 ersichtlich ist, können im Marktzyklus vier Subphasen unterschieden werden: die Einführungsphase, die Wachstumsphase, die Reifephase und die Phase des Rückgangs.[153] Dabei wird als abhängige Variable der Umsatz gewählt.

---

148) Vgl. hierzu Pfeiffer/Bischof (1974a), S. 96ff., wo auch die Aussagefähigkeit verschiedener Maßgrößen diskutiert wird. Siehe auch Meffert (1974), S. 89 und Höft (1992), S. 31.
149) Vgl. ausführlicher Pfeiffer/Bischof (1974a), S. 50ff. sowie darauf aufbauend Pfeiffer/Bischof (1981), S. 137ff. Ferner Pfeiffer/Metze/Schneider et al. (1991), S. 26ff. Siehe aber auch Meffert (1974), S. 90.
150) Vgl. dazu auch Höft (1992), S. 66. Pfeiffer/Bischof sprechen dagegen von einem "integrierten" Produktlebenszyklus. Vgl. Pfeiffer/Bischof (1974a), S. 35. Die Verwendung des Terminus "integriert" soll in dieser Arbeit den Überlegungen im folgenden Abschnitt vorbehalten bleiben.
151) Im weiteren Verlauf wird der Begriff des Produktlebenszyklus aber aus sprachlichen Erwägungen synonym zum Begriff des Marktzyklus Verwendung finden, ohne dabei allerdings die Bedeutung der vorgelagerten Entstehungsphase in den Hintergrund drängen zu wollen.
152) Vgl. ausführlicher zur Entstehungsphase Pfeiffer/Bischof (1974a), S. 50ff. und Höft (1992), S. 68f.
153) Zu weitergehenden Ausführungen im Hinblick auf die Charakteristika dieser Phasen siehe etwa Kotler/Bliemel (1992), S. 548ff., Pfeiffer/Bischof (1974a), S. 70ff., Höft (1992), S. 36ff., Porter (1983), S. 211ff. und Kreilkamp (1987), S. 133ff. Bezogen auf ein 5-Phasen-Schema finden sich ausführliche Darlegungen etwa bei Becker (1993), S. 537ff., Meffert (1974), S. 91ff. oder auch Wasson (1974), S. 5ff. Kritische Anmerkungen zur Determiniertheit des Phasenverlaufs und der Phasencharakteristika finden sich bspw. bei Kotler/Bliemel (1992), S. 566 oder Höft (1992), S. 35ff.

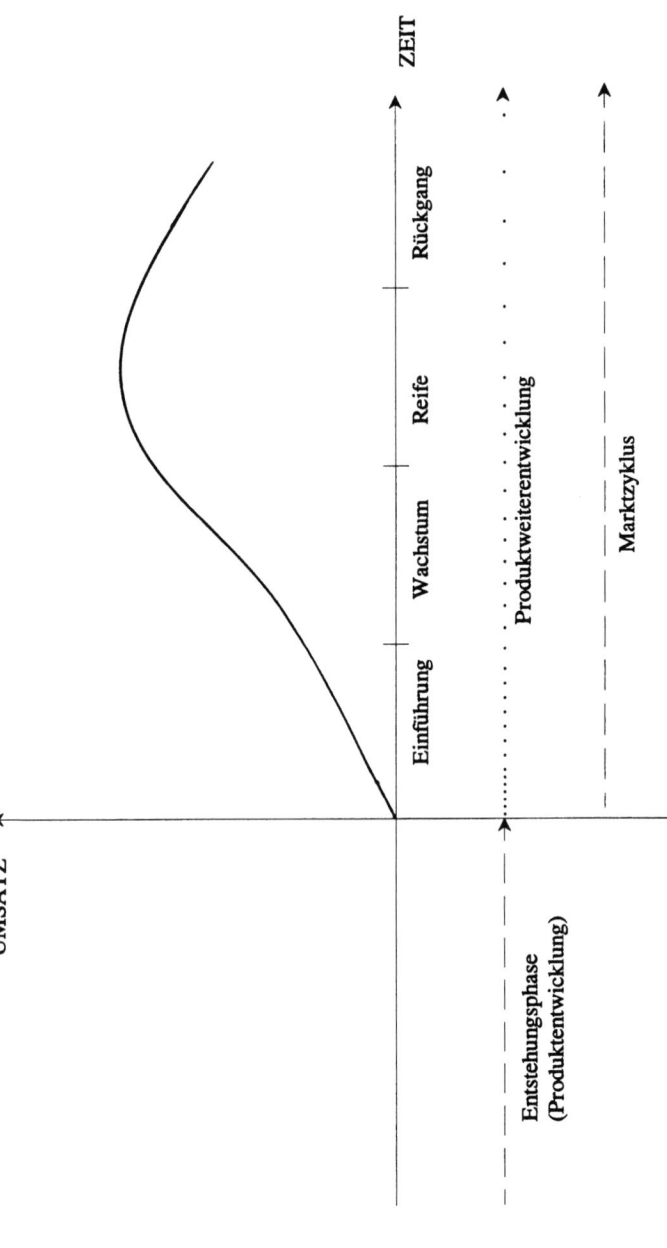

Abb. 7: Modell des erweiterten Produktlebenszyklus
Quelle: In Anlehnung an Pfeiffer/Bischof (1974a), S. 35 und Höft (1992), S. 67.

Ebenso wie beim Konzept des Technologielebenszyklus ist auch beim Produktlebenszyklus die Festlegung einer geeigneten Bezugsbasis erforderlich. Diesbezüglich findet
sich in der Literatur eine große Vielfalt.[154] Einige Vorschläge gehen dahin, ein
möglichst hohes Aggregationsniveau zu wählen.[155] Kotler/Bliemel erwägen, den
Produktlebenszyklus auf Produktklassen, Produktformen oder Marken zu beziehen.[156] Im vorangegangenen Abschnitt wurde der Technologielebenszyklus auf eine
Ebene bezogen, die die technologische Grundlage für eine Produktklasse darstellt.
Produktlebenszyklen auf der Basis von Produktklassen würden daher nach Auffassung
der vorliegenden Arbeit mit Technologielebenszyklen zusammenfallen.
Pfeiffer/Bischof differenzieren in einer ausführlichen Diskussion unter anderem zwischen dem Zyklus des zu lösenden Problems, dem Zyklus des Problemlösungsprinzips
und dem Zyklus von "Firmenvarianten" des Problemlösungsprinzips.[157] Während
die erstgenannte Bezugsebene noch gänzlich lösungsinvarianter Natur ist, ist der
Marktzyklus des Problemlösungsprinzips wiederum mit dem Zyklus identisch, der
oben als Technologielebenszyklus bezeichnet wurde.

Produktlebenszyklen auf einem sehr niedrigen Aggregationsniveau beziehen sich dagegen auf bestimmte Produktmarken oder Baureihen eines Unternehmens.[158] Es
wird dann auch von sogenannten Modellzyklen gesprochen,[159] die allerdings - wie
auch bereits Pfeiffer/Bischof mit dem Begriff der Firmenvarianten andeuten - unter-
nehmensindividuelle Produktlebenszyklen darstellen. Im vorliegenden Abschnitt ist
indes beabsichtigt, eine Bezugsbasis auf einer überbetrieblichen Ebene zu bestimmen.
Es gilt deshalb, ein Aggregat zu finden, das auf der einen Seite einen ähnlich gut erkennbaren Produktbezug wie z.B. das Aggregat der Baureihe aufweist, auf der anderen Seite aber auch eine Unterscheidung von der bereits festgelegten Ebene des Technologielebenszyklus zuläßt.

Zu diesem Zweck soll nun der Begriff der Produktgeneration eingeführt werden.[160]
In Anlehnung an den Begriff der Generation, der im allgemeinen eine Menge von
Objekten umfaßt, die im Hinblick auf ein bestimmtes Ereignis gleichaltrig sind,[161]
soll im folgenden unter einer Produktgeneration eine Menge von Produkten verstanden werden, die darüber hinaus auf der gleichen Produkttechnologie beruhen. Das

---

154) Siehe hierzu die Erörterungen bei Höft (1992), S. 27ff. und die dort zitierte Literatur.
155) Vgl. bspw. Meffert (1983), S. 196 und Michel (1987), S. 15.
156) Vgl. Kotler/Bliemel (1992), S. 543.
157) Vgl. Pfeiffer/Bischof (1974a), S. 87.
158) Vgl. hierzu auch Höft (1992), S. 124.
159) Vgl. hierzu ausführlicher Diez (1990), S. 264ff., der Modellzyklen in der Automobilin-
dustrie untersucht.
160) Zur Verwendung dieses Begriffs vgl. bspw. Große-Oetringhaus (1991), S. 121, Liesegang (1992), S. 94, Michel (1987), S. 15, Mollenhauer/Remmerbach (1988), S. 125ff.,
Norton/Bass (1987), S. 1069, Zäpfel (1989), S. 100 und Meffert (1983), S. 197.
161) Vgl. hierzu Kaas (1982), S. 238.

Kriterium der Gleichaltrigkeit wird also durch das Kriterium einer gemeinsamen Technologiestruktur ergänzt. Die zeitliche Dimension wird erkennbar, wenn man bedenkt, daß häufig von "aufeinanderfolgenden" Produktgenerationen gesprochen wird. [162]

Der Charakter von Produktgenerationen wird auf anschauliche Art und Weise bei Liesegang deutlich, wenn er schreibt:

> "Die Struktur komplexer Produkte wird also in aller Regel die Abgrenzung von Teilstrukturen (Komponenten) erlauben, die bereits vorher in ähnlicher Form eine kompetente Anwendung gefunden haben. Betrachtet man z.B. einen PC, so sind deutlich die Elemente der Schreibmaschinentastatur und des Fernsehbildschirms ... auszumachen. Die Ähnlichkeit kann dadurch erklärt werden, daß Produktentwicklung und Fertigungstechnologie sich nur allmählich ... an neue Erfordernisse anpassen können." [163]

Das Aufeinanderfolgen und das Aufeinanderaufbauen von Produktgenerationen kann als ein evolutionärer Prozeß verstanden werden, der mit der Ausschöpfung eines gemeinsamen technologischen Potentials einhergeht. So spricht Meffert auch von "Produktgenerationen innerhalb bestehender Technologiezyklen". [164]

Vor diesem Hintergrund können Produktgenerationen als Bezugsbasis für Produktlebenszyklen herangezogen werden. [165] Der Vorschlag von Kotler/Bliemel, die Produktform als Bezugsbasis zu nehmen, deutet im übrigen in die gleiche Richtung. [166] Im Begriff der Produktform kommt aber nur in einem geringeren Maße der zeitliche und technologische Zusammenhang von Produktgenerationen zum Ausdruck. Dieser sollte aber im Hochtechnologiebereich ganz besonders hervorgehoben werden. Die Frage, wann ein neuer Produktlebenszyklus beginnt, wird in Abschnitt 2.7.1 im Ansatz beantwortet werden, wenn es um die Frage der "Neuheit" von Produktinnovationen geht.

2.6.3 Die Dynamik im Hochtechnologiebereich aus dem Blickwinkel einer integrierten Betrachtung von Technologie- und Produktlebenszyklen

Für ein besseres Verständnis der Dynamik im Hochtechnologiesektor ist es nützlich, die Interdependenzen der unterschiedlichen Lebenszyklen zu skizzieren. In der Literatur finden sich hierzu graphische Darstellungen, in denen Zyklen auf höheren Be-

---

162) Vgl. bspw. Liesegang (1992), S. 99, Zäpfel (1989), S. 99f. und Norton/Bass (1987), S. 1069f.
163) Liesegang (1992), S. 94.
164) Meffert (1983), S. 197.
165) In diesem Sinne interpretieren auch Meffert und Michel den Produktlebenzyklus. Vgl. Meffert (1983), S. 197 und Michel (1987), S. 15f.
166) Vgl. dazu Kotler/Bliemel (1992), S. 540, wo die Auffassung der Produktform als eine Produktgeneration in einem Beispiel zum Produkt "Taschenrechner" deutlich wird.

zugsebenen als Umhüllungskurven von Zyklen auf niedrigeren Ebenen verstanden werden. Den zuletzt genannten Zyklen kommt dann naturgemäß eine kürzere Zyklusdauer zu.

In seinen ausführlichen Erörterungen zu Verknüpfungen von Lebenszyklen weist auch Höft darauf hin, daß sich Technologielebenszyklen aus einzelnen Produktlebenszyklen zusammensetzen, die als gemeinsames Merkmal die Anwendung der betreffenden Technologie aufweisen.[167] Legt man beiden Konzepten die Maßgröße Umsatz zugrunde, wird deutlich, daß der Umsatz einer Technologie die Summe der Umsätze aller ihrer Anwendungen in Form von Produkten darstellt.

Beachtung findet in der Literatur eine Darstellung von Ansoff, der die Zusammenhänge von Nachfrage-, Technologie- und Produktlebenszyklen in Abhängigkeit von der zeitlichen Stabilität und dem Anwendungspotential einer Technologie beschreibt.[168] Den <u>Nachfragezyklus</u> kennzeichnet Ansoff dabei wie folgt: "The demand life cycle .. describes a typical evolution of demand from the day a previously unserved societal need ... begins to be served by products or services".[169] Bereits weiter oben wurde auf Pfeiffer/Bischof hingewiesen, die im Zusammenhang mit der Erörterung von Bezugsbasen einen Zyklus des zu lösenden Problems unterscheiden. Zäpfel spricht in diesem Zusammenhang auch vom Entwicklungsverlauf eines lösungsinvarianten Abnehmerproblems.[170] Der Nachfragelebenszyklus wird im folgenden in diesem Sinne interpretiert. Der Zusammenhang "Nachfragelebenszyklus - Technologielebenszyklus - Produktlebenszyklus" kann demzufolge ganz analog zum Zusammenhang "Problem - Problemlösungsprinzip - Problemlösung" verstanden werden.

In seinen Erörterungen unterscheidet Ansoff schließlich zwischen einer "stable technology", einer "fertile technology" und einer "turbulent technology" (siehe Abbildung 8).

Bei <u>stabilen Technologien</u> treten während der gesamten Dauer des Nachfragezyklus keine Substitutionserscheinungen durch andere Technologien auf. Das Variationspotential der Technologie ist relativ gering. Gestaltungsmöglichkeiten auf der techni-

---

167) Vgl. Höft (1992), S. 134.
168) Vgl. Ansoff (1984), S. 102ff. Interpretationen dieser Darstellung finden sich bei Kotler/Bliemel (1992), S. 539f., Benkenstein (1989), S. 503f., Höft (1992), S. 135ff. und Meffert (1983), S. 197.
169) Ansoff (1984), S. 42.
170) Vgl. Zäpfel (1989), S. 99. In Abschnitt 3.3.2.2.1.1 werden solche "originären" Abnehmerprobleme noch ausführlicher behandelt.

schen Ebene beruhen nur zu einem geringeren Anteil auf Leistungssteigerungen im Rahmen eines technischen Wandels. Die Anzahl der Produktlebenszyklen ist deshalb niedrig.

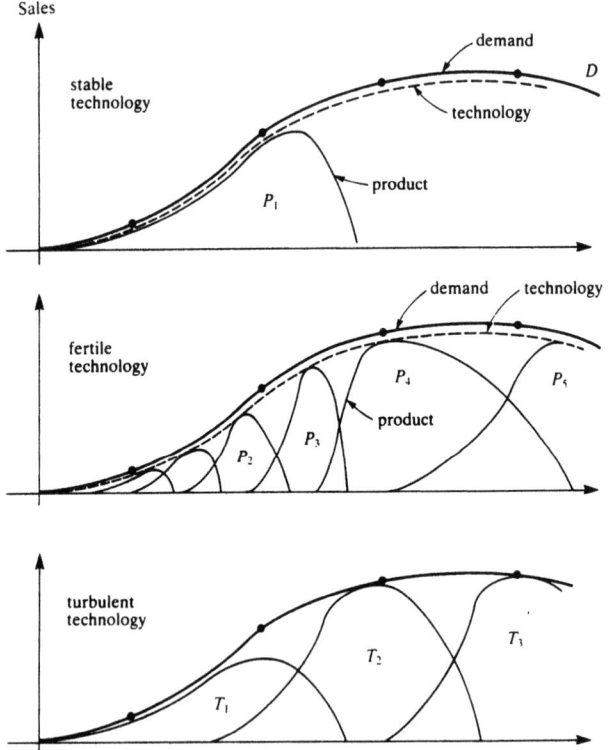

Abb. 8: Schema einer integrierten Lebenszyklusbetrachtung
Quelle: Ansoff (1984), S. 103 (mit geringfügigen Änderungen).

"Fertile technologies" zeichnen sich ebenfalls durch einen sehr langlebigen Verlauf aus, gehen aber mit einer ständigen Erweiterung des Anwendungsspektrums einher. Sie sind aufgrund ihres Variationspotentials sehr ergiebig für die Entstehung zahlreicher Produkte. Dementsprechend herrscht hier ein beträchtlicher innovativer Wettbewerb, der sich in einer hohen Anzahl von Produktlebenszyklen niederschlägt.

Turbulente Technologien sind wie beim vorangegangenen Typ durch eine Vielzahl von Produktlebenszyklen innerhalb eines Technologielebenszyklus gekennzeichnet.

Darüber hinaus ist innerhalb eines Nachfragelebenszyklus eine mehrfache Substitution von Technologien zu beobachten.

Trotz der recht mechanistisch anmutenden Denkweise[171] sind die Darlegungen von Ansoff hilfreich, um die zeitlichen Aspekte des Phänomens Hochtechnologie zu beschreiben. Hochtechnologien sind in der Regel durch eine hohe Dynamik des technologischen und technischen Wandels im Sinne der eben skizzierten turbulenten Technologien gekennzeichnet.[172] Obgleich der einzelnen Technologie durchaus eine längere Lebensdauer zukommen kann, muß sie sich beständig gegenüber konkurrierenden Technologien behaupten. Die in der vorliegenden Arbeit aber eigentlich interessierende Dynamik liegt auf der technischen Ebene: in der hohen Anzahl kurzer Produktlebenszyklen im Rahmen der jeweiligen Technologie.[173] Die Ursache für dieses wesentliche Kennzeichen des Hochtechnologiebereichs wird im folgenden Abschnitt deutlich werden.

2.7 Hochtechnologie und Innovation

2.7.1 Technische und Anwendungsinnovationen als Erscheinungsformen der Produktinnovation

Der sprachliche Ursprung des Begriffs Innovation zeigt bereits, daß das "Neue" ein grundlegendes Merkmal von Innovationen ist (innovatio (lat.) = Neuerung, Erneuerung, Schaffen von etwas Neuem).[174] In den meisten Definitionen wird deshalb auch mehr oder weniger deutlich die Tatsache der Neuartigkeit hervorgehoben: "An innovation is ... any thought, behavior or thing that is new because it is qualitatively different from existing forms."[175] Im Hinblick auf das Innovationsobjekt lassen sich

---

171) Vgl. diesbezüglich auch die kritischen Anmerkungen bei Benkenstein (1989), S. 504.
172) Vgl. hierzu auch Remmerbach (1988), S. 138 sowie Shanklin/Ryans (1987), S. 3f. und S. 60f. Ähnlich auch Jugel (1991), S. 16, Maidique/Hayes (1984), S. 29 und Bender (1986), S. 193.
173) Siehe hierzu auch Backhaus (1991), S. 11, Meffert/Remmerbach (1988), S. 332, Benkenstein (1992), S. 8, Hofmaier (1992a), S. 18 und Specht (1987), S. 88. In dem Ergebnisbericht zu einer Befragung von Managern und Marketingexperten hinsichtlich der Besonderheiten im hochtechnologischen Bereich wird die Verkürzung der Produktlebenszyklen als eines der zentralen Merkmale herausgestellt. Vgl. hierzu Meffert/Lamnek/Maisberger et al. (1991), S. 63ff. Danach zeigen die Ergebnisse nach Ansicht der Autoren deutlich, daß sich die Produktlebenszyklen nicht nur in der Vergangenheit verkürzt haben, sondern daß sich diese Tendenz auch in Zukunft weiter fortsetzen wird. Hatte der überwiegende Anteil der betrachteten Hochtechnologieprodukte in der Vergangenheit noch eine Lebensdauer von 5 bis 10 Jahren, so liegt sie heute nur noch bei 3 bis 5 Jahren und wird sich in den kommenden Jahren auf 1 bis 3 Jahre verkürzen. Als am stärksten von dieser Entwicklung betroffene Bereiche werden die Büroautomatisierungstechnik, die Mikroelektronik sowie die Optoelektronik/Lasertechnik genannt.
174) Vgl. Thom (1992), S. 7 und Staudt (1985), S. 486.
175) Barnett (1953), S. 7. Ein guter Überblick über weitere definitorische Ansätze findet sich bei Hauschildt (1993), S. 5f.

Produktinnovationen, Verfahrensinnovationen und Sozialinnovationen unterscheiden.[176] Während Verfahrensinnovationen auf Neuerungen im Leistungserstellungsprozeß einer Unternehmung abstellen, versteht man unter Sozialinnovationen Veränderungen im Humanbereich einer Unternehmung (z.b. Maßnahmen der Personal- und Organisationsentwicklung).[177] In den weiteren Ausführungen stehen Produktinnovationen im Mittelpunkt der Betrachtung. Es sei aber angemerkt, daß Produktinnovationen im Investitionsgüterbereich auf der Abnehmerseite Verfahrensinnovationen darstellen bzw. hervorrufen können, die dann ihrerseits häufig wiederum Sozialinnovationen nach sich ziehen.[178]

Produktinnovationen sind "qualitativ neuartige Produkte ..., die sich gegenüber dem vorangehenden Zustand merklich - wie immer das zu bestimmen ist - unterscheiden."[179] Im Unterschied zu Inventionen, die Entdeckungen oder Erfindungen darstellen und das technologische Potential erweitern, schließt der Begriff der Innovation immer auch die Anwendung des technischen Wissens ein. Produktinnovationen beinhalten somit immer eine marktliche Komponente.[180] Der marktliche Verwertungsaspekt ist demnach für den Begriff der Produktinnovation entscheidend: "Eine Erfindung, die die Stufe der ... marktlichen Verwertung nicht erreicht, ist letztlich keine Innovation geworden."[181]

Der Begriff der Produktinnovation wird durch die Perspektive des jeweiligen Beobachters bestimmt, denn es herrscht weder Einigkeit darüber, was genau als "neu" bezeichnet wird, noch darüber, für wen etwas als "neu" gilt.[182] Ein Ansatz zur Aufhellung der inhaltlichen Dimension des Innovationsbegriffs findet sich darin, den Begriff des Produkts gedanklich in die beiden Dimensionen "Abnehmerproblem" und "Technische Problemlösung" aufzuspalten.[183] Hierdurch können dann Aussagen im

---

176) Vgl. Thom (1992), S. 8. Ganz ähnlich Marr (1993), Sp. 1797 und Brose (1982), S. 17f.
177) Vgl. Thom (1992), S. 8 und Marr (1993), Sp. 1797.
178) Vgl. Grochla (1980), S. 31 sowie Trommsdorff (1991), S. 179.
179) Hauschildt (1993), S. 4.
180) Vgl. Brose (1982), S. 13f., Pfeiffer (1980), S. 421f., Tornatzky/Fleischer (1990), S. 11, Jugel (1991), S. 8 und Wolfrum (1991), S. 7. Zum Begriff der Invention siehe ausführlicher Gerybadze (1982), S. 23f. und Kogler (1991), S. 10f.
181) Hauschildt (1993), S. 7.
182) Vgl. auch hierzu Hauschildt (1993), S. 7, der die inhaltliche und subjektive Dimension des Innovationsbegriffs voneinander abgrenzt. Ähnlich Tebbe (1990), S. 10, der ein objektives und subjektives Kriterium unterscheidet.
Im Hinblick auf die subjektive Dimension wird überwiegend dann von einer Produktinnovation gesprochen, "wenn ein Unternehmen ein Produkt auf den Markt bringt, das bisher nicht im Produktionsprogramm *dieses* Unternehmens enthalten war." Kieser (1974), Sp. 1733. Ebenso Köhler (1991b), S. 9.
Im Gegensatz zu diesen Betriebsneuheiten kommt es bei Marktneuheiten ganz auf die subjektive Vorstellung der Abnehmer an, ob ein Produkt als innovativ angesehen wird. Vgl. hierzu Köhler/Fronhoff/Huxold (1988), S. 3.
183) Vgl. zu dieser Sichtweise Köhler/Fronhoff/Huxold (1988), S. 5ff., Pfeiffer (1980), S. 422ff. sowie Hauschildt (1993), S. 7ff. Ähnlich auch Abernathy/Clark (1985), S. 7f.

Hinblick auf den Neuigkeitsgrad einer Innovation sowie im Hinblick auf unterschiedliche Innovationsarten gewonnen werden (siehe Abbildung 9).

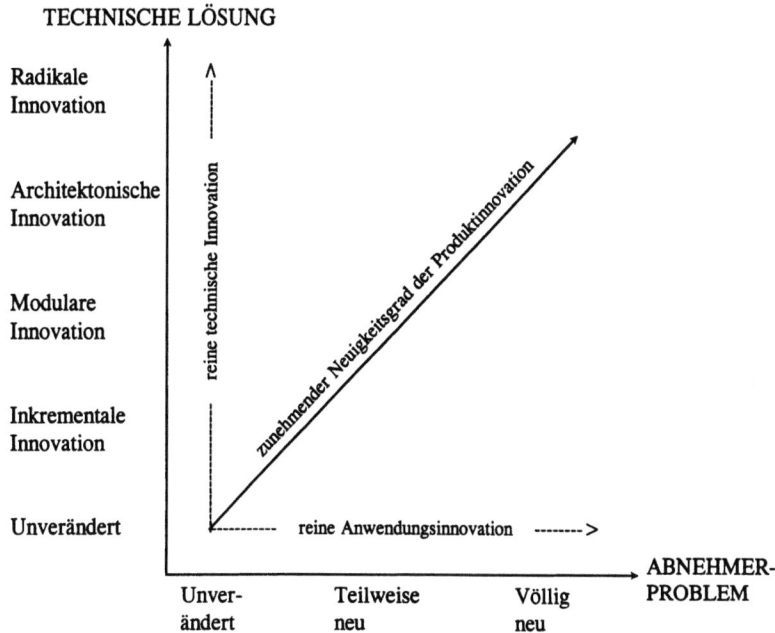

Abb. 9: Differenzierung des Innovationsbegriffs nach zwei Dimensionen
Quelle: In Anlehnung an Köhler/Fronhoff/Huxold (1988), S. 6. und Henderson/Clark (1990), S. 11f.

Eine Produktinnovation kann demnach als die neuartige Kombination eines Abnehmerproblems mit einer technischen Problemlösung verstanden werden.[184] Dabei muß bei mindestens einer der beiden Dimensionen etwas "Neues" auftreten. Es handelt sich also auch dann bereits um eine Produktinnovation, wenn eine unveränderte technische Problemlösung mit einem neuen Abnehmerproblem verknüpft wird.[185] Innovationen der letztgenannten Art können auch als reine <u>Anwendungsinnovationen</u> bezeichnet werden.[186] Die bereits weiter oben erwähnte Anwendung der Computer-

184) Vgl. hierzu auch Moore/Tushman (1982), S. 132 und Jugel (1991), S. 8. Hauschildt (1993), S. 7 spricht in diesem Zusammenhang von sog. "Zweck-Mittel-Kombinationen".
185) Vgl. hierzu auch Pfeiffer (1980), S. 422, Köhler/Fronhoff/Huxold (1988), S. 7 und Hauschildt (1993), S. 7f.
186) Vgl. zur Verwendung des Begriffs "Anwendungsinnovation" auch Pfeiffer (1980), S. 424, Gobeli/Brown (1987), S. 26 und Mollenhauer/Remmerbach (1988), S. 133.

tomographie in der Archäologie ist ein Beispiel dazu. Mit reinen technischen Innovationen dagegen ist der Sachverhalt zu bezeichnen, bei dem ein technisch verändertes Produkt mit einem unveränderten Abnehmerproblem kombiniert wird. In den allermeisten Fällen werden aber technische Innovationen und Anwendungsinnovationen in einer Verknüpfung auftreten. Reine Anwendungsinnovationen sind selten zu beobachten.

Produktinnovationen können demnach auch als Resultante von Anwendungsinnovationen und technischen Innovationen aufgefaßt werden, wobei das Ausmaß ihrer Neuartigkeit jeweils vom Neuigkeitsgrad der sie konstituierenden Komponenten abhängt.[187] Der Neuigkeitsgrad einer Produktinnovation ist in Abbildung 9 in Form eines idealtypisch eingezeichneten Fahrstrahls veranschaulicht und nimmt mit steigender Entfernung vom Ursprung zu. Reine technische Innovationen und reine Anwendungsinnovationen sind durch die gestrichelten Linien angedeutet.

Es wurde bewußt darauf verzichtet, den durch die beiden Dimensionen aufgespannten Raum in Form eines Rasters mit fest abgegrenzten Zellen auszubilden. Sowohl Anwendungsinnovationen und technische Innovationen als auch die Resultante müssen als Kontinua von Neuheitsgraden verstanden werden.[188] Die ordinale Abstufung der beiden Dimensionen nach dem Ausmaß der Neuerung ist aber nützlich, um die grundsätzlichen Zusammenhänge besser zu verstehen. Während die Abstufungen des Abnehmerproblems in Abbildung 9 allgemein gehalten wurden, ist die Dimension "Technische Lösung" mit der Unterteilung in radikale, architektonische, modulare und inkrementale Innovationen einer differenzierteren Betrachtung unterzogen worden. Diese Unterscheidung beruht auf einem Ansatz der Kategorisierung technischer Innovationen bei Henderson/Clark.[189] Die beiden Autoren betrachten ein Produkt als ein System, daß sich aus verschiedenen Komponenten zusammensetzt, die auf unterschiedliche Art und Weise miteinander verknüpft werden können. Im Hinblick auf die einem Produkt zugrundeliegende Wissensbasis unterscheiden sie ein "component knowledge" und ein "architectural knowledge". In Abschnitt 2.3.1 kam diese Sichtweise bereits zum Ausdruck, als auf der technologischen Ebene zwischen dem in Subtechnologien enthaltenen Wissen und dem sogenannten Wissen über das System-

---

187) Vgl. dazu auch Pfeiffer (1980), S. 422, der von der Resultante technischer Problemlösungspotentiale und wirtschaftlicher Anwendungen spricht.

188) Von Interesse ist in diesem Zusammenhang, daß in einer Studie des Instituts für Markt- und Distributionsforschung der Universität zu Köln die Rasterung eines ähnlich dimensionierten zweidimensionalen Raumes dazu diente, bei einer Reihe deutscher Großunternehmen Einschätzungen zu erheben, welche Art von Produktinnovationen (als Kombinationen von technischen Innovationen und Anwendungsinnovationen) in den letzten Jahren bei den befragten Unternehmen am häufigsten festzustellen war. Dabei lagen die häufigsten Nennungen im mittleren Abschnitt der beiden Dimensionen. Vgl. dazu Köhler (1991a), S. 154.

189) Vgl. im folgenden Henderson/Clark (1990), S. 11ff.

prinzip unterschieden wurde. Versteht man diese beiden Know-how-Komponenten als Dimensionen einer Matrix, so lassen sich folgende Arten technischer Innovationen unterscheiden (siehe Abbildung 10):

		Subtechnologie	
		Weiterentwicklung	Völlig neu
Architektur/ Systemprinzip	Nicht verändert	Inkrementale Innovation	Modulare Innovation
	Verändert	Architektonische Innovation	Radikale Innovation

Abb. 10: Erscheinungsformen technischer Innovationen
Quelle: In Anlehnung an Henderson/Clark (1990), S. 12.

Inkrementale Innovationen sind mit einer Weiterentwicklung einzelner Subtechnologien verbunden, die eine Leistungsverbesserung beinhaltet und/oder mit einer Differenzierung bzw. Anpassung an veränderte Abnehmerprobleme einhergeht. Das den Subtechnologien zugrundeliegende Wissen bleibt dabei in seiner Grundstruktur erhalten, lediglich sein Entwicklungspotential wird ausgeschöpft. Das Systemprinzip, d.h. die zugrundeliegende Architektur eines Produktes, bleibt unverändert.[190)]

Bei modularen Innovationen bleibt die Architektur eines Produktes ebenfalls unverändert, dagegen liegt aber einer einzelnen Komponente oder auch mehreren Komponenten ein in seiner Grundstruktur gänzlich verändertes technisches Know-how zugrunde.[191)]

Architektonische Innovationen beinhalten eine Weiterentwicklung einzelner Subtechnologien, im Gegensatz zu inkrementalen Innovationen wird hier aber auch die Architektur eines Produktes verändert.[192)] Interessant ist in diesem Zusammenhang, daß Henderson/Clark in früheren Versionen ihres Beitrags architektonische Innovatio-

190) Siehe Henderson/Clark (1990), S. 9 und S. 11.
191) Vgl. Henderson/Clark (1990), S. 12.
192) Vgl. Henderson/Clark (1990), S. 10.

nen auch als "generational innovations" bezeichnet haben.[193] Damit wird die Verbindungslinie zu dem weiter oben erörterten Begriff der Produktgeneration erkennbar.

Radikale Innovationen brechen sowohl mit dem Systemprinzip als auch mit der Wissensbasis der jeweiligen Subtechnologien.[194]

Durch die Unterscheidung eines Neuigkeitsgrades der Subtechnologien und eines Neuigkeitsgrades des Systemprinzips wird die grundsätzliche Operationalisierbarkeit von technischen Innovationsarten bzw. Typen technischen Wandels gefördert. Henderson/Clark liefern durch den Bezug auf die Komponenten technischen Wissens einen Ansatz, um die Grenzen einer in der Innovationsforschung durchaus üblichen dichotomen Unterscheidung von Innovationsarten zu überwinden, die letztlich auf die beiden Endpunkte eines Kontinuums des Neuartigkeitsgrades von Innovationen abstellt.[195] Definitionsversuche von Begriffspaaren wie beispielsweise inkremental vs. radikal[196], graduell vs. prinzipiell[197] oder Basis- vs. Verbesserungsinnovationen[198] nehmen sich häufig recht spärlich aus und bleiben zudem allgemein und vage.[199] Ferner sind Zweifel im Hinblick auf die Eindimensionalität eines solchen Kontinuums angebracht. Nicht nur eine einzige Dimension, sondern eine Kombination mehrerer Dimensionen zeichnen für den Neuigkeitsgrad von Innovationen verantwortlich.[200] Dies wurde mit dem Ansatz von Henderson/Clark deutlich. Dennoch bringen auch hier die fließenden Übergänge zwischen den vier Erscheinungsformen technischer Innovationen Abgrenzungsprobleme mit sich. Dazu Henderson/Clark: "The matrix ... is designed to suggest that a given innovation may be less radical or more architectural, not to suggest that the world can be neatly divided into four quadrants."

Eine genaue Abgrenzung der dargelegten Innovationsarten ist für den Zweck der vorliegenden Arbeit letztlich nicht erforderlich. Interessant ist vielmehr, sowohl technische als auch Anwendungsinnovationen in einen Zusammenhang mit der integrierten

---

193) Vgl. hierzu die Anmerkung bei Henderson/Clark (1990), S. 11.
194) Siehe Henderson/Clark (1990), S. 11.
195) Vgl. hierzu auch Tornatzky/Fleischer (1990), S. 18.
196) Vgl. bspw. Tornatzky/Fleischer (1990), S. 18f.
197) Vgl. Weiss (1989), S. 2f. Weiss spricht im Falle prinzipieller Innovationen auch von diskontinuierlichen Technologieänderungen.
198) Vgl. hierzu Mensch (1971), S. 297, Mensch (1972), S. 292ff., Mensch (1975), S. 54ff. und Kogler (1991), S. 24f. Unter Basisinnovationen werden richtungsändernde, revolutionierende Neuheiten verstanden. Verbesserungsinnovationen dagegen stellen Weiterentwicklungen innerhalb der durch Basisinnovationen etablierten Bereiche dar. Obwohl Mensch diese Innovationsarten jeweils weiter ausdifferenziert (z.B. in bedeutsame und sehr bedeutsame Verbesserungsinnovationen), bleiben dennoch Abgrenzungsprobleme bestehen. Vgl. zum letzteren auch Brose (1982), S. 28 sowie Jugel (1991), S. 10.
199) Siehe hierzu auch die Kritik bei Henderson/Clark (1990), S. 9.
200) Vgl. hierzu auch Tornatzky/Fleischer (1990), S. 18.

Lebenszyklusbetrachtung in Abschnitt 2.6.3 zu bringen. Damit kann dann abschließend die Frage beantwortet werden, wann, d.h. bei welcher Innovationsart, von dem Beginn eines neuen Zyklus auszugehen ist und durch welche Innovationsarten der Verlauf dieses Zyklus beeinflußt wird (siehe hierzu Abbildung 11).

Lebenszyklus (Bezugsbasis)	Auslöser für einen neuen Zyklus (Innovationsart)	Determinante des Zyklusverlaufs (Innovationsart)
Nachfrage- lebenszyklus (Abnehmerproblem)	Radikale Innovationen	Radikale Innovationen
Technologie- lebenszyklus (Technologie)	Radikale Innovationen	Architektonische Innovationen Modulare Innovationen
Produkt- lebenszyklus (Produktgeneration)	Radikale Innovationen Architektonische Innovationen Modulare Innovationen	Inkrementale Innovationen Anwendungsinnovationen

Abb. 11: Lebenszyklusbezug unterschiedlicher Innovationsarten

Abbildung 11 zeigt im wesentlichen, daß radikale Innovationen einen im Sinne der vorliegenden Arbeit neuen Technologielebenszyklus initiieren, architektonische und modulare Innovationen dagegen einen neuen Produktlebenszyklus. Architektonische und modulare Innovationen vollziehen sich demzufolge innerhalb der durch radikale Innovationen etablierten Technologielebenszyklen, während inkrementale und Anwendungsinnovationen den Verlauf der durch architektonische bzw. modulare Innovationen ausgelösten Produktlebenszyklen beeinflussen.

Selbstverständlich kann diese Betrachtung nur eine grobe gedankliche Strukturierung sein, die durch fließende Übergänge zwischen den einzelnen Begriffen und Betrachtungsebenen gekennzeichnet ist.

2.7.2 Innovativer Wettbewerb als charakteristisches Merkmal des Hochtechnologiebereichs

Unternehmen sind nicht einfach passiv dem technischen Wandel unterworfen, sondern sie sind zugleich als wesentliche Verursacher technischer Veränderungsprozesse anzusehen. Kaufer weist pointiert darauf hin, daß technischer Fortschritt nicht "dem Manna gleich vom Himmel"[201] falle, sondern daß Unternehmen systematisch und mit erheblichem Aufwand nach neuen technischen Problemlösungsmöglichkeiten suchen: "Technischer Fortschritt wird demnach von Unternehmen produziert."[202] Eine entscheidende Größe ist in diesem Zusammenhang der Wettbewerb zwischen Unternehmen. In einer knappen Definition ist Wettbewerb das "Wetteifern" mehrerer Wirtschaftssubjekte um etwas, das nicht alle in dem gewünschten Umfang bekommen können.[203] Versteht man darunter das Konkurrieren um die "Nachfrage von Abnehmern", so rücken (potentielle) Abnehmer in den Mittelpunkt des Wettbewerbs.[204] Vollzieht sich ein Teil dieses Wettbewerbsprozesses über neue Produkte bzw. die Weiterentwicklung von Produkten, wird von innovativem Wettbewerb gesprochen.[205]

Innovativer Wettbewerb ist gewissermaßen der Stimulus für Unternehmen, ihr Leistungsprogramm immer wieder neu zu überdenken und Innovationen hervorzubringen. Grundlegend sind hier die Arbeiten von Schumpeter.[206] Schumpeter betont nicht nur immer wieder die Rolle von Innovationen im Wettbewerbsgeschehen, er hebt zugleich den evolutionären Charakter des Wettbewerbs hervor.[207] Der entscheidende "Motor", der diesen Entwicklungsprozeß aufrecht erhält, sind die von Unternehmen hervorgebrachten Innovationen. Es handelt sich um einen Prozeß, "... der unaufhörlich die Wirtschaftsstruktur *von innen heraus* revolutioniert, unaufhörlich die alte Struktur zerstört und unaufhörlich eine neue schafft."[208] Die Triebkraft zur Innovation resultiert dabei aus der Möglichkeit des Erreichens temporärer Monopolstellungen, die aber selbst wiederum der Wirkung des Wettbewerbsprozesses unterworfen sind. Dabei kann die Gefahr des Verlustes von Monopolstellungen von bestehenden Konkurrenten (aber auch von neu in den Markt eintretenden Wettbewerbern) der gleichen Branche oder von Unternehmen fremder Branchen ausgehen.[209]

---

201) Kaufer (1980), S. 595.
202) Kaufer (1980), S. 595.
203) Vgl. Picot (1990), S. 119 und Gerybadze (1982), S. 89.
204) Vgl. dazu Picot (1990), S. 119 und Plinke (1992), S. 832.
205) Vgl. Gerybadze (1982), S. 89 und Kogler (1991), S. 62f.
206) Um die Ausführungen zu straffen, wird im folgenden lediglich auf Schumpeter (1950) Bezug genommen. Zur kritischen Interpretation des Wettbewerbsbegriffs bei Schumpeter siehe Gerybadze (1982), S. 92ff.
207) Vgl. Schumpeter (1950), S. 136.
208) Schumpeter (1950), S. 137f.
209) Vgl. Schumpeter (1950), S. 140f., Gerybadze (1982), S. 93f. und Porter (1983), S. 29.

Das Ausmaß des innovativen Wettbewerbs wird aus der Sicht eines einzelnen Unternehmens zunächst einmal durch seine eigenen Handlungen bestimmt. Im Rahmen einer wechselseitigen Verbundenheit lösen aber die innovierenden Aktivitäten von Wettbewerbern wiederum Innovationsbemühungen des erstgenannten Unternehmens aus.[210] Dieser Sachverhalt wird auch als Wettbewerbsdruck oder Innovationsdruck bezeichnet.[211] Ein verschärfter Wettbewerbsdruck zeigt sich besonders deutlich in Branchen, die durch einen rapiden technischen Wandel gekennzeichnet sind und in denen die systematische Ausschöpfung einer Technologie die Entwicklung einer Vielzahl neuer Produkte bzw. die Verbesserung bestehender Produkte ermöglicht. Hierbei sind die Unternehmen gezwungen, mit dem technischen Wandel Schritt zu halten und, soweit möglich, den Konkurrenten durch innovative Produkte zuvorzukommen.[212] Der Bereich der Hochtechnologie ist überwiegend durch dieses Merkmal einer hohen Innovationsintensität bzw. eines hohen Wettbewerbsdrucks gekennzeichnet.[213] Ein Rückblick auf die Entwicklungen im Bereich der Computertomographie bis zum Jahre 1981 vermittelt einen Eindruck davon (siehe Abbildung 12).

Trotz des hohen Variationspotentials technischen Wissens im Hochtechnologiebereich ist in der Regel im Verlaufe des Technologielebenszyklus eine Homogenisierung der angebotenen Produkte zu beobachten.[214] Dieses Problem äußert sich in einer erschwerten technischen Differenzierbarkeit gegenüber Wettbewerbern. Es kommt dann häufig zu einem massiven Preiswettbewerb mit dem Ergebnis eines rapiden Preisverfalls.[215] In diesem Umfeld gewinnen neue, vom substantiellen Produkt losgelöste Differenzierungsmöglichkeiten an Bedeutung, wozu beispielsweise das Angebot produktbegleitender Dienstleistungen gehört.[216]

---

210) Vgl. Kliche (1991), S. 41.

211) Vgl. Picot (1990), S. 120.

212) Vgl. Gerybadze (1982), S. 94f. und Picot (1990), S. 121.

213) Vgl. hierzu Benkenstein (1992), S. 13, Kliche/Tomczak (1988), S. 18, Bender (1986), S. 194, Meffert/Remmerbach (1988), S. 332, Maidique/Hayes (1984), S. 29 und Hofmaier (1992a), S. 18.
Im Anhang (Spalte 2) findet sich eine tabellarische Übersicht zur Innovationsintensität der dort aufgeführten Hochtechnologiebereiche. Dabei wurde eine ordinale Abstufung in eine hohe, mittlere und niedrige Innovationsintensität vorgenommen. Die eingeschätzen Intensitäten differieren allerdings mehr oder weniger stark zwischen den einzelnen Anwendungsbereichen der Technologie.

214) Vgl. hierzu Jugel (1991), S. 18 sowie Davidow (1987), S. 20f.

215) Vgl. Meffert/Lamnek/Maisberger et al. (1991), S. 31f.,
Benkenstein (1992), S. 9 sowie Baaken (1990), S. 295. Computerchips sind in diesem Zusammenhang ein ganz extremes Beispiel. Töpfer (1991), S. 169 weist auf einen Preisverfall des 256-Kilobit-Chips um 94% innerhalb eines Jahres hin.

216) Vgl. hierzu Jugel/Zerr (1989), S. 164, Fuchs (1990), S. 64 und Droege/Backhaus/Weiber (1993), S. 29.

1973	EMI ist Alleinhersteller und liefert bis Ende 1974 60 Schädel-Computertomographen mit 6,5 Minuten Abtastzeit
1974	Siemens bringt als erste Röntgenfirma ein ähnliches Gerät, SIRETOM, zum klinischen Einsatz. Ledley stellt seinen Ganzkörper-ACTA-Scanner vor, der im Jahr darauf von Pfizer gebaut wird. Ohio Nuclear kündigt den Ganzkörper-DELTA-Scan 50 mit 2,5 Minuten Abtastzeit an. Artronix kündigt ein Rotationssystem für einen 9-s-Schädel-Computertomographen mit Wasserausgleichskörper an
1975	EMI stellt das 60-s-Schädelgerät CT 1010 und den 20-s-Ganzkörper-Computertomographen 5005 vor. GE bringt als Pilotprojekt ein 10-s-Mammagerät CT/M mit Rotationssystem, kündigt das 5-s-Ganzkörpergerät CT/T an und verkauft das 270-s-Schädelgerät CT/N der Neuroscan Company. Siemens nimmt den DELTA-Scan 50 in das weltweite Vertriebsprogramm (außer USA/Kanada) und danach auch die folgenden DELTA-Scan-Typen bis 1977
1976	Ohio Nuclear kommt mit dem 18,8-s-DELTA-Scan 50 FS heraus, Pfizer mit dem 20-s-Computertomographen 0200 FS und Philips mit dem 20-s-TOMOSCAN; sie folgen damit dem EMI-Gerät CT 5005. Syntex zeigt einen 12-s-Ganzkörper-Computertomographen mit Translations-Rotationssystem, der jedoch im folgenden Jahr aufgegeben wird. Elscint bringt den 10-s-Ganzkörper-Computertomographen SCANEX (ebenfalls mit Translation/Rotation). AS&E stellt das Ringdetektorsystem für 5 Sekunden Abtastzeit vor. Siemens stellt das SOMATOM mit Kristall-Halbleiterdetektor und Sofortbild vor
1977	Ohio Nuclear kommt im Frühjahr mit der DELTA-Scan-2000-Serie und ·schießt· damit den DELTA-Scan 50 FS vorzeitig ab. Drei Hersteller kündigen beim RSNA-Meeting Ende des Jahres Ringdetektorsysteme an, ohne Bilderbegnisse zu zeigen: EMI, Picker und Artronix. Philips kündigt den 5-s-Ganzkörper-TOMOSCAN 300 an und macht damit den gerade lieferbaren TOMOSCAN 200 zum Ausverkaufsgerät. Der Syntex 60 kommt bei Philips als Neuro-Computertomograph TOMOSCAN 100 in das Vertriebsprogramm; Syntex selbst gibt im folgenden Jahr das Arbeitsgebiet Computertomographie auf. CGR übernimmt den Vertrieb der Pfizer-Geräte und danach den der Varian-Scanner und bringt ein eigenes 20-s-Schädelgerät ND 8000 auf den Markt
1978	Syntex, AS&E, Searle ·steigen aus·; Pfizer übernimmt Technologie und Produktion des AS&E-Scanners. EMI verteibt den Searle-Computertomographen, weil der eigene CT 7070 noch nicht fertig ist. Elscint reizt das Translations-Rotationssystem bis zu einer kürzesten Abtastzeit von 5,8 s aus
1979	CGR kündigt ein eigenes Ganzkörpergerät CE 10 000 mit 1024 Xenondetektoren an, von dem erst zwei Jahre später die ersten Schädelbilder vorgestellt werden. Siemens gelingt mit dem SOMATOM 2 der Durchbruch auf dem USA-Markt. Alle Röntgenfirmen bis auf Picker bevorzugen das Rotationssystem mit dem mitbewegten Detektor
1980	EMI gibt das Arbeitsgebiet Computertomographie auf; GE übernimmt den Service, außer in USA und Kanada; dort macht Omnimedical den Service und führt schließlich im folgenden Jahr den CT 7070 modifiziert als QUAD 1 fort. Elscint bringt mit dem EXEL 1002 einen Hybrid-Computertomographen mit Translation/Rotation für hohe Auflösung und 1,9 s Rotation bei allerdings nur 280 Detektoren. Pfizer zeigt CT-Bilder von seinem neuen Ringdetektor mit 2400 Elementen und einer Auflösung von 0,4 mm
1981	Pfizer ·steigt aus·. Picker wird von der britischen GEC übernommen. GE und Siemens stellen beim RSNA-Meeting den CT 9800 bzw. das SOMATOM DR vor mit kürzesten Abtastzeiten von 1,3 bzw. 1,4 s

Abb. 12: Überblick über Produktinnovationen im Bereich der Computertomographie bis zum Jahre 1981

Quelle: Dümmling (1984), S. 7f.

Die Veränderung der wettbewerblichen Bedeutung einer Technologie findet sich auch in einem Ansatz der Unternehmensberatung Arthur D. Little wieder. Im Hinblick auf ihre zukünftige und gegenwärtige wettbewerbliche Bedeutung und die Ausschöpfung ihres Einsatzpotentials werden Schrittmacher-, Schlüssel- und Basistechnologien unterschieden.[217] Die wettbewerbliche Bedeutung einer Technologie ergibt sich dabei primär aus den Möglichkeiten zur Differenzierung der Leistungsmerkmale der auf ihr beruhenden Produkte gegenüber konkurrierenden Produkten und aus den Möglichkeiten zur Beeinflussung der Kostenstrukturen der korrespondierenden Produktionsprozesse. Schrittmachertechnologien befinden sich noch in einem frühen Entwicklungsstadium und haben noch wenig praktische Anwendung gefunden. Sie lassen aber schon erkennen, daß sie in Zukunft fühlbare Auswirkungen auf die Wettbewerbsposition haben werden und zukünftige Schlüsseltechnologien werden können.[218] Schlüsseltechnologien stehen schon in der Wachstumsphase ihres Lebenszyklus und sind von entscheidender Bedeutung für das gegenwärtige Wettbewerbsgeschehen einer Branche. Sie haben erheblichen Einfluß auf die Leistungsmerkmale von Produkten und/oder auf die Kostenstrukturen von Produktionsprozessen. Basistechnologien werden von allen Wettbewerbern einer Branche beherrscht, sind gegenwärtig allgemein verfügbar und werden häufig angewendet. Sie eröffnen aber keine technischen Differenzierungsmöglichkeiten mehr und stehen in der Reife- oder Rückgangsphase ihres Lebenszyklus. Die wettbewerbliche Relevanz von Basistechnologien ist nur noch gering. Bei einer derartigen Abgrenzung muß aber bedacht werden, daß die zunehmende Anwendung einer Technologie nicht zwingend mit einer abnehmenden wettbewerblichen Bedeutung einhergehen muß, nämlich dann nicht, wenn noch keine Substitutionsmöglichkeiten in Sicht sind.[219] Zur Vervollständigung werden ferner neue und verdrängte Technologien unterschieden.[220] Bei neuen Technologien ist eine praktische Anwendung und die wettbewerbliche Bedeutung noch nicht erkennbar oder mit großer Unsicherheit behaftet. Kennzeichen verdrängter Technologien ist ihre Substitution durch andere Technologien.

Der Zusammenhang zwischen den so unterschiedenen Technologien kann in Form einer Wirkungsmatrix verdeutlicht werden, der implizit das Konzept des Technologielebenszyklus zugrunde liegt (siehe Abbildung 13):[221]

---

217) Vgl. im folgenden Servatius (1985), S. 116, Sommerlatte/Deschamps (1985), S. 49ff., Gerybadze (1988), S. 114f. und Erickson/Magee/Roussel et al. (1990), S. 76f. Diese Unterscheidung ist im Zusammenhang mit dem Technologielebenszykluskonzept von Arthur D. Little zu sehen, das als abhängige Maßgröße den "Grad der Erreichung des Wettbewerbspotentials" verwendet. Siehe hierzu auch Abschnitt 2.6.1.
218) Das Battelle-Institut dagegen bezeichnet diesen Technologietyp als Schlüsseltechnologie. Vgl. hierzu die Anmerkung bei Rüdiger (1991), S. 52.
219) Vgl. Wolfrum (1991), S. 5.
220) Vgl. Servatius (1985), S. 116.
221) Vgl. Servatius (1985), S. 117 und Brockhoff (1986), S. 434.

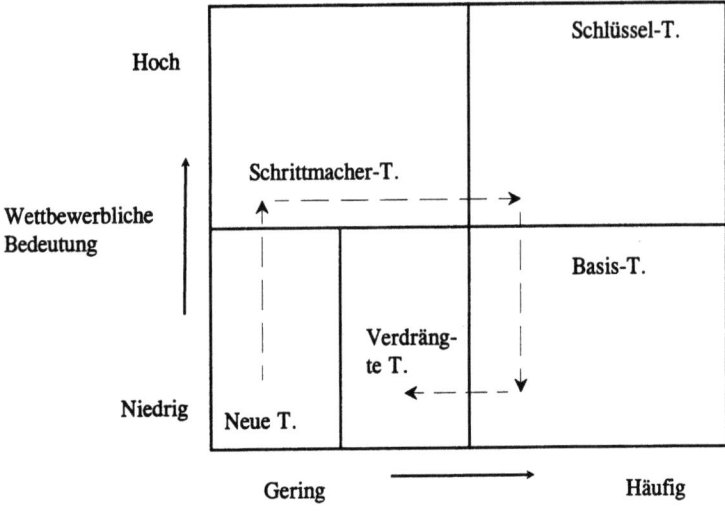

Abb. 13: Zeitlicher Wirkungszusammenhang von Technologien
Quelle: In Anlehnung an Servatius (1985), S. 117.

Abschließend kann hierzu festgehalten werden, daß der Begriff der Hochtechnologie nach Auffassung der vorliegenden Arbeit den Bereich von Schrittmacher- und Schlüsseltechnologien abdeckt.[222] Damit ist ein weiterer Anhaltspunkt für die Beantwortung der weiter oben gestellten Frage nach der Vergänglichkeit des Hochtechnologiecharakters von Technologien gefunden.

2.7.3 Technology push- vs. demand pull-Innovationen im Hochtechnologiebereich

Im Zusammenhang mit der Entstehung von Innovationen wird häufig die Frage nach dem auslösenden Moment gestellt. Die dazu geführte Diskussion ist von der Kontroverse bestimmt, ob Innovationen eher technologieinduziert (technology push-Innovationen) oder nachfrageinduziert (demand pull-Innovationen) sind und ob eine der beiden Arten erfolgreicher als die andere ist.

Technologieinduzierte Innovationen liegen dann vor, wenn technologische Potentiale autonom - ohne Anregung von der Abnehmerseite her - entstehen oder ausgeschöpft

---

222) Ganz ähnlich äußert sich auch Brockhoff (1986), S. 434.

werden und anschließend ihre Anwendungsmöglichkeiten ausgelotet werden.[223] Nichtsdestoweniger ist aber auch im Falle technologieinduzierter Innovationen die letztendliche technische Problemlösung auf die speziellen Anforderungen des abnehmerseitigen Anwendungsbereichs abzustimmen.[224] Bei nachfrageinduzierten Innovationen hingegen liegt die Impulskette umgekehrt: Bedürfnisse aktueller bzw. potentieller Abnehmer werden erkannt und lösen auf der Seite des innovierenden Unternehmens Bemühungen um den Aufbau bzw. die weitere Ausschöpfung eines Technologiepotentials aus.[225] Voraussetzung dafür ist, daß bereits eine konkrete Vorstellung über die Bedürfnisstruktur auf der Abnehmerseite besteht.[226]

Im Hinblick auf die Häufigkeit des Auftretens und die Erfolgsträchtigkeit der solchermaßen unterschiedenen Innovationen haben empirische Studien keine einheitlichen Ergebnisse gebracht. Kritische Stellungnahmen zu den durchgeführten Untersuchungen geben vielmehr deutlich zu erkennen, daß letztlich keine überzeugenden empirischen Anhaltspunkte dafür vorliegen, daß die eine Impulskette prinzipiell häufiger auftritt oder erfolgreicher als die andere ist.[227] Legt man den Überlegungen die Unterscheidung zwischen Basis- und Verbesserungsinnovationen zugrunde, kann aber plausibel vermutet werden, daß erstere eher technology push-Charakter aufweisen, letztere dagegen vorrangig durch demand pull-Faktoren bestimmt werden.[228] Während bei Basisinnovationen die Verbindung zur Grundlagenforschung deutlich zu erkennen ist, ist die "Evolution entlang des Innovationspfades von der Basis- zur Verbesserungs- oder Folgeinnovation .. meist nicht das Ergebnis wissenschaftlicher Arbeit, sondern vielmehr Ergebnis eines kumulativen Lernprozesses von Unternehmen und Konsumenten. Dieser dynamisch iterative Prozeß wird .. von angebotsorientierten Faktoren ... und von nachfrageorientierten .. 'demand-pull' Faktoren bestimmt."[229]

Es ist deshalb angebracht, ein ganzes Bündel von Stimuli für innovierende Tätigkeiten anzunehmen und die Innovation selbst als einen sich abwechselnden Prozeß von Technologie- und Nachfrageinduktion zu verstehen: Technischer Fortschritt vollzieht sich demzufolge durch das Zusammenwirken beider Induktionsmechanismen.[230] In der

---

223) Vgl. auch Pfeiffer (1971), S. 97f., Wolfrum (1992), S. 24 und Bender (1989), S. 71.
224) Vgl. Staudt (1993), Sp. 1191f. und Pfeiffer (1971), S. 99.
225) Vgl. auch Pfeiffer (1971), S. 95f., Wolfrum (1992), S. 24 und Bender (1989), S. 70.
226) Vgl. Bender (1989), S. 71.
227) Vgl. ausführlicher zu empirischen Untersuchungen und deren Diskussion Michel (1987), S. 114ff., Köhler (1993d), S. 261ff., Jugel (1991), S. 62ff. und Wolfrum (1992), S. 24. Dabei ist auch zu bedenken, daß es Schwierigkeiten bereitet, eine Innovationsidee im Rückblick einer bestimmten Quelle zuzuordnen und daß die Untersuchungen teilweise durch mangelhafte Operationalisierungen des Innovationserfolgs bzw. Mißerfolgs gekennzeichnet sind. Vgl. Brockhoff (1985), S. 630.
228) Vgl. hierzu auch Brockhoff (1985), S. 630, Zahn (1986), S. 43, Kogler (1991), S. 24f. und Bender (1989), S. 72.
229) Kogler (1991), S. 25.
230) Vgl. Pfeiffer (1971), S. 100, Michel (1987), S. 121f. und Jugel (1991), S. 65.

Realität zeigt sich nämlich, daß laufend Wechselbeziehungen zwischen Hersteller- und Abnehmersystem auftreten. Technischer Wandel beruht beispielsweise auch zu einem großen Teil auf der Lösung von Teilproblemen, die sich erst nach der erstmaligen Anwendung einer Neuerung offenbaren.[231]

Der Hochtechnologiesektor wurde als "science based" gekennzeichnet. Radikale Innovationen im Hochtechnologiebereich, durch die erstmalig eine vollkommen neue Technologie Anwendung findet, sind deshalb überwiegend technologieinduzierter Natur. Man könnte hier auch von "science push"-Innovationen sprechen. Im weiteren Verlaufe des Technologielebenszyklus verlieren "science push"-Aspekte aber zusehends an Bedeutung, und der Schwerpunkt verlagert sich auf nachfrageinduzierte Innovationen.[232] Dennoch könnte bei einer ersten Betrachtung leichtfertig der Schluß gezogen werden, daß demand pull-Faktoren im Hochtechnologiebereich ein geringerer Stellenwert zukäme. Gegen eine solche Sichtweise nimmt Michel ganz entschieden Stellung. Seine Argumentation verdeutlicht die Perspektive, die dem weiteren Verlauf der vorliegenden Arbeit zugrunde liegt:

> "Ohne bezweifeln zu wollen, daß radikale technologieinduzierte Innovationen - definitionsgemäß - von der FuE generiert werden, ist eine solche Sichtweise insofern zu korrigieren, als der Terminus Innovation ja nicht nur die Technikentstehung, sondern auch deren Vermarktung bzw. Verwendung in Form von Produkten ... umfaßt. Zwar ist es evident, daß im Gegensatz zu marktorientierten Innovationen bei der Ideengenerierung durch die Grundlagenforschung marktstrategische Aspekte keine Rolle spielen dürfen bzw. deren Einbeziehung darüber hinaus sogar kreativitätshemmend wirken würde. Auch hier ist jedoch möglichst frühzeitig bei der ersten Konkretisierung technikspezifischer Anwendungspotentiale die Antizipation und die Einbeziehung marktstrategischer Notwendigkeiten erforderlich. Während dieser Sachverhalt bei marktinduzierten Innovationen per se erfüllt ist, ist dessen Berücksichtigung besonders bei radikalen 'technology-push'-Innovationen erhöhte Aufmerksamkeit zuzuwenden."[233]

Benkenstein fordert deshalb auch für den Hochtechnologiesektor einen Ausgleich zwischen technology push- und demand pull-Orientierung.[234] Untermauert wird diese integrierende Sichtweise auch durch die Ergebnisse empirischer Studien. Cooper, der den Zusammenhang zwischen der verfolgten Strategie und dem Innovationserfolg untersuchte, zeigte, daß eine "balanced strategy" den höchsten Erfolg bewirkte.[235] Diese Strategie zeichnet sich durch eine gleichgewichtige Technologie- und Marktorientierung aus. Bemerkenswerterweise wurde ihr Erfolg vor allem für stark wachsende

---

231) Vgl. Gerybadze (1982), S. 24f.
232) Vgl. hierzu auch Zahn (1986), S. 22, Shanklin/Ryans (1987), S. 5f., MacInnis/Heslop (1990), S. 115 und Geschka (1986), S. 134.
233) Michel (1987), S. 123.
234) Vgl. Benkenstein (1992), S. 8. Ähnlich Bender (1986), S. 195.
235) Vgl. Cooper (1984), S. 155ff.

Märkte mit komplexen Hochtechnologieprodukten festgestellt. Ferner wurden die eine solche Strategie verfolgenden Unternehmen als äußerst innovationsorientiert und proaktiv handelnd charakterisiert.[236] Ebenso weisen Gupta, Raj und Wilemon darauf hin, daß Unternehmen aus dem Hochtechnologiebereich, die im Hinblick auf ihre Produktinnovationen erfolgreich sind, durch eine enge Verzahnung des F+E- und Marketingbereichs gekennzeichnet sind.[237] Ein ganz ähnliches Bild zeichnet eine Studie von Maidique/Hayes.[238] Bereits in Überleitung zu Kapitel 3 dieser Arbeit läßt sich im Ergebnis festhalten, daß der Orientierung an den Abnehmeranforderungen auch im Hochtechnologiesektor und trotz der dort zweifellos wirkenden "science push"-Faktoren eine außerordentliche Bedeutung zukommt.

2.8 Aspekte der Unsicherheit im Hochtechnologiebereich

Das Merkmal einer hohen Unsicherheit ist ein wesentlicher Aspekt, der ebenfalls durchweg mit dem Hochtechnologiesektor in Verbindung gebracht wird. Gemeinhin werden die technologische bzw. technische Unsicherheit, die sowohl für die Anbieter als auch für die Nachfrager auf Hochtechnologiemärkten ein zentrales Problemfeld darstellt, und die Marktunsicherheit unterschieden.[239]

Aus Herstellersicht besteht die technologische Unsicherheit darin, daß im Falle kon-kurrierender Technologien oft nicht abzusehen ist, welche Technologie sich langfristig als die leistungsfähigere erweisen wird. Auch im Falle von etablierten Technologien ist im Hochtechnologiebereich jederzeit mit dem Aufkommen substitutiver Problemlösungsprinzipien zu rechnen.[240] Hinzu kommt eine technische Unsicherheit dahingehend, daß die Ausschöpfung eines gegebenen Technologiepotentials mit er-heblichen Unsicherheiten hinsichtlich der technischen Realisierbarkeit der in Erwä-gung gezogenen Produktinnovationen einhergehen kann. Marktunsicherheiten - d.h. Unsicherheiten hinsichtlich der marktlichen Verwertbarkeit einer Technologie - resul-tieren zum einen aus den begrenzten Informationen über die tatsächlichen Bedürfnisse der Abnehmer, zum anderen aus den oftmals rapiden Veränderungen dieser Bedürf-nisse im Verlaufe des Technologielebenszyklus. Akzeptanzprobleme auf der Abneh-merseite können diese Problematik verschärfen. Das Marktpotential sowie die zeit-liche Entwicklung des Marktvolumens sind somit nur schwer abschätzbar. Ferner ist das Verhalten aktueller bzw. der Eintritt neuer Konkurrenten schwierig zu beurteilen.

---

236) Siehe Cooper (1984), S. 160f.
237) Vgl. Gupta/Raj/Wilemon (1985), S. 289ff.
238) Vgl. Maidique/Hayes (1984), S. 20.
239) Vgl. zum folgenden Kogler (1991), S. 54ff., Osten (1989), S. 44ff. und Moriarty/ Kosnik (1989), S. 8ff. Bei Moriarty/Kosnik bilden die "market uncertainty" und die "technological uncertainty" sogar die beiden konstituierenden Dimensionen, die den Begriff "high technology" definieren und von der sog. "low technology" abgrenzen.

Unsicherheiten auf der Nachfragerseite werden dadurch bestimmt, daß die Abnehmer Beschaffungsentscheidungen unter Unsicherheit über die zukünftige Qualitäts- und Preisentwicklung zu treffen haben, wobei erstere wiederum durch eine technologische und technische Unsicherheit bestimmt wird.[241] Die aufgrund der hohen technischen Komplexität der Produkte häufig eingeschränkte Fähigkeit zur Beurteilung von Produkteigenschaften, das Fehlen technischer Standards, die schnelle Veralterung der angebotenen Produkte oder der häufig zu beobachtende Preisverfall sind beispielsweise Faktoren, die zu diesen Unsicherheiten beitragen und zu einer Verschiebung von Beschaffungsentscheidungen in zukünftige Perioden führen können.[242]

2.9 Zusammenfassende Betrachtung des Phänomens Hochtechnologie

In diesem Kapitel wurde das Phänomen Hochtechnologie im Sinne der in Abschnitt 2.2 dargelegten Vorgehensweise einer eingehenderen Betrachtung unterworfen. Dabei wurde eine Reihe von Merkmalen herausgearbeitet sowie ein problemorientierter Zusammenhang zwischen diesen Merkmalen hergestellt. Die genannten Aspekte können nun zu fünf grundlegenden Merkmalsbereichen des Phänomens Hochtechnologie zusammengefaßt werden (siehe Abbildung 14). Dabei wird von der bisherigen Strukturierung der Ausführungen in Teilen abgewichen.

Weiter oben wurde auf tabellarische Übersichten hingewiesen, die mehr oder weniger umfassend über Beispiele für Hochtechnologien berichten. Zu Genüge finden sich Definitionsansätze in der Literatur, die sogar alleinig mittels einer Aufzählung von Hochtechnologien und Produkten versuchen, das Wesen des Phänomens Hochtechnologie zu charakterisieren. Eine solche Definition in Form einer rein kasuistischen Erfassung ist mangels einer Begründung für die Qualifizierung einer Technologie als Hochtechnologie ein wenig geeigneter Ansatz.[243] Die Aufgabe der vorliegenden Arbeit besteht aber nicht darin, gemeinhin als Hochtechnologie qualifizierte Bereiche den hier vorgelegten Merkmalen gegenüberzustellen und daraufhin zu überprüfen, ob es sich in der Tat um Hochtechnologien nach der hier begründeten Auffassung handelt.

---

240) Vgl. Benkenstein (1992), S. 8.
241) Vgl. Shanklin/Ryans (1987), S. 7.
242) Vgl. Benkenstein (1992), S. 9.
243) Ganz ähnlich auch Brockhoff (1986), S. 434.

Technologie- und produktbezogene Aspekte

komplexe Technologien mit ausgeprägtem Variations- und Differenzierungspotential

technisch-funktional komplexe Produkte

hohe Bedeutung funktioneller Dienstleistungen

Abnehmerbezogene Aspekte

hohe funktionale Anwendungskomplexität und Implementierungserfordernisse

hohe Erklärungsbedürftigkeit der Produkte und hohe Lernerfordernisse bei ihrer Anwendung

breites Anwendungsspektrum der Technologien

Ressourcenbezogene Aspekte

hohe Bedeutung von Grundlagenforschung, angewandter Forschung und Produktentwicklung

hohe Bedeutung von "complementary assets"

Wettbewerbs- und zeitbezogene Aspekte

erheblicher Wettbewerbsdruck und hohe Innovationsintensität

kurze Produktlebenszyklen durch schnellen technischen Wandel

Homogenisierungstendenzen in technologischer und technischer Hinsicht im Verlaufe der Technologielebenszyklen

zunehmender Preiswettbewerb und Preisverfall im Verlaufe der Technologielebenszyklen

allgegenwärtige Substitutionsgefahr durch neue Technologien

Aspekte der Unsicherheit

hohe technologische und technische Unsicherheiten

hohe Marktunsicherheiten

Abb. 14: Grundlegende Aspekte des Phänomens Hochtechnologie

Am Ende dieses Kapitels kann nun auch die in Abschnitt 2.3.2 aufgeworfene Frage nach der Vergänglichkeit bzw. Stabilität des Hochtechnologiecharakters von Technologien besser beantwortet werden. Die Einbeziehung wettbewerbs- und zeitbezogener Aspekte in das Phänomen Hochtechnologie machte deutlich, daß ein Hochtechnologiecharakter nicht schlechthin und unveränderlich gegeben ist, sondern zeit- und situationsgebunden ist. Die Homogenisierung einer Hochtechnologie und der auf ihr beruhenden Produkte und der damit in Zusammenhang stehende Übergang zu einer Basistechnologie, die im Zeitablauf zunehmende Abnehmererfahrung und der damit verbundene Bedeutungsschwund der Anwendungskomplexität sowie die im Zeitablauf zu beobachtende Reduktion der Unsicherheit lassen eine Hochtechnologie zu einer "einfachen" Technologie werden, auch wenn das "science based"-Kriterium nach wie vor zutrifft. Insofern kann lediglich nur bis zu einem bestimmten, theoretisch aber nur schwer fixierbaren Zeitpunkt nach Beginn des Technologielebenszyklus noch zu Recht von einer Hochtechnologie gesprochen werden. Die Aufgabe der Vermarktung einer solchen Technologie bleibt indes auch nach diesem Zeitpunkt weiter bestehen.

3. Die Konsequenzen für das Technologiemarketing vor dem Hintergrund des Phänomens Hochtechnologie

3.1 Technologiemarketing und Erfolgspotentiale

Aufgabe des strategischen Managements ist die Erschließung und die Realisierung zukünftiger Erfolgspotentiale zur Sicherung oder Verbesserung der langfristigen Überlebenschancen einer Unternehmung.[1] Erfolgspotentiale ergeben sich, wenn die Ressourcen und Fähigkeiten eines Unternehmens auf Rahmenbedingungen treffen, die in der Nutzung dieser Ressourcen und Fähigkeiten entsprechende Erfolge vermuten lassen.[2] Dies ist beispielsweise dann der Fall, wenn das technologische Potential einer Unternehmung auf die entsprechenden Rahmenbedingungen im Absatzmarkt trifft.[3]

Das strategische Technologie-Management ist ein Teilbereich des strategischen Managements.[4] Es umfaßt die Entscheidungen und Maßnahmen, die sich auf die Gewinnung technischen Know-hows und dessen Anwendung in Produkten oder Produktionsverfahren beziehen oder die - mit anderen Worten - auf den Aufbau und die Ausschöpfung technologischer Potentiale eines Unternehmens gerichtet sind.[5]

In diesem Zusammenhang fordert Wolfrum - ganz im Sinne der Intention dieser Arbeit - "eine optimale Ausbeutung des technologischen Potentials einer Unternehmung"[6] durch ein Technologiemarketing. Die zentrale Aufgabe eines solchen Technologiemarketing im Rahmen des strategischen Technologie-Managements besteht darin, technisches Know-how im Verlaufe des Technologielebenszyklus so umfassend wie möglich in Form von Produkten zu vermarkten.[7] Technologiemarketing stellt sich damit als eine besondere Konzeption des Marketing-Managements dar.[8]

"Marketing bedeutet in ganz grundsätzlicher Auslegung eine Planungs- und Steuerungskonzeption zur Gestaltung von Austauschprozessen zwischen Marktteilnehmern."[9] Aus dieser managementorientierten Sichtweise heraus umfaßt Marketing die Planung, Koordination und Kontrolle sämtlicher auf die aktuellen oder potentiellen

---

1) Vgl. Kirsch (1989), Sp. 1924, Winand (1989), Sp. 440 und Wolfrum (1991), S. 2.
2) Vgl. Kirsch (1993), Sp. 4096 und Winand (1989), Sp. 441.
3) Vgl. dazu auch Wolfrum (1993), S. 59.
4) Vgl. Specht (1993), Sp. 4157 und Wolfrum (1991), S. 77.
5) Siehe hierzu auch Specht (1993), Sp. 4157, Specht (1992), S. 549, Benkenstein (1989), S. 498 und Sommerlatte/Töpfer (1991), S. 15. Ein Überblick zu verschiedenen Ansätzen des Technologie-Managements findet sich bei Servatius (1985), S. 82ff.
6) Wolfrum (1992), S. 34.
7) Vgl. Wolfrum (1991), S. 320.
8) Vgl. dazu auch Sommerlatte/Töpfer (1991), S. 15.
9) Köhler (1993a), S. 220. Ähnlich Kotler/Bliemel (1992), S. 16.

Märkte gerichteten Unternehmensaktivitäten.[10] Die Befriedigung von Abnehmerbedürfnissen zur Erreichung der Unternehmensziele ist dabei ein ganz zentrales Merkmal des Marketing.

Im Mittelpunkt dieser Arbeit steht das strategische Marketing. Dieses läßt sich ganz
allgemein als die langfristige und auf Erfolgspotentiale ausgerichtete Dimension des
Marketing kennzeichnen.[11] Dabei darf "Langfristigkeit" nicht so verstanden werden,
als ob es sich um die Orientierung an einem in fernerer Zukunft liegenden Zeitpunkt
handele. Vielmehr richtet sich das strategische Marketing auf den Zeitablauf in einem
weiter ausgedehnten Planungszeitraum.[12] Die Bezugszeit des strategischen Marketing erstreckt sich mithin gleichermaßen auf gegenwartsnähere wie auch auf weiter in
der Zukunft liegende Zeitabschnitte. Diese Auffassung eines strategischen Marketing
ist gerade im Hochtechnologiesektor von Bedeutung. Aufgrund der schnellen Veränderungen erweisen sich dort häufig recht kurzfristig orientierte Marketingmaßnahmen
- beispielsweise in der Produktpolitik - als notwendig. Diese können aber durchaus
strategischer Natur sein, nämlich dann, wenn sie Aktivitäten im Rahmen eines länger-
fristigen Programms der Ausschöpfung einer Technologie darstellen und damit auf die
Realisierung von Erfolgspotentialen ausgerichtet sind.[13] Entscheidungen über den
Einsatz der Marketinginstrumente dürfen deshalb nicht ausschließlich als Gegenstand
des operativen Marketing-Managements verstanden werden.[14] Im Hinblick auf eine
Systematisierung von Marketinginstrumenten hat sich in der Marketingliteratur eine
Einteilung in die Instrumentalbereiche Produktpolitik, Preispolitik, Kommunikationspolitik und Distributionspolitik durchgesetzt.[15] In dieser Arbeit steht die Produktpolitik im Vordergrund der Überlegungen.[16] Zu den produktpolitischen Maßnahmen zählen die Produktinnovation, die Produktmodifikation und die Produktelimi-
nation.[17] Soweit es sich nicht um reine Anwendungsinnovationen handelt, stellt die
Produktentwicklung eine wesentliche Grundlage der Produktinnovation bzw. -modifi-
kation dar.

---

10) Vgl. hierzu Meffert (1986), S. 31, Köhler (1993a), S. 257 und Kotler/Bliemel (1992),
    S. 16.
11) Vgl. Raffée (1985), S. 5f.
12) Vgl. Steffenhagen (1982), S. 63.
13) Vgl. Töpfer (1991), S. 170f. Siehe aber auch Wolfrum (1993), S. 56f.
14) Siehe hierzu auch Köhler (1993a), S. 11 und Cravens (1987), S. 19.
15) Vgl. ausführlicher zu Systematisierungen dieser Art Becker (1993), S. 462 und die dort
    zitierte Literatur.
16) Die Bedeutung der Produktpolitik im Hochtechnologiebereich kommt auch in der ab-
    schließenden Betrachtung des bereits genannten Untersuchungsberichts zum High-Tech-
    Marketing der 90er Jahre zum Ausdruck: "Dabei hat die vorliegende Untersuchung mehr
    als verdeutlicht, daß die erfolgreichen High-Tech-Anbieter den Schwerpunkt ihrer Mar-
    keting-Maßnahmen auf die Produktpolitik sowie die Planung, Entwicklung und Ein-
    führung neuer Produkte legen." Meffert/Lamnek/Maisberger et al. (1991), S. 200.
17) Vgl. dazu Köhler (1993a), S. 335 und Nieschlag/Dichtl/Hörschgen (1991), S. 187ff.
    und S. 203ff.

Ganz analog zu Technologien können auch Abnehmerbedürfnisse als ein Potential aufgefaßt werden. Vor diesem Hintergrund wird Technologiemarketing in dieser Arbeit als eine Konzeption des Marketing-Managements verstanden, der die Aufgabe zukommt, durch die Abstimmung

- eines verfügbaren technischen Wissens (Technologiepotential) mit den

- (aktuellen und zukünftigen) Bedürfnissen von (aktuellen und potentiellen) Abnehmern (Bedürfnispotential)

die umfassende Vermarktung einer Technologie in Form von Produkten zu gewährleisten.[18)]

Die potentialorientierte Betrachtung der Technologie und der Abnehmerbedürfnisse ermöglicht nun eine erste Annäherung an einen Bezugsrahmen für die Ableitung der grundlegenden Anforderungen an ein Hochtechnologiemarketing (siehe Abb. 15).

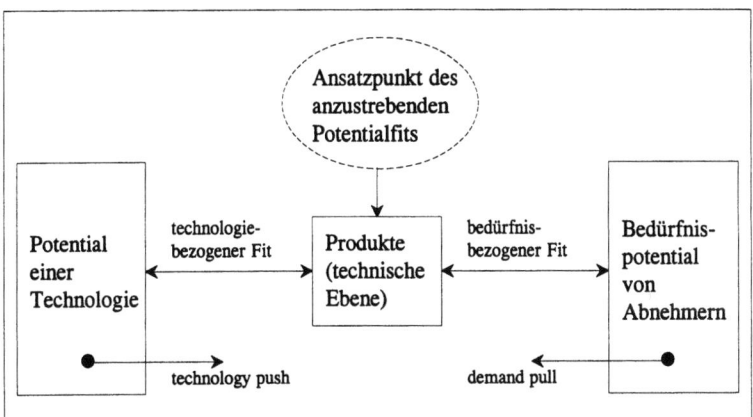

Abb. 15: Potentialfit durch das Transfermedium "Produkt"
Quelle: In Anlehnung an Servatius (1991), S. 34 und Servatius (1988), S. 200.

Der in der Abbildung zum Ausdruck kommende Zusammenhang zwischen Technologiepotential und Bedürfnispotential ist dabei so zu verstehen, daß zur Ausschöpfung des technologischen Potentials ein "Fit" zwischen diesen beiden Potentialen erreicht

---

18) Siehe dazu auch Jugel (1991), S. 13, Baaken (1990), S. 299 und Sommerlatte/Töpfer (1991), S. 15f. Die beiden zuletzt genannten Beiträge beziehen neben der Möglichkeit, eine Technologie von Produkten zu vermarkten, auch die unmittelbare Vermarktung des technischen Wissens ein, z.B. in Form von Lizenzen. Mittag dagegen begrenzt den Begriff des Technologiemarketing ausschließlich auf diese Form der Vermarktung. Vgl. Mittag (1985), S. 38.

werden muß, wobei Produkte als Transfermedium und damit als Ansatzpunkte zur Herstellung dieses Fits quasi "dazwischengeschaltet" sind.[19]

Dieser als mittelbar zu bezeichnende Fit zwischen Technologie- und Bedürfnispotential kann in zwei Komponenten unmittelbareren Charakters aufgespalten werden: einen technologiebezogenen Fit (Fit zwischen Technologiepotential und Produkten) und einen bedürfnisbezogenen Fit (Fit zwischen Bedürfnispotential und Produkten).

Dabei sind Zuordnungsprobleme dergestalt zu lösen, daß (a), im Falle technologieinduzierter Innovationen, technologische Möglichkeiten einem bestimmten Produkt zugeordnet werden und dieses wiederum mit spezifischen Bedürfnissen abgestimmt wird oder (b), im Falle nachfrageinduzierter Innovationen, bestimmte Bedürfnisse einem bestimmten Produkt zugeordnet werden, welches dann wiederum einer Abstimmung mit den technologischen Möglichkeiten bedarf.[20] Geht man von einer Gleichgewichtigkeit der beiden Induktionsketten aus, dann könnte man auch von einem "Prozeß der Koevolution ..., bei dem sich einzelne Evolutionsrichtungen gegenseitig bedingen"[21], sprechen. Dabei sind in der jeweiligen Richtung über zwei Stufen hinweg "Übersetzungsleistungen" zu erbringen.

In der beständig anzustrebenden Abstimmung von Technologie- und Bedürfnispotential zur umfassenden Ausschöpfung einer Technologie kommt der Erfolgspotentialgedanke des Technologiemarketing zum Ausdruck. Neben dem Begriff des Fits verwendet Wolfrum in diesem Zusammenhang auch die Metapher von "Schloß und Schlüssel".[22] Versteht man eine Technologie als Schlüssel und die Abnehmerbedürfnisse als Schlösser, dann gilt, "daß erst das Finden ... der entsprechenden Schlösser das Erfolgspotential konstituiert und nicht bereits die Fähigkeit, dies zu tun, obwohl dazu unter Umständen sehr hoch entwickelte Fähigkeiten erforderlich sind."[23] Dieser Gedanke kann gleichfalls in umgekehrter Richtung formuliert werden. Ein "Misfit" tritt dagegen auf, wenn "die Schlüssel, über die man verfügt, nicht (mehr) in die Schlösser zu passen drohen, die man gerne geöffnet hätte."[24] In diesem Fall kann die Überlebensfähigkeit der Unternehmung bedroht sein und es muß daran gedacht werden, neue technologische Potentiale aufzubauen. Die damit korrespondierende Teilaufgabe eines strategischen Technologie-Managements, Entscheidungen hinsichtlich der zur Verfü-

19) Vgl. dazu Servatius (1991), S. 33f. und Servatius (1988), S. 200f. In der Kernaussage ganz ähnlich Bender (1989), S. 71f.
20) Vgl. dazu auch Pfeiffer/Metze/Schneider et al. (1991), S. 104ff.
21) Servatius (1991), S. 41.
22) Vgl. Wolfrum (1993), S. 62. Zum Begriff des Fits siehe ebenfalls Wolfrum (1993), S. 177ff.
23) Wolfrum (1993), S. 63.
24) Wolfrum (1993), S. 178.

gung zu stellenden Technologien zu treffen[25], ist aber nicht mehr Gegenstand dieser Arbeit.

Die Schaffung und Realisierung von Erfolgspotentialen steht in einem engen Zusammenhang mit dem Streben nach finanzwirtschaftlichem Erfolg.[26] Das Ausmaß der Ausschöpfung einer Technologie ist zu verstehen als die Anzahl der Anwendungen, die sie in Form von Produkten erfährt und - weiterführend - als die über den Technologielebenszyklus hinweg kumulierten Umsätze der auf ihr beruhenden Produkte. Berücksichtigt man gleichzeitig die bei der Ausschöpfung der Technologie während des gesamten Lebenzyklus entstehenden Kosten (hier ist insbesondere an die Kosten der Produktentwicklung zu denken) in ihrer Differenz zum Umsatz, so gelangt man zu dem mit der Ausschöpfung dieser Technologie verbundenen Gewinn, der im folgenden als technologiebezogener Gewinn bezeichnet werden soll. Mit der Maximierung des technologiebezogenen Gewinns über den gesamten Technologielebenszyklus hinweg ist das Ziel festgelegt, welches einem Technologiemarketing im folgenden als finanzwirtschaftliches Oberziel unterstellt wird.

3.2 Der "Fit" zwischen Technologiepotential und Bedürfnispotential als Bezugsrahmen für die Ableitung der Anforderungen an ein Hochtechnologiemarketing

Zum Begriff und Inhalt des Hochtechnologiemarketing findet sich in der Literatur eine ganze Reihe von Beiträgen.[27] Ganz allgemein kann Hochtechnologiemarketing als ein Technologiemarketing interpretiert werden, das auf die Vermarktung von Produkten im Kontext des Phänomens Hochtechnologie ausgerichtet ist.[28] Insofern kann der Distanz von Backhaus zur Existenzberechtigung eines Hochtechnologiemarketing nicht ganz gefolgt werden[29], da sich diese eben gerade nicht - wie Backhaus kritisch bemerkt - aus einer an rein technologischen/technischen Merkmalen orientierten Gütertypologisierung ableitet, sondern in dem umfassenderen gedanklichen Gebäude des Phänomens Hochtechnologie wurzelt.

Die Abstimmung zwischen Technologiepotential und Bedürfnispotential erfährt in der vorliegenden Arbeit also ihre ganz besondere Bedeutung vor dem Hintergrund der Aspekte des Phänomens Hochtechnologie (siehe Abbildung 16).

---

25) Vgl. Wolfrum (1991), S. 71.
26) Vgl. die kurze Diskussion dazu bei Wolfrum (1993), S. 58.
27) Vgl. bspw. Bender (1986), Benkenstein (1992), Benkenstein (1990), Brunner-Schwer (1986), Davidow (1987), Hofmaier (Hrsg.) (1992), Kawakatsu (1985), Meffert/Lamnek/Maisberger et al. (1991), Meffert/Remmerbach (1988), Moriarty/Kosnik (1989), o.V. (1985), Rexroad (1983), Romer/Van Doren (1993), Schaible/Hönig (1991), Servatius (1988), S. 65, Shanklin/Ryans (1987), Specht (1987) und Zimmermann (1987).
28) In einem ganz ähnlichen Sinne äußert sich Benkenstein (1992), S. 8f. und (1990), S. 397.
29) Vgl. Backhaus (1993), Sp. 1947.

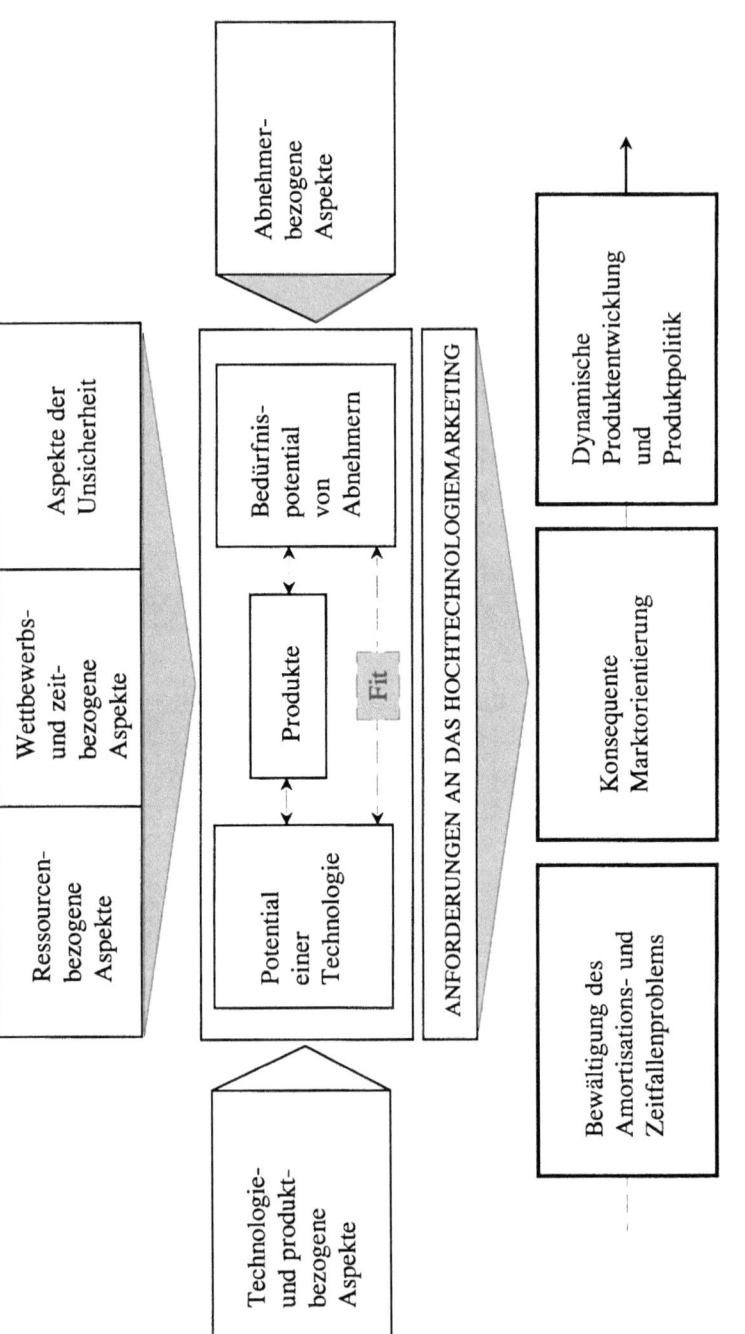

Abb. 16: Anforderungen an das Technologiemarketing vor dem Hintergrund des Phänomens Hochtechnologie

Dabei ist es einleuchtend, die technologie- und produktbezogenen Aspekte einerseits sowie die abnehmerbezogenen Gesichtspunkte andererseits unmittelbar in Verbindung mit den drei Bereichen Technologiepotential, Produkt und Bedürfnispotential zu bringen. Während technologie- und produktbezogene Aspekte bereits ausführlich in Kapitel 2 erörtert wurden, bedürfen die abnehmerbezogenen Aspekte noch einer weiteren Ausdifferenzierung in diesem Kapitel. Hingegen prägen die ressourcen- sowie die wettbewerbs- und zeitbezogenen Aspekte wie auch Gesichtspunkte der Unsicherheit ganz entscheidend die Umstände des Erreichens des Potentialfits.

Die Betrachtung des Technologiemarketing vor dem Hintergrund des Phänomens Hochtechnologie kann nun in einem weiteren Verdichtungsschritt auf eine Problemlösungsperspektive hin zentriert werden. Diese "Umformatierung" soll dabei auf Basis der Anforderungen an ein Hochtechnologiemarketing geschehen, so wie sie in Abbildung 16 angedeutet sind.

Diese werden in den folgenden Abschnitten in Form von drei Problembereichen erörtert. Hierzu gehört zunächst die Bewältigung des Amortisations- und Zeitfallenproblems im Hochtechnologiebereich (Abschnitt 3.3.1). Daraus ergibt sich die Notwendigkeit einer konsequenten Marktorientierung (Abschnitt 3.3.2), die sich wiederum in dem Erfordernis einer dynamischen Produktentwicklung und Produktpolitik (Abschnitt 3.3.3) konkretisiert. Abschnitt 3.3.4 liefert dann eine abschließende Betrachtung der Anforderungen an ein Hochtechnologiemarketing und leitet mit einer ersten Annäherung an eine grundsätzlich denkbare Problemlösung zu Kapitel 4 über.

3.3 Grundlegende Anforderungen an ein Hochtechnologiemarketing

3.3.1 Die Bewältigung des Amortisations- und Zeitfallenproblems

3.3.1.1 Die Amortisationsproblematik im Hochtechnologiebereich

Die Neuentwicklung oder Weiterentwicklung eines Produktes sowie die damit einhergehende Produktions- und Absatzvorbereitung kann grundsätzlich als ein Investitionsprojekt aufgefaßt werden.[30] Die monetären Konsequenzen können in investitionsrechnerischen Kalkülen durch einen Strom von Ein- und Auszahlungen (Zahlungsreihen) beschrieben werden.[31] Investitionsrechnungen dienen der Ermittlung der Vorteilhaftigkeit von Alternativen im Hinblick auf ihre Renditewirkungen. Im hier vorliegenden Zusammenhang sind dabei nicht nur die mit der reinen Produktentwicklung verbundenen Auszahlungen zu berücksichtigen, sondern auch

---

30) Vgl. dazu Brockhoff (1993a), S. 262 und Siegwart (1974), S. 203. Mit dem investiven Charakter von Innovationen hat sich Brose sehr ausführlich auseinandergesetzt. Vgl. Brose (1982), S. 53ff.
31) Vgl. Busse von Colbe/Laßmann (1990), S. 2.

jene - im Hochtechnologiesektor häufig enorme Ausmaße erreichende - Auszahlungen, die sich etwa auf den Aufbau von Pilotanlagen und Demonstrationszentren, die Erstausrüstung von Produktionsanlagen oder auch die Schulung von Mitarbeitern für die Produktion und den Verkauf des neuen oder veränderten Produktes beziehen (Produktions- und Absatzvorbereitung).[32] Es geht hier also um die Ressourcen, die in Abschnitt 2.5 als "specialized complementary assets" bezeichnet wurden. Damit ist der den Investitionsrechnungen zugrunde liegende Gedanke prinzipiell ebenso auf reine Anwendungsinnovationen oder auf die mit funktionellen Dienstleistungen verbundenen vorbereitenden Aktivitäten übertragbar, bei denen zwar keine technische Produktentwicklung erforderlich ist, dafür aber Investitionen in den auf neue Anwendungsbereiche auszurichtenden technischen Service oder in Bereitstellungskapazitäten für Dienstleistungen getätigt werden müssen.

Wenn Marketingziele jene Ziele kennzeichnen, die durch den Einsatz der Marketinginstrumente realisiert werden sollen[33], dann kann der Technologie-Produkt-Zusammenhang nun derart interpretiert werden, daß produktpolitische Maßnahmen das Mittel zur Ausschöpfung einer Technologie und zur Maximierung des technologiebezogenen Gewinns (Zweck) darstellen.[34] Bei einer zunächst oberflächlichen Betrachtung könnte man zu dem Schluß gelangen, daß jede Steigerung des über den gesamten Produktlebenszyklus hinweg generierten produktbezogenen Gewinns einer Steigerung des technologiebezogenen Gewinns förderlich wäre. Dieser Auffassung würde aber nur dann Geltung zukommen, wenn die beiden in einer Unter-Oberziel-Beziehung stehenden Zielgrößen vollkommen komplementär wären.[35] Dies ist im Hochtechnologiebereich zweifellos nicht der Fall, hier ist wohl eher von einer partiellen Komplementarität auszugehen.[36] Die Gründe dafür sollen im folgenden kurz skizziert werden.

Es wurde bereits in Kapitel 2 deutlich, daß zwischen einzelnen Produktgenerationen eine Beziehung vorliegt, die nicht nur in einer gemeinsamen technologischen Basis besteht, sondern auch durch einen substituierenden Charakter gekennzeichnet ist. Pro-

---

32) Vgl. dazu auch Brose (1982), S. 58 und Siegwart (1974), S. 203. Als extremes Beispiel können hier die außergewöhnlich hohen finanziellen Vorleistungen im Hinblick auf die Produktionsanlagen für Computerchips und das dazu notwendige Fertigungspersonal genannt werden Vgl. dazu Knorr (1991), S. 329f. und S. 333.
33) Vgl. dazu Meffert (1986), S. 81, Becker (1993), S. 461 sowie Steffenhagen (1991), S. 68
34) Die Maximierung des produktbezogenen Gewinns kann man dann als ein Unterziel der Maximierung des technologiebezogenen Gewinns (Oberziel) auffassen. Die auf eine hierarchische Strukturierung des Zielsystems abstellende Unterscheidung in Ober- und Unterziele baut auf der Mittel-Zweck-Beziehung von Zielen auf. Diese ist dadurch gekennzeichnet, daß einem bestimmten Ziel der Charakter eines Mittels zur Erreichung eines übergeordneten Zieles (Zweck) zukommt. Vgl. ausführlicher Heinen (1966), S. 102ff.
35) Vgl. dazu auch Heinen (1966), S. 104.
36) Vgl. zur partiellen Komplementarität Heinen (1966), S. 103f.

duktgenerationen lösen sich dabei einander ab, sie können aber durchaus auch für gewisse Zeit nebeneinander bestehen. Dabei kann der innovative Wettbewerb und der Wandel von Abnehmerbedürfnissen dazu zwingen, eine Produktgeneration durch eine folgende bereits dann zu ersetzen, wenn das Gewinnpotential der Vorgängergeneration noch nicht zur Gänze ausgeschöpft ist. Dies wäre etwa dann der Fall, wenn die hinausgezögerte Elimination einer Produktgeneration den Gewinn der dann nachfolgenden Produktgeneration schmälern würde mit dem denkbaren Nettoeffekt, daß sich dadurch der technologiebezogene Gewinn vermindern würde.[37] Solch ein Nettoeffekt tritt genau dann ein, wenn die Höhe des "alten" Gewinnpotentials kleiner ist als die verzögerungsbedingte Schmälerung des "neuen" Gewinnpotentials.

Es geht hier also um Fragen, die in der Literatur in einem gar nicht so unähnlichen Zusammenhang unter dem Stichwort "Investitionsprogrammplanung"[38] oder unter dem Stichwort "Innovationsprogrammplanung"[39] diskutiert werden. So schreibt Brose: "Innovationsprogrammentscheidungen zielen .. vorrangig darauf ab, entweder die zwischen einzelnen Innovationen bestehenden Zusammenhänge oder die möglichen produktions-, absatz- oder finanzwirtschaftlichen Abhängigkeiten zu berücksichtigen, indem sie eine optimale Kombination von Innovationsvorhaben anstreben."[40] Ungeachtet der vielfältigen Probleme, die sich mit Investitionsrechnungen verbinden[41], kommt einer stärkeren Verknüpfung der Marketing-Planung mit der Investitionsplanung zur Abschätzung der monetären Konsequenzen von Entscheidungen eine wichtige Rolle zu.[42] Das Denken in investitionsrechnerischen Kalkülen zwingt zu einer Beschäftigung mit dem Problem, das im Kern in allen Investitionsrechnungen - ungeachtet unterschiedlicher verfahrensspezifischer Zielgrößen - zum Ausdruck kommt: der Amortisation investierter Mittel in einem bestimmten Zeitraum und darüber hinausgehend der Erzielung eines Gewinns in diesem Zeitraum. Der Stellenwert zeitlicher Aspekte deutet sich auch bei Siegwart an, wenn er unter dem Ziel der Produktentwicklung die

---

37) Recht ausführlich hat sich Schaumann (1987), S. 170ff. mit dem Problem des zeitlichen Ablösevorgangs zwischen zwei Produktgenerationen befaßt. Dabei unterscheidet er zwischen einer schrittweisen und überlappenden Ablösung.
38) Vgl. Inderfurth (1993), Sp. 2012f.
39) Vgl. Brose (1982), S. 382ff.
40) Brose (1982), S. 383 (Original mit Hervorhebungen).
41) Das Kernproblem bei der Anwendung investitionsrechnerischer Verfahren liegt in der Unsicherheit über die Größen, die zur Berechnung der Zahlungsreihen in die investitionsrechnerischen Kalküle eingehen. Vgl. dazu auch Brockhoff (1993a), S. 262ff. Hier ist auf die bereits in Abschnitt 2.8 angesprochene ausgeprägte marktliche Unsicherheit im Hochtechnologiebereich hinzuweisen, die insbesondere ein Problem im Hinblick auf die Schätzung der zu erwartenden Einzahlungen darstellt. In diesem Zusammenhang bereitet auch der im Hochtechnologiebereich häufig zu verzeichnende Preisverfall Schwierigkeiten.
42) Vgl. dazu auch Köhler (1993a), S. 290f.

zeit- und gewinngerechte Bereitstellung neuer oder verbesserter Produkte versteht.[43] Im folgenden wird deshalb auf die in diesem Zusammenhang so bedeutende Rolle des knappen Faktors "Zeit" im Hochtechnologiesektor eingegangen.

3.3.1.2 Das Problem der "Zeitfalle" und des Timing im Hochtechnologiebereich

In der wissenschaftlichen Literatur und in der Unternehmenspraxis wird häufig das Problem der sogenannten "Zeitfalle" thematisiert.[44] Dabei wird auf das Konzept des Produktlebenszyklus in seiner erweiterten Form Bezug genommen, in dem zwischen einem Entstehungszyklus und einem Marktzyklus unterschieden wird.[45] Drei Entwicklungstendenzen werden angeführt, die eine Zeitfalle begründen:[46]

- die Kontraktion der Marktzyklen, d.h. der Trend zu einer Verkürzung der Zeitspanne, die zwischen der Einführung eines Produktes auf dem Markt und seinem Ausscheiden liegt,

- die Expansion der Entstehungszeiten, d.h. der Trend zu einer Verlängerung der Zeitspanne, die von den ersten Produktentwicklungstätigkeiten bis hin zur Hervorbringung eines marktreifen Produkts vergeht,[47]

- und der Trend zu einem deutlichen Anstieg der in die Produktentwicklung und in die Produktions- und Absatzvorbereitung investierten Mittel.

Die beschriebene Situation wird häufig noch durch einen rapiden Preisverfall verschärft. Empirische Studien in der Elektronikindustrie belegen, daß ein um nur wenige Monate verzögerter "Einstieg" in den Marktzyklus je nach dessen Dauer und je nach Preisverfall zu Gewinneinbußen von bis zu 50 % führen kann.[48]

Während Pfeiffer/Bischof von einem 'Magischen Dreieck' sprechen[49], kann das Zeitfallenproblem im Hochtechnologiebereich durchaus in Form eines "Magisches Vierecks" zum Ausdruck gebracht werden (siehe Abbildung 17).

---

43) Vgl. Siegwart (1974), S. 63.
44) Vgl. bspw. Pfeiffer/Weiss (1990a), S. 9ff., Weiss (1989), S. 29f.,
   Bauer/Hannig/Mierzwa (1991), S. 8, Specht (1986), S. 6 und Kern (1992), S. 43.
45) Vgl. dazu auch die Ausführungen in Abschnitt 2.6.2.
46) Siehe dazu Pfeiffer/Weiss (1990a), S. 9, Töpfer (1991), S. 168f., Gerybadze (1993),
   S. 40 sowie Benkenstein (1992), S. 8f.
47) Dieses Argument ist aber zunehmend kritischer zu beurteilen. So hat in den vergangenen
   Jahren die Sensibilisierung für das Problem zu langer Entwicklungszeiten - häufig in Relation zu den erheblich kürzeren Entwicklungszeiten in Japan gesehen - dazu geführt, sich
   intensiver damit auseinanderzusetzen. Erste Erfolge in der Praxis lassen sogar die These
   eines genau umgekehrten Trends, nämlich der Verkürzung der Entwicklungszeiten, als
   schlüssig erscheinen. Vgl. dazu auch Töpfer (1991), S. 168.
48) Vgl. dazu Gerpott/Wittkemper (1991), S. 121.
49) Vgl. Pfeiffer/Weiss (1990a), S. 9.

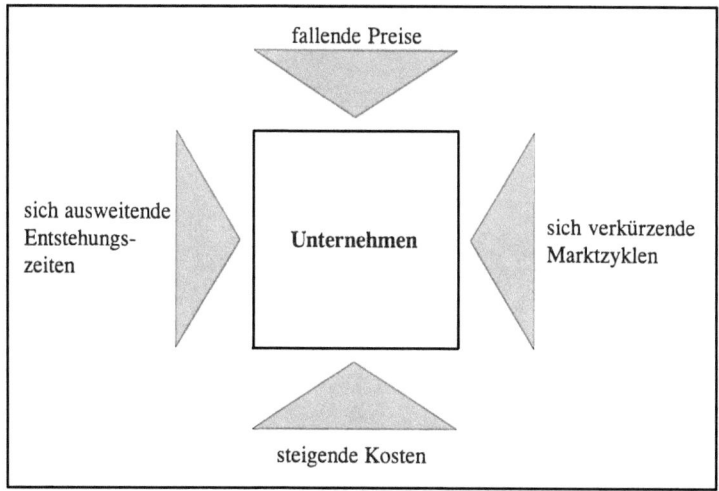

Abb. 17: Das "Magische Viereck" im Hochtechnologiebereich

Das Kernproblem der Zeitfalle besteht darin, daß einem Anbieter im Hochtechnologiesektor aufgrund der kürzer werdenden Marktzyklen und der nicht im gleichen
Maße verkürzbaren Entwicklungszeiten nur wenig Zeit zur Verfügung steht, seine in
die Produktentwicklung und vorbereitenden Aktivitäten investierten Mittel zu amorti-
sieren und darüber hinaus einen Gewinn zu erzielen.[50] (siehe Abbildung 18).

Zur Lösung dieses Problems sind - ausgehend von der Annahme nicht ausdehnbarer
Marktzyklen - zwei Ansätze denkbar. Die erste Möglichkeit besteht darin, sicherzustellen, daß ein Anbieter so früh wie möglich am Marktzyklus "teilnimmt", gegebenenfalls als Pionier am Markt auftritt.[51] Dies kann aber nur erreicht werden durch
eine Verkürzung der Produktentwicklungszeiten[52] oder durch eine Vorverlegung des
Beginns der Entwicklungstätigkeiten.[53] Letzterem sind allerdings durch die begrenzte zeitliche Reichweite von Marktforschungsergebnissen Grenzen gesetzt.[54]

---

50) Vgl. Bauer/Hannig/Mierzwa (1991), S. 8, Töpfer (1991), S. 168, Backhaus (1991), S. 11
   und Jugel (1991), S. 16.
51) Vgl. Meffert/Lamnek/Maisberger et al. (1991), S. 111 und Pfeiffer/Weiss (1990a), S.
   13ff.
52) Vgl. Große-Oetringhaus (1992a), S. 39, Töpfer (1991), S. 170 und Backhaus (1991), S.
   11.
53) Vgl. Pfeiffer/Dögl/Schneider (1989), S. 104.
54) Vgl. dazu ausführlicher Brockhoff (1985), S. 624ff.

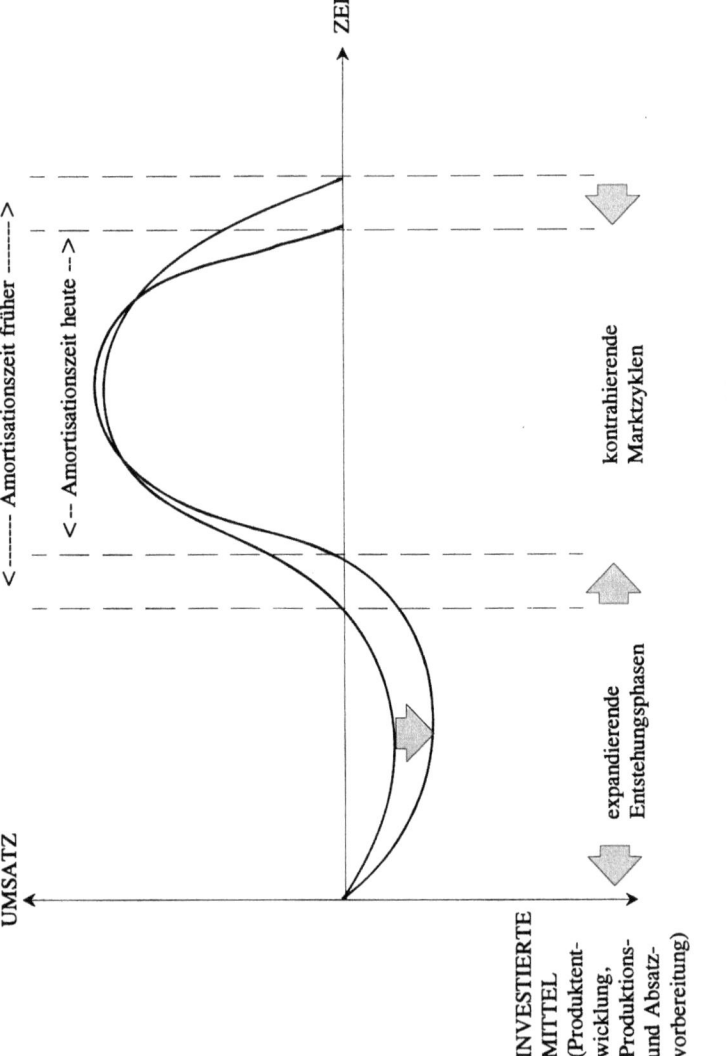

Abb. 18: Skizzierung des Zeitfallenproblems im Hochtechnologiebereich

Quelle: In Anlehnung an Große-Oetringhaus (1992), S. 39 und Pfeiffer/Metze/Schneider et al. (1991), S. 45.

Die zweite Möglichkeit, die unabhängig vom Markteintrittszeitpunkt zu sehen ist, wird eingängig von Große-Oetringhaus wiedergegeben:

"Man muß in der verbleibenden Vermarktungszeit mehr Geld verdienen."[55]

Eine Lösung des Amortisationsproblems ist demnach in einem entsprechend konzipierten Technologiemarketing zu sehen, bei dem der Hebel nicht in der Entstehungs-, sondern Vermarktungsphase ansetzt. Fragen eines zeiteffizienteren Managements der Produktentwicklung - beispielsweise durch Ansätze wie die des Simultaneous Engineering - werden in der vorliegenden Arbeit nicht angesprochen.[56]

Die dargelegte Problemstellung ist eng mit der "Führer/Folger"-Kontroverse verbunden. Bei ihr geht es darum - etwas vereinfachend auf zwei Optionen von Timing-Strategien eingegrenzt[57] -, ob die Strategie des technologischen Führers (Pionier oder "First") oder die des technologischen Folgers ("Follower") erfolgversprechender ist.[58]

In einem engen Zusammenhang damit steht die Frage nach dem Markteintrittszeitpunkt. Nach Remmerbach liegt ein Markteintritt "immer dann vor, wenn eine Unternehmung auf einem Absatzmarkt tätig wird, auf dem sie bislang nicht tätig gewesen ist."[59] Das Unternehmen, das als erstes in einen entstehenden Markt eintritt, wird als Pionier bezeichnet. Remmerbach spricht deshalb auch davon, daß der Markt durch den Pionier erst geschaffen wird.[60] In diesem Fall kommt es zu einer Produktinnovation, bei der erstmalig aus unternehmensübergreifender Sicht eine neue Technologie Anwendung findet.

Sehr deutlich äußert sich Wolfrum, wenn er das Timing als die Festlegung des "richtigen Zeitpunkt(s) der marktlichen Verwertung einer Technologie"[61] begreift. Es geht also bei der Führer/Folger-Kontroverse vor allen Dingen darum, ob eine Unternehmung mit der marktlichen Verwertung einer Technologie als "First" oder eben erst zu einem späteren Zeitpunkt beginnt, d.h., im Konzept des Lebenszyklus gedacht, welche Unternehmung den Beginn des Technologielebenszyklus initiiert.

---

55) Große-Oetringhaus (1992a), S. 39. Vgl. dazu auch Jugel (1991), S. 16.
56) Vgl. hierzu recht ausführlich Gerpott/Wittkemper (1991), S. 117ff. Überblicksartige Ausführungen finden sich bei Backhaus (1991), S. 11ff. Eine jüngere empirische Untersuchung zu Möglichkeiten der Verkürzung von Produktentwicklungszeiten haben ferner Bauer/Hannig/Mierzwa (1991) vorgelegt.
57) In Anlehnung an Specht/Zörgiebel (1985), S. 162.
58) Vgl. generell zu diesem Thema Remmerbach (1988), S. 39ff., Wolfrum (1991), S. 263ff. und Jugel (1991), S. 90ff.
59) Remmerbach (1988), S. 8.
60) Vgl. Remmerbach (1988), S. 54ff.
61) Wolfrum (1991), S. 245.

Die generelle Vorteilhaftigkeit von Pionier- gegenüber Folgerstrategien wird insbesondere von der Forschungsgruppe um Pfeiffer angesichts der mit einem frühen Eintritt verbundenen Erfahrungskurvenvorteile betont.[62] Andere Autoren dagegen kritisieren diese Auffassung in ihrem generellen Gültigkeitsanspruch heftig.[63] Auch empirische Studien kommen zu keinem einheitlichen Bild über die Vorteilhaftigkeit der einen oder anderen Strategie.[64] Für den Hochtechnologiebereich erscheint dabei die Annahme der Vorteilhaftigkeit eines Auftretens als Pionier am Markt zunächst plausibel.[65] So kommt auch die schon mehrfach erwähnte Studie zum High-Tech-Marketing der 90er Jahre zu dem Ergebnis - beruhend auf Angaben der Befragten, welcher Markteintrittszeitpunkt gewählt wurde -, daß der Führerstrategie im Hochtechnologiesektor eine hervorgehobene Bedeutung zukommt. Dabei ist jedoch zu bedenken, daß nicht gefragt wurde, inwieweit die gewählte Timingstrategie auch erfolgreich gewesen ist.[66] Denn es gibt eine Reihe von Beispielen im Hochtechnologiebereich, in denen sich die Folger als weitaus erfolgreicher darstellten als die ursprünglichen Pioniere.

Perillieux nennt in diesem Zusammenhang den Markt für Hochleistungslaser und den Markt für Quarz-Temperaturmeßsysteme. In den beiden genannten Fällen verstanden es die Folger, durch auf unterschiedliche Abnehmeranforderungen abgestimmte Produkteigenschaften, zu denen beispielsweise auch eine einfache Installation und Wartungsfreundlichkeit gehörten, die Pioniere an den Rand zu drängen.[67] In einer weiteren Studie von Spital zum Markt für Halbleiter mit überdurchschnittlicher Speicherkapazität wird festgehalten, daß nicht der erste Anbieter, sondern derjenige, der mit seinem Produkt am besten den Abnehmeranforderungen entsprach, im Hinblick auf den erreichten Marktanteil am erfolgreichsten war.[68]

Damit kann festgehalten werden, daß auch die auf den Hochtechnologiesektor bezogenen Untersuchungen keineswegs eine generelle Vorteilhaftigkeit der Pionierstrategie belegen können.[69] Letztlich ist das Timingproblem in jedem Einzelfall situationsspezifisch zu betrachten.[70] Zudem muß ganz einfach auch der trivialen Erkenntnis Rechnung getragen werden, daß bei der marktlichen Verwertung einer bestimmten

---

62) Vgl. dazu bspw. Pfeiffer/Metze/Schneider et al. (1991), S. 44ff., Pfeiffer/Dögl/Schneider (1989), S. 101ff., Pfeiffer/Weiss (1990a), S. 13ff. sowie Weiss (1989), S. 28ff.
63) Vgl. dazu bspw. Wolfrum (1991), S. 265f. oder Perillieux (1991), S. 25ff. Pfeiffer/ Weiss selbst haben diese Kritik bereits aufgenommen und beabsichtigen eine Uminterpretation ihrer Argumentation. Vgl. Pfeiffer/Weiss (1990b), S. XIV.
Zu einer vertieften Gegenüberstellung der Vor- und Nachteile einer Pionierstrategie vgl. Wolfrum (1991), S. 273ff., Remmerbach (1988), S. 58ff., Jugel (1991), S. 93ff. und Porter (1986), S. 246ff.
64) Vgl. zu einer Diskussion ausgewählter empirischer Studien Wolfrum (1991), S. 266ff., Jugel (1991), S. 91f. sowie Remmerbach (1988), S. 66ff.
65) Vgl. dazu auch Ansoff/Stewart (1967), S. 82.
66) Vgl. Meffert/Lamnek/Maisberger et al. (1991), S. 110f.
67) Siehe zu den genannten Beispielen ausführlicher Perillieux (1991), S. 30.
68) Vgl. Spital (1983), S. 66f.
69) Vgl. dazu auch Benkenstein (1992), S. 12.
70) Siehe hierzu auch Wolfrum (1991), S. 268 und Jugel (1991), S. 92.

Technologie auch nur ein Unternehmen der "First" sein kann. Es wird demnach immer Folger geben, die sich mit dem Problem auseinandersetzen müssen, wie sie die (noch) zur Verfügung stehenden Amortisationszeiträume so gewinnbringend wie möglich nutzen können. Im weiteren Verlauf von Kapitel 3 wird gezeigt, inwieweit eine konsequente Orientierung an den Abnehmeranforderungen unter Berücksichtigung des wettbewerblichen Umfelds dazu beitragen kann. Die Beispiele weiter oben von Perillieux und Spital ließen deutlich werden, daß genau dies der Schlüssel für eine erfolgreiche Folgerstrategie in den Märkten für Hochleistungslaser, Quartz-Temperaturmeßsysteme und Halbleiter mit höherer Speicherkapazität war. Festzuhalten ist ferner, daß sich die vorliegende Arbeit mit den Fragestellungen einer Vermarktungskonzeption "innerhalb" des Technologielebenszyklus beschäftigt, über dessen Beginn keine Entscheidung mehr zu treffen ist. Eine solche ist vielmehr Gegenstand des entsprechenden Teilbereichs im strategischen Technologie-Management.[71]

Timingprobleme ergeben sich aber nicht nur auf der technologiebezogenen Ebene. Für die vorliegende Problemstellung sind Timingprobleme dann von Wichtigkeit, wenn es um die Frage geht, zu welchem Zeitpunkt im Rahmen eines bereits bestehenden Marktes technische, aber auch reine Anwendungsinnovationen zu initiieren sind. Dazu zählt die Wahl des "richtigen" Einführungszeitpunktes für eine neue Produktgeneration, aber auch die Wahl des "richtigen" Zeitpunktes für die erstmalige Bearbeitung einer bestimmten Gruppe von Abnehmern.

Bei einer solchen Auffassung ist es angebracht, das Problem des Timing aus einer etwas veränderten Perspektive zu betrachten. Die Aufgabe des Timing kann auch in Anlehnung an das Konzept des "strategic window" von Abell verdeutlicht werden.[72] Abell spricht von einem nur temporär offen stehenden "strategischen Fenster", das begrenzte Zeiträume kennzeichnet, während derer die Anforderungen des Marktes den Fähigkeiten und Ressourcen der Unternehmung entsprechen (können), also die Realisierung von Erfolgspotentialen möglich ist. Aufgabe des Timing ist es dann, den richtigen Zeitpunkt für technische und Anwendungsinnovationen zu finden. Es handelt sich hier also um eine die zeitliche Dimension einbeziehende Interpretation des Fits zwischen Technologiepotential und Bedürfnispotential. Bereits Ellinger und Pfeiffer/Bischof haben auf diesen Sachverhalt aufmerksam gemacht.[73] Sie sprechen nicht von einem "strategischen Fenster", sondern von der "Marktperiode", die durch eine zeitliche Deckungsgleichheit von Angebots- und Nachfragezyklus gekennzeichnet ist (siehe Abbildung 19).

---

71) Siehe dazu Wolfrum (1991), S. 245f.
72) Vgl. dazu Abell (1978), S. 21 sowie zu seiner Interpretation Wolfrum (1991), S. 264 und Remmerbach (1988), S. 26.
73) Vgl. Ellinger (1974), Sp. 1396 und Pfeiffer/Bischof (1974a), S. 42ff.

Die Abbildung läßt erkennen, daß über die Zeitfallenproblematik hinausgehend Timingprobleme in zwei Richtungen bestehen: es ist nämlich nicht nur denkbar, mit einer Produktgeneration zu "spät", sondern auch umgekehrt, zu "früh" auf den Markt zu kommen.[74] Für beide Problembereiche ist eine möglichst genaue Kenntnis der Abnehmeranforderungen auch in zeitlicher Hinsicht von ganz besonderer Wichtigkeit.

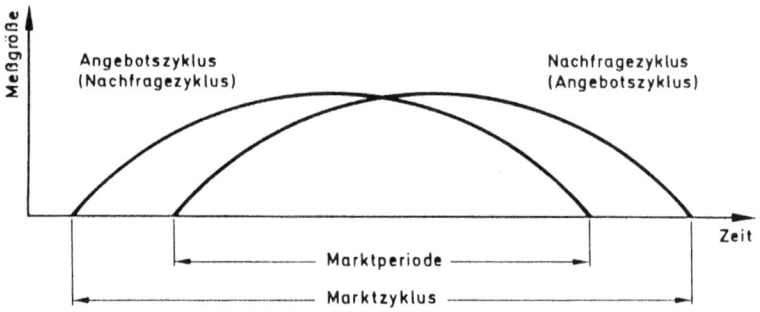

Abb. 19: Zusammenhang zwischen Angebotszyklus, Nachfragezyklus und Marktperiode
Quelle: In Anlehnung an Pfeiffer/Bischof (1974a), S. 42.

3.3.2 Die Marktorientierung im Hochtechnologiebereich

3.3.2.1 Die Komponenten einer Marktorientierung

Unter einem Markt versteht man die Menge der gegenwärtigen und potentiellen Abnehmer bestimmter Produkte sowie der gegenwärtigen und potentiellen Anbieter dieser Produkte.[75] Abnehmer und Anbieter (Wettbewerber) werden auch Marktteilnehmer genannt, die Produkte sind dann "quasi als Kristallisationspunkt der Beziehungen zwischen diesen beiden"[76] zu verstehen. Der Begriff des Marktes umfaßt demnach drei Elemente: Abnehmer mit ihren Bedürfnissen, Produkte mit ihren Eigenschaftsbündeln sowie deren Anbieter.

Marktorientierung wird in der vorliegenden Arbeit als ein Konstrukt verstanden, daß zunächst einmal die Komponenten der Abnehmerorientierung und der Wettbewerbs-

---

74) Siehe dazu auch Pfeiffer/Bischof (1974a), S. 44.
75) Vgl. hierzu Meffert (1986), S. 25, Bauer (1989), S. 18, Freter (1983), S. 18f., Kremer (1986), S. 41ff., Steffenhagen (1991), S. 28.
76) Bauer (1989), S. 30.

orientierung umfaßt.[77] Zur Realisierung dieser beiden Aufgaben bedarf es aber auch einer nach innen gerichteten Orientierung des Führungssystems, die als dritte Komponente einer Marktorientierung verstanden werden kann.

Wird von Abnehmerorientierung gesprochen, so stellt sich die Frage nach dem konkreten Bezugspunkt für die Ausrichtung der Marketingmaßnahmen.[78] Mit den bisherigen Ausführungen wurde implizit eine Orientierung an den Abnehmerbedürfnissen vorausgesetzt. Nicht selten wird aber auch eine Orientierung an teilweise ganz ähnlichen Konstrukten - wie etwa an den Abnehmerproblemen oder dem Abnehmernutzen - vorgeschlagen. Es ist die Aufgabe von Abschnitt 3.3.2.2, die Komponente der Abnehmerorientierung für den Zweck der vorliegenden Arbeit eingehender zu erörtern. Wegen der elementaren Bedeutung für die in der vorliegenden Arbeit zum Ausdruck kommende Denkweise wird diesem Abschnitt ein entsprechender Raum eingeräumt.

Die Idee der Abnehmerorientierung und damit das Konzept des Marketing kann nicht losgelöst von der Idee der Wettbewerbsorientierung realisiert werden, wenn man als Leitmaxime gelten läßt, daß die Bedürfnisse der Abnehmer besser befriedigt werden sollen, als es die Wettbewerber vermögen.[79] Obgleich dies schon an verschiedenen Stellen im Abschnitt zur Abnehmerorientierung deutlich hervortreten wird, wird die Komponente der Wettbewerbsorientierung im Abschnitt 3.3.2.3 im Rahmen einer dynamischen Betrachtung von Wettbewerbsvorteilen weiter vertieft.

Marktorientierung ist aber auch als eine Führungskonzeption zu verstehen, die sämtliche "Komponenten des Führungssystems sowie Einstellungs- und Verhaltensmerkmale der Personen, die für die Funktion Marketing im Unternehmen primär verantwortlich sind"[80], betrifft. Die unternehmensinterne Orientierung eines Marketing wird in Abschnitt 3.3.2.4 unter einem ganz speziellen Gesichtspunkt eine kurze Behandlung erfahren.

---

77) Vgl. zum Begriffsinhalt der Marktorientierung auch Plinke (1992), S. 835ff. und Shapiro (1988), S. 120ff. Eine so verstandene Marktorientierung findet ihren Ausdruck im sog. "Strategischen Dreieck". Siehe hierzu auch Abschnitt 3.3.2.3.1.
78) Die Begriffe Abnehmer, Kunde und Anwender werden in der Folge weitgehend synonyme Verwendung finden. Wenn dennoch an einigen Stellen ausdrücklich von Anwender gesprochen wird, dann wird dieser verstanden als "eine Person oder Personengruppe, die im Rahmen ihrer Tätigkeit bzw. ihres Arbeits-Prozesses ein Produkt ... einsetzt", um damit Güter für die Fremdbedarfsdeckung zu erstellen (Herstatt (1991), S. 7). Die Anwender eines Produktes stellen in der Regel lediglich eine Teilmenge des Gremiums dar, das innerhalb einer abnehmenden Organisation die Beschaffungsentscheidung fällt bzw. beeinflußt (das sogenannte Buying Center). Zum Begriff des Buying Centers vgl. Backhaus (1992), S. 60ff. und Webster/Wind (1972), S. 78ff.
79) Vgl. hierzu auch Day/Wensley (1988), S. 1f., Cravens (1987), S. 7, Köhler (1993a), S. 11, Meffert (1986), S. 103, Görgen (1992), S. 33ff., Kreilkamp (1987), S. 57 sowie Fritz (1990), S. 491. Eine der seltener anzutreffenden Definitionen des Marketing, die die Wettbewerbsorientierung explizit mit einbezieht, findet sich bei Nieschlag/Dichtl/ Hörschgen (1991), S. 8.

3.3.2.2 Die Abnehmerorientierung im Hochtechnologiebereich

Wie generell im Marketing wird die Abnehmerorientierung auch als eine zentrale Anforderung an das Hochtechnologiemarketing hervorgehoben.[81] Angesichts der oben angedeuteten Uneinheitlichkeit der Bezugsmöglichkeiten gilt es zunächst einmal, genauer zu hinterfragen, was der konkrete Gegenstand einer Abnehmerorientierung sein kann. Eine Durchsicht der Literatur zeigt, daß hiermit beispielsweise die Orientierung an den Abnehmerbedürfnissen[82], am Abnehmerproblem[83], am Abnehmernutzen[84] oder auch am Kundenvorteil[85] angesprochen sein kann. Es ist deshalb in einem ersten Schritt notwendig, die möglichen Bezugspunkte der Abnehmerorientierung und ihre teilweisen Übereinstimmungen einer tieferen Betrachtung zu unterziehen.

3.3.2.2.1 Grundlegende Bemerkungen zur Abnehmerorientierung

3.3.2.2.1.1 Abnehmerbedürfnisse, Bedarf und Abnehmerprobleme

Unter Bedürfnis wird a) das Empfinden eines Mangels und b) das Bestreben nach Beseitigung desselben verstanden.[86] Die gedankliche Verbindung zwischen den Bedürfnissen und dem Begehren nach einem ganz bestimmten Produkt zur Befriedigung dieser Bedürfnisse wird durch den Begriff Bedarf hergestellt.[87] Der Bedarf "hat bereits eine bestimmte Zusammensetzung nach Güter- oder Leistungsarten und -mengen und ist mit Qualitäts- und Preisvorstellungen verbunden."[88] Diese Auffassung bedarf einer kurzen Vertiefung. Nach ihrem Entwicklungsgrad können Bedürfnisse in latente und offene (manifeste) Bedürfnisse unterschieden werden.[89] Ein offenes Bedürfnis

---

80) Plinke (1992), S. 836.
81) Vgl. hierzu etwa Jugel (1991), S. 84 oder auch allgemeiner für das Investitionsgütermarketing Droege/Backhaus/Weiber (1993), S. 20ff. sowie die im folgenden zitierten Beiträge.
82) Vgl. bspw. Lender (1991), S. 46, Mollenhauer/Remmerbach (1988), S. 127 und Jugel (1991), S. 65.
83) Vgl. bspw. Specht (1987), S. 88.
84) Vgl. Meffert/Lamnek/Maisberger et al. (1991), S. 196, Bender (1989), S. 70 und Forsthuber/Kropfberger (1989), S. 76.
85) Vgl. bspw. Hofmaier (1992a), S. 17, Große-Oetringhaus (1992a), S. 27, Große-Oetringhaus (1991), S. 115 und Große-Oetringhaus (1990), S. 96.
86) Vgl. Harbrecht (1993), Sp. 266, Sandig (1974), Sp. 313, Kotler/Bliemel (1992), S. 7 und sehr ausführlich Lisowsky (1968), S. 1ff. Die ausdrückliche Unterscheidung zweier definitorischer Bestandteile wurde im Hinblick auf die noch zu treffende Unterscheidung zwischen Bedürfnissen und Problemen vorgenommen.
   In der Literatur zum Konsumentenverhalten spricht man im Zusammenhang mit Bedürfnissen auch von Motiven. Vgl. bspw. Müller-Hagedorn (1986), S. 134 und Rosenstiel/Ewald (1979), S. 136.
87) Vgl. Harbrecht (1993), Sp. 268.
88) Sandig (1974), Sp. 314. Vgl. hierzu auch Harbrecht (1993), Sp. 268. Kotler/Bliemel (1992), S. 7 sprechen dagegen nicht vom Bedarf, sondern vom Wunsch.
89) Vgl. dazu auch Lisowsky (1968), S. 48f.

liegt dann vor, wenn es sich deutlich zu erkennen gibt. Voraussetzung dazu ist, daß ein Mangel überhaupt bewußt wird. Bei latenten Bedürfnissen ist dies nicht der Fall, sie sind "verdeckter" Natur. Angesichts dessen beruht ein Bedarf somit zwangsläufig auf manifesten Bedürfnissen. Darüber hinaus muß die entsprechende Kaufkraft vorhanden sein, um von einem Bedarf sprechen zu können. Äußert er sich tatsächlich am Markt, beispielsweise in der Form, daß Beschaffungsdispositionen getroffen werden, so wird aus dem Bedarf Nachfrage.[90]

Die Größe Bedarf ist somit dadurch gekennzeichnet, daß in ihr lediglich die manifesten Bedürfnisse und davon lediglich der mit der entsprechenden Kaufkraft ausgestattete Teil zur Geltung kommt.[91] Latente Bedürfnisse, die erst bei Gegenüberstellung mit einem entsprechenden Produkt bzw. Produktkonzept oder erst in Zukunft offen zu Tage treten, werden ausgeblendet.[92] Gerade sie können aber für eine zukunftsgerichtete Produktentwicklung im Hochtechnologiebereich von ganz besonderem Stellenwert sein. Eine auf den Bedarf gerichtete Unternehmenspolitik würde lediglich - wie Lisowsky es ausdrückt - zu einer "Bedarfsdeckung" führen.[93] Der Bedarf ist somit ein zu eng gefaßter Bezugspunkt für eine konsequente Abnehmerorientierung.

In der Literatur wird bisweilen kritisch bemerkt, daß der Begriff Bedürfnis am Individuum orientiert sei und nur unzweckmäßig auf den Investitionsgüterbereich übertragbar sei.[94] Dementsprechend finden sich dann auch Hinweise darauf, daß der Begriff "Bedürfnis" eher im Konsumgüterbereich, der Begriff "Problem" dagegen eher im Investitionsgüterbereich Verwendung findet.[95] Die beiden Begriffe werden bisweilen aber auch synonym verwendet.[96] Für das weitere Vorgehen ist festzuhalten: Der Begriff Bedürfnis soll auch für Abnehmer im Investitionsgüterbereich Verwendung finden, ferner soll ausdrücklich zwischen Bedürfnissen und Problemen unterschieden werden.

Huber äußert sich dazu wie folgt: "Bedürfnisse sind letztlich im Zusammenhang mit einer bestimmten Mangel- oder Problemsituation zu sehen, auf deren Lösung sie sich

---

90) Vgl. hierzu auch Sandig (1974), Sp. 314f. sowie Nieschlag/Dichtl/Hörschgen (1991), S. 146.
91) Vgl. Lisowsky (1968), S. 48.
92) Vgl. hierzu auch Lisowsky (1968), S. 53ff.
93) Vgl. Lisowsky (1968), S. 49.
94) Vgl. Huber (1984), S. 9.
95) Vgl. hierzu Pfohl (1989a), Sp. 945. So stellt auch Sandig fest, daß im investiven Sektor an die Stelle des Bedürfnisses "meist das technische oder das marktbedingte Erfordernis bzw. die Investitionsabsicht" tritt. Sandig (1974), Sp. 314.
96) Vgl. bspw. Andritzky (1976), S. 279, Eichenberger (1991), S. 134 oder auch Geschka (1986), S. 121f.

beziehen."[97] Er spricht in diesem Zusammenhang vom Kundenproblem.[98] Entscheidend ist nach Huber, daß Bedürfnisse "nicht im luftleeren Raum"[99] entstehen, sondern das Ergebnis "der Wahrnehmung und Bewertung bestimmter Problemsituationen"[100] sind. Dementsprechend sind Probleme den Bedürfnissen als vorgelagert anzusehen. Aus diesem Blickwinkel heraus lassen sich Bedürfnisse auch als "situative Anforderungen ... zur Lösung der als Mangel empfundenen Situation"[101] oder - weitgehend ähnlich - als "Summe aller an ein Produkt bzw. Produktart in einer gegebenen Problemsituation gestellten Anforderungen"[102] auffassen. Im weiteren Verlauf dieser Arbeit wird auch von Abnehmeranforderungen, technisch-ökonomischen Anforderungen oder auch Leistungsanforderungen gesprochen werden.

Stellt man Abnehmerprobleme in den Mittelpunkt der Betrachtung, so können mit Gälweiler originäre und abgeleitete Abnehmerprobleme unterschieden werden. "Originäre Kundenprobleme sind durch einen hohen Grad der Dauerhaftigkeit ausgezeichnet, d.h. sie können nach dem derzeitigen Kenntnisstand nicht verschwinden. Was sich bei ihnen ändern kann, sind die Lösungstechniken und Lösungstechnologien".[103] Ein Beispiel für ein originäres Abnehmerproblem ist die Erzeugung von Bildern der inneren Struktur von Objekten. Dieses Abnehmerproblem kann - wie bereits deutlich wurde - durch verschiedene bildgebende Verfahren gelöst werden. Dazu gehört die klassische Röntgendiagnostik, das Ultraschallverfahren, die Kernspintomographie und auch die Computertomographie. Im Kern geht hier also um die lösungsinvariante Formulierung eines Abnehmerproblems, d.h. eine in bezug auf die in Frage kommenden Lösungstechnologien und -techniken neutrale Formulierung.[104]

Abgeleitete Abnehmerprobleme werden dagegen über die jeweils bestehenden Lösungstechnologien bzw. -techniken für originäre Abnehmerprobleme definiert.[105] Ein Beispiel für ein abgeleitetes Abnehmerproblem wäre demzufolge die Bilderzeugung mittels der Computertomographie.

Dabei wird deutlich, daß ein lösungsinvariant definiertes Abnehmerproblem sich dadurch auszeichnet, daß es die systematische Zuordnung aller zu einem gegebenen Zeitpunkt bekannten Lösungstechnologien und -techniken ermöglichen und auch pro-

97) Huber (1984), S. 19 (Original mit Hervorhebungen).
98) Vgl. Huber (1984), S. 20.
99) Huber (1984), S. 19.
100) Huber (1984), S. 58.
101) Huber (1984), S. 21 (Original ohne Hervorhebungen). Ähnlich Bauer (1989), S. 122f.
102) Andritzky (1976), S. 280.
103) Gälweiler (1987), S. 48 (Original ohne Hervorhebungen).
104) Siehe Gälweiler (1987), S. 46f.
105) Vgl. Gälweiler (1987), S. 48. Dabei darf der Begriff des abgeleiteten Abnehmerproblems nicht mit dem feststehenden Begriff des derivativen bzw. abgeleiteten Bedarfs im Investitionsgüterbereich verwechselt werden.

vozieren kann. Das Verstehen des originären Abnehmerproblems schafft deshalb die Voraussetzung für eine systematische Erfassung von Substitutionstechnologien.[106] Dies betrifft sowohl die noch im Entwicklungsstadium befindlichen Technologien bzw. Techniken als auch diejenigen, deren zukünftige Entwicklung angesichts von Ergebnissen der Grundlagenforschung Relevanz bekommen könnte.[107]

In Anbetracht dieser Ausführungen ist es nun möglich, den Zusammenhang zwischen Problemen und Bedürfnissen so zu deuten, daß ein originäres Abnehmerproblem mit noch recht unspezifischen Bedürfnissen verbunden ist, während abgeleitete Problemlagen mit abgeleiteten Bedürfnissen einhergehen. Ganz auf dieser Linie trifft Abbott eine Unterscheidung zwischen Grundbedürfnissen und abgeleiteten Bedürfnissen.[108] Um sich von dem im Investitionsgüterbereich verwendeten Begriff des abgeleiteten Bedarfs abheben zu können, wird im folgenden zwischen Grundbedürfnissen und spezifischen Bedürfnissen unterschieden. Spezifische Bedürfnisse sind nach Auffassung der vorliegenden Arbeit dadurch gekennzeichnet, daß sie bereits auf eine konkrete Produktklasse gerichtet sind. Diese Sichtweise korrespondiert mit der bereits weiter oben bestimmten Bezugsebene einer spezifischen Technologie, auf deren Ausschöpfung sich die Marketingaktivitäten richten.[109] Abschließend gewinnt auch die bisweilen zu findende Feststellung, daß sich Bedürfnisse verändern können, während das zugrunde liegende Problem unverändert bleibt,[110] an analytischer Schärfe. Es ist dann wohl das originäre Abnehmerproblem und damit das Grundbedürfnis angesprochen, was unverändert bleibt; abgeleitete Abnehmerprobleme bzw. spezifische Bedürfnisse dagegen ändern sich durchaus.

3.3.2.2.1.2 Die Struktur von Bedürfnissen

Analog der Auffassung von Abnehmerproblemen als Konfiguration von Teilfunktionen sind Bedürfnisse als Bündel von Teilbedürfnissen (Bedürfniskomponenten) zu verstehen.[111] Im Hinblick auf die konkrete Ermittlung von Bedürfnissen ergibt sich die Frage nach a) der Anzahl und Art der Bedürfniskomponenten, b) ihrer Ausprägungsintensität sowie c) ihrer relativen Bedeutung aus der Sicht der Abnehmer.[112] Die Gesamtschau dieser drei Gesichtspunkte wird im folgenden als Bedürfnisstruktur oder Anforderungsprofil eines Abnehmers bezeichnet.

---

106) Vgl. Gälweiler (1987), S. 47 und Pfohl (1989a), Sp. 944.
107) Vgl. Gälweiler (1987), S. 47.
108) Vgl. Abbott (1958), S. 51f.
109) Siehe Abschnitt 2.6.1.
110) Vgl. hierzu bspw. Andritzky (1976), S. 165 und Huber (1984), S. 22f.
111) Siehe auch Lisowsky (1968), S. 79f., ferner Andritzky (1976), S. 170f. Kotler/Bliemel (1992), S. 9 sprechen in diesem Zusammenhang von einer sog. Bedürfnismenge, Koppelmann (1974), S. 9 von sog. Bedürfnisgruppen.

ad a) Bei der Ermittlung der Anzahl und <u>Art der Bedürfniskomponenten</u> geht es darum, zu erfahren, welche spezifischen Leistungsanforderungen für einen Abnehmer im Hinblick auf eine bestimmte Problemstellung Relevanz haben (Ermittlung der relevanten Anforderungen).[113]

ad b) Der Frage nach der <u>Ausprägungsintensität</u> von Bedürfniskomponenten kann sich genähert werden, indem man auf eine - im konkreten Fall näher zu spezifizierende - ordinale Abstufung nach Mindestanforderungen, mittleren Anforderungen und Maximalanforderungen zurückgreift.[114] Koppelmann spricht in diesem Zusammenhang auch vom Marginalitätsniveau ("Das Nochvertretbare"), Standardniveau ("Das Übliche") und Topniveau ("Das Beste").[115]

ad c) Von der Ausprägungsintensität zu unterscheiden ist die <u>relative Bedeutung</u> einzelner Bedürfniskomponenten innerhalb eines Bedürfnisbündels (Bedeutungsgewichte). Den Stellenwert dieses Gesichtspunktes unterstreicht Huber: "Was nützt es, wenn unsere Leistung im Vergleich zur Konkurrenz zwar sehr preisgünstig ist, der Marktpartner jedoch ein weit größeres Gewicht auf hervorragende Qualität und schnelle und zuverlässige Lieferung legt?"[116] Eine Gewichtung liegt im Prinzip bereits dann vor, wenn zwischen Mußanforderungen und Kannanforderungen unterschieden wird.[117] Mußanforderungen müssen unabdingbar durch ein Produkt erfüllt werden, auf die Erfüllung von Kannanforderungen kann unter Umständen verzichtet werden. Aufbauend auf einer Unterscheidung von Herzberg in Satisfiers und Dissatisfiers[118] erläutert Huber: Mußanforderungen "können gewissermaßen als Dissatisfiers interpretiert werden, deren Nichterfüllung zwar eine ungenügende Alternative ausscheiden lässt, deren Erfüllung jedoch noch keinen eigentlichen Nutzen, sondern lediglich den Zustand des Nicht-Unzufriedenseins verschafft."[119] Für die endgültige Beschaffungsentscheidung zwischen denjenigen Produkten, die die Mußanforderungen erfüllen, zeichnen demnach die Kannanforderungen verantwortlich.[120] Die Mußanforderungen führen demnach zu einem Herausfiltern untauglicher Alternativen im Vorfeld der Beschaffungsentscheidung; die verbleibenden Alternativen werden dann mit den gewichteten Kann-

---

112) Vgl. Huber (1984), S. 58f. und S. 62f. Ferner Holt/Geschka/Peterlongo (1984), S. 49f., die diesen Sachverhalt als "need specification" bezeichnen.
113) Vgl. Huber (1984), S. 59.
114) Ähnlich Huber (1984), S. 63.
115) Vgl. Koppelmann (1993), S. 153.
116) Huber (1984), S. 62.
117) Vgl. dazu Koppelmann (1993), S. 223, Huber (1984), S. 66f. und Brown/Shivashankar/Brucker (1989), S. 109f. Im englischsprachigen Raum wird dies umgangssprachlich häufig auch als "Must" und "Nice to have" formuliert.
118) Vgl. hierzu auch Herzberg (1982), S. 61ff.
119) Huber (1984), S. 67. Man beachte in diesem Zusammenhang auch die entsprechenden in der Entscheidungstheorie diskutierten Entscheidungs<u>regeln</u>.
120) Vgl. Huber (1984), S. 67, Engelhardt (1974), Sp. 1803 und auch Mühlbacher/Botschen (1990), S. 163.

anforderungen bewertet. Mithin ist die Gewichtung zwischen den Kannanforderungen von ganz besonderem Interesse.[121] Letztlich sind auch Kombinationen von Mußanforderungen und Kannanforderungen bezüglich desselben Anforderungsmerkmals denkbar - in der Form, daß bis zu einem bestimmten Intensitätsgrad eine Mußanforderung gestellt wird, während darüber hinausgehend eine Kannanforderung vorliegt.[122]

Die modellhafte Darstellung der in drei Aspekte zerlegten Bedürfnisstruktur kann graphisch wie in Abbildung 20 veranschaulicht werden.

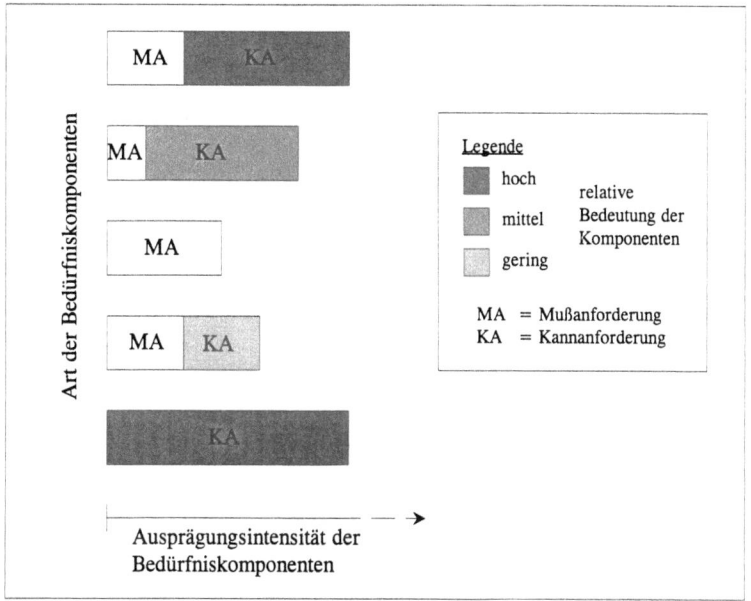

Abb. 20: Modellhafte Darstellung einer Bedürfnisstruktur nach Art, Ausprägungsintensität und relativer Bedeutung der Bedürfniskomponenten
Quelle: In Anlehnung an Huber (1984), S. 63 und S. 67.

Durch die Bestimmung von Bedeutungsgewichten gewinnt ein Anbieter zunächst einmal Informationen darüber, welchen Eigenschaften eines (potentiellen) Produkts eine zentrale Bedeutsamkeit zukommt. Darüber hinaus ist es aber wesentlich, eventuelle Ausgleichswirkungen zwischen einzelnen Kannanforderungen (trade-offs) zu ermitteln.[123] Die isolierte Betrachtung einzelner Anforderungen kann nämlich zu irrealen

---

121) Vgl. Huber (1984), S. 67. Sie sind dann oftmals auch der eigentlich gemeinte Sachverhalt, wenn in der Literatur von der Gewichtung von Bedürfniskomponenten gesprochen wird.
122) Vgl. dazu auch Huber (1984), S. 68.
123) Vgl. Johnson (1974), S. 121.

Ergebnissen führen, wenn die Zielerreichungskonflikte zwischen einzelnen Anforderungen keine Berücksichtigung finden. Ein niedriger Preis beispielsweise ist in der Regel nicht mit Maximalanforderungen an ein Produkt vereinbar.[124] Die Bestimmung der einzelnen abnehmerindividuellen Bedeutungsgewichte unter Berücksichtigung der Trade-offs kann nun beispielsweise im Rahmen einer produktbezogenen Bedürfnisermittlung dadurch erfolgen, daß man den einzelnen Abnehmer im Rahmen einer Befragung dazu auffordert, eine bestimmte Summe von Punkten (z.B. 100 Punkte) auf die einzelnen relevanten Komponenten zu verteilen.[125]

Das vorgestellte Modell berücksichtigt noch keine Interaktionseffekte zwischen den Bedürfniskomponenten im Gesamtzusammenhang eines Bedürfnisbündels. Geht man aber davon aus, "daß Bedürfnisse ... ganzheitlich, d.h. als Kombination von verschiedenen Anforderungen erlebt werden, dann hängt die ... Wichtigkeit einer Anforderung von ihrer jeweiligen Kombination mit anderen Anforderungen ab."[126] So ist denkbar, daß der gemeinsamen Erfüllung zweier Anforderungen ein wesentlich höheres Bedeutungsgewicht beigemessen wird, als dies bei einer isolierten Betrachtung dieser beiden Anforderungen zum Ausdruck kommt.[127] Eine Möglichkeit, neben Trade-offs auch solche Interaktionen zu erfassen, bietet das Verfahren des Conjoint Measurement.[128]

3.3.2.2.1.3 Bedürfnisse als Nutzenerwartungen und Kaufentscheidungskriterien

Spezifische Bedürfnisse können auch als Nutzenerwartungen an ein Produkt aufgefaßt werden.[129] Unter dem Nutzen eines Produktes versteht man die Art und das Ausmaß der sich aus seinen Eigenschaften ergebenden Fähigkeit zur Bedürfnisbefriedigung bei einem Abnehmer.[130] Es wird auch vom Kundennutzen oder Abnehmernutzen gesprochen. Dabei geht es nicht um einen objektiv erkennbaren Nutzen, sondern um die subjektive Einschätzung des Abnehmers.[131]

Analog zur Auffassung von Bedürfnissen als Bedürfnisbündel mit unterschiedlicher Wichtigkeit der einzelnen Bedürfniskomponenten läßt sich der Nutzen eines Produktes

---

124) Vgl. Böhler (1977), S. 105.
125) Siehe auch Böhler (1977), S. 105 und Green/Wind/Jain (1972), S. 31. Zu den Schwachstellen dieser Vorgehensweise und zu Alternativen vgl. ebenfalls Böhler (1977), S. 105f.
126) Andritzky (1976), S. 183.
127) Vgl. dazu auch Green/Wind/Jain (1972), S. 31f.
128) Eine knappe, aber sehr einleuchtende Darstellung des Verfahrens findet sich bei Böhler (1977), S. 106. Vgl. ferner Müller-Hagedorn/Sewing/Toporowski (1992), S. 1ff., wo sich auch kritische Anmerkungen zur Validität von Conjoint-Analysen finden.
129) Vgl. Diller (1975), S. 219 oder Kreilkamp (1987), S. 118.
130) Vgl. Harbrecht (1993), Sp. 271 und Kotler/Bliemel (1992), S. 9.
131) Vgl. Harbrecht (1993), Sp. 271, Kotler/Bliemel (1992), S. 9 und Kreilkamp (1987), S. 115.

in einzelne Nutzenkomponenten aufspalten, denen vom Abnehmer unterschiedliche Bedeutung beigemessen wird.[132] Darauf aufbauend läßt sich formulieren, daß Abnehmer nicht Produkte bzw. Eigenschaftsbündel erwerben, sondern Nutzenbündel.[133] Die grundsätzliche Zweckmäßigkeit dieses Gedankens wird deutlich, wenn man sich vor Augen führt, daß Abnehmer zum einen häufig nicht alle "hinter" den Nutzenkomponenten stehenden Eigenschaften kennen. Zum anderen kann ein bestimmter Nutzen durch mehrere Produkteigenschaften gestiftet werden, ebenso kann eine einzelne Eigenschaft auf mehrere Nutzenkomponenten einwirken.[134]

Für den Erwerb eines solchen Nutzenbündels zahlt der Abnehmer einen Preis, der aus seiner Sicht zu entsprechenden Kosten führt. Die Leistung (bzw. der Nutzen) und der Preis (bzw. die Kosten) eines Produkts lassen sich im sogenannten Preis/Leistungs-Verhältnis bzw. Kosten/Nutzen-Verhältnis miteinander verknüpfen.[135] Ein Abnehmer wird ein Produkt nur dann erwerben, wenn der auf seinen Eigenschaften beruhende Nutzen zunächst einmal absolut gesehen größer ist als die damit verbundenen Kosten. Zweitens wird er es nur dann erwerben, wenn es ihm vor dem Hintergrund konkurrierender Angebote das beste Preis/Leistungs-Verhältnis bietet.[136] Schließlich ist zu berücksichtigen, daß der Preis, unabhängig vom Ausmaß der damit verbundenen Leistung, mit der Kaufkraft des Abnehmers harmonieren muß.

Ein gegenüber konkurrierenden Angeboten niedrigerer Preis eines Produktes kann aus Abnehmersicht auch als eine Kostenersparnis verstanden werden, die wiederum einen Nutzen stiften kann.[137] Diesem Produkt wird dann unter der Annahme einer gleichen Leistung ein höherer "Nettonutzen" zugesprochen, weil die nicht verausgabten Mittel alternativen Verwendungszwecken zugeführt werden können und sich dadurch die mit der Beschaffung verbundenen Opportunitätskosten verringern lassen.[138] Die Interpretation eines Preisvorteils als Nutzen erscheint noch plausibler, wenn man sich vorstellt, daß auch Leistungsmerkmale eines Produktes zu geringeren Kosten beim Abnehmer, beispielsweise zu geringeren Produktionskosten, führen können und dies eine der Nutzenkomponenten ist, die vom Abnehmer beim Einsatz dieses Produktes erwartet werden.[139] Bei dieser Sichtweise ist der Preis, oder präziser, der Preis_vor-_

---

132) Vgl. Bauer (1989), S. 121 und Day/Shocker/Srivastava (1979), S. 10.
133) Vgl. hierzu auch Day/Shocker/Srivastava (1979), S. 10, Bauer (1989), S. 120f. Herrmann (1992), S. 25 und Eichenberger (1991), S. 43f.
134) Vgl. Bauer (1989), S. 121, wo sich auch ein Beispiel für die Beziehungen zwischen Eigenschaften und Nutzenkomponenten bei einem Automobil findet.
135) Siehe hierzu auch Nieschlag/Dichtl/Hörschgen (1991), S. 237f. und S. 243ff. sowie Kreilkamp (1987), S. 115ff.
136) Vgl. hierzu auch Kotler/Bliemel (1992), S. 9 und Kreilkamp (1987), S. 118.
137) Vgl. dazu auch Kreilkamp (1987), S. 118.
138) Siehe auch Kotler/Bliemel (1992), S. 9.
139) Hier ist beispielsweise an den Energieverbrauch einer Anlage zu denken, die unmittelbar die Kostensituation beim Abnehmer beeinflußt.

teil eines Produktes, als die Komponente eines Nutzenbündels bzw. als eine Produkteigenschaft zu verstehen.[140] Diese Auffassung steht dem in der Literatur etablierten Begriff des Preis/Leistungs-Verhältnisses keineswegs entgegen: Je nach Betrachterstandpunkt und Analysezweck kann der Preis als ein Leistungsmerkmal wie jedes andere auch oder als gesondert zu behandelnde Komponente betrachtet werden.

Das Preis/Leistungs-Verhältnis lenkt den Blick auf die Frage des Vergleichs konkurrierender Produktalternativen durch einen Abnehmer. Aus der Theorie des Käuferverhaltens ist bekannt, daß die Abnehmer alternative Produkte anhand sogenannter Kaufentscheidungskriterien beurteilen, um die Vorziehenswürdigkeit einer Alternative herauszufinden. Die zugrunde gelegten Kaufentscheidungskriterien leiten sich dabei aus den Nutzenerwartungen bzw. Bedürfnissen der Abnehmer ab.[141] Den Nutzenerwartungen stehen die Leistungsmerkmale bzw. Nutzenkomponenten eines Produktes nun quasi als Pendant gegenüber.[142] Der Abnehmer wird dabei den Produkteigenschaften ganz entsprechend seiner Bedürfnisstruktur eine unterschiedlich hohe Bedeutung zuschreiben. Das Ergebnis des Vergleichs zwischen der Bedürfnisstruktur und den wahrgenommenen Eigenschaften eines Produktes stellt dessen Eignungsgrad zur Befriedigung der Abnehmerbedürfnisse und zur Lösung der ihnen vorgelagerten Problemsituation dar. Er repräsentiert den aus Sicht des Abnehmers stiftbaren Nutzen eines Produktes. Der Nutzen wird damit zum Kriterium der Vorziehenswürdigkeit einer Produktalternative gegenüber einer anderen. Er prägt die Präferenzordnung der Abnehmer in dem Sinne, daß der Einsatz eines Produktes mit höherem Nutzen dem eines anderen Produktes mit einem niedrigeren Nutzen vorgezogen wird.[143] Nach dem Erwerb und dem Einsatz des Produktes in seiner spezifischen Verwendungssituation verspürt der Abnehmer ein mehr oder weniger ausgeprägtes Ausmaß an Bedürfnisbefriedigung.[144]

Der soeben geschilderte Nutzenvergleich wird in der Literatur auch im Zusammenhang mit den Stichwörtern "Kundengewinn" und "Kundenvorteil" diskutiert. Stark vereinfachend kann man den Kundennutzen im Investitionsgüterbereich mit dem Kundengewinn gleichsetzen.[145] Dem liegt der Gedanke zugrunde, daß sich die einzelnen Bedürfniskomponenten beim Abnehmer auf einer höher aggregierten Ebene

---

140) Vgl. zu dieser Sichtweise auch Day/Shocker/Srivastava (1979), S. 10, Schubert (1991), S. 26 und Huber (1984), S. 99. Ähnlich Engelhardt, der in einem Beitrag zur Qualitätspolitik den Preis als ein Leistungsmerkmal eines Produktes und damit als Teilqualität eines Qualitätsbündels ansieht. Vgl. Engelhardt (1974), Sp. 1801f.
141) Vgl. Müller-Hagedorn (1986), S. 133 und Eichenberger (1991), S. 108.
142) Vgl. Huber (1984), S. 113ff. und Kreilkamp (1987), S. 113f.
143) Vgl. Herrmann (1992), S. 25 und Bauer (1989), S. 37. Zum Begriff "Präferenz" und zur Präferenzmessung vgl. ausführlicher Bauer (1989), S. 132ff.
144) Vgl. Andritzky (1976), S. 185.
145) Vgl. Große-Oetringhaus (1992a), S. 27.

dem unternehmerischen Oberziel des Gewinns zuordnen lassen.[146] Denn der Preis des Beschaffungsobjektes sowie die durch die Leistungsmerkmale eines Produktes erzielten Kostenersparnisse oder Umsatzsteigerungen beeinflussen die Gewinnsituation eines Abnehmers bzw. die Abnehmerwirtschaftlichkeit.[147] Vor dem Hintergrund, daß sich der Nettonutzen einer Alternative aus der Differenz zwischen Kosten und Nutzen ergibt, wird unter dem Kundenvorteil dann die "wahrgenommene Differenz der Nettonutzen zweier Austauschbeziehungen"[148] verstanden. Es geht also um den relativen Erfüllungsgrad eines Produktes, der dann als Kundenvorteil seinen Ausdruck in dem entsprechenden relativen Beitrag zum Kundengewinn finden kann.[149]

3.3.2.2.1.4 Der bedürfnisbezogene Fit als zentraler Bezugspunkt der Abnehmerorientierung

Die Ausführungen im vorangegangenen Abschnitt haben deutlich gemacht, daß die Übereinstimmung des Anforderungsprofils der Abnehmer mit dem wahrgenommenen Eigenschaftsprofil eines Produktes ganz im Zentrum einer konsequenten Abnehmerorientierung stehen muß.[150] Mit anderen Worten geht es hierbei um die Erzielung des Fits, der bei den obigen Überlegungen zum Potentialfit zwischen Technologie- und Bedürfnispotential als bedürfnisbezogener Fit bezeichnet wurde.[151] Dabei wird eine vollkommene Übereinstimmung zwischen Bedürfniskomponenten und Nutzenkomponenten in Wirklichkeit nicht möglich sein. Die geforderte Übereinstimmung muß insofern als eine "weitestgehende" Übereinstimmung interpretiert werden.[152] Dazu kommt - dies wird bei den Überlegungen zur Wettbewerbsorientierung in Abschnitt 3.3.2.3 noch deutlicher werden -, daß ein Produkt im Rahmen der Beschaffungsentscheidung eines Abnehmers "lediglich" besser als diejenigen der Wettbewerber beurteilt werden muß, letztlich also der relative Fit von Interesse ist.

Es bietet sich an dieser Stelle an, aufbauend auf der weiter oben vorgelegten Modellierung von Bedürfnisstrukturen, eine ähnliche modellhafte Betrachtung des Fits zwischen dem Anforderungsprofil der Abnehmer und dem Eigenschaftsprofil eines Produktes vorzunehmen. Analog zu einem Anforderungsprofil zeigt jedes Produkt ein

---

146) Vgl. hierzu auch Andritzky (1976), S. 169f., der auf die ersatzweise Formulierung von Bedürfnissen anhand unternehmerischer Ziele hinweist, bspw. im Hinblick auf die Kapitalrendite.

147) Vgl. dazu auch Große-Oetringhaus (1992a), S. 27f. sowie Wittek (1988), S. 67.

148) Plinke (1992), S. 835f. Ähnlich Coyne (1988), S. 20.

149) Vgl. Große-Oetringhaus (1990), S. 96.

150) Vgl. hierzu auch Lisowsky (1968), S. 95f., Clark (1985), S. 238 und Engelhardt (1974), Sp. 1805. Engelhardt spricht an der angegebenen Stelle von einer Übereinstimmung der sog. "Bedürfnismatrix" und der sog. "Leistungsmatrix".

151) Vgl. zur Verwendung des Begiffs "Fit" in diesem Zusammenhang auch Köhler (1993b), S. 72.

152) Vgl. hierzu auch Lisowsky (1968), S. 95f.

Eigenschaftsprofil, das a) durch die Anzahl und Art der Eigenschaften und b) ihre Ausprägungsintensitäten gebildet wird.[153] Die Bedeutungsgewichtung ist dabei als ein den Bedürfnisstrukturen innewohnender Sachverhalt aufzufassen; ihr steht bei einer objektiv-technischen Betrachtung grundsätzlich kein Pendant bei Eigenschaftsprofilen gegenüber. Überträgt man die graphische Darstellung einer Bedürfnisstruktur in analoger Weise auf Eigenschaftsprofile von Produkten, dann kann der anzustrebende Fit und die Entscheidung eines Abnehmers zwischen zwei Produkten (Entscheidung für Produkt 1) wie in Abbildung 21 dargestellt werden.

Im weiteren Verlauf dieser Arbeit wird der Abnehmerorientierung der bedürfnisbezogene Fit als zentraler Bezugspunkt zugrunde gelegt.

---

153) Vgl. Hansen/Leitherer (1984), S. 50.
Die Ausprägungsintensität zeigt sich bei technischen Eigenschaften bspw. als eine Maßzahl mit der zugehörigen Maßeinheit, oder es finden einfache Zähleinheiten oder ordinale Abstufungen Verwendung. Siehe Paass (1974), S. 65f.

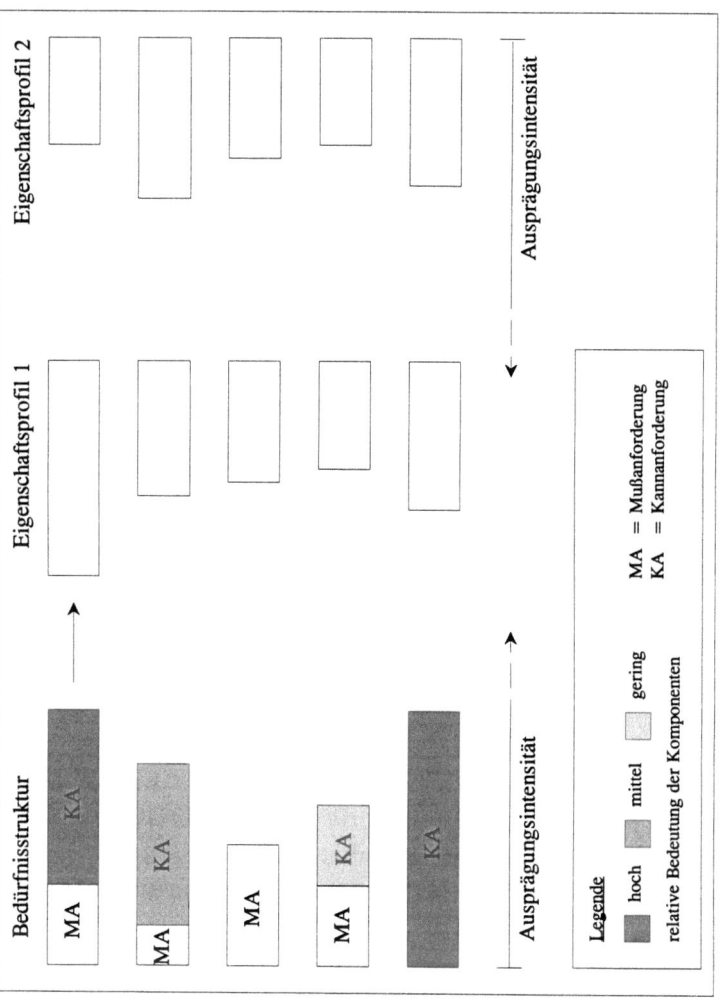

Abb. 21: Modellhafte Darstellung des bedürfnisorientierten Fits
Quelle: In Anlehnung an Huber (1984), S. 67 und Koppelmann (1993), S. 232.

3.3.2.2.2 Die Konkretisierung der Abnehmerorientierung im Hochtechnologiebereich

3.3.2.2.2.1 Derivative Bedürfnisse und Dominanz technisch-ökonomischer Abnehmeranforderungen

Ausgangspunkt der folgenden Überlegungen ist das sich aus der Definition von Investitionsgütern ergebende Chakteristikum des sogenannten "derivativen Bedarfs". Nachfrager nach Investitionsgütern äußern im Gegensatz zu privaten Verbrauchern (Konsumenten) keinen usprünglichen Bedarf, sondern einen derivativen Bedarf, der durch den Bedarf nach den Leistungen determiniert wird, die mit dem Investitionsgütereinsatz erstellt werden.[154] Obgleich es sich hier um einen feststehenden Begriff in der Literatur handelt, wird im weiteren aus den bereits bekannten Gründen von derivativen Bedürfnissen gesprochen.

Der Sachverhalt derivativer Abnehmerbedürfnisse führt unmittelbar zur Frage nach dem Grad der Rationalität von investiven Beschaffungsentscheidungen und der ihnen zugrunde liegenden Beschaffungsentscheidungskriterien. Zur Erläuterung rationaler und irrationaler Bedürfnisse schreibt Lisowsky: "Bei den 'rationalen Bedürfnissen' stehen die verstandesmässigen, eher rechenhaften Erlebniskomponenten im Vordergrund, und die Befriedigung solcher Bedürfnisse wird vornehmlich von objektiv-sachlichen Nutzenerwägungen bestimmt. Demgegenüber werden die mehr 'irrationalen Bedürfnisse' in erster Linie durch subjektiv-gefühlsmässige Erlebnisinhalte geprägt."[155] Folgt man der Argumentation von Lisowsky, dann sind derivative Bedürfnisse überwiegend durch rationale Inhalte geprägt.[156] In der Tat wird Beschaffungsentscheidungen im Investitionsgütersektor ein hoher Grad an Rationalität zugesprochen, da die Nutzenerwartungen weitgehend durch die technisch-ökonomischen Bedingungen determiniert sind.[157] So hebt auch Pfeiffer die "wirtschaftliche Eignung"[158] eines Investitionsobjektes als übergeordnetes Kriterium für die Auswahlentscheidung hervor. In diesem Zusammenhang ist auch zu berücksichtigen, daß das eigentliche Problem des Abnehmers, zu dessen Lösung ein Anbieter von Investitionsgütern beitragen muß, sein Bestehen im Wettbewerb ist.[159] Dabei sehen sich die kaufentscheidenden Gremien spezifischen Kontroll- und Sanktionsmechanismen gegenüber. Dazu schreibt Plinke: "Käufer auf Investitionsgütermärkten entscheiden überwiegend aufgrund von abgeleiteten Verfügungsrechten: Da sie in der Regel nicht

---

154) Vgl. Engelhardt/Witte (1990), S. 6, Plinke (1991), S. 173 und Fitzgerald (1989), S. 4.
155) Lisowsky (1968), S. 29. Vgl. hierzu auch Holt/Geschka/Peterlongo (1984), S. 9, die zwischen "rational needs" und "emotional needs" unterscheiden. Ferner Koppelmann (1982), S. 167, der zwischen eher rational geprägten "Sachansprüchen" und eher emotional geprägten "Anmutungsansprüchen" unterscheidet.
156) Vgl. Lisowsky (1968), S. 29.
157) Vgl. dazu bspw. Uebele (1984), S. 160, Dichtl/Engelhardt (1980), S. 147, Kols (1986), S. 5 und Gutenberg (1976), S. 40f.
158) Pfeiffer (1974), Sp. 926.

Eigentümer der Ressourcen sind, über die sie verfügen, unterliegen sie einem entsprechend stärkeren Rechtfertigungszwang für ihre Entscheidungen."[160] Dieser kann im Falle von Beschaffungsentscheidungen für Hochtechnologieprodukte als sehr ausgeprägt vermutet werden, wenn man von einem hohen quantitativen (finanziellen) Wert und/oder hohem qualitativen Wert der im Leistungserstellungsprozeß der Abnehmer eingesetzten Hochtechnologieprodukte ausgeht.

Bei der Beschaffung von hochtechnologischen Gebrauchsgütern sind häufig enorme Investitionssummen zu verzeichnen, die zudem eine hohe oder sogar ausschlaggebende qualitative Bedeutung im Rahmen der gesamten Wertschöpfungskette des Abnehmers haben können. Je nach Leistungsstärke liegt beispielsweise der Anschaffungspreis eines Computertomographen zwischen einer und drei Millionen DM.[161]

Im Falle hochtechnologischer Verbrauchsgüter (z.B mikroelektronische Einbauteile, Hochleistungswerkstoffe) ist auf ihre hohe qualitative Bedeutung zu verweisen, wobei der finanzielle Wert durchaus geringer ausfallen kann. So schreibt Knorr beispielsweise zur Verwendung von Computerchips in Geräten der Informationstechnik: "Obwohl die in diesen Geräten enthaltenen ICs nur einen Wert von ca. 6% vom Geräteverkaufspreis darstellen, sind sie die treibende Kraft ganzer Industriesegmente."[162]

In Anbetracht dieser Ausführungen kann von einer Dominanz rationaler Bedürfnisse bei der Beschaffung von Hochtechnologieprodukten gesprochen und eine weitgehende Rationalität der Beschaffungsentscheidungen angenommen werden.[163] Den technisch-ökonomischen Anforderungen der Abnehmer kommt deshalb eine zentrale Bedeutung im Hochtechnologiesektor zu. Ganz dem entsprechend stellt die Siemens AG im Hinblick auf die Beschaffung von Computertomographen durch Krankenhausverwaltungen fest: "Die bisher herrschende Personenorientierung ("Kontakte") weicht aufgrund der Professionalisierung der Krankenhausverwaltungen immer mehr einer sachlichen Orientierung am Preis/Leistungs-Verhältnis."[164]

Eine Präzisierung technisch-ökonomischer Anforderungen im konkreten Einzefall kann vorgenommen werden, wenn man sich von Systematisierungen von Produkteigenschaften nach Eigenschaftsgruppen leiten läßt.[165] Für den vorliegenden Zweck

---

159) Vgl. Plinke (1991), S. 173.
160) Plinke (1991), S. 173.
161) Vgl. dazu Maly (1992), S. 50.
162) Knorr (1991), S. 339.
163) Vgl. zu dieser Schlußfolgerung auch Schaible/Hönig (1991), S. 26.
164) Siemens AG (1990), S. 13.
165) Beachtung hat hierbei auch das sog. "Produktbeschreibungssystem" von Paass gefunden. Vgl. dazu Paass (1974), S. 235. Kols hat den Systematisierungsansatz von Paass in sei-

wird an eine etwas allgemeinere Unterteilung angeknüpft, wie sie von Pfeiffer ausdrücklich für den Investitionsgüterbereich in bezug auf sogenannte Teilqualitäten formuliert wurde.[166] Danach können dann funktionale Produkteigenschaften und Integrationseigenschaften unterschieden werden. Funktionale Eigenschaften von Investitionsgütern sind alle "unmittelbar mit ihrer körperlichen Struktur zusammenhängenden Eigenschaften, die den Grad der technischen und wirtschaftlichen Eignung ihrer
Konstruktion zur Erfüllung der gestellten Funktionsaufgabe bestimmen."[167]

Integrationseigenschaften hingegen betreffen alle "mit der körperlichen Struktur unmittelbar zusammenhängenden Eigenschaften, die die technische und wirtschaftliche
Eignung ... zur Integration in ein bestimmtes Produktionssystem bestimmen."[168] In
einem weit gefaßten Sinne geht es dabei um Kompatibilitätsgesichtspunkte im Zusammenhang mit der technischen Struktur, der organisatorischen Struktur und der perso-
nalbezogenen Struktur des sozio-technischen Systems, in dem das Produkt zur Anwendung gelangt.[169] Strenggenommen können die Intergrationseigenschaften aber
nicht losgelöst von den funktionalen Eigenschaften betrachtet werden.[170] Integrationseigenschaften können deshalb auch als funktionale Eigenschaften begriffen werden
und beziehen sich dann auf das "funktionale Ineinandergreifen von Elementen in einem System."[171]

Technisch-ökonomische Anforderungen können nun - gewissermaßen an den vorangegangenen Ausführungen zu den Produkteigenschaften gespiegelt - präzisiert werden.
Je nachdem, inwieweit man den Preis als eine Produkteigenschaft interpretiert, können Anforderungen funktionaler und Anforderungen preislicher Art unterschieden

---

nen für sog. induktive Durchflußmesser relevanten Teilen auf den Investitionsgüterbereich angewendet.

166) Vgl. hierzu Pfeiffer (1965a), S. 42ff. Pfeiffer trifft diese Unterscheidung vor dem
Hintergrund des Qualitätsbegriffs. Unter der Qualität eines Produktes versteht man seine
Eignung, die Nutzenerwartungen der Abnehmer zu befriedigen. Qualität wird im Sinne
eines subjektiven Qualitätskriteriums also durch den Grad der Übereinstimmung der
Produkteigenschaften und der technisch-ökonomischen Anforderungen der Abnehmer
determiniert. Vgl. hierzu auch Hansen/Leitherer (1984), S. 34f. Insofern ist es durchaus
möglich, die von Pfeiffer vorgelegte Unterscheidung verschiedener Teilqualitäten auf
Produkteigenschaften zu übertragen.

167) Pfeiffer (1965a), S. 42. Ähnlich Huber (1984), S. 99.
Der so recht weit interpretierbare Begriff der funktionalen Produkteigenschaft umfaßt
mithin auch solche Eigenschaften, die bspw. in den verwendeten Werkstoffen ihre
Grundlage haben. Vgl. dazu auch Stewart (1963), S. 248 und Meinig (1985a), S. 133f.

168) Pfeiffer (1965a), S. 43. Vgl. hierzu auch Pfeiffer (1965b), wo Integrationseigenschaften
von hochautomatisierten Fertigungsanlagen ausführlicher behandelt werden. Vgl. ferner
Pfeiffer/Bischof (1974b), Sp. 929f.

169) Vgl. Pfeiffer/Bischof (1974b), Sp. 929.
170) Vgl. Pfeiffer (1965a), S. 44 und auch Chmielewicz (1968), S. 80.
171) Engelhardt (1974), Sp. 1807.

werden.[172] Bei Zugrundelegung eines erweiterten Produktbegriffs sind dann auch die auf funktionelle Dienstleistungen gerichteten Anforderungen einzubeziehen.[173]

Vor diesem Hintergrund können sich beispielsweise die Abnehmeranforderungen im Hinblick auf einen Computertomographen auf folgende Gesichtspunkte richten:[174] Bildqualität (insbesondere Kontrastauflösung), Scanzeit, Röntgenleistung, Bediener-freundlichkeit, Vernetzungsfähigkeit im Rahmen digitaler Bildarchivierungs- und Kommunikationssysteme, geringe Abmessungen und geringes Gewicht, Vormontage im Herstellerwerk, Applikationsunterstützung vor Ort, Schulungsprogramme für Bedienpersonal und Diagnostiker, technische Serviceleistungen, Wirtschaftlichkeit in der Anwendung und schließlich der Preis einer Anlage.

3.3.2.2.2.2 Zur Heterogenität und Dynamik von Bedürfnisstrukturen im Hochtechnologiebereich

Die in Abschnitt 2.4.2 dargelegten abnehmerbezogenen Aspekte des Phänomens Hochtechnologie lassen eine hohe Heterogenität der technisch-ökonomischen Anforderungen erwarten. Insbesondere das breite Spektrum der Anwendungen in den unterschiedlichsten Bereichen kann zu sehr unterschiedlichen Abnehmeranforderungen führen. Dies gilt gleichfalls für die aus der hohen Erklärungsbedürftigkeit und den damit verbundenen Lernerfordernissen resultierenden Anforderungen an funktionelle Dienstleistungen. Die Heterogenität der Bedürfnisstrukturen kann sich in einer von Abnehmer(gruppe) zu Abnehmer(gruppe) divergierenden Art der Bedürfniskomponenten, einer unterschiedlichen Höhe ihrer Ausprägung oder in einer unterschiedlichen Gewichtung der einzelnen Komponenten zeigen.

Exemplarisch kann hierzu wieder der Bereich der bildgebenden Diagnoseverfahren angeführt werden:

"Als Produzent hat man den spezifischen Anforderungen der Mediziner Rechnung zu tragen. Um die Unterschiede beispielhaft zu verdeutlichen: Ein Röntgenarzt (Radiologe) versucht anhand einer Röntgenaufnahme eine Diagnose zu erarbeiten. Er hat die Röntgenaufnahme am Lichtkasten in seinem Sprechzimmer und versucht für seine Diagnose die kleinste Anomalie festzustellen. Für ihn ist also die räumliche Auflösung der Röntgenaufnahme das Wichtigste. Ein Kardiologe hingegen muß in einer sehr ungünstigen Körperhaltung z.B. einen Katheder vom Fuß ins Herz schieben; eine sehr schwierige Angelegenheit. Ihn interessiert die Bildauflösung kaum. Ihn interessiert primär, wie der Katheder-Draht sowohl im hellen Lungenumfeld als auch im Schatten des Rückgrats noch zu sehen ist."[175]

---

172) Vgl. dazu auch Huber (1984), S. 60f.
173) Vgl. Meyer (1985), S. 102.
174) Vgl. Ohnemüller (1992), Weber (1992) und Kirchgeorg (1992).
175) Maly (1992), S. 34.

Noch losgelöst von einer Betrachtung des Hochtechnologiebereichs finden sich in der Literatur zahlreiche Hinweise auf die Veränderung von Bedürfnisstrukturen.[176] So spricht Andritzky von der "zeitlichen Varianz der Bedürfnisse"[177] und präzisiert weiter: "... so bedeutet die Hypothese von der zeitlichen Varianz, daß sich eine bis zum Zeitpunkt t_1 erfaßte Bedürfnisstruktur bis zum Zeitpunkt t_2 teilweise oder ganz verändert haben kann."[178] Lisowsky formuliert, daß die "Fiktion der 'Bedürfnisse als feste Gegebenheiten' nur im Falle einer reinen Zeitpunkt-Betrachtung aufrechterhalten werden kann."[179] Und weiter: "Bedürfnisse sind also keineswegs statische Erscheinungen. Sie weisen ... dynamische Qualitäten auf."[180] Insbesondere komplexe Bedürfnisse mit einer Vielzahl unterschiedlicher Bedürfniskomponenten lassen eine Fülle von "Angriffspunkten" für Veränderungen erkennen.[181] Gerade der Hochtechnologiesektor ist aber durch eine solche Komplexität der Abnehmerbedürfnisse gekennzeichnet.

Auf der anderen Seite ist aber auch zu berücksichtigen, daß Andritzky von einer Hypothese der zeitlichen Veränderung spricht und diese keineswegs zwingend zutreffen muß. Dementsprechend schränkt er ein: "Umgekehrt ist aber auch die Hypothese zulässig, daß sich .. Bedürfnisse derart 'verfestigt' haben, daß sie durch keinerlei äußere Einflüsse zu verändern sind. ... Da im Einzelfall nicht ohne weiteres vorhersagbar ist, ob Bedürfnisse stabil oder instabil sind, scheinen Spektralanalysen mit Langzeitcharakter zur Analyse der Bedürfnisstabilität unumgänglich."[182]

Eine Langzeitstudie zur Prüfung der Frage, inwieweit die Bedürfnisstrukturen von Abnehmern auf Hochtechnologiemärkten als stabil oder nicht stabil einzustufen sind, steht der vorliegenden Arbeit nicht zur Verfügung. Problematisch wäre ohnehin die Verallgemeinerungsfähigkeit einer solchen Untersuchung. Die Annahme sich verändernder Bedürfnisstrukturen erscheint aber sehr plausibel. So wird zum Beispiel häufig darauf hingewiesen, daß sich bedingt durch den technischen Fortschritt und innovativen Wettbewerb im Hochtechnologiebereich auch ein Wandel der Abnehmeranforderungen vollzieht.[183] Jugel führt als Beispiel für den Hochtechnologiesektor an, daß sich durch die Nutzung einer neuen Technologie Veränderungen der Bedürf-

---

176) Vgl. bspw. Kotler/Bliemel (1992), S. 353f., Sabel (1991), S. 212f., Brockhoff (1993b), Sp. 3531, Engelhardt (1974), Sp. 1809f. sowie Droege/Backhaus/Weiber (1993), S. 20.
177) Andritzky (1976), S. 165.
178) Andritzky (1976), S. 165.
179) Lisowsky (1968), S. 53.
180) Lisowsky (1968), S. 54.
181) Vgl. Lisowsky (1968), S. 80.
182) Andritzky (1976), S. 165f.
    Eine solche Langzeitstudie, die die Stabilität von Bedürfnisstrukturen von privaten Verbrauchern im Hinblick auf Bankdienstleistungen untersuchte, findet sich bspw. bei Calantone/Saywer (1978).
183) Vgl. Kliche/Tomczak (1988), S. 22. Ganz ähnlich Kols (1986), S. 27.

nisstrukturen im Zeitablauf derart ergeben können, daß Produkteigenschaften, die vor dem Einsatz dieser Technologie lediglich erwünscht waren, nach ihrer Nutzung zu einer selbstverständlichen Anforderung werden können (z.B. Anforderungen im Hinblick auf die Benutzerfreundlichkeit einer Technologie).[184]

Die <u>Dynamik der Bedürfnisstrukturen</u> kann dabei in einer Veränderung der Art der Bedürfniskomponenten, in einer Veränderung ihrer Ausprägungsintensität oder in einer Veränderung ihrer Gewichtung zum Ausdruck kommen.[185] Die entstehende "Deckungslücke" zwischen dem Anforderungsprofil der Abnehmer und den Eigenschaften eines Produkts erfordert dann eine Anpassung der Produkteigenschaften im Rahmen der Produktentwicklung.[186] Neben der Notwendigkeit einer Ausrichtung auf heterogene Bedürfnisstrukturen ergibt sich darüber hinaus das Erfordernis einer dynamischen Produktentwicklung und Produktpolitik auf der Grundlage einer Antizipation zukünftiger Bedürfnisstrukturen.[187]

3.3.2.3 Die Wettbewerbsorientierung im Hochtechnologiebereich

3.3.2.3.1 Wettbewerbsvorteile in dynamischer Sicht

In Abschnitt 3.3.2.2.1.3 wurde bereits erörtert, daß Abnehmer das Eigenschaftsprofil eines Produktes im Vergleich mit alternativen Problemlösungen beurteilen. Noch deutlicher wurden Wettbewerbsaspekte im Konstrukt des Kundenvorteils erkennbar. Dieses zugleich abnehmer- und wettbewerbsbezogene Denken kommt im Bezugsrahmen des sogenannten "strategischen Dreiecks" von Ohmae zum Ausdruck (siehe Abbildung 22). Es stellt aus einer Gesamtoptik heraus den Zusammenhang zwischen konkurrierenden Anbietern und Abnehmern aus der Sicht eines "analysierenden" Unternehmens her.[188]

In Anbetracht einer Orientierung an Abnehmerbedürfnissen müssen Unternehmen danach streben, zu einer weitgehenden Deckung der durch ein Produkt dargebotenen Nutzenkomponenten mit den Nutzenerwartungen der Abnehmer zu gelangen. Dabei stehen sie in Konkurrenz zu anderen Anbietern, die gegegebenfalls aus der Sicht der Abnehmer gleiche oder weitgehend ähnliche und damit austauschbare Produkte anbieten oder künftig anbieten können. Durch die Existenz alternativer Produkte, die

---

184) Vgl. Jugel (1991), S. 31. Ganz ähnlich zu Veränderungen der Abnehmeranforderungen im Hochtechnologiebereich äußern sich Servatius (1988), S. 67ff. und Schaible/Hönig (1991), S. 28f.
185) Siehe dazu auch Brockhoff (1985), S. 626, Andritzky (1976), S. 166 und Koppelmann (1993), S. 409.
186) Vgl. dazu auch Kols (1986), S. 27f.
187) Siehe hierzu auch Geschka (1986), S. 120.
188) Vgl. Ohmae (1986), S. 70ff.

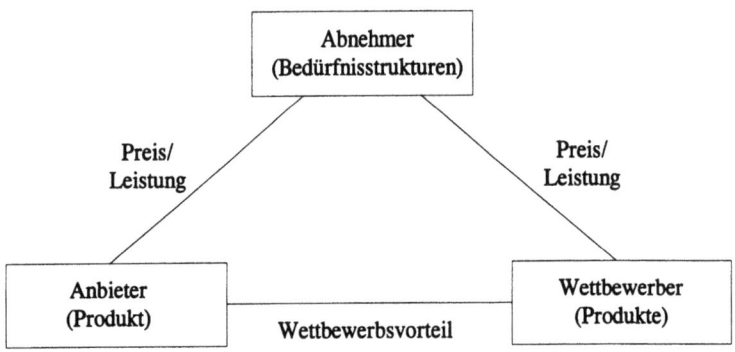

Abb. 22: Das strategische Dreieck
Quelle: In Anlehnung an Ohmae (1986), S. 72.

von den Abnehmern bei ihren Kaufentscheidungen in Betracht gezogen werden, ist eine solche Entscheidung daher immer relativer Natur. "Es genügt folglich nicht, eine im absoluten Sinne gute Leistung zu erbringen, sondern es kommt entscheidend darauf an, gezielt besser zu sein als die Konkurrenz, d.h. Wettbewerbsvorteile zu schaffen und zu verteidigen."[189] Simon nennt - ohne dabei auf den Vorteil selbst näher einzugehen - drei Bedingungen, denen Wettbewerbsvorteile genügen müssen: a) Sie müssen sich auf ein für den Abnehmer wichtiges Leistungsmerkmal richten, b) sie müssen vom Abnehmer tatsächlich wahrgenommen werden und c) sie müssen eine gewisse Dauerhaftigkeit aufweisen.[190] Ein Bezugsrahmen, der diese Betrachtungsweise vertieft, findet sich bei Day/Wensley. Danach läßt sich ein Wettbewerbsvorteil durch vier Elemente beschreiben (siehe Abbildung 23): Die "Quellen" bzw. Grundlagen für den Wettbewerbsvorteil (sources of advantage), den Wettbewerbsvorteil selbst (positional advantages), die daraus resultierenden Unternehmensergebnisse (performance outcomes) und die Reinvestition in die Grundlagen des Wettbewerbsvorteils (investment of profits to sustain advantage).[191]

Zur Bildung des Wettbewerbsvorteils selbst (positional advantages) lassen sich zwei grundlegende Ansatzpunkte ausmachen, in denen sich der Gedanke des Preis/Leistungs-Verhältnisses konkretisiert: Ein Unternehmen kann zum einen versuchen, eine einzigartige Leistung anzubieten, die einen vergleichsweise höheren

---

189) Simon (1988), S. 464.
190) Vgl. Simon (1988), S. 464f.
191) Vgl. dazu Day/Wensley (1988), S. 2ff. und Görgen (1992), S. 35.

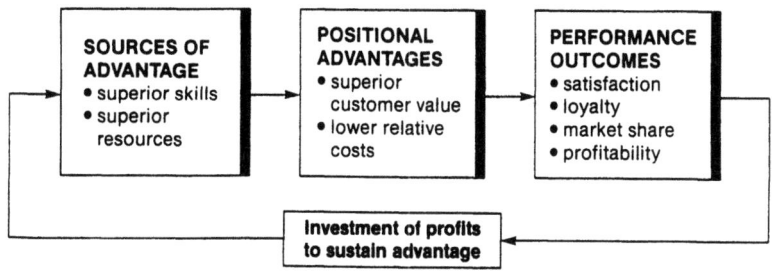

Abb. 23: Elemente strategischer Wettbewerbsvorteile
Quelle: Day/Wensley (1988), S. 3.

Preis in der Beurteilung der Abnehmer mehr als nur ausgleicht. Auf der anderen Seite kann ein höherer Nutzen für den Abnehmer aber auch durch ein Angebot gleichwertiger Leistungen zu relativ geringen Preisen erreicht werden.[192] Der Wettbewerbsvorteil selbst konkretisiert sich nach diesem Verständnis mithin immer auf der Ebene des Produkts: "Nur selten fällen Kunden ihre Entscheidung über ein Produkt ... auf Basis von internen Charakteristika des Herstellers, ohne daß sich diese auch in einem wahrnehmbaren Produkt- oder Lieferunterschied niederschlagen. Gewöhnlich wird es so sein, daß ein potentieller Kunde diese Charakteristika entweder gar nicht kennt oder hierfür nur wenig Interesse entwickelt. Nahezu ausnahmslos stellt der Markt den wichtigsten Kontakt zwischen dem Kunden und dem Anbieter dar. Hier findet der direkte Kampf um den Kunden statt."[193]

Zur Bildung eines solchen Wettbewerbsvorteils muß eine Unternehmung aber über die entsprechenden Ressourcen verfügen (<u>sources of advantage</u>).[194] Dazu gehören zum einen das technologische Potential, aber auch jene Ressourcen, die in Abschnitt 2.5 als "complementary assets" bezeichnet wurden. Hier ist dann ganz besonders an die Fähigkeiten eines Unternehmens im Bereich des Marketing-Managements und der Produktentwicklung zu denken.

Unterstellt man als Ausgangspunkt von Überlegungen die Orientierung an Abnehmerbedürfnissen, dann muß sich eine Unternehmung darüber im klaren sein, welche spezifischen Fähigkeiten und Ressourcen genutzt bzw. aufgebaut werden müssen, um einen Wettbewerbsvorteil zu erzielen. Mit gleichen Fähigkeiten und Ressourcen können aber auf unterschiedliche Art und Weise Wettbewerbsvorteile beim Abnehmer erzielt werden: "Fähigkeiten und Ressourcen weisen etwa aufgrund mehrfacher Ver-

---

192) Vgl. Porter (1986), S. 21.
193) Coyne (1988), S. 19. Siehe ferner Görgen (1992), S. 84.
194) Vgl. dazu Day/Wensley (1988), S. 2f. Ferner Coyne (1988), S. 21f.

wendungsrichtungen .. letztlich den Charakter von <u>Potentialen</u> zur Erlangung von Wettbewerbsvorteilen auf, die vielleicht gegenwärtig auch noch gar nicht (vollständig) genutzt werden."[195] Das in der vorliegenden Arbeit betrachtete Technologiepotential stellt ein solches Potential dar, das per se noch keinen Wettbewerbsvorteil darstellt; erst durch die Entwicklung von auf dieser Technologie beruhenden Produkten, die den Abnehmeranforderungen entsprechen und denen der Wettbewerber überlegen sind, können Wettbewerbsvorteile erzielt werden, die sich dann wiederum auf der Seite der Abnehmer als Kundenvorteile zeigen.[196] Der Erfolgspotentialgedanke des Technologiemarketing kommt an dieser Stelle wieder deutlich zum Ausdruck: eine Technologie für sich allein genommen stellt noch kein Erfolgspotential dar, erst die Ausschöpfung einer Technologie in Form bedürfniskonformer Produkte repräsentiert ein solches.

In den Darlegungen zum Phänomen Hochtechnologie wurde den wettbewerbs- und zeitbezogenen Aspekten eine ganz besondere Bedeutung beigemessen. Dabei wurde die ausgeprägte Innovationsintensität - verbunden mit dem Faktum kurzer Produktlebenszyklen - hervorgehoben. Deshalb stellt sich an dieser Stelle die Frage nach der Dauerhaftigkeit von Wettbewerbsvorteilen. So ist im Hochtechnologiebereich - ganz besonders in späteren Phasen des Technologielebenszyklus - zu berücksichtigen, daß durch produktpolitische Maßnahmen häufig lediglich kurzfristige "Quasi"-Vorteile erzielt werden, die durch die Wettbewerber recht schnell wieder eingeholt werden können.[197] Deshalb kann in der Regel "davon ausgegangen werden, daß zum Aufbau und zur Verteidigung eines Wettbewerbsvorteils eine Folge von Aktivitäten notwendig ist. Vorstoßende Unternehmen können sich dabei nur eine begrenzte Zeitspanne auf einem Innovationsvorsprung 'ausruhen'."[198]

Unter Rückbesinnung auf den Bezugsrahmen von Day/Wensley kann hier nunmehr eine Brücke dahingehend geschlagen werden, daß ein dauerhafter Wettbewerbsvorteil nicht aufgrund einer einmaligen produktpolitischen Maßnahme entsteht, sondern der permanenten Erneuerung bedarf, indem die durch die Unternehmensergebnisse erlangten Mittel (<u>performance outcomes</u>) in die Produktentwicklung reinvestiert werden (<u>investment of profits to sustain advantage</u>).[199] Nicht die einzelne produktpolitische Maßnahme generiert einen dauerhaften Wettbewerbsvorteil, sondern erst die Kette der

---

195) Faix/Görgen (1994, im Druck) (Hervorhebungen durch Verfasser geändert).
196) Kundenvorteile sind mithin bei einer angebotsorientierten Sichtweise als Wettbewerbsvorteile zu verstehen.
197) Vgl. dazu auch Görgen (1992), S. 35. Siehe ferner die Ausführungen in Abschnitt 2.7.2 dieser Arbeit.
198) Faix/Görgen (1994, im Druck).
199) Ähnlich Faix/Görgen (1994, im Druck).
    In diesem Zusammenhang ist das durch die Zeitfalle verursachte <u>Amortisationsproblem</u> im Hochtechnologiebereich noch einmal zu unterstreichen.

aus der Ausschöpfung einer Technologie resultierenden produktpolitischen Aktivitäten.[200] Mit diesen Ausführungen wird erkennbar, daß über die Verfügbarkeit der entsprechenden Technologie hinaus einer dynamisch orientierten und flexiblen Produktentwicklung als Quelle von Wettbewerbsvorteilen ein ganz besonderer Stellenwert im Hochtechnologiesektor zukommt.[201] Ganz auf der gleichen Linie liegt das Ergebnis einer Untersuchung von McKinsey & Company: "Wegen dieser Wettbewerbsrealitäten ist die Fähigkeit, Technologie zu kommerzialisieren, mindestens ebenso wichtig wie es die herkömmlichen Grundlagen von Wettbewerbsvorteilen sind - Skalengröße, erfahrene Arbeitskräfte, Zugriff auf geschätzte Technologien und ergiebige Kapitalquellen. Unternehmen, denen es an jener Fähigkeit mangelt, müssen zusehen, wie selbst starke Marktpositionen dahinschwinden."[202]

3.3.2.3.2 Die Wettbewerbsorientierung im Rahmen einer erweiterten Abnehmerorientierung

Im Hinblick auf eine Realisierung der Abnehmer- und Wettbewerbsorientierung lassen sich grundsätzliche Möglichkeiten gegeneinander abgrenzen, die sich in Form unterschiedlicher marktbezogener Orientierungsmuster formulieren lassen (siehe Abbildung 24).[203]

In der vorliegenden Arbeit wurde bereits auf die Notwendigkeit einer Abnehmerorientierung und Wettbewerbsorientierung unter dem gemeinsamen "Dach" der Marktorientierung hingewiesen. Auch angesichts der in der Literatur zur Genüge geäußerten Kritik an einer reinen Abnehmer- bzw. Wettbewerbsorientierung können deshalb eindimensionale Orientierungsmuster von der weiteren Diskussion ausgeschlossen werden.[204]

---

200) Vgl. dazu auch Wheelwright/Clark (1992), S. 72.
201) Siehe hierzu auch Kliche/Tomczak (1988), S. 18, die in diesem Zusammenhang auf das Erfordernis einer umfassenden und dauerhaften Innovationsfähigkeit der gesamten Unternehmung hinweisen.
202) Nevens/Summe/Uttal (1990), S. 57ff.
203) Ähnliche Gedanken finden sich bei Eichenberger (1991), S. 194.
204) Vgl. etwa zur Kritik an einer reinen Abnehmerorientierung Görgen (1992), S. 20ff. und Fronhoff (1986), S. 109. Zur Kritik an einer reinen Wettbewerbsorientierung vgl. Eichenberger (1991), S. 180ff. und die dort angegebene Literatur. Eichenberger geht hier besonders kritisch auf die mangelnde Orientierung an den Abnehmerbedürfnissen im Konzept von Porter ein. Vgl. zum letzteren auch Wind/Robertson (1983), S. 15. Kritische Stellungnahmen zu einer reinen Wettbewerbsorientierung als auch zu einer reinen Abnehmerorientierung finden sich ferner bei Day/Wensley (1988), S. 1f. und S. 17.

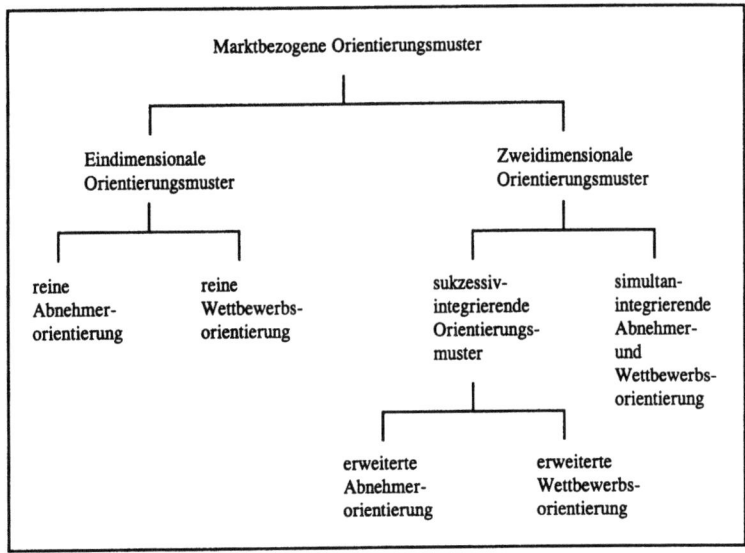

Abb. 24: Marktbezogene Orientierungsmuster

Ansätze zu einer Integration von Abnehmer- und Wettbewerbsorientierung im Rahmen zweidimensionaler Orientierungsmuster finden sich im amerikanischen Umfeld insbesondere in den Beiträgen von Day,[205] im deutschsprachigen Raum beispielsweise in der Arbeit von Görgen.[206] In diesen Ansätzen wird eine möglichst ausgewogene Verknüpfung der Abnehmer- und Wettbewerbsorientierung angestrebt, ohne daß die eine Sichtweise die andere dominieren soll.[207] Die genannten Beiträge bieten ein reichhaltiges Instrumentarium zur Analyse abnehmer- und wettbewerbsbezogener Sachverhalte an.[208] Andererseits fällt es aber bei einer an pragmatischen Gesichtspunkten orientierten Betrachtung schwer, den "roten Faden" und insbesondere seinen "Anfang" im Rahmen einer beide Seiten gleichgewichtig umfassenden Analyse zu finden. Bemerkenswerterweise äußern sich Day/Wensley zu den Gründen für eine zu einseitige Ausrichtung an Abnehmern oder Wettbewerbern wie folgt:

"The reason is that market environments are not unambiguous realities. They are given meaning in the minds of managers through processes of selective attention and simplification. Otherwise managers could not possibly cope with the myriad of trends and events that must be organized, analyzed for patterns, and acted upon. Managers therefore adopt a customer-focused or competitor-

---

205) Siehe stellvertretend Day/Wensley (1988).
206) Vgl. Görgen (1992).
207) Vgl. dazu Day/Wensley (1988), S. 8 und Görgen (1992), S. 26ff. und S. 33.
208) Vgl. bspw. Day/Wensley (1988), S. 8ff.

centered perspective to help simplify their environment and decide what information is to be gathered and how it is to be screened and interpreted."[209]

Ein simultan-integrierendes Orientierungsmuster stellt sich vor diesem Hintergrund als wenig hilfreich - wenn nicht gar unmöglich - dar, da es dem realen Problemlösungsverhalten von Managern zu widersprechen scheint. Es sind deshalb Orientierungsmuster zu suchen, die entweder die Wettbewerbsorientierung oder die Abnehmerorientierung zum Ausgangspunkt einer Analyse machen und in diesen - dann bereits vorgegebenen Rahmen - die zweite Orientierungsrichtung einbeziehen.

In Anlehnung an Eichenberger kann in diesem Zusammenhang zwischen einer erweiterten Wettbewerbsorientierung und einer erweiterten Abnehmerorientierung unterschieden werden.[210] Im ersten Fall stellen die gegenwärtigen oder potentiellen Fähigkeiten als Grundlage für die sich auf der Produktebene konkretisierenden Wettbewerbsvorteile den Ausgangspunkt der Überlegungen dar. Sie dienen als Basis für die Suche nach Abnehmerbedürfnissen, welche mit auf diesen Fähigkeiten beruhenden Produkten befriedigt werden können. Im zweiten Fall dagegen stehen die Abnehmerbedürfnisse am Anfang der Betrachtung. Auf dieser Grundlage ist dann zu überlegen, über welche Produkte oder welche diesen Produkten zugrunde liegenden relativen Fähigkeiten man verfügen müsste bzw. welche vorhandenen genutzt werden könnten, um diese Bedürfnisse zufriedenstellen zu können. Die Leistungsmerkmale der von Wettbewerbern angebotenen Produkte und die ihnen zugrunde liegenden Fähigkeiten werden dann als Bewertungskriterien zur Grundlage einer Beurteilung, inwieweit die Abnehmerbedürfnisse in Anbetracht alternativer Produktangebote und der eigenen Fähigkeiten und Ressourcen befriedigt werden können.[211]

Auf der Grundlage rein logischer Überlegungen kann keinem dieser beiden Orientierungsmuster eine allgemeine Überlegenheit zugesprochen werden, es sei denn, daß man beispielsweise den Fall unterstellt, daß eine Unternehmung für ihre Fähigkeiten bzw. für die auf diesen beruhenden Produkte überhaupt keine entsprechenden Abnehmerbedürfnisse findet. Bei konsequenter Anwendung müßten beide zum gleichen Ergebnis führen, welches in der Erzielung des Fits zwischen Technologie- und Bedürfnispotential gesehen werden kann. Es bedarf somit immer einer Entscheidung, welches dieser beiden Orientierungsmuster den Überlegungen zugrunde gelegt

---

209) Day/Wensley (1988), S. 2.
210) Siehe Eichenberger (1991), S. 190.
211) Vgl. dazu auch Eichenberger (1991), S. 190.

wird.[212] Die weiteren Ausführungen in dieser Arbeit beruhen auf der Sichtweise einer erweiterten Abnehmerorientierung.[213]

In Kapitel 4 wird dann gezeigt, daß die Orientierung an Abnehmerbedürfnissen vor allem die Grundlage für die Bildung von Marktsegmenten darstellt, während sich die Wettbewerbsorientierung in der Bewertung dieser Segmente niederschlägt. Damit ist dann ein Ansatz zur Verknüpfung von Abnehmer- und Wettbewerbsorientierung gefunden, der dem Marketing-Management einen vorstrukturierten und erleichterten Zugang bietet.

3.3.2.4 Die unternehmensinterne Orientierung zur Realisierung der Abnehmer- und Wettbewerbsorientierung

Im Rahmen der unternehmensinternen Orientierung wird es zur Aufgabe des Marketing, gegenüber allen anderen Unternehmensfunktionen die Anforderungen der Kunden unter Berücksichtigung wettbewerbsbezogener Gesichtspunkte zu kommunizieren, zu interpretieren und ihnen Geltung zu verschaffen.[214] So schreibt Shapiro: "To be of greatest use, customer information must move beyond the market research, sales, and marketing functions and 'permeate every corporate function' - the R&D scientists and engineers, the manufacturing people, and the field service specialists."[215] Dies stößt aber insbesondere dann auf Schwierigkeiten, wenn diese Unternehmensfunktionen selbst "kritisch" sind im Hinblick auf den Unternehmenserfolg, wobei dann in solchen Fällen häufig ein gewisser Ressortegoismus zu beklagen ist.[216] Marketing nimmt so gesehen "im anbietenden Unternehmen gleichsam die Rolle eines 'Doppeladvokaten' mit umfassendem Auftrag wahr - gegenüber allen Funktionsbereichen so wie der Leitung in seinem eigenen Unternehmen die Interessen des Kunden ... und gegenüber dem Kunden alle Funktionen des eigenen Unternehmens ... angemessen zu vertreten.[217] Dem Forschungsfeld des "Internen Marketing"

---

212) Kreilkamp bspw. äußert sich dahingehend, daß die Abnehmerorientierung um die Wettbewerbsorientierung ergänzt werden sollte und nicht umgekehrt. Vgl. Kreilkamp (1987), S. 58f. Siehe zu dieser Auffassung auch Becker (1993), S. 333.

213) Dieses Orientierungsmuster steht keinesfalls dem Sachverhalt entgegen, daß es sich im Hochtechnologiebereich häufig - insbesondere in den frühen Phasen des Technologielebenszyklus - um technologieinduzierte Innovationen handelt. Wie bereits in Abschnitt 2.7.3 deutlich wurde, bedürfen auch technologieinduzierte Innovationen einer Abstimmung mit den Abnehmerbedürfnissen.

214) Vgl. dazu auch Große-Oetringhaus (1992a), S. 27, Plinke (1992), S. 835 und auch Kocher (1989), S. 28.

215) Shapiro (1988), S. 120.

216) Vgl. Plinke (1992), S. 835 und Shapiro (1988), S. 121. Verwiesen sei hier beispielsweise auf das Konfliktpotential zwischen Marketing- und F+E-Funktion im Falle einer Kritizität der technologischen Dimension.

217) Plinke (1992), S. 834.

liegt im Prinzip der gleiche Ausgangsgedanke zugrunde, wenn hier wie dort die internen Integrationsvorgänge im Mittelpunkt der Betrachtungen stehen.[218]

Die Erfüllung dieser Aufgabe wird durch die dem Hochtechnologiebereich eigene Dynamik erschwert, die sich in einem rapiden technologischen und technischen Wandel und sich schnell verändernden Abnehmerbedürfnissen und Wettbewerbsparametern ausdrückt. Hieraus resultieren dann auch ganz besondere Anforderungen an die Kommunikation und Interpretation von Informationen. Mit einem zwar spezielleren aber ganz ähnlichen Problem hat sich Weiss in seiner Arbeit zum Management diskontinuierlicher Technologie-Übergänge befaßt.[219] Weiss betrachtet das sogenannte "Kommunikationsproblem" im Hinblick auf den (sich) in einem Unternehmen (zu) vollziehenden Übergangs von einer Technologie zu einer anderen. Weiss geht von der empirisch gestützten These aus, daß Unternehmen im Falle technologischer Trendbrüche beträchtliche Wettbewerbsnachteile erleiden können, wenn sie nicht rechtzeitig den Übergang auf die substituierende Technologie vollziehen, daß aber oftmals die Unternehmen, die mit der traditionellen Technologie eine führende Markstellung bekleideten, mit der neuen Technologie scheitern.[220] Sogenannte "Trägheitskräfte" innerhalb der Unternehmung sind dabei eine ganz wesentliche Ursache für das Hinauszögern oder gar die Verhinderung des technologischen Übergangs.[221] In der Arbeit von Weiss werden solche Trägheitskräfte dann in einem weiteren Schritt zum genannten Kommunikationsproblem verdichtet.[222] Das dem Technologieübergang zugrunde liegende Entscheidungsproblem charakterisiert er ferner als ein mehrere Unternehmensfunktionen übergreifendes "Multikontext-Problem."[223] "Kontexte verstehen sich primär als kognitive Orientierungen für eine Gruppe von Individuen. Sie können durch systemstrukturelle Faktoren präformiert und damit entlang organisatorischer Grenzen verlaufen, oder aber spontan (im Interaktionssystem) sich ausbilden und über die Zeit verfestigen. Entscheidend dabei ist, daß Kontexte .. Informationen relativieren, ihnen unterschiedliche zeitliche/sachliche Relevanz verleihen können. Sie repräsentieren quasi das 'innere Modell' der Außenwelt einer Kontextgemeinschaft."[224] Im Rahmen funktionsübergreifender Kommunikationsprozesse sind nun unterschiedliche Kontexte zu überbrücken.[225] Dabei gilt: Je heterogener die Kontexte, umso ausgeprägter zeigt sich das Kommunikationsproblem. Zwischen den

---

218) Vgl. Plinke (1992), S. 837 und Stauss/Schulze (1990), S. 149ff.
219) Vgl. Weiss (1989), S. 146ff.
220) Siehe Weiss (1988), S. 3ff.
221) Vgl. Weiss (1989), S. 43ff.
222) Siehe dazu Weiss (1989), S. 146.
223) Weiss (1989), S. 150.
224) Weiss (1989), S. 148f.
225) Vgl. Weiss (1989), S. 150f.

Kontexten ist infolgedessen eine "Übersetzungsleistung" zu erbringen, die wiederum ein wechselseitiges Erlernen der Kontexte voraussetzt.[226]

Im Hinblick auf die vorliegende Problemstellung sind insbesondere die Kontextdifferenzen zwischen den marktnahen Funktionsbereichen und den eher naturwissenschaftlich-technisch orientierten Bereichen von Interesse.[227] Unter Bezugnahme auf den obigen Bezugsrahmen zur Ableitung der Anforderungen an ein Hochtechnologiemarketing heißt dies, daß technologieorientierte und bedürfnisorientierte Kontexte überbrückt werden müssen - und zwar in beiden Richtungen. Insbesondere das Erlernen eines bedürfnisbezogenen Kontextes durch die technikorientierten Bereiche erscheint umso dringlicher, als daß Ergebnisse empirischer Studien auf eine überdurchschnittlich stark ausgeprägte Technikorientierung der an Innovationsvorhaben beteiligten Personen hinweisen.[228]

Für die spezifische Problematik des Technologie-Übergangs begründet Weiss dann im weiteren Verlauf seiner Arbeit die Eignung der Technologie-Portfolio-Methode als ein Instrument zur Behebung bzw. Verminderung des Kommunikationsproblems.[229] Im Hinblick auf die vorliegende Problemstellung wird in Kapitel 4 die Konzeption des dynamischen Segment-Managements vorgeschlagen, um die geforderte Übersetzungsleistung zwischen technologienahen und marktnahen Bereichen zu erleichtern.

3.3.3 Dynamische Produktentwicklung und Produktpolitik im Hochtechnologiebereich

Am Ende von Abschnitt 3.3.2.2.2.2 wurde darauf aufmerksam gemacht, daß die durch die Dynamik der Bedürfnisstrukturen auftretende "Deckungslücke" zwischen den Anforderungsprofilen der Abnehmer und den Eigenschaftsprofilen der Produkte eine ständige Anpassung der Produkteigenschaften im Rahmen einer dynamischen Produktentwicklung verlangt. Anpassungserfordernisse ergeben sich aber nicht nur im Hinblick auf die mit technischen Veränderungen einhergehenden Produktinnovationen bzw. -modifikationen. Auch im Hinblick auf reine Anwendungsinnovationen, die keine Produktentwicklungstätigkeiten bedingen, und Produkteliminationen ergeben sich Anpassungsnotwendigkeiten. Es ist somit die gesamte Produktpolitik angesprochen.

226) Siehe Weiss (1989), S. 150ff.
227) Interessante Aspekte zu den unterschiedlichen "Denkweisen" der genannten Funktionsbereiche finden sich bei Koppelmann (1993), S. 240ff.
228) Vgl. dazu bspw. Köhler/Horst/Huxold (1990), S. 19.
229) Vgl. Weiss (1989), S. 161ff.

Aufbauend auf den Erläuterungen in Abschnitt 2.5 kann der Begriff der Produktentwicklung an dieser Stelle nun weiter präzisiert werden: Produktentwicklung ist zu verstehen als die Transformation der technisch-ökonomischen Anforderungen der Abnehmer in zunächst subjektive (wahrgenommene) und dann objektiv meßbare physische Produkteigenschaften (Konstruktionsmerkmale)[230] bzw. - umgekehrt - die technische Umsetzung einer Technologie in Produkte unter Berücksichtigung der abnehmerseitigen Anforderungen. Es geht bei der Produktentwicklung also um die Realisierung des bedürfnisbezogenen Fits. Der Variationsbereich der Produkteigenschaften wird dabei durch das von der angewandten Forschung zur Verfügung gestellte Technologiepotential begrenzt. Insofern kann die Produktentwicklung auch als die Tätigkeit verstanden werden, die gleichsam die Realisierung des bedürfnisbezogenen wie auch des technologiebezogenen Fits zum Gegenstand hat. Dabei kann sich herausstellen, daß ein gegebenes Technologiepotential nicht (mehr) ausreichend ist, um bedürfniskonforme Produkte zu entwickeln, die zugleich denen der Wettbewerber überlegen sind. Dies ist insbesondere dann der Fall, wenn konkurrierende Produkte auf anderen, leistungsfähigeren Technologien basieren. Kann der technologiebezogene Fit nicht erreicht werden, dann stellt sich die Frage nach dem Übergang auf eine andere, leistungsfähigere Technologie.

Im Falle sehr komplexer Hochtechnologieprodukte mit einer Fülle funktionaler Eigenschaften erscheinen heuristische Vorgehensweisen zur Produktentwicklung angebracht. Aufmerksamkeit hat in diesem Zusammenhang die Heuristik des "House of Quality" nach Hauser/Clausing gefunden.[231] Die Methode des "House of Quality" ist auch unter dem Begriff des "Quality Function Deployment" (QFD) bekannt geworden und wurde bereits in einer Vielzahl von Bereichen praktiziert, u.a. auch bei der Entwicklung integrierter Schaltkreise.[232] In einer Art hausförmiger Übersichtskarte werden die Informationen über die Bedürfnisstrukturen der Abnehmer (Art, Ausprägungsintensität und relative Bedeutung der Bedürfniskomponenten) sowie Informationen über die subjektiv wahrgenommenen Eigenschaften als auch objektiven Ausprägungsintensitäten der eigenen Produkte und der der Wettbewerber übersichtlich zusammengefaßt.[233] Im Zentrum des "House of Quality" steht eine Zuordnungsmatrix, die die Beziehung zwischen den technisch-ökonomischen Anforderungen der Abnehmer und den Konstruktionsmerkmalen (engineering characteristics) eines Pro-

230) Zur Verwendung des Terminus "Transformation" in diesem Zusammenhang vgl. stellvertretend Schubert (1991), S. 23ff.
231) Vgl. dazu ausführlich Hauser/Clausing (1988), S. 63ff. und Brockhoff (1993a), S. 164ff.
232) Vgl. dazu auch Pernicky (1990), S. 265.
233) Die Gewichtung einzelner Anforderungen findet dabei - wie es auch bereits weiter oben vorgeschlagen wurde - ihren Ausdruck in der Verteilung einer 100 Punkte umfassenden Summe auf die einzelnen Komponenten. Vgl. Hauser/Clausing (1988), S. 66.

duktes herstellt. Im "Dach" des Hauses findet sich eine Halbmatrix mit Informationen über die wechselseitige (positive oder negative) Abhängigkeit der Konstruktionsmerkmale. Die systematische Anwendung einer solchen Heuristik kann dazu beitragen, das Problem des sogenannten "overengineering" von Produkten, aber auch ein mögliches "underengineering", zu vermeiden helfen.[234] Gleichzeitig ist dieses Konzept als ein Instrument zu verstehen, das die Kommunikation zwischen den marktnahen und techniknahen Funktionsbereichen einer Unternehmung unterstützen kann.[235] Eine dynamische Produktentwicklung kann dabei auf den Übersichtskarten vorangegangener Produktentwicklungstätigkeiten aufbauen.

Die Transformation des abnehmerseitigen Anforderungsprofils in das Eigenschaftsprofil eines Produktes wird in der Literatur auch als Produktgestaltung bezeichnet.[236] Wenn in diesem Abschnitt von Produktentwicklung gesprochen wird, dann ist damit noch ein weitergehender Bedeutungsinhalt verbunden, der durch den Begriff Produktgestaltung nicht so deutlich zum Ausdruck kommt. Es geht nämlich nicht nur um die isolierte Entwicklung technologisch voneinander unabhängiger Produkte, sondern es geht auch um die Entwicklungslinie von Produkten im Sinne einer evolutionären Entwicklung.[237]

Der auf einem bestimmten technologischen Potential beruhende technische Fortschritt kann in Anlehnung an die Terminologie von Nelson/Winter als eine "natural trajectory" verstanden werden, die - beruhend auf einer inneren Logik - bestimmte Abfolgen von technischen Realisierungen einer Technologie repräsentiert.[238] Clark hat diese Sichtweise aufgegriffen und in seinem Beitrag "The interaction of design hierarchies and market concepts in technological evolution"[239] um den Aspekt der Evolution von Abnehmeranforderungen erweitert, so daß sich die Resultierende der beiden Entwicklungsrichtungen als eine Koevolution von rein technischem Wandel und der Veränderung von Bedürfnisstrukturen begreifen läßt.[240]

Recht eingängig wird dieser Sachverhalt durch eine Betrachtung von Wheelwright/Sasser veranschaulicht. Die beiden Autoren empfehlen eine sogenannte "Generalkarte der Produktentwicklung ... , mit dem das Unternehmen in einem unübersichtlichen Gelände seine Marschroute zu bestimmen und einzuhalten ver-

---

234) Siehe dazu auch Kramer (1987), S. 105.
235) Vgl. Hauser/Clausing (1988), S. 63f. und Brockhoff (1993a), S. 165.
236) Siehe bspw. Brockhoff (1993a), S. 156, Schubert (1991), S. 23f. oder Koppelmann (1993), S. 236. Der Begriff der Produktentwicklung umfaßt dabei nach Koppelmann die "Produktgestaltung unter Dominanz technisch-naturwissenschaftlicher Aspekte."
237) Ganz ähnlich Sabel (1991), S. 229 und S. 233.
238) Vgl. ausführlicher dazu Nelson/Winter (1977), S. 56ff.
239) Clark (1985)
240) Vgl. hierzu ausführlicher Clark (1985), insbesondere die S. 236f. und 246f.

mag."[241] Die Produktentwicklung wird dabei derart graphisch skizziert, daß eine Art "Stammbaum" entsteht, aus dem die Entwicklung der Produktgenerationen sowie die sich innerhalb dieser Generationen vollziehenden Produktmodifikationen ersichtlich werden. In dieser schematischen Darstellung ordnen Wheelwrigt/Sasser ferner jeder Evolutionsstufe ganz spezifische Fähigkeiten und Ressourcen zu.[242]

Interessant ist in diesem Zusammenhang auch ein Beitrag von Wheelwright/Clark.[243] Die beiden Autoren unterscheiden im Rahmen der Produktentwicklung unter anderem zwischen sogenannten "derivative projects" und "platform projects". Während erstere sich auf Produktmodifikationen beziehen, begründen "platform projects" eine neue Produktgeneration. Bei platform projects geht es im Kern um die Entwicklung einer Produkttechnologie, auf der dann sämtliche Produktvarianten im Verlaufe eines Produktlebenszyklus aufbauen.[244] Nicht von ungefähr kennt man in der Computertechnik den Ausdruck "Computerplattform". Ein Beispiel hierfür wäre etwa die für Personal Computer relevante 80486-Computerplattform der Firma Intel, auf der dann sämtliche Variationen der "486er-Generation" aufbauen.[245]

3.4 Abschließende Betrachtung der Anforderungen an ein Hochtechnologiemarketing

Die Ausführungen in diesem Kapitel standen ganz im Lichte des Erfolgspotentialgedankens und des geforderten Fits zwischen Technologiepotential und Bedürfnispotential. Als zentrale Anforderungen an ein Hochtechnologiemarketing wurde die Bewältigung des Amortisations- und Zeitfallenproblems und die sich daraus ergebende konsequente Orientierung des Marketing-Managements an den heterogenen und sich verändernden Abnehmerbedürfnissen im Rahmen einer erweiterten Abnehmerorientierung aufgezeigt, die sich dann letztlich in einer dynamischen Produktentwicklung und Produktpolitik konkretisiert. Auf eine einfache Formel gebracht, könnte man auch sagen, daß eine Unternehmung das <u>richtige Produkt</u> dem <u>richtigen Abnehmer</u> zum <u>richtigen Zeitpunkt</u> zur Verfügung stellen muß.

Für die Relevanz dieses Problems ist es prinzipiell gleichgültig, ob die Entstehung eines Produkts technologie- oder nachfrageinduzierter Natur ist oder ob beide Induktionsmechanismen gleichgewichtig wirken. Es kommt durchaus nicht selten vor, daß technologieinduzierte Innovationen am Markt "vorbei" entwickelt werden oder daß sie

---

241) Wheelwright/Sasser (o.J.), S. 98.
242) Vgl. Wheelwright/Sasser (o.J.), S. 100ff.
243) Siehe Wheelwright/Clark (1992), S. 73f.
244) Vgl. Wheelwright/Clark (1992), S. 78.
245) Vgl. dazu auch Wheelwright/Clark (1992), S. 74 und zu weiteren Beispielen S. 76ff.

zum falschen Zeitpunkt auf den Markt kommen. In diesem Zusammenhang ist auch zu erwähnen, daß die Zeit für bestimmte Produkteigenschaften noch nicht "reif" sein kann und diese besser erst bei der nächsten Produktgeneration inkorporiert werden sollten.[246] Umgekehrt geschieht es, daß latente oder bereits artikulierte Abnehmerbedürfnisse zu spät erkannt oder daß sie nicht in entsprechende Produkteigenschaften umgesetzt werden.

Das zu lösende Problem existiert ferner unabhängig von der jeweiligen Phase im Technologielebenszyklus. Auch wenn eine Unternehmung in einer frühen Phase gegebenenfalls noch etwas mehr Spielraum hat, zu "experimentieren" oder ganz einfach "Fehler zu machen", wird sie bereits recht bald durch den Wettbewerb und die zunehmende Erfahrung der Abnehmer mit der betreffenden Technologie dazu gezwungen sein, den Fit zwischen Produkteigenschaften und Abnehmeranforderungen zum richtigen Zeitpunkt zu realisieren. Prononciert wird diese Auffassung von Mollenhauer/Remmerbach zum Ausdruck gebracht, wenn sie schreiben, daß "die meisten Unternehmen gar nicht mehr über die Zeit und das Geld (verfügen), um nachzuentwickeln und nachzubessern. Der erste Schuß muß heute sitzen."[247]

Ferner sei daran erinnert, daß gerade in den frühen Phasen des Technologielebenszyklus funktionelle Dienstleistungen von erheblicher Bedeutung sein können und auch dahingehend den Nutzenerwartungen der Abnehmer entsprochen werden muß. Auch wenn dann in späteren Phasen des Technologielebenszyklus (Basistechnologie) das Variationspotential der Kernprodukte geringer wird und die Abnehmeranforderungen im Hinblick auf diese stabiler werden und deutlicher hervortreten, können die Anforderungen im Hinblick auf funktionelle Dienstleistungen noch sehr unterschiedlich und erheblichen Veränderungen unterworfen sein. Auch in späteren Phasen des Technologielebenszyklus muß deshalb den richtigen Abnehmern das richtige Produkt zum richtigen Zeitpunkt angeboten werden.

Angesichts dessen ist das Marketing-Management der im Hochtechnologiebereich tätigen Unternehmung ständig gefordert, insbesondere seinen Informationsstand über die heterogenen und sich verändernden Abnehmeranforderungen zu erhöhen bzw. aufrechtzuerhalten. Letztlich zählt daher - wie Kaas es formuliert - "nicht die gute Information, sondern die bessere. ... Marketing umfaßt insoweit die Fähigkeit des Unternehmers, mehr Wissen als die Konkurrenz über die Nachfrager zu erlangen, ihnen dadurch bessere Angebote machen zu können und daraus Gewinn zu ziehen."[248] Es wird deutlich, daß das Wissen über die Bedürfnisstrukturen der Abnehmer oder - noch

---

246) Vgl. hierzu auch Pernicky (1990), S. 266.
247) Mollenhauer/Remmerbach (1988), S. 125.
248) Kaas (1990), S. 540.

allgemeiner - das Marketing-Management-Know-how als ein wichtiges "complementary asset" und als eine spezifische Stärke oder eben auch Schwäche der im Hochtechnologiesektor tätigen Unternehmung angesehen werden kann.

Im Ergebnis gilt es also, das zu gewinnen, was in der Literatur auch als <u>Markttranspa-renz</u> bezeichnet wird bzw. es gilt das zu reduzieren, was in Abschnitt 2.8 der vor-liegenden Arbeit als Marktunsicherheit auf Hochtechnologiemärkten kurz erörtert wurde.[249] Im Hochtechnologiebereich ist aber in der Regel von einer recht einge-schränkten Markttransparenz auszugehen.[250]

Gesucht ist dementsprechend eine spezifische Methode, anhand derer die relevanten Informationen auf systematische Art und Weise und in einer strukturierten Form zur Vefügung gestellt werden können. Eine solche Methode ist grundsätzlich in der Marktsegmentierung zu sehen. Nicht von ungefähr wird der Marktsegmentierung auch die Aufgabe der Schaffung einer entsprechenden Markttransparenz zugewiesen.[251]

---

249) Zum Begriff der Markttransparenz siehe Kuhlmann (1974), Sp. 1431. Selbstverständlich ist im vorliegenden Zusammenhang nicht an eine "vollkommene Markttransparenz" zu denken. Vielmehr handelt es sich um eine weitestgehende Markttransparenz.
250) Vgl. dazu auch Specht (1987), S. 88.
251) Vgl. dazu stellvertretend Meffert (1986), S. 243 und Kliche (1985), S. 45.

4. Das Konzept des dynamischen Segment-Managements zur Erfüllung der Anforderungen an ein Hochtechnologiemarketing

4.1 Bedürfnisorientierte und dynamische Marktsegmentierung als Basiskonzepte des dynamischen Segment-Managements

4.1.1 Abnehmerbedürfnisse im Mittelpunkt eines managementorientierten Marktsegmentierungsansatzes

4.1.1.1 Marktsegmentierung als Marktbearbeitungsstrategie

Der Gegenstand der Marktsegmentierung hat schon zu einem frühen Zeitpunkt erhebliche Beachtung in Theorie und Praxis des Marketing gefunden.[1] Dies trifft nicht nur für das Konsumgütermarketing zu, auf das der überwiegende Teil der Literaturbeiträge zur Marktsegmentierung zugeschnitten ist, sondern auch auf das Investitionsgütermarketing, dessen Sichtweise der vorliegenden Arbeit zugrunde liegt.[2] Dementsprechend ausgereift und in der Diskussion abgeschlossen erscheint dieser Themenbereich. Neuere Denkansätze sind nur noch selten zu verzeichnen. Gleichwohl lassen sich nach wie vor differierende Begriffsinhalte der Marktsegmentierung als auch unterschiedliche Ansätze einer "geeigneten" Vorgehensweise zur Bildung von Marktsegmenten finden. Aufgabe der folgenden Abschnitte ist es aber nicht, die in anderen Arbeiten bereits stattgefundene Diskussion zu repetieren, sondern - aufbauend auf einer von Beginn an vorgelegten und explizierten Begriffsauffassung - spezifische Denkansätze vor dem Hintergrund der Anforderungen an ein Hochtechnologiemarketing aufzugreifen. Dazu gehören sowohl Vorschläge, die bedürfnisorientierte Segmentierungskriterien in den Mittelpunkt der Überlegungen stellen, als auch Ansätze, die auf eine dynamische Interpretation des Marktsegmentierungsgedankens hindeuten oder gar explizit abstellen.

---

1) Vgl. etwa Smith (1956) und Frank/Massy/Wind (1972).
2) Ein umfassender Überblick über Beiträge zur Segmentierung von Investitionsgütermärkten in der englischsprachigen Literatur seit Mitte der sechziger Jahre findet sich bei Plank (1985). Ähnliche Betrachtungen unter Berücksichtigung der deutschsprachigen Literatur finden sich bspw. bei Backhaus (1992), S. 159ff. sowie sehr ausführlich bei Kols (1986), S. 24ff.

Die folgende Definition beinhaltet drei Teilaufgaben einer Marktsegmentierung:[3]

Marktsegmentierung ist die

- Aufteilung eines aus gegenwärtigen und potentiellen Abnehmern bestehenden heterogenen Marktes[4] in weitgehend homogene Marktsegmente (Teilmärkte) anhand geeigneter Segmentierungskriterien (Segmentbildungsaspekt),[5]

- die Bewertung der Segmente mittels geeigneter Segmentbewertungskriterien und die anschließende Auswahl der zu bearbeitenden Segmente (Zielgruppen) (Segmentbewertungs- und -auswahlaspekt)

- sowie die segmentspezifische Ausrichtung des Marketinginstrumentariums (Segmentbearbeitungsaspekt).

Diese weite begriffliche Fassung beinhaltet sowohl Aspekte der Segmentbildung als auch Aspekte der Segmentbearbeitung. Es wird auch von der Informationsseite (Aspekt der Markterfassung) und der Aktionsseite der Marktsegmentierung (Aspekt der Marktbearbeitung) gesprochen.[6] Marktsegmentierung ist in dieser Auffassung letztlich als eine spezifische Marktbearbeitungsstrategie zu verstehen, bei der eine Einteilung von gegenwärtigen bzw. potentiellen Abnehmern in Marktsegmente erfolgt, um durch eine differenzierte Marktbearbeitung zu einem höheren Zielerreichungsgrad als bei einem undifferenzierten Marketing zu gelangen.[7] Diese weite Begriffsfassung beruht auf einem entscheidungs- bzw. managementorientierten Ansatz der Marktsegmentierung,[8] der grundsätzlich von der Heterogenität des betrachteten

3) Vgl. dazu Engelhardt/Günter (1981), S. 87, Günter (1990), S. 116, Freter (1983), S. 18, Freter (1993), Sp. 2803f., Cravens (1987), S. 278, Uebele (1984), S. 158 und Bell (1979), S. 123. Inhaltlich weitgehend ähnlich, terminologisch dagegen abweichend Kotler/Bliemel (1992), S. 410.
4) Es handelt sich hierbei um den aus Unternehmenssicht relevanten Markt (siehe auch Abschnitt 4.1.2), der von dem gleichlautenden - im Bereich der Wettbewerbspolitik und des Wettbewerbsrechts zu findenden - Begriff zu unterscheiden ist.
5) Der in der Literatur fest etablierte Begriff der Marktsegmentierung bezieht sich im Hinblick auf die Segmentbildung also lediglich auf die Abnehmer als Elemente eines Marktes. Strenggenommen müßte eigentlich von Abnehmersegmentierung o.ä. gesprochen werden. Vgl. hierzu auch Steffenhagen (1991), S. 49f., der von "nachfragerbezogener Marktsegmentierung" und "Nachfragersegmenten" spricht. Es ist nämlich durchaus möglich, einer Segmentierung auch andere Elemente eines Marktes zugrunde zu legen. Bei einer wettbewerbsorientierten Sichtweise werden die Anbieter zu sog. "Strategischen Gruppen" zusammengefaßt, die sich im Hinblick auf bestimmte Merkmale des strategischen Verhaltens als weitgehend homogen darstellen. Vgl. Porter (1983), S. 177 und Bauer (1989), S. 254ff. Bei einer produktorientierten Sichtweise werden Produkte - etwa nach technisch-funktionalen Kriterien - zu Produktsegmenten gruppiert. Vgl. dazu Steffenhagen (1991), S. 48.
6) Vgl. Freter (1993), Sp. 2805f.
7) Vgl. dazu auch Böhler (1977), S. 12, Köhler/Uebele (1983), S. 6, Kols (1986), S. 27f., Bauer (1977), S. 31f., Meinig (1985a), S. 210 und Freter (1993), Sp. 2812f.
8) Siehe Freter (1993), Sp. 2804ff. und Gröne (1977), S. 31.

Marktes ausgeht.[9] Die Alternative zu dieser sogenannten Marktsegmentierungsstrategie besteht in einer Massenmarktstrategie, also einer undifferenzierten Markbearbeitung.[10]

Engere inhaltliche Interpretationen belegen dagegen nur den Segmentbildungsaspekt mit dem Begriff der Marktsegmentierung.[11] Bei einer solchen Auffassung wird die Marktsegmentierung dann häufig auch als eine spezifische Marktforschungsmethode interpretiert.[12] Die "Herabstufung" der Marktsegmentierung in ihrer engen Auslegung zu einer "lediglich marktanalytische Fragestellungen"[13] behandelnden und von der Marktbearbeitungsseite losgelösten Marktforschungsmethode ist aber nicht bei allen Begriffsauffassungen angebracht, die lediglich auf die Segmentbildung abstellen. Die terminologischen Unterschiede sind nämlich dann von untergeordneter Bedeutung, wenn in der Segmentbildung die Voraussetzung für eine segmentspezifische Marktbearbeitung gesehen wird und sie als Vorstufe zur Marktbearbeitung einen deutlichen Bezug zu dieser aufweist. So bezeichnen beispielsweise Kotler/Bliemel lediglich den Segmentbildungsaspekt als Marktsegmentierung, während die - dann in der Tat vorliegende - verknüpfende Gesamtbetrachtung der oben genannten drei Aspekte als zielgruppenorientiertes Marketing (Target Marketing) bezeichnet wird.[14]

Die wechselseitige Verbindung zwischen Segmentbearbeitungs- und Segmentbildungsaspekt muß sich nach Auffassung des Verfassers der vorliegenden Arbeit vor allem darin ausdrücken, daß vor einer Segmentbildung Klarheit darüber besteht, in welchem Teilbereich des Marketinginstrumentariums der - wie dann auch immer definierten - Heterogenität des Marktes primär Rechnung getragen werden sollte. Dadurch wird ganz entscheidend die Wahl geeigneter Segmentierungskriterien determiniert. Es muß gewährleistet sein, daß auf die gebildeten Segmente bei einem segmentspezifischen Einsatz dieses Instrumentes wieder Bezug genommen werden kann. Denn bei der Anwendung irrelevanter Segmentierungskriterien kann das entsprechende absatzpolitische Instrument eben gerade nicht auf die ausgewählten homogenen Abnehmergruppen

---

9) Vgl. dazu Bauer (1977), S. 51 und Kols (1986), S. 26.
   Letzteres darf allerdings nicht dazu führen, die Heterogenität eines Marktes im Hinblick auf bestimmte Merkmale stillschweigend vorauszusetzen und die Marktsegmentierung dann gewissermaßen als ein konstituierendes Merkmal des Marketing schlechthin zu betrachten, wie dies etwa bei Meffert (1986), S. 32 anklingt.
10) Vgl. Köhler (1993a), S. 11. Eine ausführliche Gegenüberstellung von Massenmarktstrategie und Marktsegmentierungsstrategie findet sich bei Becker (1993), S. 217ff.
11) Vgl. bspw. Kotler/Bliemel (1992), S. 410, Kliche (1985), S. 50, Kliche (1991), S. 111, Backhaus/Weiber (1989), S. 139, Jacob (1972), S. 17f. und Schneider (1981), S. 38.
12) Vgl. dazu auch die Diskussion bei Gröne (1977), S. 30f., Bauer (1977), S. 49 und Kols (1986). S. 25. Böhler (1977), S. 10 bezeichnet die Marktsegmentierung dann als einen "Prozeß der Marktaufteilung".
13) Gröne (1977), S. 30.
14) Vgl. Kotler/Bliemel (1992), S. 410. Zum Ansatz des "Target Marketing" siehe auch Köhler (1994), S. 121ff.

ausgerichtet werden, es kommt dann häufig zu wenig effektiven Marktauf-
teilungen.[15]

Der enge Zusammenhang zwischen der Erfassungs- und Aktionskomponente der
Marktsegmentierung wird auch bei Gröne deutlich, wenn er schreibt: "Die Anbindung
der Marktsegmentierung an den übergeordneten Zweck der gewinnbringenden Marktbearbeitung bedingt, daß das <u>Denken in Marktsegmenten</u> zu einem wesentlichen
Merkmal des Gesamtprozesses der Marketingplanung wird und somit gleichermaßen
die Analyse und die Bearbeitung des Marktes bestimmt."[16] Marktsegmentierung
kann deshalb auch als eine "Managementphilosophie bzw. eine Betrachtungsweise des
Marktes"[17] verstanden werden. Damit ist die Leitlinie für die in diesem Kapitel dar-
zulegenden Ausführungen gegeben. Es wird nicht darum gehen, sämtliche Detail-
fragen der Marktsegmentierung anzugehen, vielmehr soll aufgezeigt werden, wie ein
"Denken in Marktsegmenten" dazu beitragen kann, die Anforderungen an das
Hochtechnologiemarketing zu erfüllen.

4.1.1.2 Bedürfnisorientierte Segmentbildung auf Hochtechnologiemärkten

Marktsegmente lassen sich auf Grundlage der verschiedensten Kriterien bilden.[18] In
der Bestimmung "richtiger" Segmentierungskriterien ist das eigentliche Problem bei
der Segmentbildung zu sehen.[19]

In der vorliegenden Arbeit steht die Produktpolitik im Mittelpunkt der Überlegungen,
woraufhin in Kapitel 3 bereits die Bedeutung einer sich an den heterogenen
Abnehmeranforderungen orientierenden Produktentwicklung und Produktpolitik im
Hochtechnologiesektor herausgestellt wurde. Angesichts dessen ist es zweckmäßig,
sich im folgenden unmittelbar auf Marktsegmentierungsansätze zu konzentrieren, die
die Produktentwicklung und Produktpolitik in den Mittelpunkt der Überlegungen
stellen. So fokussieren beispielsweise Kollat, Blackwell und Robeson in ihrem Markt-
segmentierungsbegriff explizit auf die Entwicklung segmentspezifischer Produkte:
"Market segmentation is the process of so designing or featuring a product or service
that will make a particularly strong appeal to some identifiable subpart of a total
market."[20] Die Autoren geben aber keine unmittelbaren Hinweise darauf, wie - das
heißt auf Grundlage welcher Segmentierungskriterien - solche Segmente gebildet wer-

---

15) Vgl. dazu auch Kols (1986), S. 3, Gröne (1977), S. 20 und Meinig (1985c), S. 24.
16) Gröne (1977), S. 31 (Original ohne Hervorhebungen).
17) Sheth (1972), S. 129.
18) Unter einem Kriterium ist ganz allgemein ein unterscheidendes Merkmal zu verstehen.
    Eine umfangreiche Übersicht zu den in der Literatur diskutierten Segmentierungskriterien
    für Investitionsgütermärkte findet sich bei Horst (1988), S. 350ff.
19) Vgl. dazu auch Kols (1986), S. 29 und Meinig (1985b), S. 140.
20) Kollat/Blackwell/Robeson (1972), S. 184 (Original mit Hervorhebungen).

den können. Ganz im Sinne der vorliegenden Arbeit argumentiert auch Bauer, wenn er schreibt, "daß bei einer Strategie der Markt-Segmentierung im Mittelpunkt der marketingpolitischen Bemühungen der Unternehmung die den unterschiedlichen Bedürfnissen der verschiedenen Teilmärkte gemäße Gestaltung des Produktes"[21] stehen müsse. Bei Bauer sind auch ausdrückliche Hinweise auf für diesen Zweck geeignete Segmentierungskriterien erkennbar. Aufgabe der Marktsegmentierung ist es nämlich nach Bauer, den aus gegenwärtigen und potentiellen Abnehmern bestehenden Markt in "bedürfnishomogene Marktsegmente aufzuspalten - in Marktsegmente also, deren Populationen sich dadurch charakterisieren, daß sie in sich gleiche, untereinander aber verschiedenartige produktartspezifische Bedürfnisse (sprich: Produktanforderungen und - erwartungen) haben."[22] Auch Kliche wirft die Frage auf, wie die Marktsegmentierung die abnehmerorientierte Entwicklung eines Produktes sowie dessen Weiterentwicklung unterstützen kann. Ganz ähnlich wie Bauer kommt auch er zu dem Ergebnis, daß sich eine "bedürfnisorientierte Sichtweise bei der Marktsegmentierung ... eng an den technisch determinierten Bedürfnissen der industriellen Abnehmer orientieren sollte."[23] Der Ansatz, Bedürfnisse (bzw. Nutzenerwartungen oder technisch-ökonomische Anforderungen) als Kriterien für die Segmentbildung auf Hochtechnologiemärkten heranzuziehen, wird den weiteren Ausführungen der vorliegenden Arbeit zugrunde gelegt.

Eine bedürfnisorientierte Segmentbildung ist ein erster Schritt zur Erfüllung der Aufgabe des Technologiemarketing, einen möglichst hohen Grad der Übereinstimmung zwischen Produkteigenschaften und Abnehmeranforderungen - also den bedürfnisbezogenen Fit - zu erzielen. Konkret ist dabei so vorzugehen, daß in jedem zu bearbeitenden Segment ein möglichst hoher Deckungsgrad zwischen Produkteigenschaften und technisch-ökonomischen Anforderungen der Abnehmer herbeizuführen ist.[24] Der zu erzielende bedürfnisbezogene Fit ist demzufolge in verschiedene segmentspezifische "Sub"-Fits aufzuspalten.

Bei einer grundsätzlichen Betrachtung stellt sich die Frage, inwieweit eine bedürfnisorientierte Segmentbildung ex ante oder ex post vorzunehmen, das heißt, inwieweit

---

21) Bauer (1977), S. 23 (Original mit Hervorhebungen).
22) Bauer (1977), S. 88 (Original mit Hervorhebungen).
   Ganz ähnlich Koppelmann (1976), S. 355f. Koppelmann spricht dabei von produktadäquater Marktsegmentierung bzw. Produktsegmentierung. Siehe ferner Krautter (1975), S. 114, der von bedürfnisbezogener Segmentierung spricht.
23) Kliche (1985), S. 73. Ganz ähnlich und explizit für Hochtechnologiemärkte argumentieren Brown/Shivashankar/Brucker (1989), S. 107f. Roth/Wimmer (1991), S. 202 fordern für die Segmentierung von Software-Märkten die Orientierung an funktionalen Produktanforderungen, um "die Voraussetzungen für ein wirklich zielgruppenspezifisches Angebot differenziert ausgestalteter Software-Pakete" zu schaffen.
24) Ähnlich Kols (1986), S. 9.

sie vor oder nach dem Beginn von Produktentwicklungstätigkeiten anzugehen ist.[25] In der Literatur wird in diesem Zusammenhang kritisch bemerkt, daß eine Reihe von Segmentierungsansätzen von einem bereits gegebenen Produkt ausgeht.[26] Kliche kommentiert hierzu: "Betrachtet man diese auf der Grundlage eines gegebenen Produkts vorgenommenen Segmentierungsvorschläge, so läßt sich ... feststellen, daß die Marktsegmentierung ex post, d.h. erst nach der Innovationsentstehung vorgenommen wird. Eine Marktsegmentierung für technische Innovationen sollte jedoch ex ante, das heißt vor der Produktentwicklungsphase, einsetzen, um somit zu gewährleisten, daß das Produkt auf einen klar abgegrenzten Markt hin zielgerichtet entwickelt wird und somit 'ökonomische Fehlschläge' der Forschungs- und Entwicklungsaktivitäten vermieden werden können."[27] Dieser Schlußfolgerung kann, soweit es die vorliegende Problemstellung anbelangt, voll und ganz zugestimmt werden - und zwar sowohl für den Fall nachfrageinduzierter als auch für den Fall technologieinduzierter Innovationen. Während nachfrageinduzierte Innovationen das Erkennen der abnehmerseitigen Bedürfnisse per se voraussetzen, bedürfen technologieinduzierte Innovationen - wie bereits ausführlich erörtert - einer wechselseitigen Abstimmung mit den Abnehmerbedürfnissen. Für beide Auslösemechanismen kann eine bedürfnisorientierte Marktaufteilung im Vorfeld der Entwicklungstätigkeiten die notwendige Markttransparenz schaffen. Einem Unternehmen im Hochtechnologiebereich können dadurch nicht nur konkrete Hinweise zur Steuerung der Neu- und Weiterentwicklung von Produkten gegeben werden, eine ex ante-Segmentierung bildet auch die Grundlage für Überlegungen, ein unverändertes oder modifiziertes Produkt neuen Anwendungsbereichen anzubieten (Anwendungsinnovationen). Freilich ist anzumerken, daß im Vorfeld radikaler Innovationen der Markt als solcher noch gar nicht existiert, sondern erst durch diese geschaffen wird. Eine Marktsegmentierungskonzeption kann demnach erst nach dem Beginn des Anwendungszyklus einer Technologie zum "Einsatz" kommen.

Als Zwischenergebnis zum Segmentbildungsaspekt auf Hochtechnologiemärkten kann festgehalten werden: Es geht um die der Produktentwicklung vorgeschaltete bedürfnisorientierte Aufteilung eines aus gegenwärtigen und potentiellen Abnehmern bestehenden Marktes in Marktsegmente, die sich im Hinblick auf die technisch-ökonomischen Anforderungen der Abnehmer als möglichst homogen erweisen.

---

25) Vgl. zu dieser Unterscheidung nach dem Zeitpunkt einer Segmentierung Kliche (1985), S. 68.
26) Vgl. bspw. Backhaus (1992), S. 171. Ferner Kliche (1985), S. 68f. und die dortigen Literaturhinweise.
27) Kliche (1985), S. 69. Vgl. dazu auch Hlavacek/Ames (1986), S. 39.

Eine grundlegende Bedingung für eine Marktsegmentierungsstrategie ist die Heterogenität des betrachteten Marktes im Hinblick auf seine Bedürfnisstrukturen.[28] Diese Bedingung ist für den Hochtechnologiebereich grundsätzlich als erfüllt zu betrachten. Gleichzeitig setzt eine an den unterschiedlichen technisch-ökonomischen Anforderungen der Abnehmer orientierte Marktsegmentierungsstrategie ein hohes Produktvariationspotential voraus.[29] Auch dieses wurde für den Hochtechnologiebereich als kennzeichnend angenommen.

Ungeachtet des sachlichen Inhalts der verwendeten Segmentierungskriterien wird in der Literatur eine Reihe grundsätzlicher Anforderungen genannt, denen Segmentierungskriterien genügen müssen, und die als Bewertungsmaßstäbe für die Eignung verschiedener Marktsegmentierungsansätze herangezogen werden können:[30]

- Kaufverhaltensrelevanz

    Die Segmentierungskriterien sollten Segmente bilden, die im Hinblick auf das Beschaffungsverhalten in sich möglichst homogen, untereinander dagegen heterogen sind. Die Kaufverhaltensrelevanz von Segmentierungskriterien läßt sich anhand des Einflusses beurteilen, den sie auf die Beschaffungsentscheidung des Abnehmers ausüben.[31] In Kapitel 3 wurde bereits darauf hingewiesen, daß die Beschaffungsentscheidungen industrieller Abnehmer anhand von Kaufentscheidungskriterien getroffen werden, die sich aus den Nutzenerwartungen - im Hochtechnologiebereich aus den technisch-ökonomischen Anforderungen - der Abnehmer ableiten. Damit wurde unterstellt, daß technisch-ökonomische Anforderungen die Einflußgrößen mit dem höchsten Erklärungsbeitrag für das Beschaffungsverhalten von Abnehmern im Hochtechnologiesektor darstellen.[32] Bedürfnisorientierte Segmentierungskriterien lassen deshalb einen ausgeprägten Bezug zum Beschaffungsverhalten erwarten.[33]

- Aussagefähigkeit für die segmentspezifische Marktbearbeitung

    Weiter oben wurde bereits darauf hingewiesen, daß die anhand der Segmentierungsmerkmale gebildeten Segmente konkrete Ansatzpunkte für die Aktionskom-

28) Vgl. allgemein zu dieser Voraussetzung Wind (1978), S. 327 und Sheth (1972), S. 130.
29) Ähnlich Sheth (1972), S. 130f.
30) Vgl. dazu Köhler/Uebele (1983), S. 6, Kols (1986), S. 81, Uebele (1984), S. 159, Frank/Massy/Wind (1972), S. 27f., Freter (1993), Sp. 2809f., Gröne (1977), S. 44ff., Böhler (1977), S. 15f., Kotler/Bliemel (1992), S. 435 und Cravens (1987), S. 282f.
31) Vgl. hierzu auch Frank/Massy/Wind (1972), S. 27, Gröne (1977), S. 32 sowie Sheth (1972), S. 134ff.
32) Ganz ähnlich Meinig (1985b), S. 137. Siehe ferner die Ausführungen zur Dominanz technisch-ökonomischer Anforderungen im Hochtechnologiebereich in Abschnitt 3.3.2.2.2.1.
33) Ganz ähnlich Kols (1986), S. 135f.

ponente der Marktsegmentierung aufweisen sollten. Die segmentspezifische Marktbearbeitung im Rahmen produktpolitischer Maßnahmen erfordert dabei zunächst einmal eine an den heterogenen Bedürfnisstrukturen der Abnehmer ausgerichtete Produktentwicklung. Bedürfnisorientierte Segmentierungskriterien sind hierfür geradezu prädestiniert.[34] Die auf diese Weise gebildeten Segmente können darüber hinaus gezielte Hinweise für Anwendungsinnovationen geben.

- Ermittelbarkeit

Die Segmentierungskriterien und ihre Ausprägungsintensitäten sowie Gewichtungen müssen mit den Mitteln der Marktforschung erfaßbar sein. Es stellt sich dabei insbesondere die Frage nach den Quellen und den Erhebungsmethoden für diese Informationen. Die Ermittlung von Abnehmerbedürfnissen ist aber zum Teil mit Problemen verbunden, die im Hochtechnologiebereich besonders ausgeprägt sein können. Die damit zusammenhängenden Fragen und Lösungsmöglichkeiten werden Gegenstand einer ausführlichen Erörterung in Abschnitt 4.2.2.1 sein. Dort wird dann auch zwischen einer "quantitativen" und "qualitativen" Segmentbildung unterschieden.

- Wirtschaftlichkeit

Die Eignung eines Segmentierungsansatzes ist auch unter dem Gesichtspunkt der Wirtschaftlichkeit zu beurteilen. Zum einen geht es dabei um Wirtschaftlichkeitsgesichtspunkte bei der Erhebung der Kriterienausprägungen und -gewichtungen. Die Kosten der Informationsgewinnung und -verarbeitung sollten den Nutzen der zusätzlich gewonnenen Transparenz des Marktes im Hinblick auf seine Bedürfnisstrukturen zumindest nicht übersteigen.[35] Auf diesen Sachverhalt wird im Rahmen der abschließenden Betrachtung des dynamischen Segment-Managements noch einmal zurückzukommen sein. Wirtschaftlichkeitsüberlegungen betreffen zum anderen aber auch die Aktionsseite der Marktsegmentierung: Hier geht es darum, daß die zusätzlich zu erwartenden Erlöse die Kosten einer differenzierten Marktbearbeitung mehr als kompensieren.[36] Mit diesem Gesichtspunkt ist ein Fragenkreis angesprochen, der sich im Kern erst bei der Segmentbewertung und anschließenden Zielgruppenauswahl stellt und deshalb auch erst in Abschnitt 4.2.2.2 eine nähere Behandlung erfahren wird.

---

34) Siehe auch hierzu Kols (1986), S. 136f.
35) Vgl. Freter (1993), Sp. 2810 oder auch Böhler (1977), S. 16.
36) Vgl. hierzu etwa Köhler/Uebele (1983), S. 6, Gröne (1977), S. 49 und Cravens (1987), S. 283.

- <u>Erreichbarkeit</u>

Die Segmentierungskriterien sollten zu Segmenten führen, die möglichst gut erreichbar bzw. ansprechbar sind, z.B. über eine segmentspezifische Kommunikationspolitik.

Dem Anforderungskriterium der <u>zeitlichen Stabilität</u> wird wegen seiner zentralen Bedeutung für die vorliegende Problemstellung ein eigener Abschnitt eingeräumt.[37]

Abschließend kann nun der Segmentbildungsaspekt einer bedürfnisorientierten Marktsegmentierung unter Bezugnahme auf die modellhafte Darstellung einer Bedürfnisstruktur in Abschnitt 3.3.2.2.1.2 konzeptualisiert werden. Dort wurde zwischen der Art, der Ausprägungsintensität und der relativen Bedeutung von Bedürfniskomponenten unterschieden.

Die für die Gesamtheit aller gegenwärtigen und potentiellen Abnehmer als relevant ermittelten <u>Arten</u> technisch-ökonomischer Anforderungen werden als Segmentierungskriterien verwendet. Die gebildeten Segmente werden dagegen durch die jeweiligen <u>Ausprägungsintensitäten</u> und die <u>relative Bedeutung</u> der Anforderungen beschrieben.[38] Im weiteren Verlauf der Arbeit wird in diesem Zusammenhang auch von segmentspezifischen Bedürfnisstrukturen oder Segmentprofilen gesprochen.[39] Zu berücksichtigen ist hierbei, daß in den einzelnen Segmentprofilen nicht alle der für die Aufspaltung des Marktes herangezogenen Anforderungen zum Ausdruck kommen müssen, da unterschiedliche Abnehmergruppen auch unterschiedliche Arten von Nutzenerwartungen als relevant erachten. Dies kann so interpretiert werden, daß den für eine einzelne Abnehmergruppe nicht relevanten Anforderungen im Rahmen ihrer Gewichtung keinerlei Bedeutung zukommt. Auch die Formulierung von Mußanforderungen (Dissatisfiers) und Kannanforderungen (Satisfiers) kann von Segment zu Segment unterschiedlich ausfallen. Was in einem Segment eine Mußanforderung darstellt, kommt in einem anderen Segment möglicherweise nur als Kannanforderung zum Ausdruck.[40]

Zur Illustration kann hier wieder ein Beispiel aus dem Bereich der Computertomographie herangezogen werden. Eine wesentliche technisch-ökonomische Anforderung an

---

37) Siehe Abschnitt 4.1.3.1.
38) Unter Hinnahme eines entsprechenden Informationsverlustes kann dabei so vorgegangen werden, daß die segmentspezifischen Bedürfnisstrukturen nur noch durch die über alle Segmentsubjekte hinweg berechneten Mittelwerte der Ausprägungsintensitäten und Gewichte beschrieben werden. Vgl. hierzu auch Böhler (1977), S. 20.
39) Vgl. zur Verwendung des Begriffs "Segmentprofil" auch Kotler/Bliemel (1992), S. 433. Engelhardt (1974), Sp. 1804 spricht in diesem Zusammenhang von der segmentbezogenen "Bedürfnismatrix".
40) Siehe auch Huber (1984), S. 67.

Computertomographen ist die sogenannte Scanzeit (Zeitdauer für die Erzeugung und Darstellung des Bildes einer Objektschicht). Bis zu einer gewissen Ausprägungsintensität, die bei den einzelnen Abnehmern durchaus unterschiedlich ausfallen kann, stellt sie eine Mußanforderung dar. Darüber hinaus differiert dann sowohl die relative Gewichtung als auch die gewünschte Ausprägungsintensität der Anforderungen zwischen den einzelnen Abnehmern. Während in der medizinischen Forschung der Scanzeit gegenüber der Bildqualität (Auflösung) eine untergeordnete Bedeutung zukommt, kann sie beispielsweise bei Beschaffungsentscheidungen privater radiologischer Praxen oder Kliniken das ausschlaggebende Kaufentscheidungskriterium sein.[41] Im Falle der am Gewinnprinzip ausgerichteten radiologischen Praxen hat nämlich die Scanzeit einen erheblichen Einfluß auf den sogenannten Patientendurchsatz (Anzahl untersuchter Patienten pro Zeiteinheit). Unterschiedliche Anforderungen an die Ausprägungsintensität führen beispielsweise dazu, daß man zeitweise in der unternehmerischen Praxis auch von Scan-1-, Scan-2- oder Scan-3-Segmenten gesprochen hat, wobei die Ziffer die Anzahl der Sekunden für einen Scan indiziert.[42] Letzteres zeigt überdies, wie das "Sprechen" in Termini bedürfnisorientiert abgegrenzter Segmente die Kommunikation zwischen marktnahen und techniknahen Unternehmensbereichen unterstützen kann.

Die gedankliche Modellierung einer bedürfnisorientierten Segmentbildung bedarf für die praktische Umsetzung und Handhabung einer methodisch-instrumentellen Unterstützung. Dahingehende Anknüpfpunkte finden sich in Segmentierungsvorschlägen, die in der Literatur als "Benefit-Segmentation" oder "Nutzensegmentierung" bezeichnet werden[43] bzw. in solchen, in denen Kaufentscheidungskriterien oder Produktanforderungen als Segmentierungsgrundlage Verwendung finden.[44] In einem Teil dieser Segmentierungsvorschläge zeigt sich auch sehr deutlich, daß neben den Anforderungen an das Kernprodukt auch die Anforderungen an funktionelle Dienstleistungen und die Preisvorstellungen der Abnehmer als Kaufentscheidungskriterien

---

41) Vgl. Große-Oetringhaus (1992b).
42) Vgl. Ohnemüller (1992).
43) Grundlegende Ausführungen zur Benefit-Segmentation - überwiegend im Zusammenhang mit empirischen Studien - finden sich in folgenden Beiträgen: Haley (1968), S. 30ff., Green/Wind/Jain (1972), S. 31ff. (Bohnerwachsmarkt), Myers (1976), S. 23ff., Calantone/Sawyer (1978), S. 395ff. (amerikanischer Bankenmarkt), Wind/Grashof/Goldhar (1978), S. 28ff. (wissenschaftliche und technische Informationsdienste), Green/Krieger/Schaffer (1985), S. 9ff., Kluyver/Whitlark (1986), S. 275ff. (Kompressoren), Mühlbacher/Botschen (1990), S. 160ff. (Urlaubsangebote) und - mit einem ausgeprägteren Bezug zur vorliegenden Problemstellung - Moriarty/Reibstein (1986), S. 463ff. (Computerterminals).
Zu einer interpretierenden und kritischen Beleuchtung der Benefit-Segmentation vgl. Böhler (1977), S. 103ff., Bauer (1977), S. 89ff., Kols (1986), S. 50ff. und Bednarczuk (1990), S. 97ff.
44) Investitionsgüterbezogene Anwendungsfälle, in denen Kaufentscheidungskriterien bzw. Produktanforderungen eine zentrale Rolle spielen, finden sich bspw. bei Köhler/Uebele (1983), S. 10ff. für den Industrieelektronik-Markt, bei Andritzky (1974b), S. 76ff. für den LKW-Markt und bei Roth/Wimmer (1991), S. 197ff. für den Software-Markt.

und damit als Segmentierungskriterien Verwendung finden.[45] Funktionale wie auch preisliche Anforderungen auf der einen Seite, Anforderungen an das substantielle Produkt wie auch Anforderungen an produktbegleitende Dienstleistungen auf der anderen Seite können demnach nach den gleichen Prinzipien zur Segmentierung herangezogen werden.

Die Durchführung einer Segmentierungsstudie erfordert allgemein die Bearbeitung folgender Aufgaben:[46]

- die Ermittlung der für die Gesamtheit der aktuellen und potentiellen Abnehmer relevanten Anforderungsarten

- die Ermittlung der Ausprägungsintensitäten und der Bedeutungsgewichte der einzelnen Abnehmeranforderungen,

- die faktoren- und clusteranalytische Auswertung der erhobenen Daten mit dem Ergebnis einer bestimmten Anzahl im Hinblick auf die technisch-ökonomischen Anforderungen homogener Segmente[47]

- sowie gegebenenfalls die Segmentzuordnung von Abnehmern anhand bestimmter Merkmale.

4.1.1.3 Zum Verhältnis bedürfnisorientierter und verhaltensorientierter Ansätze der Marktsegmentierung

In der Literatur dominieren grundsätzlich verhaltensorientierte Ansätze zur Marktsegmentierung.[48] Kerngedanke dieser Ansätze ist es, Einflußfaktoren auf das organisationale Beschaffungsverhalten herauszuarbeiten und unter diesen dann jene als Segmentierungskriterien heranzuziehen, "die Gemeinsamkeiten im organisationalen Beschaffungsverhalten bewirken, bzw. solche zu identifizieren, die zu Unterschieden

---

45) Vgl. dazu Andritzky (1974b), S. 80, Moriarty/Reibstein (1986), S. 474 und Wind/Grashof/Goldhar (1978), S. 29.

46) Vgl. hierzu die Vorgehensweise bei Köhler/Uebele (1983), S. 10ff. und S. 19ff., Andritzky (1974b), S. 76ff., Moriarty/Reibstein (1986), S. 467ff. und Roth/Wimmer (1991), S. 199ff. Hinsichtlich einer Benefit-Segmentation, bei der die Bedeutungsgewichte mit dem Verfahren des Conjoint Measurement berechnet werden, ergeben sich teilweise veränderte Aufgaben. Vgl. zum Conjoint Measurement auch die Anmerkungen und Literaturhinweise in Abschnitt 3.3.2.2.1.2.

47) Auf eine nähere Betrachtung dieser Verfahrensschritte wird hier verzichtet und auf die einschlägige Literatur verwiesen. Zur Anwendung der Faktorenanalyse und der Clusteranalyse in Segmentierungsstudien äußert sich bspw. sehr ausführlich Böhler (1977), S. 209ff. und S. 277ff. Vgl. ferner zur Anwendung der Clusteranalyse bei der Marktsegmentierung Freudiger (1992), S. 3ff.

48) Vgl. dazu auch Hruschka/Natter (1993), S. 426 und Kliche (1985), S. 71. Ein ausführlicher und kritischer Überblick zu verhaltensorientierten Ansätzen findet sich bei Kols (1986), S. 31ff.

führen."[49] Bei einer weit gefaßten Interpretation verhaltensorientierter Ansätze kommt dann prinzipiell jeder verhaltenssteuernde Einflußfaktor als Segmentierungskriterium in Frage, also auch solche, die sich in bedürfnisorientierten Kriterien ausdrücken. In der Tat lassen sich auch in ausgeprägt verhaltensorientierten Ansätzen - hier sei exemplarisch auf den Ansatz von Wind/Cardozo hingewiesen - bedürfnisorientierte Elemente finden.[50] Wenn in der vorliegenden Arbeit von bedürfnisorientierter Marktsegmentierung gesprochen wird, dann soll damit vor allen Dingen der oben angeführte Segmentierungzweck, nämlich in erster Linie die Unterstützung einer zielgerichteten Produktentwicklung und Produktpolitik, festgelegt sein. Gleichzeitig ist damit die ausschließliche Verwendung bedürfnisbezogener Segmentierungskriterien gemeint.

Die verhaltensorientierten Ansätze stellen überwiegend auf organisationsdemographische und sozioökonomische Merkmale sowie psychologische und sozialpsychologische Kriterien ab.[51]

Organisationsdemographische Kriterien wie der geographische Standort oder die Branchenzugehörigkeit der Abnehmerunternehmungen können zwar in Einzelfällen Segmente bilden, die sich im Hinblick auf ihre Bedürfnisstrukturen unterscheiden. Denn ohne Zweifel determinieren geographische oder branchenbezogene Gegebenheiten mitunter ganz entscheidend die technisch-ökonomischen Anforderungen der Abnehmer.[52] Wenn überhaupt, können sie häufig aber nur nur einen isolierten Teilbereich des Gesamtspektrums technisch-ökonomischer Anforderungen repräsentieren. Ferner kann es innerhalb einer Abnehmerbranche durchaus zu sehr unterschiedlichen technisch-ökonomischen Anforderungen kommen, so daß die unter dem Gesichtspunkt der Branchenzugehörigkeit in einem Segment zusammengefaßten Unternehmen im Hinblick auf ihre Bedürfnisstrukturen dennoch recht heterogen sein können.[53] Im Ergebnis läßt sich festhalten, daß organisationsdemographische Kriterien zur Bildung

---

49) Backhaus (1992), S. 159. Als Einflußfaktoren können bspw. der Kauftyp, die Merkmale der beschaffenden Organisation, bestimmte Merkmale des kaufentscheidenden Gremiums (Buying Center) und Entwicklungen in der Umwelt genannt werden. Vgl. hierzu Backhaus (1992), S. 51f. Siehe ferner zu Determinanten des organisationalen Beschaffungsverhaltens Uebele (1984), S. 161f. und sehr ausführlich Gröne (1977), S. 24ff. sowie Horst (1988), S. 151ff.
50) In dem zweistufigen Ansatz von Wind/Cardozo wird auf der Ebene der Makro-Segmentierung bspw. als denkbares Kriterium der Anwendungsbereich eines Produktes genannt, auf der Ebene der Mikro-Segmentierung die relative Bedeutung bestimmter Kaufentscheidungskriterien. Vgl. Wind/Cardozo (1974), S. 156f.
51) Vgl. Kols (1986), S. 67. Ferner Groh (1974), Sp. 1412ff.
52) Vgl. hierzu Kols (1986), S. 46ff. und S. 66f. Man denke hierbei etwa an die klimatischen Bedingungen am Einsatzort eines Investitionsgutes, das feuchtigkeits- oder temperaturempfindliche Komponenten beinhaltet, wie dies z.B. beim Bildrechner in einem Computertomographen der Fall ist.
53) Siehe auch Kols (1986), S. 67.

bedürfnishomogener Segmente führen können, jedoch keinesfalls müssen.[54] Aufgrund ihres deskriptiven Charakters kommt ihnen allenfalls die Rolle einer Ersatzvariablen für die in unmittelbarem, ursächlichem Zusammenhang mit der Beschaffungsentscheidung stehenden technisch-ökonomischen Anforderungen zu.[55]

Ein Grund für die relativ häufige Verwendung organisationsdemographischer Kriterien ist vor allem darin zu sehen, daß sie aus der Sicht eines segmentierenden Unternehmens meist direkt beobachtbar und leicht abgreifbar sind.[56] In ihrer Rolle als sogenannte Außenkriterien können sie unter der Annahme eines Zusammenhangs mit den Nutzenerwartungen der Abnehmer dazu herangezogen werden, aktuelle oder potentielle Abnehmerunternehmungen den bedürfnisorientiert gebildeten Segmenten zuzuordnen. Sie werden dann auch als Segmentdeskriptoren bezeichnet.[57] Dieser als Segmentidentifikation bezeichnete Sachverhalt hat insbesondere für eine segmentspezifische Kommunikationspolitik Relevanz, wenn es beispielsweise darum geht, bedürfnisorientiert abgegrenzte Marktsegmente in werblicher Hinsicht oder im Rahmen des persönlichen Verkaufs anzusprechen. Die im vorangegangenen Abschnitt als Anforderung an Segmentierungskriterien genannte Erreichbarkeit bedürfnisorientiert abgegrenzter Segmente kann hierdurch gefördert werden. Bei einer unzureichenden Identifizierbarkeit der Abnehmer besteht letztlich aber auch die Möglichkeit einer auf der sogenannten Abnehmer-Selbstselektion beruhenden ungezielten Segmentansprache, wobei dann natürlich gewisse Streuverluste in Kauf genommen werden müssen.[58]

Während organisationsdemographische und sozioökonomische Merkmale im Falle mehrstufiger Segmentierungsansätze vor allem auf der ersten Stufe ihren Niederschlag finden, werden die psychologischen bzw. sozial-psychologischen Merkmale vielfach auf der (den) nachfolgenden Stufe(n) als Segmentierungskriterien herangezogen.[59] Hierbei geht es dann vor allen Dingen um die Zusammensetzung des Buying Centers und die interpersonellen Beziehungen im Einkaufsgremium sowie um die Merkmale der an der Beschaffungsentscheidung beteiligten oder diese beeinflussenden Personen. Gänzlich ungeachtet der damit verbundenen Informationsprobleme können diese Kriterien aber nur sehr eingeschränkt Hinweise für eine segmentspezifische Produktent-

54) In der von Moriarty/Reibstein durchgeführten Studie zum Markt für Computerterminals zeigte sich bspw., daß eine branchenorientierte Segmentierung die realiter vorhandene Heterogenität in den Nutzenerwartungen nicht aufdecken konnte. Vgl. Moriarty/Reibstein (1986), S. 476 und S. 479.
55) Vgl. dazu auch Kols (1986), S. 67f. und Hruschka/Natter (1993), S. 427.
56) Vgl. Engelhardt/Günter (1981), S. 89, Köhler/Uebele (1983), S. 25 und Kols (1986), S. 32.
57) Vgl. ausführlicher dazu Köhler/Uebele (1983), S. 25ff. und S. 28ff., Bauer (1977), S. 61f. sowie Hruschka/Natter (1993), S. 427.
58) Siehe dazu Bauer (1977), S. 34f., Uebele (1984), S. 165 und Groh (1974), Sp. 1410.
59) Vgl. etwa Wind/Cardozo (1974), S. 156f. und Gröne (1977), S. 77ff. und S. 119ff.

wicklung und Produktpolitik geben.[60] Es kann hier Kols zugestimmt werden, die resümierend feststellt: "Damit soll keineswegs behauptet werden, diese Verhaltensdeterminanten seien ... gänzlich irrelevant. Vielmehr soll ihnen der Platz zugewiesen werden, an dem sie tatsächlich ihre uneingeschränkte Berechtigung haben: im taktischen bzw. operativen Marketing, also bei der Umsetzung der strategischen Maßnahmen 'vor Ort'."[61] Der Segmentierungszweck verhaltensorientierter Ansätze kann demnach vorrangig darin gesehen werden, aussagekräftige Hinweise für den segmentspezifischen Einsatz der kommunikationspolitischen Instrumente - und hier insbesondere für das Instrument des persönlichen Verkaufs - zu erhalten.[62] Diesem Instrument kommt im Investitionsgüterbereich ganz allgemein eine hohe Bedeutung zu.[63] Im Falle hochtechnologischer Produkte ist dies noch ausgeprägter der Fall, da es sich hier um komplexe und erklärungsbedürftige Produkte handelt. Kommunikationspolitische Maßnahmen sind insbesondere dann von zentralem Interesse, wenn es darum geht, einem innovativen Produkt durch eine segmentspezifische Ansprache zur Durchsetzung am Markt zu verhelfen.[64] Denn trotz weitgehend homogener technisch-ökonomischer Anforderungsprofile können in den einzelnen Marktsegmenten ganz unterschiedliche Verhaltensweisen bei der Informationsgewinnung und Entscheidungsfindung in Erscheinung treten.[65]

Zunächst muß aber das richtige Produkt für den richtigen Abnehmer durch die Produktentwicklung zur Verfügung gestellt werden; erst auf dieser Grundlage können dann kommunikationspolitische Maßnahmen ihre Wirkung entfalten. Ganz in diesem Sinne äußern sich auch Dichtl und Engelhardt etwa zu werbepolitischen Maßnahmen im Investitionsgüterbereich: "So ist es fast ausnahmslos nicht möglich, ein Produkt nur durch Werbung 'aufzubauen' oder es durch die Verpackungsgestaltung von gleichartigen Konkurrenzerzeugnissen abzuheben. Für die Profilierung sind vielmehr echte Produktunterschiede nötig, sei es in der Fertigungsqualität, in Art und Breite der technischen Eigenschaften, den zusätzlichen Dienstleistungen, im Preis des Gutes oder in der Wirtschaftlichkeit seines Einsatzes."[66]

---

60) Siehe Kliche (1985), S. 73 und Kols (1986), S. 240.
61) Kols (1986), S. 38. Ganz ähnlich Kliche (1985), S. 73f. und Große-Oetringhaus (1990), S. 94f. Zu bedenken ist aber, daß die Kenntnis der personellen Zusammensetzung des Buying Centers sehr wohl für eine bedürfnisorientierte Segmentierung und dementsprechend für die segmentspezifische Produktentwicklung und Produktpolitik von Interesse sein kann, da die beschaffungsentscheidenden bzw. -beeinflussenden Personen die Träger der zu ermittelnden Bedürfnisse darstellen.
62) Vgl. Strothmann/Kliche (1989a), S. 83 und Kliche (1985), S. 81ff.
63) Vgl. sehr ausführlich dazu Kols (1986), S. 243ff.
64) Vgl. Kliche (1985), S. 74.
65) Vgl. Kols (1986), S. 237f.
66) Dichtl/Engelhardt (1980), S. 148. Es könnte ansonsten zu einem sog. "over-promising" kommen, bei dem durch kommunikative Maßnahmen Erwartungen beim Abnehmer ge-

Dabei ist aber einleuchtend, daß eine genaue Kenntnis der Abnehmerbedürfnisse von hoher Bedeutung ist, wenn die Produkteigenschaften den zentralen Gegenstand der Kommunikationspolitik bilden.[67] Bedürfnisorientiert abgegrenzte Segmente können damit auch als Ausgangsbasis einer segmentspezifischen Kommunikationspolitik angesehen werden. Nichtsdestoweniger ist denkbar, daß ergänzend zu einer bedürfnisorientierten Segmentierung eine verhaltensorientierte Segmentierung für kommunikationspolitische Zwecke durchgeführt wird.[68] Diese ist nach Auffassung des Verfassers der vorliegenden Arbeit dann aber nicht als Alternative, sondern als Ergänzung zu einer bedürfnisorientierten Segmentierung zu verstehen.

4.1.2 Märkte in einer dynamischen Betrachtung

Die Marktsegmentierung steht in einem engen Zusammenhang mit der Abgrenzung von Märkten. Je nach Analysezweck und Sichtweise kann das eine oder andere Element eines Marktes in den Vordergrund treten und den Ansatzpunkt für eine Marktabgrenzung bilden. In der Literatur werden dementsprechend abnehmerorientierte, anbieterorientierte und produktorientierte Ansätze zur Marktabgrenzung unterschieden.[69]

Die abnehmerorientierte Marktabgrenzung basiert auf der Ähnlichkeit von Abnehmerbedürfnissen bzw. Abnehmerfunktionen und den ihnen zugrunde liegenden Abnehmerproblemen.[70] Bereits hier wird der enge Zusammenhang zwischen Marktabgrenzung und Marktsegmentierung deutlich: Im Kern handelt es sich um weitgehend vergleichbare Sachverhalte, die sich lediglich im Hinblick auf den Grad ihrer Differenziertheit unterscheiden.[71]

---

weck werden, die durch die letztlich angebotenen Produkteigenschaften nicht gedeckt werden können. Vgl. dazu Droege/Backhaus/Weiber (1993), S. 22.

67) Siehe auch Uebele (1984), S. 164 und Kols (1986), S. 247f.

68) So haben etwa Strothmann/Kliche einen Ansatz zur Segmentierung von Hochtechnologiemärkten entwickelt. Der zweistufige verhaltensorientierte Ansatz stellt das Innovations- und Investitionsverhalten der Abnehmer in den Vordergrund der Überlegungen und soll eine zielgerichtete kommunikationspolitische Ansteuerung ermöglichen. Vgl. Strothmann/Kliche (1989a), S. 82ff.
Ganz ähnlich im Ansatz stellt auch Johne das Innovationsverhalten der Abnehmer in den Vordergrund seiner Überlegungen zu einer Segmentierung von Hochtechnologiemärkten. Vgl. Johne (1984), S. 59ff.
Ebenfalls explizit für Hochtechnologiemärkte haben Backhaus/Weiber einen Segmentierungsansatz vorgelegt, der sich an den Kaufwiderständen der verschiedenen Mitglieder des Buying Centers orientiert. Vgl. Backhaus/Weiber (1986), S. 143ff.

69) Vgl. Bauer (1989), S. 32 und Meffert (1990), Sp. 1455f.

70) Siehe hierzu auch Meffert (1990), Sp. 1455f.

71) Ganz ähnlich Kreilkamp (1987), S. 108.

In der Literatur wird häufig das Problem einer zu weiten oder zu engen Marktab-grenzung thematisiert.[72] Das Konzept der totalen Bedarfskonkurrenz von Vers-hofen[73] verdeutlicht auf einsichtige Art und Weise, wie weit Märkte grundsätzlich abgegrenzt werden können und welche Nachteile einer Unternehmung durch eine zu enge Marktabgrenzung entstehen können.[74] Erschwerend kommt hinzu, daß Markt-grenzen nicht statischer Natur sind, sondern einer fortlaufenden Veränderung unter-worfen sind.[75] Das Faktum dynamischer Marktgrenzen kann aber auch dazu genutzt werden, das Problem der "richtigen" Marktabgrenzung im Ansatz zu lösen, indem man nämlich den Überlegungen gleichzeitig unterschiedlich weit abgegrenzte Märkte zugrunde legt, die dann in einer dynamischen Beziehung zueinander stehend betrachtet werden. Zu diesem Zweck wird im folgenden der Gesamtmarkt, der aus Unternehmenssicht relevante Markt sowie der bereits als Marktsegment bekannte Teilmarkt unterschieden. Die Abnehmer des jeweils enger abgegrenzten Marktes stellen dabei eine Teilmenge der Abnehmer des weiter abgegrenzten Marktes dar. Ferner werden die Begriffe des bedienten und angrenzenden Marktes eingeführt.

Der Begriff des Grundbedürfnisses wurde bereits im Zusammenhang mit originären Abnehmerproblemen erläutert. Originäre Abnehmerprobleme sind noch lösungsinvari-ant definiert und erlauben deshalb die systematische Erfassung sämtlicher Technolo-gien, deren Produkte zur Lösung des entsprechenden Abnehmerproblems beitragen können. Dem Grundbedürfnis steht dabei eine generische Produktklasse gegen-über.[76] Diese umfaßt alle spezielleren "Produktklassen, die ein Grundbedürfnis mehr oder weniger wirkungsvoll zufriedenstellen können."[77] In der medizinischen Diagnostik bilden beispielsweise klassische Röntgengeräte, Computertomographen, Kernspintomographen und Ultraschallgeräte eine generische Produktklasse. Alle diese Produkte dienen der Befriedigung eines ähnlichen Grundbedürfnisses: der Erzeugung von Bildern der inneren Struktur von Objekten. Ein solches Grundbedürfnis konstitu-iert einen Markt, der im folgenden als <u>Gesamtmarkt</u> bezeichnet werden soll.[78] Wegen der im Hochtechnologiebereich häufig recht ausgeprägten Substitutionskonkur-renz zwischen Technologien und ihrem in der Regel breiten Anwendungsspektrum ist diese weite Marktabgrenzung von ganz besonderer Bedeutung. Sie bildet zum einen die Voraussetzung für das Auffinden bisher noch nicht bekannter Abnehmer bzw. Ab-

---

72) Vgl. etwa Freter (1983), S. 19f., Bednarczuk (1990), S. 86 und Eichenberger (1991), S. 96ff.
73) Vgl. Vershofen (1959), S. 67.
74) Siehe dazu auch Bauer (1989), S. 47f.
75) Vgl. Kreilkamp (1987), S. 107, Eichenberger (1991), S. 267 und Bednarczuk (1990), S. 86.
76) Vgl. hierzu auch Cravens (1987), S. 161, Bauer (1989), S. 167 und Bednarczuk (1990), S. 89.
77) Kotler/Bliemel (1992), S. 624.
78) Ähnlich Eichenberger (1991), S. 15 und Hilke (1993), Sp. 2770.

nehmergruppen, die für die Vermarktung der eigenen Technologie in Frage kommen. Die bereits in Kapitel 2 angesprochene Anwendung der Computertomographie in der archäologischen Forschung ist ein gutes Beispiel dafür, wie ein Denken in Gesamtmarkt-Kategorien Anwendungsinnovationen fördern kann. Zum anderen schafft die Abgrenzung des Gesamtmarktes die Grundlage für die Identifikation aktueller oder potentieller Wettbewerber mit den von ihnen angebotenen - und gegebenenfalls auf konkurrierenden Technologien - beruhenden Produkten.[79]

Abgeleitete Bedürfnisse bzw. abgeleitete Probleme richten sich hingegen bereits auf ganz spezifische Technologien und auf die durch sie begründeten Produktklassen, beispielsweise die Produktklasse der Computertomographen. Ähnliche abgeleitete Bedürfnisse konstituieren nach dem Verständnis der vorliegenden Arbeit den relevanten Markt.[80] Der relevante Markt kann demnach nicht losgelöst von den auf ihm angebotenen bzw. nachgefragten Produkten und der ihnen zugrunde liegenden Technologie definiert werden. Es handelt sich also um bestimmte Produkt-Markt-Kombinationen. So könnte man beispielsweise vom Markt für Computertomographen sprechen.

Die Segmentierung des relevanten Marktes anhand bedürfnisorientierter Kriterien führt dann zu Teilmärkten (Marktsegmenten), die die heterogenen Strukturen der abgeleiteten Bedürfnisse widerspiegeln. Diejenigen Teilmärkte, die nach einer Segmentbewertung für eine segmentspezifische Bearbeitung ausgewählt werden, bilden dann den bedienten Markt.[81]

Festzuhalten ist, daß ein Gesamtmarkt aus mehreren relevanten Märkten bestehen kann, die mit unterschiedlichen Produktklassen verknüpft sind. Aus der Sicht eines analysierenden Unternehmens können die nicht relevanten Märkte als angrenzende Märkte bezeichnet werden.[82]

Die graphische Veranschaulichung der erläuterten Begriffe - gewissermaßen aus der Vogelperspektive und bereits unter Einbezug der im folgenden noch zu erörternden dynamischen Komponente - verdeutlicht noch einmal die bestehenden Teilmengenbeziehungen (siehe Abbildung 25).

---

79) Vgl. hierzu auch Bauer (1989), S. 27 und Freter (1983), S. 19.
80) Ähnlich Eichenberger (1991), S. 18 und Hilke (1993), Sp. 2770. Es wird auch vom "total market" bzw. "totalen Markt" gesprochen, der aber nicht mit dem obigen Begriff des Gesamtmarktes verwechselt werden darf. Vgl. dazu Abell (1980), S. 23 und Kremer (1986), S. 42.
81) Ähnlich Kremer (1986), S. 42. In der englischsprachigen Literatur wird in diesem Zusammenhang vom "served market" gesprochen. Vgl. Abell (1980), S. 23. Kotler/Bliemel (1992), S. 383 sprechen vom "bearbeiteten Markt".
82) Vgl. Kreilkamp (1987), S. 109.

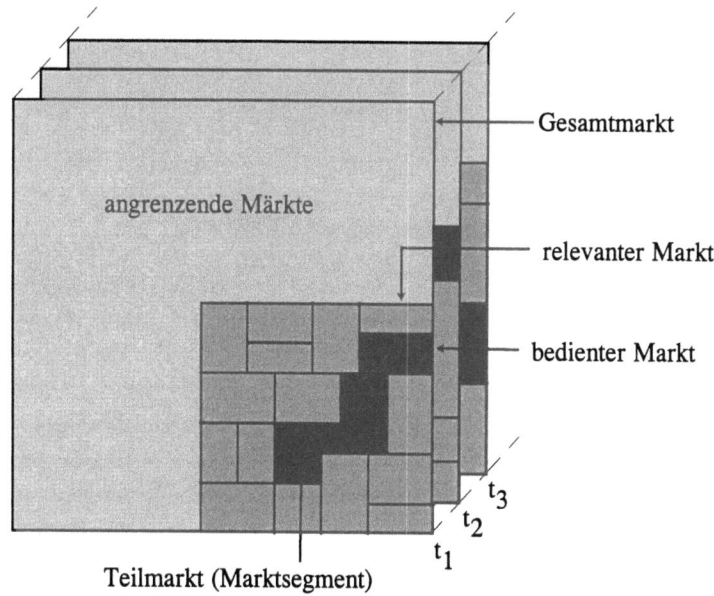

Abb. 25: *Zusammenhang zwischen Gesamtmarkt, relevantem Markt und Teilmarkt (Marktsegment) in einer dynamischen Betrachtung*

Dabei darf die Abbildung nicht so interpretiert werden, als ob es sich um zu jedem Zeitpunkt deutlich erkennbare Marktgrenzen handelt. Gerade im Hochtechnologiebereich sind Marktgrenzen häufig nur schwer erkennbar und einer fortlaufenden Veränderung unterworfen.[83] Dies trifft insbesondere auf die Entstehungsphase von Hochtechnologiemärkten zu. Trotz dieses "Unschärfenproblems" fördert die gedankliche Vorstellung der Existenz eines den relevanten Markt umfassenden Gesamtmarktes (angrenzende Märkte) das Wahrnehmungsvermögen des Managements im Hinblick auf neue Abnehmergruppen, potentielle Wettbewerber und Substitutionstechnologien.[84] Sind die Marktgrenzen aber nur undeutlich erkennbar, kann die Marktabgrenzung - ausgehend von sich abzeichnenden Segmenten - als ein heuristischer Prozeß aufgefaßt werden. So schreibt auch Bauer zum interdependenten Verhältnis von Marktabgrenzung und strukturierender Marktsegmentierung: "Sie verkörpern im Kern einen einzigen Vorgang, wobei man die Marktabgrenzung als eine um eine Grenzziehung erweiterte Marktstrukturierung verstehen könnte."[85] Bei einer entsprechend weit angelegten Ermittlung von Abnehmerbedürfnissen können die bei einer Marktsegmentierung gebildeten Marktsegmente "hinsichtlich der dann als ge-

---

83) Vgl. Benkenstein (1992), S. 10.
84) Ähnlich Kreilkamp (1987), S. 109.
85) Bauer (1989), S. 20.

eignet erscheinenden Abbruchkriterien überprüft werden, um so ex post das untersuchte System zu schließen."[86] Auf diese Weise erschließt sich der analysierenden Unternehmung der relevante Markt als die Menge der grundsätzlich für eine Marktbearbeitung in Frage kommenden Segmente.[87] Ausgehend von Segmenten wird der relevante Markt gewissermaßen "aufgespannt". Veränderungen des relevanten Marktes (Schrumpfungen oder Ausdehnungen) im Zuge der Marktentwicklung können dann über die Veränderungen von Marktsegmenten erfaßt werden.

Dabei kann unter einer Marktentwicklung bzw. einer Marktevolution die Veränderung der Art und Anzahl der Marktteilnehmer (Anbieter und Abnehmer) und/oder die Veränderung des Verhaltens dieser Marktteilnehmer verstanden werden.[88] Der Sachverhalt der Marktentwicklung wird in der Literatur in sogenannten Marktphasenschemata bzw. in Marktlebenszyklusmodellen erfaßt.[89] Ein Marktlebenszyklus beschreibt in idealtypischerweise Weise den zeitlichen Entwicklungsverlauf eines Marktes im Rahmen einer Phasenbetrachtung. In der graphischen Darstellung wird dabei zumeist ein S-förmiger Umsatzverlauf unterstellt.[90] Wie bei Technologie- und Produktlebenszyklusmodellen fungiert die Zeit als die den Entwicklungsverlauf erklärende Variable. Sie wird gewissermaßen als stellvertretende Größe für alle auf den Entwicklungsverlauf eines Marktes einwirkenden Einflußfaktoren aufgefaßt.

Oftmals bleibt bei den in der Literatur vorgelegten Marktphasenschemata bzw. Marktlebenszyklusmodellen offen, welcher Markt in welcher begrifflichen Auslegung als Bezugsgröße zugrunde gelegt wird und in welchem Verhältnis ein Marktlebenszyklus zu Technologie- und Produktlebenszyklen steht.[91] Im Rahmen der vorliegenden Arbeit ist eine präzise Angabe der Bezugsbasis allerdings dringend geboten: Wenn im folgenden von einem Marktlebenszyklus gesprochen wird, wird als Bezugsbasis der relevante Markt gewählt, also die Menge der gegenwärtigen und potentiellen Abnehmer, deren Bedürfnisse auf die auf einer spezifischen Technologie beruhenden Produkte - also auf eine Produktklasse - gerichtet sind. Bei einer dynamischen Betrachtung des Gesamtmarktes, der ja durch ein lösungsinvariant definiertes originäres Abnehmerproblem bzw. Grundbedürfnis bestimmt ist, wird demgegenüber die Verbindung zum Nachfragezyklus erkennbar.[92] Legt man dem Marktlebenszyklus als Maßgröße den Umsatz zugrunde, so wird ferner deutlich, daß dieser mit dem Technologielebenszyklus zusammenfällt. Beide Modelle bilden nämlich den durch

---

86) Rehder (1975), S. 17.
87) Siehe hierzu auch Kreilkamp (1987), S. 107f.
88) Vgl. Steffenhagen (1991), S. 166 und Kreilkamp (1987), S. 144 und S. 148.
89) Vgl. Meffert (1989), S. 280 und Steffenhagen (1991), S. 171f. und die dort angegebene Literatur.
90) Vgl. dazu Kreilkamp (1987), S. 156 und Meffert (1990), Sp. 1457f.
91) Vgl. dazu auch Kreilkamp (1987), S. 142.
92) Siehe hierzu auch die Ausführungen in Abschnitt 2.6.3.

eine Technologie (Produktklasse) generierten Umsatz im Zeitablauf ab. Damit stellt der Marktlebenszyklus auch die Umhüllungskurve der Produktlebenszyklen dar, er selbst wiederum wird vom Nachfragezyklus umhüllt.[93]

In diesem Abschnitt geht es zunächst darum, ein Vorverständnis für die Entwicklungen im Marktgeschehen zu wecken. Dazu ist die gedankliche Vorstellung hilfreich, daß sich ein Markt, ausgehend von einer bestimmtem Initialstruktur, durch evolutionäre Prozesse zu einer finalen Struktur hin entwickelt.[94] Zwischen diesen beiden gedachten Zeitpunkten zeigen sich gewisse Marktphasen, die im folgenden grob skizziert werden sollen. Dabei geht es weniger um eine technologie- und produktorientierte als um eine marktorientierte - das heißt an dieser Stelle eine primär abnehmerorientierte - Sichtweise. In ihrem "Konzept der Marktevolution" unterscheiden Kotler/Bliemel vier Phasen: die Enstehungsphase, die Wachstumsphase, die Phase der Marktreife und die Phase des Rückgangs.[95]

Phase der Marktentstehung

Ehe ein relevanter Markt Gestalt annimmt, existiert in der Regel bereits ein Grundbedürfnis im Sinne eines originären Abnehmerproblems. Der relevante Markt entsteht somit innerhalb eines durch dieses Grundbedürfnis definierten Gesamtmarktes. Dabei ist es durchaus möglich, daß dieses Grundbedürfnis bereits durch andere - möglicherweise weniger leistungsfähige - Produkte befriedigt wird. In diesem Fall substituiert das neue Produkt solche, die auf konkurrierenden Technologien beruhen. Dies kann als eine "inside-out"-Substitution in dem Sinne verstanden werden, als daß aus dem gerade entstandenen relevanten Markt heraus in angrenzende Märkte "hineinsubstituiert" wird.

Die auf die neue Produktklasse gerichteten Bedürfnisstrukturen der Abnehmer sind aber noch wenig gefestigt, insofern sind auch Marktsegmente kaum zu erkennen.[96] Dieser auch treffend als "Marktkristallisierung"[97] bezeichnete Sachverhalt ist durch die Bemühungen der Anbieter begleitet, die nur unzureichend erkennbaren Bedürfnis-

---

93) Eine sehr ausführliche Beschreibung der Entwicklungen im Rahmen eines auf dem Grundbedürfnis "Vervielfältigung von Dokumenten" basierenden Nachfragezyklus findet sich bei Ghazanfar/McGee/Thomas (1987), S. 168ff. Dort wird die Substitution von Technologien (unterschiedliche Verfahren der Vervielfältigung) und die Aufeinanderfolge verschiedener Produktgenerationen innerhalb der einzelnen Technologie- bzw. Marktlebenszyklen auf eine anschauliche Art und Weise illustriert.
94) Vgl. Porter (1983), S. 215.
95) Vgl. Kotler/Bliemel (1992), S. 567ff.
96) Siehe hierzu auch Kreilkamp (1987), S. 157 und Görgen (1992), S. 132.
97) Kotler (1982), S. 313.

strukturen in potentiellen Marktsegmenten offenzulegen und darauf aufbauend die Produktentwicklung zu steuern.[98]

Mit der Entstehung des relevanten Marktes beginnt gleichzeitig der Lebenszyklus der betreffenden Technologie, der dann gegebenenfalls der Charakter einer Schrittmachertechnologie zukommt. Diese Phase ist noch von einer hohen technologischen und technischen Unsicherheit gekennzeichnet, die gesamte Breite der potentiellen Einsatzgebiete der Technologie ist noch unbekannt.[99] Nichtsdestoweniger treten laufend neue Wettbewerber - darunter auch Wettbewerber aus angrenzenden Märkten - in den Markt ein, um am unausgeschöpften Marktpotential zu partizipieren.[100]

Phase des Marktwachstums

Die Anzahl der Abnehmer, bei denen sich auf die neue Technologie gerichtete Bedürfnisse abzeichnen, nimmt beständig zu. Der relevante Markt wächst in den Gesamtmarkt hinein. Dabei zeichnen sich zunehmend unterschiedliche Bedürfnisstrukturen ab, Marktsegmente mit spezifischen technisch-ökonomischen Anforderungsprofilen sind konkret bestimmbar.

In der frühen Wachstumsphase kann die Anzahl der Wettbewerber noch weiter zunehmen, bis es dann im weiteren Verlauf in der Regel zu einem ausgeprägten "Konkurrenz-Shake-Out" kommt.[101] Einhergehend mit einer Abnahme der technologischen und technischen Unsicherheit etabliert sich ein Industriestandard (oder auch mehrere konkurrierende Standards).[102] Die Technologie hat nunmehr den Charakter einer Schlüsseltechnologie. Im Zuge der Ausschöpfung des technologischen Potentials werden neue Produktgenerationen entwickelt, die mit veränderten Bedürfnisstrukturen zusammentreffen und die vorangegangene Produktgeneration bereits zu einem großem Teil ersetzen können.

Phase der Marktreife

Der relevante Markt hat seine größte Ausdehnung erreicht. Die unterschiedlichen Bedürfnisstrukturen der Abnehmer sind nun deutlich erkennbar, aber noch immer einem stetigen Wandel unterworfen. Es bestehen kaum mehr Unsicherheiten technischer Art, die gesamte Breite der Einsatzmöglichkeiten der Technologie ist nun nahezu abgedeckt. Die Technologie ist zu einer Basistechnologie geworden. Noch immer sind neue Produktgenerationen möglich, die dann auch vorangegangene Produktgeneratio-

---

98) Vgl. Schroeder/Hopley (1988), S. 39 und Michel (1987), S. 176.
99) Siehe MacInnis/Heslop (1990), S. 114.
100) Vgl. Benkenstein (1992), S. 10.
101) Siehe dazu Benkenstein (1992), S. 10 und Backhaus/Weiber (1986), S. 141f.
102) Vgl. Schroeder/Hopley (1988), S. 40.

nen ersetzen. Sie unterscheiden sich aber in ihrer Leistungsfähigkeit immer weniger von vorangegangenen.

Phase des Marktrückgangs

Bei unverändertem Grundbedürfnis verdrängen neue und leistungsfähigere Technologien die betrachtete Technologie. Zur Unterscheidung kann diese Substitutionsrichtung als "outside-in"-Substitution bezeichnet werden. Die Substitutionsprozesse beginnen zunächst in Randsegmenten des relevanten Marktes, die im Hinblick auf die relativen Vorteile der neuen Technologie eine hohe Aufnahmebereitschaft zeigen. Es kommt gewissermaßen zu einer zeitweisen Überlappung von relevanten Märkten. Im weiteren Verlauf geht dann ein Segment nach dem anderen verloren. Der relevante Markt wird kleiner, bis nur noch wenige Spezialsegmente übrig bleiben, die weiterhin auf die sonst schon verdrängte Technologie angewiesen sind.[103]

Im folgenden Abschnitt geht es nun darum, die soeben angedeuteten Veränderungen von Marktsegmenten im Zuge der Marktentwicklung im Hinblick auf eine bedürfnisorientierte Marktsegmentierungskonzeption zu betrachten.

4.1.3 Die Dynamisierung des bedürfnisorientierten Marktsegmentierungsansatzes

4.1.3.1 Kritische Diskussion der Zeitstabilitätsbedingung

In der Literatur wird immer wieder auf das Erfordernis einer ausreichenden zeitlichen Stabilität der Segmentierungskriterien und der auf ihrer Grundlage gebildeten Segmente hingewiesen. Dieser im folgenden als Zeitstabilitätsbedingung bezeichnete Sachverhalt bezieht sich zunächst einmal auf den Kaufverhaltensbezug der Segmentierungskriterien und ihre (zeitpunktgerechte) Aussagekraft für die segmentspezifische Marktbearbeitung.[104] Damit eng zusammenhängend wird auch auf die Notwendigkeit der Stabilität der Segmentprofile sowie der Zusammensetzung und Größe der einzelnen Segmente hingewiesen.[105] Der Grund für diese Anforderung ist auf den ersten Blick recht einleuchtend: Ist die zeitliche Stabilität nicht gegeben, dann "kann eine bestimmte Marktbearbeitungsstrategie, die ursprünglich ökonomischen Überlegungen entsprochen hat, zum Zeitpunkt ihres Einsatzes bereits verfehlt sein und am

---

103) Vgl. Ghazanfar/McGee/Thomas (1987), S. 179 und Michel (1987), S. 184.
104) Vgl. Uebele (1984), S. 159, Freter (1993), Sp. 2810, Gröne (1977), S. 45f. und Backhaus (1992), S. 159.
105) Vgl. Uebele (1984), S. 159, Kotler/Bliemel (1992), S. 435, Gröne (1977), S. 46f. und Cravens (1987), S. 283.
Unter der Größe eines Segments kann die Anzahl der Abnehmer oder auch der Umsatz verstanden werden.

Markt bzw. dem Zielsegment vorbeizielen."[106] Es geht also vor allem um die Effektivität der Marktbearbeitung.

Angesichts dessen stellen sich die für die vorliegende Problematik äußerst wichtigen Fragen, inwieweit der oben vorgeschlagene bedürfnisorientierte Ansatz zur Segmentierung von Hochtechnologiemärkten die Anforderung der zeitlichen Stabilität erfüllt, oder welche Implikationen aus einer Nichterfüllung erwachsen.[107]

Die Literatur zur Marktsegmentierung zeigt, daß die Diskussion über die zeitliche Stabilität von Segmenten nicht neu ist. So weist beispielsweise Bauer hinsichtlich bedürfnisorientiert abgegrenzter Segmente auf dynamischen Märkten darauf hin, daß "es ein folgenschwerer Trugschluß (wäre), anzunehmen, daß die Struktur und Größe der einmal ermittelten und gegebenenfalls identifizierten Marktsegmente über einen längeren Zeitraum hinweg invariant bleiben."[108] Bell bemerkt nachdrücklich: "The market is changing constantly. Segments are ... subject to considerable modification over time. ... benefits are subject to dramatic alteration."[109] Und Ohmae formuliert recht plastisch, daß sich "Marktsegmente ... fortwährend im Fluß"[110] befinden. Deutliche Hinweise auf dynamische Aspekte im Falle bedürfnisorientiert gebildeter Segmente finden sich auch bei Kols und Kliche, wobei Kliche explizit auf Hochtechnologiemärkte abstellt.[111] Gleichfalls weisen Kreilkamp und Becker auf Veränderungsmöglichkeiten bei der Segmentierung hin.[112] Neben der Möglichkeit des Wandels von Bedürfnisstrukturen wird dabei auch auf die Möglichkeit der Veränderung der Zusammensetzung und der Größe von Segmenten hingewiesen - ein nicht zwangsläufig mit dem zuerst genannten Aspekt gemeinsam auftretender Sachverhalt.[113]

Der Feststellung von Günter, daß die "Forderung nach Zeitstabilität als Voraussetzung einer zieladäquaten Marktsegmentierung .. in der einschlägigen Literatur bisher zwar gelegentlich angeführt, aber erstaunlich wenig diskutiert"[114] wird, kann mithin nicht in ihrer Gesamtheit zugestimmt werden.[115]

In Abschnitt 3.3.2.2.2.2 wurde bereits der Gedanke einer ausgeprägten Dynamik der Bedürfnisstrukturen im Hochtechnologiebereich aufgrund von Plausibilitätsüberle-

---

106) Gröne (1977), S. 46.
107) Ähnliche Fragen werden aufgeworfen bei Günter (1990), S. 116 und Backhaus/Weiber (1986), S. 140.
108) Bauer (1977), S. 131.
109) Bell (1979), S. 137.
110) Ohmae (1986), S. 80.
111) Vgl. dazu Kols (1986), S. 28 und S. 137 sowie Kliche (1985), S. 84ff. und Kliche (1991), S. 117 und S. 164.
112) Vgl. Kreilkamp (1987), S. 107 und Becker (1993), S. 252.
113) Vgl. dazu Ohmae (1986), S. 82f., Gröne (1977), S. 47 und Kols (1986), S. 28.
114) Günter (1990), S. 115.

gungen formuliert. In der Gesamtsicht kann deshalb gefolgert werden, daß bedürfnisorientierte Segmentierungsansätze im Hochtechnologiebereich keinesfalls der Zeitstabilitätsbedingung genügen. Dies wird darüber hinaus durch eine Überlegung in der Richtung gestützt, daß man von einer grundsätzlich konfliktären Beziehung zwischen dem Anforderungskriterium der Kaufverhaltensrelevanz und dem der Zeitstabilität ausgehen kann. In zeitlicher Hinsicht relativ stabile Kriterien, wie etwa die Unternehmensgröße oder die Branchenzugehörigkeit, sind häufig Kriterien, die einen geringen Kaufverhaltensbezug aufweisen.[116] "Dagegen besitzen 'verhaltensnahe' Variable notwendig einen eher situationsspezifischen Charakter, der eine zeitliche Variabilität einschließt."[117] Folgt man dieser Argumentation, dann sind die weiter oben als ausgeprägt kaufverhaltensrelevant beurteilten bedürfnisorientierten Segmentierungskriterien per se mit einer zeitlichen Veränderlichkeit verbunden.[118]

Es entsteht die Frage, welche Konsequenzen daraus zu ziehen sind. Zwei grundsätzliche Möglichkeiten sind denkbar: Entweder behält ein segmentierendes Unternehmen den bedürfnisorientierten Ansatz bei und akzeptiert die zeitliche Instabilität, oder es verwirft ihn und wählt einen alternativen Segmentierungsansatz, der der Zeitstabilitätsbedingung genügt.[119]

Der Vorschlag eines bedürfnisorientierten Segmentierungsansatzes für Hochtechnologiemärkte beruhte auf der Begründung, daß sich die Produktentwicklung und die Produktpolitik im Hochtechnologiebereich zur Erzielung des bedürfnisorientierten Fits an den technisch-ökonomischen Anforderungen der Abnehmer orientieren und sich ihren Veränderungen flexibel anpassen müssen. Setzt man voraus, daß das Ergebnis einer Marktsegmentierung ein möglichst aussagekräftiges Abbild der Realität zeichnen soll, dann ist die Instabilität bedürfnisorientierter Segmente nicht nur als eine Gegebenheit zu betrachten, die akzeptiert werden kann, sie muß vielmehr im fundamentalen Interesse einer im Hochtechnologiesektor operierenden Unternehmung liegen. Eine die Instabilitäten einbeziehende Marktsegmentierungskonzeption kann als Schlüssel angesehen werden, um die Dynamik des Marktes transparent zu machen, zu kanalisieren und gewissermaßen in die Unternehmung hinein zu "transportieren". Die Zeitstabilitätsbedingung ist deshalb im Hochtechnologiebereich zugunsten einer Denkweise aufzugeben, die die Veränderung von Segmenten nicht als Bedrohung, sondern als Chance begreift, und die die fortlaufende Anpassung der Produktentwicklung und

---

115) Dies trifft auch auf eine ähnliche Feststellung von Plank zu. Vgl. Plank (1985), S. 87.
116) Vgl. Gröne (1977), S. 46.
117) Gröne (1977), S. 46.
118) Vgl. hierzu auch Günter (1990), S. 125, der manchen Segmentierungskriterien, wie bspw. der Branchenzugehörigkeit oder Unternehmensgröße, ein eher niedriges, dagegen den Nutzenerwartungen der Abnehmer ein recht hohes Veränderungspotential zuspricht.
119) Ganz ähnliche Konsequenzen sieht auch Günter (1990), S. 126 in diesem Zusammenhang.

Produktpolitik an diese segmentspezifische Dynamik als eine Möglichkeit ansieht, um eine Technologie trotz der Amortisations- und Zeitfallenproblematik möglichst weitgehend und gewinnbringend auszuschöpfen. Eine so verstandene Marktsegmentierungskonzeption geht dann über die traditionellen absatzwirtschaftlichen Aufgaben hinaus. Sie wird zu einem Denkraster und Kommunikationsinstrument für die gesamte Unternehmung und trägt damit neben der Erfüllung der Anforderung einer konsequenten Marktorientierung und dynamischen Produktentwicklung auch zur Unterstützung der internen Orientierung der im Hochtechnologiebereich tätigen Unternehmung bei.

Das in der Literatur angeführte Anforderungskriterium der zeitlichen Stabilität ist demnach geradewegs umzukehren: Eine die realen Veränderungen widerspiegelnde Segmentierung ist das eigentliche Anforderungskriterium, das an einen Segmentierungsansatz im Hochtechnologiebereich zu stellen ist. Wenn die Dynamik des Marktes erfaßt werden soll, dann muß sich diese auch in der Veränderung der Segmentierungskriterien und Segmente ausdrücken. Ein "Ausweichen" auf Segmentierungskriterien, die zwar der Zeitstabilitätsbedingung genügen, aber nur in geringerem Maße kaufverhaltensrelevante und für die Marktbearbeitung aussagekräftige Hinweise geben können - wie beispielsweise organisationsdemographische Kriterien - wäre wenig effektiv, da hiermit eine für die Produktentwicklung und Produktpolitik irrelevante Realität abgebildet würde. Hieraus ergibt sich nun eine Reihe von Konsequenzen für eine Marktsegmentierungskonzeption im Hochtechnologiebereich, die in enger Verbindung zu dem weiter oben genannten Grund der Zeitstabilitätsbedingung stehen: Trotz der Instabilitäten darf die Marktbearbeitungsstrategie zum Zeitpunkt ihres Einsatzes nicht bereits verfehlt sein.

4.1.3.2 Dynamische Betrachtung der Teilaufgaben einer Marktsegmentierung

Es stellt sich nunmehr die Frage, auf welche Art und Weise dynamische Aspekte in einem Marktsegmentierungsansatz Berücksichtigung finden können. Auch hierzu finden sich Anknüpfpunkte in der Literatur.

So weist Kreilkamp zunächst darauf hin, daß eine Marktsegmentierung "ständig zu überprüfen und in Frage zu stellen"[120] ist, also als iterativer Prozeß aufgefaßt werden muß.[121] Deutlicher wird Gröne, wenn er auf die Konsequenzen instabiler Segmentierungskriterien für die Segmentauswahl und segmentspezifische Marktbearbeitung hinweist: "Die mögliche Instabilität der Kriterien verdeutlicht, daß die einmal gewählten Strategien und Formen der Marktbearbeitung immer wieder auf ihre

---

120) Kreilkamp (1987), S. 107.
121) Vgl. ferner Kotler/Bliemel (1992), S. 416 und Becker (1993), S. 252.

Zweckmäßigkeit zu überprüfen sind. Dies betrifft nicht nur die Gestaltung und den Differenzierungsgrad des Marketingprogramms, sondern auch die Entscheidung über die Marktabdeckung."[122] Im Hinblick auf eine segmentspezifische Produktpolitik betont Kols im Falle der Veränderung von Bedürfnisstrukturen "die Notwendigkeit einer erneuten Marktaufteilung und darauf aufbauenden (Neu-)Anpassung des Instrumentaleinsatzes. ... Mithin muß die Strategie der Marktsegmentierung als dynamischer Prozeß aufgefaßt werden, in dem eine ständige Anpassung der Marketing-Mittel an die sich im Zeitablauf quantitativ und vor allem qualitativ verändernden Bedarfs- und Präferenzstrukturen in den verschiedenen Segmenten zu erfolgen hat."[123] Ausdrücklich für Hochtechnologiemärkte und unter besonderer Hervorhebung des Segmentbewertungsaspekts stellen Hlavacek/Ames fest: "Competitive activity and technological advances make industrial and high-tech market segmentation a dynamic activity. ... There is a need periodically to evaluate existing segments ... In markets where there is rapid technological change, there is a need to resegment more frequently because new technologies blur segment boundaries."[124]

Darüber hinaus wird in einer Reihe von Literaturbeiträgen die Notwendigkeit der Einbeziehung kontrollierender und überwachender Tätigkeiten in eine dynamische Aspekte berücksichtigende Marktsegmentierung deutlich. So folgert Kliche im Falle einer Verschiebung von Bedürfnisstrukturen und technologischen Veränderungen: "Dies bedingt auch die Berücksichtigung einer dynamischen Komponente ..., welche die aus .. Segmentveränderungen resultierenden Kontrollnotwendigkeiten und -möglichkeiten der Marktsegmentierung hervorhebt."[125] Bauer weist darauf hin, daß eine Wiederholung der Marktsegmentierung in regelmäßigen Abständen nicht nur zur Erfassung der Veränderung der Bedürfnisstrukturen notwendig ist, sondern auch "zur Kontrolle der eigenen Aktivitäten, aber auch zur Beobachtung der Aktivitäten der konkurrierenden Unternehmungen."[126] Ferner Bell: " ... marketers must monitor the market constantly to detect changes in it, adapting their strategy accordingly. We call this process <u>dynamic segmentation</u>."[127]

Als Zwischenergebnis kann festgehalten werden, daß bei einer Segmentierung im Sinne einer Marktbearbeitungsstrategie dynamische Aspekte nicht nur bei der Segmentbildung, sondern auch bei der Segmentbewertung und Zielgruppenauswahl sowie bei der segmentspezifischen Marktbearbeitung zu beachten sind. Die Einbeziehung

---

122) Gröne (1977), S. 46f.
123) Kols (1986), S. 28.
124) Hlavacek/Ames (1986), S. 47f. Zu einer ganz ähnlichen Schlußfolgerung kommen auch Backhaus/Weiber (1986), S. 155.
125) Kliche (1991), S. 117 (Original mit Hervorhebungen).
126) Bauer (1977), S. 131 (Original mit Hervorhebungen).
127) Bell (1979), S. 137.

dynamischer Aspekte wird im folgenden in Anlehnung an Bell als "Dynamische Marktsegmentierung" bezeichnet.[128] Ferner können bereits an dieser Stelle die im weiteren Verlauf des Kapitels verwendeten Begriffe "Segmentveränderung", "Segmentgefüge" und "Segmentevolution" eingeführt werden. Segmentveränderungen beziehen sich auf Veränderungen des Segmentprofils (Veränderung der Art, der Ausprägungsintensität und der Gewichtung der Bedürfniskomponenten) und der Segmentgröße. Unter einem Segmentgefüge ist ganz einfach die segmentbezogene Gesamtschau eines relevanten Marktes zu einem bestimmten Zeitpunkt, das heißt die Anzahl und relative Größe der Segmente, zu verstehen.[129] Der Entwicklungspfad von Segmentveränderungen bzw. eines Segmentgefüges kann in Anlehnung an den Begriff der Marktevolution als Segmentevolution bezeichnet werden.

Die bisherigen Ausführungen machten deutlich, daß im Rahmen einer dynamischen Betrachtung eine regelmäßige Wiederholung der Marktsegmentierung im Sinne eines iterativen Prozesses angeraten ist. Einen Vorschlag zur prinzipiellen Vorgehensweise in dieser Richtung hat Kliche für den Hochtechnologiebereich unterbreitet.[130] Im Rahmen eines dynamischen Anpassungsprozesses bedürfnisorientiert gebildeter Segmente werden nach einer Ausgangssegmentierung phasenweise erneut Segmentierungen des Marktes vorgenommen. Aufgrund neuer Anwendungsgebiete einer Technologie können sich über die einzelnen Segmentbildungen hinweg neue Marktsegmente ergeben. "Dabei sind die aus diesen weiteren Phasen resultierenden, neuen Bedürfnissegmente wiederum jeweils den "alten" Bedürfnissegmenten hinzuzurechnen. ... Damit soll eine permanente, sich an neue technische Gegebenheiten anpassende Gültigkeit der Bedürfnissegmente als Zielmärkte für die Weiterentwicklungen erreicht werden."[131] Die Ausgangssegmentierung kann demnach - analog zur Initialstruktur der Marktentwicklung - als Anfangspunkt der Segmentevolution verstanden werden.

Auf der anderen Seite kann auch bei einer regelmäßigen Wiederholung der Segmentbildung die darauf aufbauende Marktbearbeitungsstrategie zum Zeitpunkt ihres Einsatzes bereits verfehlt sein. Deshalb geht es bei einer dynamischen Marktsegmentierung nicht nur um eine Erfassung bereits stattgefundener Veränderungen, sondern auch um die Antizipation von Segmentveränderungen. Dafür ist es wichtig, zukünf-

---

128) Der Begriff "Dynamische Segmentierung" findet auch eine Verwendung im Bereich des Direkt-Marketing. Dort geht es dann insbesondere um die kontinuierliche Überprüfung und Anpassung der Segmentzuordnung von Abnehmern, die sich auf einer sog. "Loyalitätsleiter" bewegen. Vgl. dazu Kreutzer (1991), S. 633f.

129) Die modellhafte Darstellung des relevanten Marktes in Abbildung 25 würde etwa ein solches Segmentgefüge darstellen. Siehe hierzu auch eine ähnliche graphische zeitpunktbezogene Darstellung des relevanten Marktes bei Ohmae (1986), S. 83. Ohmae selbst spricht dabei nicht von einem Segmentgefüge, sondern von der "Marktzusammensetzung".

130) Vgl. dazu Kliche (1985), S. 84ff.

131) Kliche (1985), S. 86.

tige Bedürfnisstrukturen zu prognostizieren bzw. die treibenden Kräfte solcher Veränderungen - diese wurden weiter oben mit evolutionären Prozessen bezeichnet - zu identifizieren und zu verstehen. "Nur dann werden wir in der Lage sein, deren Einflüsse vorauszusehen: Welche Segmente sich wohl ändern werden, wieviel weiter die Verschiebung wahrscheinlich noch gehen wird und welche Faktoren den Grad der Veränderung beeinflussen werden."[132] Eine solche Sichtweise deutete sich aber auch schon bei Bell mit der Formulierung: "... marketers must <u>monitor</u> the market constantly to detect changes in it ..." an.[133]

In einem ganz ähnlichen Zusammenhang und an einem Beispiel illustrierend argumentieren Backhaus/Weiber:

"Von ausschlaggebender Bedeutung ist es, die Marketing-Aktivitäten im Sinne einer laufenden Überwachung getätigter Marktinvestitionen sowie einer rechtzeitigen Erkennung von Frühindikatoren zu überwachen, um steuernd eingreifen zu können. Über das Controlling wird sichergestellt, daß Marketing ... als dynamischer Prozeß verstanden wird und eventuelle Gefahren aus Marktveränderungen frühzeitig erkannt werden. Ganz offenbar war es bei der ... Firma Nixdorf so, daß das Marketing-Controlling nicht so ausgebaut war, daß es rechtzeitig Hinweise geben konnte, um zu erkennen, daß die bisher angestrebten Zielsegmente und die daraus abgeleiteten Marktstrategien deutlichen Veränderungen entgegengingen."[134]

Abschließend kann nun eine um dynamische Aspekte erweiterte Begriffsfassung der bedürfnisorientierten Marktsegmentierung formuliert werden:

Eine <u>dynamische und bedürfnisorientierte Marktsegmentierung</u> zum Zwecke einer zielgerichteten Produktentwicklung und Produktpolitik ist

- die sich der Segmentevolution kontinuierlich anpassende Aufteilung eines aus gegenwärtigen und potentiellen Abnehmern bestehenden heterogenen Marktes in möglichst homogene Marktsegmente (Teilmärkte) anhand bedürfnisorientierter Segmentierungskriterien (<u>dynamischer Segmentbildungsaspekt</u>),

- die fortlaufende Neubewertung der Segmente anhand geeigneter Segmentbewertungskriterien und die anschließende Neuauswahl der zu bearbeitenden Segmente (Zielgruppen) (<u>dynamischer Segmentbewertungs- und -auswahlaspekt</u>)

- sowie die Anpassung der segmentspezifischen Produktentwicklung und Produktpolitik an die sich verändernden Gegebenheiten (<u>dynamischer Segmentbearbeitungsaspekt</u>).

---

132) Ohmae (1986), S. 82.
133) Siehe hierzu Fußnote 127.
134) Backhaus/Weiber (1989), S. 9.

Der Grundgedanke einer dynamischen Marktsegmentierung ist dabei auf den gesamten Lebenszyklus einer Technologie bzw. eines Marktes zu beziehen. Der Zusammenhang zwischen der Ausschöpfung einer Technologie und der sich in einem Markt vollziehenden Segmentevolution ist in Abbildung 26 noch einmal verdeutlicht.

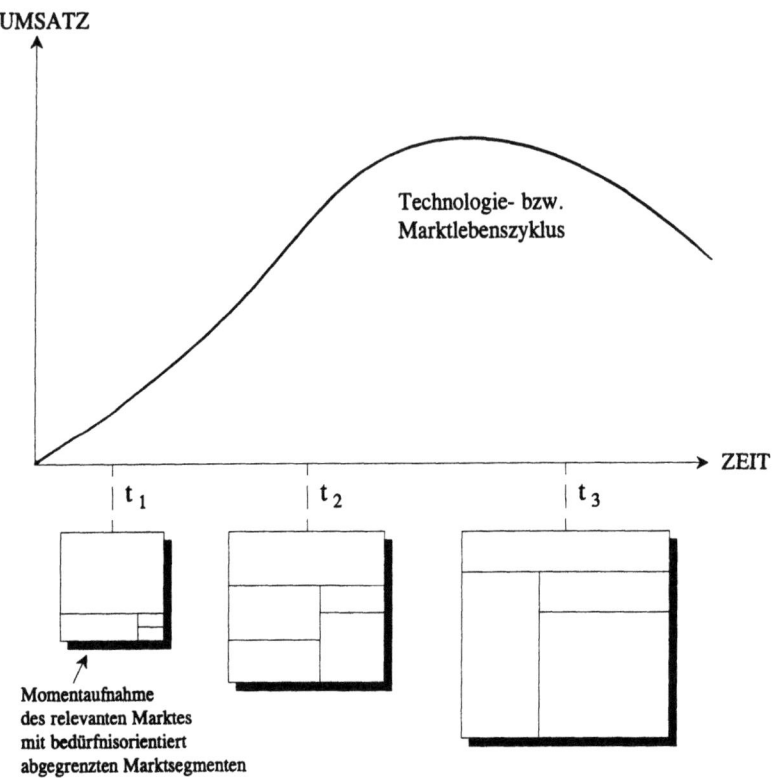

Abb. 26: Schematische Darstellung der Segmentevolution im Verlaufe des Technologie- bzw. Marktlebenszyklus

Für die rein willkürlich herausgegriffenen Zeitpunkte t_1 bis t_3 ist in der Abbildung eine Momentaufnahme des dann jeweils vorliegenden Segmentgefüges im relevanten Markt abgebildet. Dabei repräsentiert die Größe der einzelnen Felder den Umsatz des Marktes bzw. der Segmente. Im Zeitablauf zeigt sich in der Abbildung dann der Entwicklungspfad des Segmentgefüges (Segmentevolution).

4.1.3.3 Erscheinungsformen von Segmentveränderungen

Die in den beiden vorangegangenen Abschnitten zitierten Passagen gaben bereits eine Reihe von Hinweisen auf mögliche Erscheinungsformen von Segmentveränderungen. Eine systematische Betrachtung ist bislang aber nur in wenigen Fällen erfolgt.

So unterscheiden beispielsweise Calantone und Sawyer als Grundlage für eine empirische Längsschnittstudie zur Stabilität von Benefit-Segmenten im amerikanischen Bankenmarkt drei Formen von Segmentveränderungen:[135)]

(1)   die Veränderung der Bedürfnisstruktur eines Segments,[136)]

(2)   die Veränderung der Größe eines Segments bei unverändertem Segment-profil[137)]

(3)   und die Veränderung der demographischen Merkmale eines Segments
      - bei bleibender Segmentzugehörigkeit der Abnehmer oder
      - durch den Übergang einzelner Abnehmer von einem Segment
      zu einem anderen.

Auch zu den Konsequenzen solcher Segmentveränderungen geben Calantone/Sawyer erste Hinweise. Während sich im ersten Fall vor allem Anpassungserfordernisse im Hinblick auf die segmentspezifische Produktpolitik ergeben, sind im zweiten Fall die Bewertung und die Auswahl der zu bearbeitenden Segmente zu überdenken. Im dritten Fall hingegen sind die kommunikationspolitischen Maßnahmen im Hinblick auf ihre segmentspezifische Ausrichtung zu überprüfen.[138)] Diese Veränderungsmöglichkeit wird im folgenden nicht weiter berücksichtigt.

In der jüngeren Vergangenheit hat Günter eine bereits recht differenzierte Unterscheidung von Veränderungsmöglichkeiten vorgelegt.[139)] Günter unterscheidet auf einer ersten Betrachtungsebene zunächst einmal Veränderungen in der Art der verwendeten Segmentierungskriterien: "Dadurch verschieben sich (mehrere oder im Grenzfall) alle Segmente. Es können auch neue Segmente entstehen oder Segmente entfallen."[140)]

Auf einer zweiten Betrachtungsebene, die auf die einzelnen Segmente abstellt, unterscheidet Günter dann drei Arten von Veränderungsmöglichkeiten:

---

135) Vgl. Calantone/Sawyer (1978), S. 395 und S. 401f.
136) Dazu Calantone/Sawyer (1978), S. 395 im Original: "If the bundle of benefits desired by a segment changes ... ."
137) An der gleichen Stelle im Original: "The benefits sought by a segment might remain similar over time but the size of that segment might change."
138) Vgl. dazu Calantone/Sawyer (1978), S. 395f. sowie die Anmerkungen zur Abnehmerselbstselektion in Fußnote 62.
139) Vgl. Günter (1990), S. 120ff.
140) Günter (1990), S. 120.

"(1) Ein Segment tritt neu auf oder weitet sich aus, weil neue Kundengruppen auftreten ...

(2) Ein Segment schrumpft oder verschwindet ganz, Kundengruppen fallen aus dem Segment oder der Segmentierung heraus ...

(3) Segmentvergrößerungen oder -verkleinerungen, die z.b. durch Wanderung der Nachfrager entstehen, implizieren Strukturverschiebungen zwischen den Segmenten ...."[141)

Die auf der zweiten Betrachtungsebene getroffenen Unterscheidungen bedürfen einer Erläuterung. Während die Veränderungen auf der ersten Betrachtungsebene (Verschiebung, Entstehung und Auflösung von Segmenten) durch eine Veränderung der Segmentierungskriterien verursacht wird, stellt Günter auf der zweiten Betrachtungsebene im Hinblick auf Punkt (1) und Punkt (2) (Entstehung oder Ausdehnung, Schrumpfung oder Auflösung von Segmenten) offensichtlich auf den Eintritt bzw. Austritt von Abnehmern in bzw. aus dem relevanten Markt ab. Diese Formen der Veränderung können dementsprechend auch als "Inter-Markt-Wanderung" bezeichnet werden. Dabei zeigen sich Parallelen zu dem von Kliche in seiner dynamischen Betrachtung der Marktsegmentierung berücksichtigten Sachverhalt: Durch das Eindringen einer Technologie in neue Anwendungsgebiete (angrenzende Märkte) kommen neue Marktsegmente zu den ursprünglichen hinzu - oder umgekehrt.

Der dritte Fall tritt dann auf, wenn Wanderungen beispielsweise durch sich auf bereits bestehende Segmente hin entwickelnde Bedürfnisstrukturen einzelner Abnehmer verursacht werden.[142) Diese Veränderungsmöglichkeit kann mit Günter als "Inter-Segment-Wanderung" oder "Inter-Segment-Wechsel" innerhalb eines relevanten Marktes bezeichnet werden.[143)

Abschließend wird nun eine Systematik von Segmentveränderungen vorgeschlagen, in der - unter der gleichzeitigen Vornahme einiger Ergänzungen - die von Calantone und Sawyer sowie Günter genannten Gesichtspunkte Berücksichtigung finden (siehe Abbildung 27).[144)

---

141) Günter (1990), S. 121.
142) Siehe dazu auch Günter (1990), S. 121f.
143) Vgl. Günter (1990), S. 122f.
144) Die Systematik bezieht sich dabei auf die möglichen Veränderungen in einem gegebenen Gesamtmarkt. Der Sachverhalt, daß neue Abnehmer auftreten, die vorher das entsprechende Grundbedürfnis noch gar nicht hatten (z.B. im Falle von Unternehmensneugründungen oder Unternehmensdiversifikationen), oder der Gesichtspunkt, daß Abnehmer aus dem Gesamtmarkt ausscheiden (z.B. im Falle von Unternehmsliquidationen), ist also nicht berücksichtigt.

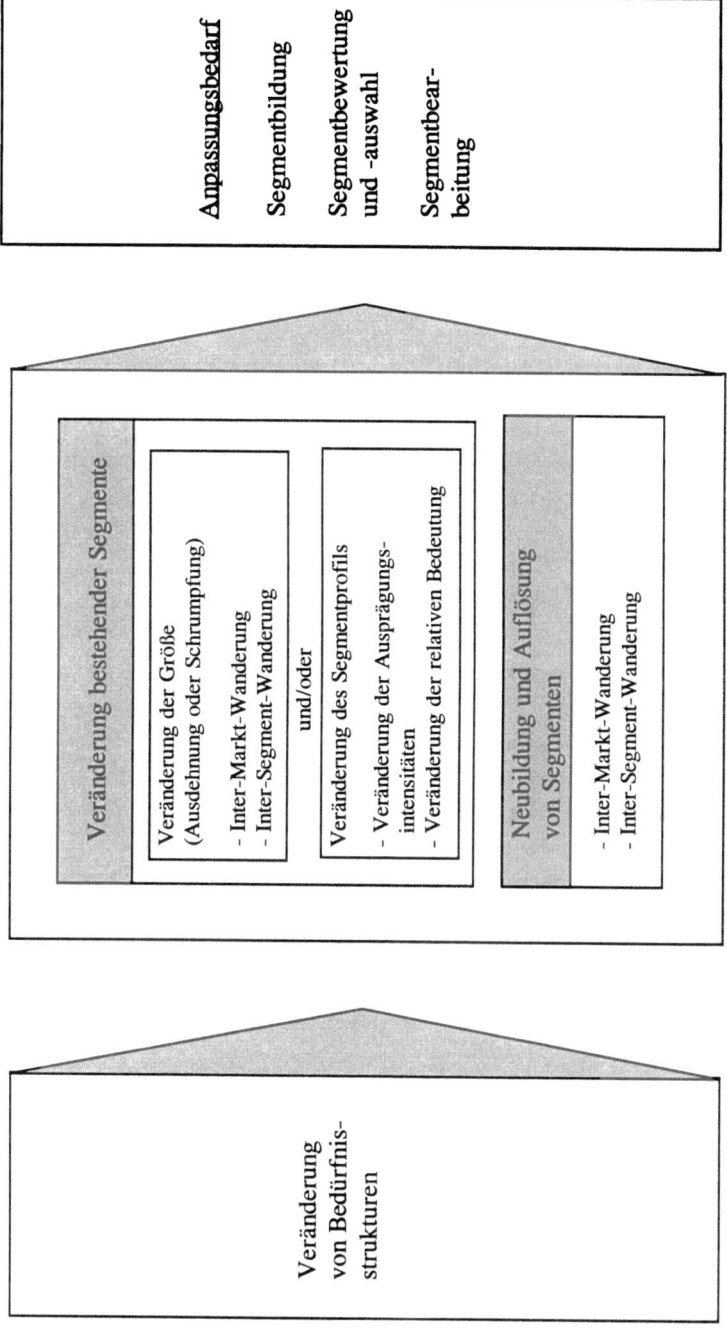

Abb. 27: Erscheinungsformen von Segmentveränderungen

Der Abbildung kommt darüber hinaus die Aufgabe zu, zum einen noch einmal zu betonen, daß Segmentveränderungen ein modellhaftes Abbild der sich in der Realität vollziehenden Veränderungen von Bedürfnisstrukturen darstellen. Zum anderen soll verdeutlicht werden, daß jede dieser Veränderungen mit einem entsprechenden Anpassungsbedarf im Rahmen der drei Teilaufgaben einer Marktsegmentierung verbunden ist.

Gegenstand des folgenden Abschnitts ist es, einen Überblick zu grundsätzlich denkbaren Einflußfaktoren zu gewinnen, die - je nach situationsspezifischem Einzelfall - eine Veränderung von Bedürfnisstrukturen und damit Segmentveränderungen bewirken können.

4.1.3.4 Überblick zu den Einflußfaktoren von Segmentveränderungen

Die Darlegungen in Abschnitt 4.1.2 haben bereits deutlich gemacht, daß die Entwicklung eines Marktes durch eine Vielzahl von Einflußfaktoren bestimmt wird, die sich zudem gegenseitig beeinflussen. Ein Markt ist demzufolge als ein vernetztes System zu verstehen.[145] Die daraus resultierende Vielfalt der Entwicklungspfade eines Marktes und die Veränderungsmöglichkeiten von Marktsegmenten zu beschreiben oder gar zu erklären, erweist sich als ein äußerst umfangreiches und nur unter Hinzuziehung der unterschiedlichsten Theoriebeiträge zu lösendes Problem. Das Spektrum dieser Einflußgrößen ist so vielfältig, daß der Marktlebenszyklus selbst keine Erklärung für das bieten kann, was in der Realität im Sinne einer Wenn-Dann-Beziehung geschieht, so daß er mithin auch keine Grundlage für die Antizipation der zukünftigen Marktentwicklung bilden kann.[146] Hieraus folgert Porter: "Fruchtbarer als der Versuch, die Branchenentwicklung zu beschreiben, ist es, nach den Triebkräften zu suchen, die dem Prozeß zugrunde liegen. Wie bei jeder Evolution entwickeln sich Branchen deshalb, weil Kräfte am Werk sind, die - durch Anreize oder Druck - Veränderungen herbeiführen. Diese Veränderungen können wir als evolutionäre Prozesse bezeichnen."[147] Für die vorliegende Problemstellung sind insbesondere die Einflußfaktoren von Bedeutung, die eine Veränderung von Bedürfnisstrukturen und damit Marktsegmenten zur Folge haben.

Kreilkamp hat die Überlegungen von Porter aufgegriffen und unterscheidet im Rahmen einer Strukturierung der von Porter genannten evolutionären Prozesse drei Grup-

---

145) Siehe hierzu auch Porter (1983), S. 241 und Dichtl/Bauer/Schobert (1980), S. 176.
146) Vgl. Steffenhagen (1991), S. 173f.
147) Porter (1983), S. 215 (Original mit Hervorhebungen). Porter versteht unter einer Branche einen "Markt, auf dem ähnliche oder eng verwandte Produkte an Abnehmer verkauft werden." (Porter (1986), S. 303.) Der Branchenbegriff bei Porter fällt also mit dem Begriff des relevanten Marktes in der vorliegenden Arbeit zusammen. Die Begriffe

pen von Einflußfaktoren.[148] Danach können wettbewerbsbezogene Einflußfaktoren, abnehmerbezogene Einflußfaktoren und Einflußfaktoren der sonstigen Umwelt unterschieden werden. Im folgenden wird die Vielzahl singulärer Einflußgrößen innerhalb der einzelnen Einflußfaktorengruppen auf die ganz zentralen begrenzt. Freilich ist dies ohne subjektive Relevanzvermutungen kaum möglich. Hierbei ist aber eine Orientierung an Plausibilitätsüberlegungen möglich, die sich aus der vorliegenden Problemstellung und der Rückschau auf die bisher erörterten Sachverhalte ergeben.

Wettbewerbsbezogene Einflußfaktoren

Bereits mehrfach wurde in dieser Arbeit auf die im Hochtechnologiebereich stets gegenwärtige Gefahr der Bedrohung einer Technologie durch konkurrierende Technologien hingewiesen. Substitutionstechnologien sind solche, "deren Potential sich konkret durch die funktionale Relevanz"[149] für einen relevanten Markt andeutet. Neben der unmittelbaren Verdrängung einer traditionellen Technologie können die auf Substitutionstechnologien beruhenden Produkte aber auch eine Veränderung der auf die Produkte der konventionellen Technologie gerichteten technisch-ökonomischen Anforderungen bewirken - beispielsweise in der Form, daß die Ausprägungsintensitäten einzelner Anforderungen an die traditionelle Technologie steigen.[150] So hat beispielsweise das Auftreten der Kernspintomographie als konkurrierendes bildgebendes Verfahren die Anforderungen an die Bildqualität von Computertomographen im Hinblick auf die bessere Differenzierung von Weichteilgeweben weiter erhöht.[151] Das gleiche gilt aber auch für neue oder veränderte Produkte, die auf der bisherigen Technologie beruhen. Der ausgeprägte Innovationswettbewerb auf Hochtechnologiemärkten führt zu einem schnellen Wechsel der Produktgenerationen sowie zu vielfältigen Produktmodifikationen. Sie lassen bisherige - auf der gleichen Technologie beruhende - Problemlösungen für alle oder für einige Marktsegmente obsolet werden. Genau wie im Falle von Substitutionstechnologien hat dies potentielle Auswirkungen auf die Bedürfnisstruktur der Abnehmer in dem Sinne, daß sich die Art der Anforderungen, ihre Ausprägungsintensität oder ihre relative Bedeutung ändert.[152] Dazu schreibt Plinke: "Der Innovationswettbewerb ... führt auch zu neuen Niveaus der Leistung am Markt. Mit dem Grad der Erfüllung ihrer Forderungen korrigieren die Kunden ihre Ansprüche nach oben. Sie sind nicht mehr bereit, Leistungsschwächen hinzu-

---

Branchenentwicklung und Marktentwicklung können demnach synonyme Verwendung finden.
148) Vgl. Kreilkamp (1987), S. 148.
149) Michel (1987), S. 21.
150) Vgl. dazu Geschka (1986), S. 127 und Koppelmann (1993), S. 412.
151) Vgl. Ohnemüller (1992).
152) Zum Einfluß des innovativen Wettbewerbs auf die Abnehmerbedürfnisse vgl. auch Kreilkamp (1987), 149f.

nehmen."[153] Ganz ähnlich können Preisniveauänderungen einzelner Hersteller oder ein ausgeprägter Preiswettbewerb in der gesamten Branche die Bedürfnisstrukturen beeinflussen.[154] Sabel spricht im Zusammenhang mit dem Merkmal des häufig zu beobachtenden Preisverfalls auf Hochtechnologiemärkten auch vom Phänomen "gelernter Preise und Preisentwicklungen in den Köpfen der Kunden .., die insoweit dann auch die Preiserwartungen derselben bestimmen."[155] Zusammenfassend kann hier also von einem konkurrenzinduzierten Wandel der Bedürfnisstrukturen gesprochen werden.[156] Analog zu den durch neue oder veränderte Wettbewerberprodukte induzierten Veränderungen der Bedürfnisstrukturen können freilich auch die produktpolitischen Aktivitäten der eigenen Unternehmung zu einer Veränderung der technisch-ökonomischen Anforderungen führen.[157]

Daß sich Bedürfnisstrukturen durch einen innovativen Wettbewerb verändern, bedeutet keineswegs, daß es sich hier um ein reines technology push-Phänomen handelt. Anzunehmen ist vielmehr, daß die durch eine anbieterinduzierte Innovation bedingte Veränderung der Bedürfnisstrukturen in einem bestimmten Segment auf die Anforderungen in einem angrenzenden Segment "ausstrahlt".

Abnehmerbezogene Einflußfaktoren

Im Rahmen der Behandlung der Merkmale des Phänomens Hochtechnologie wurde festgehalten, daß Hochtechnologieprodukte aufgrund ihrer hohen Anwendungskomplexität erklärungsbedürftige Produkte darstellen und auf seiten der Abnehmer zu hohen Lernerfordernissen führen. Damit rücken technologiebezogene Lernprozesse bei den Abnehmern ins Zentrum der Überlegungen zu abnehmerbezogenen Einflußfaktoren.

Lernen kann allgemein als eine auf Erfahrung beruhende Veränderung des Verhaltens angesehen werden.[158] Betrachtet man die Anwendung einer Technologie durch einen Abnehmer als Erfahrung, so ist eine kaufverhaltensbezogene Änderung dahingehend zu erwarten, als daß sich seine Bedürfnisstrukturen verändern.[159] Neben der unmittelbaren Anwendung der Technologie "im eigenen Hause" können Lernprozesse

---

153) Plinke (1992), S. 832.
154) Vgl. dazu auch Kreilkamp (1987), S. 149f.
155) Sabel (1991), S. 238.
156) Siehe dazu auch Koppelmann (1993), S. 412.
157) Vgl. Kliche/Tomczak (1988), S. 22.
158) Vgl. dazu Kroeber-Riel (1992), S. 322 und Bower/Hilgard (1984), S. 15ff. Einführende Bemerkungen zu Lernprozessen finden sich bei Trommsdorff (1993), Sp. 2153f., der darunter auch die Übernahme von Informationen in den sog. Langzeitspeicher versteht. Weiterführende Erläuterungen zum Begriff des Lernens und und zu modelltheoretischen Darstellungen von Lernvorgängen finden sich auch bei Herrmann (1992), S. 260ff.
159) Vgl. Porter (1983), S. 224, Steffenhagen (1991), S. 170 und Clark (1985), S. 244f.

und damit eine Veränderung der Bedürfnisstrukturen auch durch die Aufnahme von Informationen initiiert werden, die sich dem (potentiellen) Abnehmer beispielsweise aus dem Studium von Fachzeitschriften, bei Messebesuchen oder bei der Kommunikation mit anderen Anwendern der betreffenden Technologie erschließen. Letzteres gewinnt Bedeutung im Rahmen sogenannter "User Groups", die dem informellen Austausch von anwendungsbezogenen Informationen und Erfahrungen zwischen den Anwendern einer bestimmten Technologie dienen und an denen auch Nichtanwender partizipieren können.[160]

Nach einer anfänglichen Unsicherheit zeigt sich die zunehmende Abnehmererfahrung beispielsweise in einem besseren Verständnis der Technologie, in einem ausgeprägteren Bewußtsein für spezielle Produkteigenschaften - das heißt in einer höheren Gewichtung bestimmter technisch-ökonomischer Anforderungen (z.B. beratenden oder schulenden Dienstleistungen) - oder auch in der Fähigkeit, unterschiedliche Eigenschaftsprofile besser beurteilen zu können.[161] Angesichts dessen argumentiert Servatius, daß der Abnehmer in der frühen Phase des Technologielebenszyklus häufig ein wenig erfahrener Generalist sei, der vom Hersteller technische Unterstützung und Beratung erwarte. Im weiteren Verlauf des Technologielebenszyklus würde der Abnehmer dann immer mehr zu einem erfahrenen Spezialisten, mit der Folge, daß die Bedeutung einer Abnehmerberatung tendenziell abnehme. Dem ist jedoch entgegenzuhalten, daß technisch-ökonomische Anforderungen, die vor der oder in einer frühen Phase der Anwendung gestellt wurden, in einer späteren Phase zu einer Selbstverständlichkeit werden können.[162] Eine Abnahme der Bedeutung produktbegleitender Beratungsleistungen im Verlauf des Technologielebenszyklus ist deshalb nicht zwingend, vielmehr ist zu erwarten, daß sich die Art der gewünschten Beratungsleistungen verändert. Ferner ist hierbei zu berücksichtigen, daß auch innerhalb eines Technologielebenszyklus die vom Abnehmer gewonnene Erfahrung teilweise wieder außer Kraft gesetzt werden kann, nämlich dann, wenn neue Produktgenerationen mit veränderten Eigenschaften eingeführt werden.[163] Hier werden dann erneut Lernprozesse initiiert, die wiederum eine Veränderung der Bedürfnisstrukturen bewirken können. Abschließend ist darauf hinzuweisen, daß sich Lernprozesse in den verschiedenen Marktsegmenten durchaus auf unterschiedliche Art und Weise vollziehen können.[164]

Ein weiterer wesentlicher Einflußfaktor von Segmentveränderungen kann in der Wettbewerbsintensität der Abnehmerbranche gesehen werden.[165] Eine erhöhte Wettbe-

---

160) Siehe hierzu auch Strothmann/Kliche (1989b), S. 119.
161) Vgl. dazu auch Michel (1987), S. 180.
162) Siehe Jugel (1991), S. 31.
163) Ganz ähnlich Porter (1983), S. 224f.
164) Siehe auch Kreilkamp (1987), S. 148.
165) Vgl. Plinke (1991), S. 173.

werbsintensität, die beispielsweise mit einer verschlechterten Gewinnsituation der Abnehmer verknüpft ist, führt in der Regel zu einer zunehmenden Preisempfindlichkeit der Abnehmer im Beschaffungsbereich bzw. zu einer zunehmenden Bedeutung technischer Anforderungen, deren Erfüllung eine wirtschaftlichere Nutzung des betreffenden Produktes ermöglicht.[166] Der ausgeprägte Wettbewerb unter den sich am Gewinnprinzip orientierenden privaten radiologischen Praxen oder Kliniken führt beispielsweise dazu, daß dem Beschaffungspreis eines Computertomographen eine steigende Bedeutung zukommt, gekoppelt mit technischen Anforderungen, deren Erfüllung etwa einen erhöhten Patientendurchsatz möglich macht.[167]

Ferner sind auch technologische Entwicklungen bei den Abnehmern in die Überlegungen einzubeziehen. So können beispielsweise Veränderungen im Produktionsprozeß der Abnehmer zu einer Veränderung ihrer Bedürfnisstrukturen führen.[168] Das gleiche gilt für eine veränderte technologische Basis der vom Abnehmer verwendeten komplementären Produkte.[169] Der zuletzt genannte Gesichtspunkt ist im Hochtechnologiebereich von ganz besonderer Bedeutung, da Produkte hier in vielen Fällen als Komponenten von Systemen miteinander vernetzt werden und jede Veränderung der technologischen Basis einer Komponente zu einer funktionalen Veränderung des Gesamtsystems führen kann. So hat etwa die zunehmende Einbindung von Computertomographen in digitale Bildarchivierungs- und Kommunikationssysteme[170] bereits zu einer Veränderung der Abnehmeranforderungen geführt.[171]

Selbstverständlich ist im Rahmen abnehmerbezogener Einflußfaktoren auch der Sachverhalt zu berücksichtigen, daß sich die Abnehmer selbst mit sich verändernden Bedürfnisstrukturen auf den ihnen nachgelagerten Märkten konfrontiert sehen, die dann wiederum ihre eigenen Bedürfnisstrukturen beeinflussen.[172]

Einflußfaktoren der sonstigen Umwelt

In dieser Einflußfaktorengruppe ist naturgemäß eine Vielzahl unterschiedlicher Faktoren denkbar, die Segmentveränderungen zu bewirken vermögen.[173] Erste Anhaltspunkte können durch eine Strukturierung gewonnen werden, in der folgende Sub-Ein-

---

166) Vgl. dazu auch Porter (1983), S. 51.
167) Vgl. Ohnemüller (1992).
168) Vgl. Brockhoff (1984), S. 623f.
169) Vgl. Porter (1983), S. 220, Brockhoff (1984), S. 621f. und Geschka (1986), S. 127.
170) Solche Systeme sind auch unter der Abkürzung PACS bekannt (= Picture Archiving and Communication Systems). Gegenwärtig wird bereits in einigen Krankenhäusern die radiologische Abteilung anhand solcher Systeme mit anderen Krankenhausabteilungen vernetzt. Für die Zukunft erwartet man aber auch eine Vernetzung mehrerer Krankenhäuser und radiologischer Praxen untereinander. Vgl. Siemens AG (o.J.), S. 2ff.
171) Vgl. Ammann (1992).
172) Vgl. hierzu auch Huxold (1990), S. 120.
173) Vgl. Calantone/Sawyer (1978), S. 403f. und Schaible/Hönig (1991), S. 12ff.

flußfaktorengruppen unterschieden werden: die gesamtwirtschaftlich-konjunkturelle Entwicklung, die sozio-kulturelle Entwicklung und die politisch-rechtliche Entwicklung.[174]

Die gesamtwirtschaftlich-konjunkturelle Entwicklung hat beispielsweise einen Einfluß auf die preislichen Erwartungen der Abnehmer oder auf die höhere Gewichtung solcher technischer Anforderungen, die zu einer Kostenreduzierung im Leistungserstellungsprozeß der Abnehmer führen.[175]

Veränderungen im Bereich der sozio-kulturellen Umwelt können ganz entscheidend die Bedürfnisstrukturen von Abnehmern verändern. Hier ist stellvertretend das allgemein gestiegene Gesundheits- und Umweltbewußtsein zu nennen.[176] So wird beispielsweise seit längerem eine Diskussion darüber geführt, inwieweit vermehrte Röntgenuntersuchungen zu einer gesundheitlichen Belastung des menschlichen Organismus führen. Bei einer computertomographischen Untersuchung ist eine - im Vergleich mit der traditionellen Röntgendiagnostik - vielfache Anzahl von Röntgenaufnahmen erforderlich. Hier sind dann Veränderungen dahingehend denkbar, daß konkurrierende bildgebende Verfahren, wie z.B. Ultraschall oder Kernspintomographie, vermehrten Zuspruch finden (es also zu einer outside-in-Substitution kommt). Im Hochtechnologiebereich sind dementsprechend all jene sozio-kulturellen Entwicklungen von ganz besonderer Bedeutung, die durch unerwünschte Technologiefolgen verursacht werden. Ein als problematisch erkannter Technologieeinsatz kann zu einer gesellschaftlichen Diskussion führen, die die Bedürfnisstrukturen nachhaltig verändert.[177] Die gegenwärtige Kontroverse um die durch elektro-magnetische Strahlung im Falle des Mobilfunks vermuteten Belastungen ist ein Beispiel hierzu.[178]

Ganz wesentlich und häufig das Ergebnis sozio-kultureller Entwicklungen sind auch rechtlich-politische Entwicklungen (z.B. gesetzgeberische Eingriffe bzw. staatliche Vorschriften und Auflagen).[179] So beeinflußte die Anfang der achtziger Jahre in den USA geänderte Gesetzgebung zur Krankenversicherung maßgeblich das Gewinnpotential von privaten Krankenhäusern und damit auch deren technisch-ökonomische Anforderungen im Hinblick auf medizintechnische Großgeräte wie Computertomogra-

---

174) Siehe hierzu auch Holt/Geschka/Peterlongo (1984), S. 108, die in diesen Bereichen wesentliche Ursachen für die Veränderungen der Bedürfnisstrukturen von Abnehmern sehen.
175) Siehe Porter (1983), S. 217ff.
176) Vgl. Koppelmann (1993), S. 411, Köhler/Fronhoff/Huxold (1988), S. 97, Porter (1983), S. 218f. und Huber (1984), S. 23.
177) Siehe hierzu auch Berke/Schmelzer (1994), S. 92ff.
178) Vgl. Berke (1993), S. 66.
179) Siehe zu den bedürfnisbeeinflussenden Faktoren im rechtlich-politischen Bereich auch Porter (1983), S. 237f.

phen.[180] Ganz ähnliche Konsequenzen hatte in der Bundesrepublik die sogenannte Großgeräte-Richtlinie, die die Kostenerstattung für eine computertomographische Untersuchung in wenigen Jahren auf die Hälfte reduzierte.[181] Staatliche Umweltschutzauflagen als weiteres Beispiel können bei allen oder auch nur bei bestimmten Abnehmergruppen zu veränderten oder völlig neuen technisch-ökonomischen Anforderungen führen.[182]

In den vorangegangenen Ausführungen wurde skizziert, in welchen Bereichen Einflußfaktoren von Segmentveränderungen grundsätzlich aufgespürt werden können. Die dabei zutage getretene Grundstruktur ist ohne Anspruch auf Vollständigkeit in Abbildung 28 noch einmal in zusammengefaßter Form ersichtlich. Versteht man die Übersicht im konkreten Einzelfall als eine noch unvollständige Checkliste, so kann die Zusammenstellung durchaus einen ersten Eindruck davon vermitteln, aus welcher Richtung Segmentveränderungen zu erwarten sind.

Wettbewerbsbezogene Einflußfaktoren
- Substitutionstechnologien
- Innovationswettbewerb
- Preiswettbewerb

Abnehmerbezogene Einflußfaktoren
- technologiebezogene Lernprozesse
- Wettbewerbsintensität der Abnehmerbranche
- Veränderungen auf nachgelagerten Märkten
- technologische Entwicklungen bei den Abnehmern

Einflußfaktoren der sonstigen Umwelt
- gesamtwirtschaftlich-konjunkturelle Entwicklung
- sozio-kulturelle Entwicklung
- rechtlich-politische Entwicklung

Abb. 28: Überblick zu den Einflußfaktoren von Segmentveränderungen

---

180) Vgl. Porter (1983), S. 237.
181) Vgl. Siemens AG (1990), S. 4.
182) Vgl. dazu auch Kols (1986), S. 130. Ferner Brockhoff (1993a), S. 25.

4.2 Die Aufgabengebiete des dynamischen Segment-Managements

4.2.1 Aufgaben des dynamischen Segment-Managements im Überblick

Hochtechnologiemarketing wurde in Kapitel 3 dieser Arbeit als eine Konzeption des Marketing-Managements gekennzeichnet, deren zentrale Aufgabe in der Realisierung einer permanenten Abstimmung des technologischen Potentials mit den heterogenen und sich wandelnden Bedürfnissen der Abnehmer zu sehen ist. In der abschließenden Betrachtung der Anforderungen an ein solches Hochtechnologiemarketing wurde zusammenfassend formuliert, daß es hierbei im Kern darauf ankommt, den richtigen Abnehmern die richtigen Produkte zum richtigen Zeitpunkt zur Verfügung zu stellen.

Im Anschluß daran wurden in Abschnitt 4.1 die Basiskonzepte eines dynamischen Segment-Managements erörtert. Nunmehr gilt es zu klären, welche konkreten Aufgaben einem dynamischen Segment-Management zukommen und wie es einzusetzen ist, um die Anforderungen an das Hochtechnologiemarketing zu erfüllen.

Als Aufgaben des Marketing-Managements sind grundsätzlich die Analyse und Planung, die Kontrolle und Steuerung sowie die Organisation und Führung im Rahmen der marktorientierten Unternehmensaktivitäten zu verstehen.[183] Diese Aufgaben müssen nun auf das dynamische Segment-Management übertragen werden, womit gleichzeitig eine Festlegung der Schwerpunkte der folgenden Ausführungen erfolgt.

Die drei Aspekte der dynamischen Marktsegmentierung - die Segmentbildung, die Segmentbewertung (einschließlich Zielgruppenauswahl) und die segmentspezifische Marktbearbeitung - werden dem Aufgabengebiet der <u>Analyse und Planung</u> zugeordnet (Abschnitt 4.2.2). Die Bildung von Marktsegmenten ist damit Gegenstand der Aktivitäten im Rahmen der Analyse (Abschnitt 4.2.2.1).[184] Hierbei handelt es sich in erster Linie um ein Informationsproblem, wobei dessen Lösung von zentraler Bedeutung für das dynamische Segment-Management ist und deshalb besonders ausführlich erörtert wird. Im anschließenden Abschnitt 4.2.2.2 werden die Modifikationen im Rahmen der Segmentbewertung und Zielgruppenauswahl behandelt. Mit der Einbeziehung wettbewerbsbezogener Gesichtspunkte wird dem in Kapitel 3 vorgeschlagenen Orientierungsmuster der erweiterten Abnehmerorientierung Rechnung getragen. Dieses Orientierungsmuster liegt ferner den Ausführungen zu den Anpassungen im Rahmen der segmentspezifischen Marktbearbeitung in Abschnitt 4.2.2.3 zugrunde.

---

183) Vgl. ähnliche Aufgabenstrukturierungen bei Köhler (1993a), S. V., Berndt (1991), S. 2f., Kotler/Bliemel (1992), S. 90f., Meffert (1986), S. 36f. und Hill/Rieser (1993), S. 22f.

184) Siehe zu dieser Auffassung auch Hill/Rieser (1993), S. 24.

Das Konzept der dynamischen Marktsegmentierung ist ohne eine entsprechend ausge-
legte Kontrolle und Steuerung nicht realisierbar. Aufbauend auf den Überlegungen zur
Strategischen Kontrolle geht es in Abschnitt 4.2.3 vor allem um den Wird-Ist-Vergleich der den planerischen Tätigkeiten im Hinblick auf die Entwicklung der Bedürfnisstrukturen zugrunde gelegten Annahmen, um bei Abweichungen rechtzeitig zielent-
sprechende Aktivitäten einleiten zu können. In diesem Zusammenhang wird dann auch
auf die Koordination von Plänen in zeitlicher Hinsicht eingegangen.

Da die Konzeption eines dynamischen Segment-Managements praktisch nicht umgesetzt werden kann, wenn nicht auch entsprechende organisatorische Tätigkeiten definiert werden, geht es in einem weiteren Abschnitt 4.2.4 um grundsätzliche Überlegungen zu einer organisatorischen Verankerung der relevanten Aufgabenkomplexe.
Darüber hinaus lassen es die bisherigen Erörterungen nur konsequent erscheinen, die
dynamische und bedürfnisorientierte Marktsegmentierung auch als eine Kommunika-
tions- und Planungstechnik zu begreifen, die im Rahmen der marktorientierten
Führung des Unternehmens einer zielorientierten unternehmensinternen Verhaltensbeeinflussung dienen kann. Die Wichtigkeit der Überbrückung der Kontextdifferenzen
zwischen marktnahen und techniknahen Unternehmensbereichen wurde bereits in Abschnitt 3.3.2.4 hervorgehoben.

Einen zusammenfassenden Überblick zu den Aufgaben eines dynamischen Segment-
Managements gibt Abbildung 29.

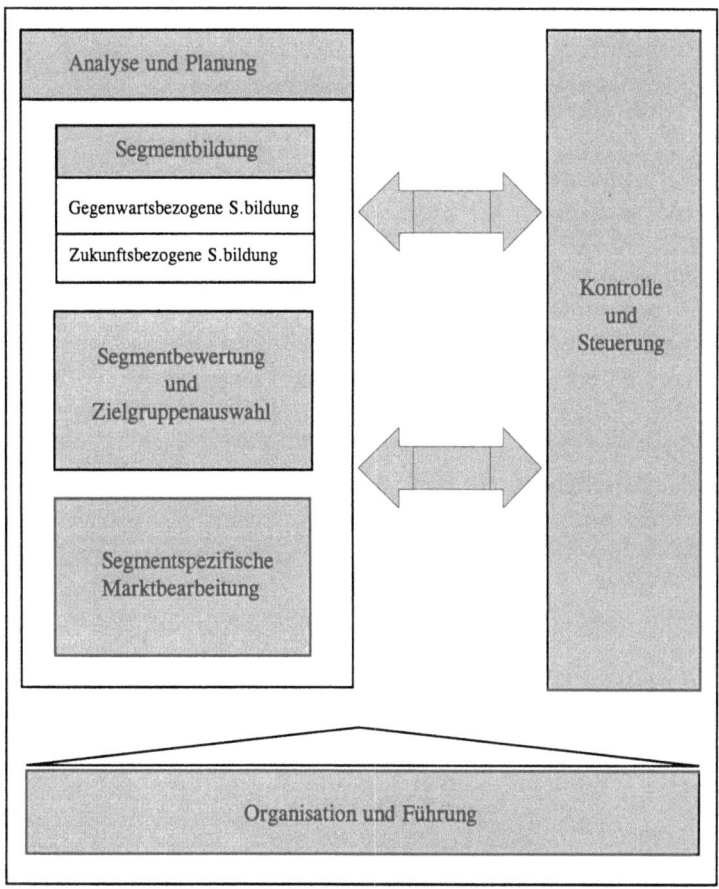

Abb. 29: Aufgaben des dynamischen Segment-Managements

4.2.2 Analyse und Planung im Rahmen eines dynamischen Segment-Managements

4.2.2.1 Die Segmentbildung auf Hochtechnologiemärkten als Informationsproblem

4.2.2.1.1 Bestimmung des Informationsbedarfs - Quantitative vs. qualitative Segmentbildung

Unter Informationsbedarf ist die Gesamtheit aller Informationen zu verstehen, die erforderlich sind, um einen - realen oder gedachten - Sachverhalt abzubilden.[185] Im Rahmen der hier zu behandelnden Segmentbildung geht es um die Abbildung der heterogenen Bedürfnisstrukturen von Abnehmern. Dieser in sachlicher Hinsicht konkretisierte Informationsbedarf bedarf auch einer zeitlichen Spezifizierung.[186] Bei der Betrachtung der Teilaufgaben einer dynamisch aufgefaßten Marktsegmentierung wurde deutlich, daß neben der regelmäßigen Erfassung der aktuellen Bedürfnisstrukturen auch die Ermittlung zukünftiger Bedürfnisstrukturen bzw. der sie beeinflussenden Faktoren erforderlich ist. Es geht also neben der Gewinnung von Ist-Informationen auch um die Gewinnung von sogenannten Wird-Informationen bzw. prognostischen Informationen.[187] Dementsprechend wird im folgenden zwischen einer gegenwartsbezogenen und einer zukunftsbezogenen Segmentbildung unterschieden.

Es ist Aufgabe der Marktforschung, Informationen dieser Art zur Verfügung zu stellen. Unter Marktforschung versteht man die systematische Gewinnung und Auswertung von Informationen über Märkte als Grundlage für Marketing-Entscheidungen.[188]

Wird auf Informationen zurückgegriffen, die für ähnliche oder auch ganz andere Aufgabenstellungen bereits erhoben wurden, spricht man von Sekundärforschung. Werden die entsprechenden Informationen dagegen durch eigens auf die Segmentbildung zugeschnittene Erhebungen gewonnen, handelt es sich um Primärforschung. Primär-

---

185) Vgl. Koreimann (1976), S. 65.

186) Darüber hinaus ist im Grunde auch eine subjektive bzw. aufgabenbezogene Konkretisierung notwendig: Es kommt darauf an, die Bedürfnisstrukturen so hinreichend abzubilden, wie es die jeweilige Analyse- oder Entscheidungssituation verlangt.

187) Die hier getroffene Unterscheidung von Ist- und Wird-Informationen dient bereits der Vorbereitung der Ausführungen zur Planprämissen-Kontrolle in Abschnitt 4.2.3.

188) Vgl. Köhler (1993c), Sp. 2782f., Böhler (1992), S. 17 und Berekoven/Eckert/Ellenrieder (1993), S. 29f. Als Gegenstand der <u>Marktforschung</u> können grundsätzlich Beschaffungsmärkte und die - bzgl. der vorliegenden Problemstellung interessierenden - Absatzmärkte betrachtet werden. Demgegenüber ist die <u>Marketingforschung</u> durch die Begrenzung des Untersuchungsgegenstandes auf den Absatzmarkt auf der einen Seite enger gefaßt, berücksichtigt auf der anderen Seite aber auch Informationen, die sich auf innerbetriebliche Sachverhalte beziehen.

und Sekundärforschung können sich jeweils auf unternehmensinterne und unternehmensexterne Informationsquellen stützen.[189)

Als Erhebungsmethoden der Primärforschung kommen die Befragung und die Beobachtung in Betracht. Bei Befragungen werden "die Auskunftspersonen durch verbale oder andere Stimuli ... zu Aussagen über den Erhebungsgegenstand veranlaßt."[190) Die Beobachtung dagegen ist eine Methode, die sich auf die planmäßige Erfassung sinnlich wahrnehmbarer Sachverhalte richtet.[191) Im Gegensatz zur Befragung ist die Beobachtung also nicht auf die Kommunikationsfähigkeit der Auskunftspersonen angewiesen.

Ein Großteil der üblichen Marktforschung ist durch eine Konzentration auf quantitativ ermittelbare "harte Fakten" gekennzeichnet.[192) Die dabei zur Anwendung kommenden Methoden sind aber nur in begrenztem Maße auf Hochtechnologiemärkten anwendbar. Insbesondere in der Einführungsphase neuer Technologien ergeben sich Probleme der Informationsgewinnung, die mit einem starren Festhalten an der "Quantifizierung" von Informationen kaum zu lösen sind.[193) So halten Schaible und Hönig zum Informationsproblem auf Hochtechnologiemärkten fest: "In der Frühphase muß man sich mit groben Abschätzungen der Marktentwicklung zufrieden geben. Solche zunächst notwendigen Grobabschätzungen dürfen nicht zu quantizifierbaren Vorgabewerten führen und sollten nur richtungsweisende Aussagen ... geben. Im Laufe der stärkeren Durchdringung des Marktes mit dem High-Tech-Produkt müssen diese Daten laufend überprüft werden, um die zunächst unvermeidbare Unschärfe auf ein unternehmerisch vertretbares Maß zu verringern."[194) Dem ganz entsprechend lautet dann auch die Schlußfolgerung von Shanklin und Ryans, daß die Ansätze der qualitativen Marktforschung von ganz besonderer Bedeutung für das Marketing-Management im Hochtechnologiebereich sind.[195)

Mit qualitativer Marktforschung sind im Gegensatz zu quantitativer Marktforschung "Untersuchungen gemeint, die weder auf Großzahligkeit noch auf weitgehende Stan-

189) Siehe Böhler (1992), S. 54, Köhler (1993c), Sp. 2785 und Berekoven/Eckert/Ellenrieder (1993), S. 40.
190) Böhler (1992), S. 77. Siehe auch Köhler (1993c), Sp. 2788.
191) Vgl. Böhler (1992), S. 92.
192) Vgl. Muchna (1984), S. 197. So schreibt bspw. Hüttner in der neu bearbeiteten 4. Auflage seiner Monographie zur Marktforschung: "Ansonsten wird in diesem Buch eher - dem 'mainstream' folgend - auf die traditionellen ('harten') Methoden der empirischen Sozialforschung abgestellt." Hüttner (1989), S. 21.
193) Zum Problem der "Hard-Fact-Gläubigkeit" siehe auch Krystek/Müller-Stewens (1993), S. 266.
194) Schaible/Hönig (1991), S. 24. Vgl. auch Shanklin/Ryans (1987), S. 178f.
195) Siehe Shanklin/Ryans (1987), S. 182f. Auch Muchna weist auf die zunehmende Bedeutung der qualitativen Forschung generell im Investitionsgüterbereich hin. Vgl. Muchna (1984), S. 198.

dardisierung des Erhebungsdesigns und mathematisch-statistische Datenauswertung angelegt sind, sondern auf eine eher unstrukturierte Gesprächsführung und einfühlende inhaltliche Ergebnisinterpretationen, ohne daß statistisch repräsentative Befunde errechnet werden sollen."[196] Mit dieser Abgrenzung ist aber keineswegs ausgeschlossen, daß auch bei der qualitativen Marktforschung quantitative Größen eine Rolle spielen.

Vor diesem Hintergrund wird im weiteren Verlauf zwischen einer "quantitativen Segmentbildung" und einer "qualitativen Segmentbildung" unterschieden.[197] Von einer quantitativen Segmentbildung wird dann gesprochen, wenn die bei einer umfangreicheren und weitgehend standardisierten Abnehmerbefragung erhobenen Informationen zum Zweck der Segmentbildung mathematisch-statistisch ausgewertet werden. Als Erhebungseinheiten kommen entweder alle Abnehmer im Sinne einer Vollerhebung oder aber eine repräsentative Stichprobe im Sinne einer Teilerhebung in Betracht. Vollerhebungen sind im Investitionsgüterbereich bei einer kleineren Anzahl von Abnehmern grundsätzlich denkbar.[198] Das breite Anwendungsspektrum von Hochtechnologien wird in den meisten Fällen aber zu Teilerhebungen zwingen. Die dabei in der Regel formulierte Bedingung der Auswahl der Erhebungseinheiten nach dem Zufallsprinzip aus einer präzise definierten Grundgesamtheit muß aber nicht erfüllt sein, um von einer quantitativen Segmentbildung sprechen zu können. Im Investitionsgüterbereich werden die Erhebungseinheiten häufig auch nach dem Konzentrationsverfahren (Cut-off-Verfahren) ausgewählt, ohne daß dadurch allzu viele Informationen verlorengehen und die Repräsentativität allzu sehr leidet.[199] Zu beachten ist allerdings, daß dabei möglichst keine (potentiellen) Abnehmerunternehmungen "abgeschnitten" werden, die interessante Spezialanwendungsbereiche für die betrachtete Technologie darstellen könnten. Deren technisch-ökonomische Anforderungen würden ansonsten von vornherein bei der Segmentbildung nicht berücksichtigt.

Bei einer qualitativen Segmentbildung handelt es sich demgegenüber um eine Vorgehensweise, bei der Segmentprofile unter Umgehung einer breit angelegten und weitgehend standardisierten Abnehmerbefragung auf inhaltlich-interpretativem Wege systematisch und begründet "konstruiert" werden.[200] In Anlehnung an den Vor-

---

196) Köhler (1993c), Sp. 2798.
197) Ein im Kern ähnlicher Gedanke zeigt sich bei Uebele (1984), S. 163. Vgl. auch einen kurzen Hinweis bei MacInnis/Heslop (1990), S. 114.
198) Vgl. Böhler (1992), S. 126 und Berekoven/Eckert/Ellenrieder (1993), S. 287.
199) Vgl. dazu Berekoven/Eckert/Ellenrieder (1993), S. 56 und S. 287f. sowie Böhler (1992), S. 131.
Dieses Vorgehen hat sich auch bei "praktischen" quantitativen Segmentierungsstudien bewährt. Vgl. dazu etwa Köhler/Uebele (1983), S. 12f.
200) Vom Grundgedanken her ähnlich Uebele (1984), S. 163 und Bednarczuk (1990), S. 101, wobei letzterer an eine Abnehmerbefragung im Rahmen von Focus Group Interviews mit einer anschließenden Auswertung durch Experten denkt.

schlag der "Unschärfenpositionierung" strategischer Geschäftseinheiten in der Portfolio-Analyse[201] könnte man auch von einer "Unschärfensegmentierung" sprechen.
Selbstverständlich spielen aber auch bei einer qualitativen Segmentbildung quantitative
Aspekte eine Rolle, beispielsweise wenn es um die Einschätzung der Ausprägungsintensitäten technisch-ökonomischer Anforderungen geht. Umgekehrt verlangt die
quantitative Segmentbildung zusätzlich nach einer qualitativen Interpretation, wenn es
etwa darauf ankommt, die bei der Faktorenanalyse mathematisch-statistisch bestimmten Dimensionen inhaltlich zu deuten.[202] Soweit sie auf Expertengesprächen
beruht, beinhaltet auch die Ermittlung der relevanten technisch-ökonomischen
Anforderungen im Vorfeld einer quantitativen Segmentierungsstudie eine qualitative
Komponente.

Dem in dieser Arbeit geforderten "Denken in Marktsegmenten" kommt die qualitative
Segmentbildung entgegen, indem sie verhindert, daß vor lauter "Überdruß" über feh-
lende "hard facts" eine systematische Beschäftigung mit den heterogenen Bedürfnisstrukturen und deren Veränderung ausbleibt. Im Hochtechnologiesektor kann nämlich - mit den Worten von MacInnis und Heslop - oftmals beobachtet werden, "that
market segments did exist, but had eluded identification earlier due to difficulties in
understanding markets."[203] Ein dynamisches Segment-Management ist deshalb ohne
die Akzeptanz einer qualitativen Vorgehensweise sowohl bei der gegenwarts- als auch
bei der zukunftsbezogenen Segmentbildung nicht möglich.

4.2.2.1.2 Informationsgrundlagen einer gegenwartsbezogenen Segmentbildung

Bisher wurde noch darauf verzichtet, die mit der Ermittlung von Bedürfnissen einhergehenden Probleme zu erörtern. Bedürfnisse entziehen sich als hypothetische Kon-
strukte weitgehend einer unmittelbaren empirischen Feststellung.[204] Die direkte Beobachtung von Abnehmerbedürfnissen scheidet deshalb in der Regel als Erhebungs-
methode aus.[205] Im Rahmen einer quantitativen Segmentbildung ist eine breiter an-
gelegte und weitgehend standardisierte Abnehmerbefragung zwingender Ausgangspunkt der Ermittlung von Bedürfnisstrukturen. Wie bereits oben angedeutet, können
dabei aber die als Segmentierungskriterien zu verwendenden relevanten technisch-

---

201) Vgl. Ansoff/Kirsch/Roventa (1983), S. 237ff.
202) Vgl. dazu auch Köhler (1993c), Sp. 2799.
203) MacInnis/Heslop (1990), S. 114.
204) Vgl. Andritzky (1976), S. 23 und Köhler (1993c), Sp. 2791.
205) So kommentiert bspw. Geschka (1986), S. 131: "Die Methode der Beobachtung ist nur
     angebracht, wenn 'sich etwas tut' - also bei Abläufen oder Prozessen. Bedürfnisse auf-
     grund eines Mangelempfindens lassen sich mit dieser Methode nicht erfassen."

ökonomischen Anforderungen in Vorstudien durch qualitative Abnehmer- und Expertenbefragungen gewonnen werden.[206]

Die Ermittlung von Bedürfnissen ist generell mit einer Vielzahl von Operationalisierungs- und Meßproblemen verbunden.[207] Im Investitionsgüterbereich entstehen zusätzlich wegen der durch Multipersonalität gekennzeichneten kollektiven Beschaffungsentscheidungen ganz besondere Probleme. Hier sind nicht nur die Bedürfnisse einzelner Personen, sondern die Bedürfnisse ganzer Buying Center zu berücksichtigen. Probleme können dann auftreten, wenn die mit der Beschaffungsentscheidung befaßten Personen unterschiedliche Kaufentscheidungskriterien heranziehen.[208]

Aber auch wenn man die Möglichkeit der quantitativen Ermittlung von Abnehmerbedürfnissen im allgemeinen bejaht, sind speziell im Hochtechnologiebereich Einschränkungen ganz anderer Art zu konstatieren, die so weit gehen können, daß die Ermittlung von Abnehmerbedürfnissen gegebenenfalls unmöglich wird. Bedürfnisse können nämlich oftmals von Abnehmern bei Befragungen erst gar nicht geäußert werden, da ihnen das zugrunde liegende Problem in seiner originären Form selbst noch gar nicht bewußt ist.[209] Ferner ist es möglich, daß die Abnehmer aufgrund begrenzter kommunikativer Möglichkeiten ihre Bedürfnisse nicht artikulieren können oder daß ihnen die Bereitschaft dazu fehlt.[210] Darüber hinaus wird das Vorstellungsvermögen von Abnehmern im Hinblick auf neuartige Bedürfnisse durch ihre Erfahrungen mit bekannten Lösungstechniken eingeschränkt.[211] Es fällt ihnen somit schwer, andersartige spezifische Bedürfnisse zu äußern.

Die Qualität der Ergebnisse einer Abnehmerbefragung hängt dementsprechend ganz entscheidend von dem Wissen, den kommunikativen Fähigkeiten und auch der Kooperationsbereitschaft der jeweils befragten Abnehmer ab.[212] Je besser sie ihre Bedürfnisse erkennen und artikulieren können, umso geeigneter sind die entsprechenden Befragungsergebnisse für die Produktentwicklung und Produktpolitik. Sind diese Voraussetzungen nicht gegeben, wie dies insbesondere zu Beginn des Markt- bzw. Tech-

---

206) Vgl. zu diesem Vorgehen bei Segmentierungsstudien Andritzky (1974b), S. 76, Köhler/Uebele (1983), S. 10, Moriarty/Reibstein (1986), S. 469 und Roth/Wimmer (1991), S. 199.
207) Vgl. dazu Andritzky (1976), S. 168ff. und im Überblick Köhler (1993c), Sp. 2791f.
208) Vgl. Hammann (1977), S. 93 u. S. 96. Vgl. ferner sehr ausführlich zu diesem Problem sowie zu Lösungsvorschlägen Andritzky (1974a), S. 133ff.
209) Vgl. Herstatt (1991), S. 73 sowie Köhler (1987), S. 90.
210) Vgl. Herstatt (1991), S. 70.
211) Vgl. Köhler (1987), S. 90 und Herstatt (1991), S. 126ff. Ausführlicher dazu von Hippel (1986), S. 791ff. sowie von Hippel (1988), S. 102ff., wo sich eine diese Ansicht unterstützende tabellarische Zusammenstellung empirischer Studien zum Problemlösungsverhalten findet.
212) Vgl. Herstatt (1991), S. 74.

nologielebenszyklus zu vermuten ist, kommt als Alternative eine qualitative Segmentbildung in Betracht.

Hierbei kann zunächst an eine qualitative (nicht standardisierte) Befragung von Abnehmern gedacht werden, etwa in Form von Focus Group Interviews.[213] Dabei
werden aber - wenn auch vielleicht in abgeschwächter Form - prinzipiell die gleichen
Restriktionen wirksam, wie sie gerade eben angeführt wurden.

Neben einer unmittelbaren Abnehmerbefragung ist ferner auch die systematische
Auswertung von Experteninformationen in Betracht zu ziehen, um Hinweise auf Abnehmerbedürfnisse und Segmentprofile zu erhalten.[214] Auch Andritzky weist
daraufhin, daß generell als Befragungspartner nicht nur die Bedürfnisträger selber in
Frage kommen, sondern auch mit der Problemsituation und der Abnehmersicht gut
vertraute Experten.[215] Dazu gehören beispielsweise Mitarbeiter aus dem Vertrieb,
Installateure, Mitarbeiter des technischen Kundendienstes oder das Schulungspersonal
als unternehmensinterne Quellen.[216] Als externe Befragungspartner können Vereins-
bzw. Verbandsmitarbeiter (z.B. des VDMA, VDI, ZVEI),[217] Mitarbeiter wissenschaftlicher Institute bzw. Gesellschaften (z.B. Großforschungseinrichtungen wie die
Max-Planck-Institute oder Fraunhofer-Institute),[218] Mitarbeiter von technologie-
bzw. innovationsorientierten Beratungsfirmen[219] oder auch Engineering Consultants
herangezogen werden.

Neben der Primärforschung ist auch an Sekundärauswertungen von unternehmensinternen Informationen, wie beispielsweise die Auswertung von Außendienstberichten,
Messeberichten, Serviceberichten des technischen Kundendienstes oder Kundenkar-
teien zu denken, soweit dadurch erste Anhaltspunkte für eine Segmentbildung ge-

---

213) So weisen bspw. Shanklin/Ryans (1987), S. 171 auf die häufige Anwendung dieser
    Methode im Hochtechnologiebereich hin.
214) Siehe auch Holt/Geschka/Peterlongo (1984), S. 44, Köhler (1987), S. 90 und Uebele
    (1984), S. 163.
215) Vgl. Andritzky (1976), S. 172.
216) Vgl. Geschka (1986), S. 125.
    Eine jüngere branchenspezifische Studie zur Frage, inwieweit der Außendienst im Inve-
    stitionsgüterbereich in der Lage ist, die technisch-ökonomischen Abnehmeranforde-
    rungen zutreffend einzuschätzen, ergab, daß die Vertriebsmitarbeiter sehr genau die re-
    lative Bedeutung einzelner Bedürfniskomponenten einzuschätzen vermochten, Schwie-
    rigkeiten bereitete es ihnen dagegen, die gewünschte Ausprägungsintensität korrekt zu
    beurteilen. Vgl. Lambert/Marmorstein/Sharma (1990), S. 141ff.
217) Eine umfassende Zusammenstellung von Verbänden und Vereinigungen der Industrie
    findet sich bei Schöttle (1990), S. 331ff.
218) Vgl. auch Schöttle (1990), S. 283f.
219) Auch dazu findet sich eine umfangreiche Zusammenstellung bei Schöttle (1990), S.
    289ff.

wonnen werden können.[220] Kundendatenbanken im Rahmen eines Database-Marketing können in diesem Zusammenhang eine wesentliche Hilfestellung leisten.[221]

Schließlich sind auch Sekundärauswertungen von unternehmensexternen Quellen in Betracht zu ziehen, wobei die Aktualität der Informationen sichergestellt sein muß. So kann etwa die systematische Auswertung von Fachzeitschriften und Fachliteratur Hinweise auf die Erfahrungen von Abnehmern mit einer bestimmten Technologie geben, oder es können Anhaltspunkte hinsichtlich des Einsatzes einer Technologie in neuen Anwendungsfeldern mit anderen Bedürfnisstrukturen gewonnen werden.[222] Dies gilt gleichfalls für Publikationen von Industrieverbänden oder Forschungseinrichtungen. In diesem Zusammenhang ist auch die Online-Nutzung externer Datenbanken zu nennen, die unter anderem einen raschen Zugriff auf Fachzeitschriften mit markt- und technologiebezogenen Informationen bieten können.[223] Ferner könnte man beispielsweise Mitteilungen von User Groups im Hinblick auf eine Veränderung von Bedürfnisstrukturen und Segmentprofilen auswerten. Wie bereits weiter oben erwähnt, handelt es sich hierbei um eine Gruppe von Fachleuten aus Abnehmerunternehmungen, die im Rahmen eines informellen Erfahrungsaustausches Probleme im Zusammenhang mit der Anwendung einer neuen Technologie sowie weitere Entwicklungsmöglichkeiten und -erfordernisse diskutieren.

Ob und inwieweit im Rahmen unternehmensexterner Quellen die Auswertung von Paneldaten zusätzliche Informationen bereitstellen könnte, ist zunächst einmal davon abhängig, ob überhaupt Panel-Erhebungen speziell für den Hochtechnologiebereich durchgeführt werden. Dies scheint gegenwärtig noch nicht der Fall zu sein.[224] Nicht von ungefähr fordern deshalb auch Backhaus/Weiber: "Der dynamische Charakter der Marktsegmentierung auf technologiegetriebenen Märkten mit den sich verändernden Marktsegmentierungskriterien macht den Aufbau von Panels notwendig, innerhalb derer die Veränderung des Marktsegmentierungsproblems evident gemacht werden kann."[225]

Eine qualitative Segmentbildung ist allerdings nicht nur unter Bezugnahme auf Abnehmerbedürfnisse vorstellbar. Auch die Orientierung an Abnehmerproblemen ist ein denkbarer Ansatzpunkt. Wenn nämlich die Ermittlung von Abnehmerbedürfnissen wenig erfolgversprechend erscheint, bietet es sich an, gewissermaßen "auf einem

220) Siehe auch Uebele (1984), S. 163. Ferner sehr ausführlich zu unternehmensinternen Quellen Kols (1986), S. 120ff. und Herstatt (1991), S. 67ff.
221) Vgl. ausführlicher zu diesem Gesichtspunkt Hermanns/Flegel (1993), S. 99ff.
222) Vgl. Herstatt (1991), S. 60f. und Kols (1986), S. 128.
223) Als Beispiel sei auf die Textdatenbank PROMPT hingewiesen (Predicasts Overwiew of Markets and Technology). Vgl. Schaller (1988), S. 95.
224) Vgl. hierzu die ausführliche Zusammenstellung von aktuellen Panel-Erhebungen in der Bundesrepublik Deutschland bei Schöttle (1990), S. 211ff.
225) Backhaus/Weiber (1986), S. 154f.

Umweg" nach Hinweisen zu suchen.[226] Probleme wurden in Kapitel 3 als den Bedürfnissen vorgelagerte Sachverhalte aufgefaßt. Probleme sind zwar auf der einen Seite ein konstituierender Bestandteil des Bedürfnisbegriffs, der sich ja aus den beiden definitorischen Komponenten "Empfinden eines Mangels" und dem "Bestreben nach Beseitigung desselben" zusammensetzt. Offenkundig existieren sie aber unabhängig von dem Bestreben nach ihrer Lösung. Probleme können deshalb vom Bedürfnisbegriff entkoppelt und grundsätzlich gesondert ermittelt werden. Dabei stellt sich die Frage nach ihrer Operationalisierung. Ein geeigneter Ansatzpunkt dazu findet sich in der gedanklichen Vorstellung eines Abnehmerproblems als einer zu erfüllenden Abnehmerfunktion, die auf der Grundlage eines systemorientierten Denkens in hierarchisch strukturierte Teilfunktionen zerlegt werden kann.[227] Diese Auffassung macht sich auch die sogenannte Funktionsanalyse zunutze, indem sie die Abnehmerfunktionen systematisch aufspaltet.[228] Beim Ablauf einer computertomographischen Untersuchung sind beispielsweise die Patientenpositionierung und die Eingabe der Patientendaten, die Wahl der Meßparameter und der abzutastenden Körperregion sowie die Ergebniskontrolle und Dokumentation als Teilfunktionen zu betrachten.[229] Unterschiede bei den einzelnen Teilfunktionen können dann auf unterschiedliche Bedürfnisstrukturen und damit Segmentprofile hindeuten. Die Verknüpfung des Grundgedankens der Funktionsanalyse mit den im folgenden betrachteten Erhebungsmethoden für Abnehmerprobleme erscheint besonders lohnend, weil die Methodik der Funktionsanalyse zu einem detaillierten und systematischen Vorgehen zwingt.

Die Ermittlung von Abnehmerproblemen durch Befragung wird auch Abnehmer- bzw. Kundenproblemanalyse genannt.[230] Der ihr zugrunde liegende Gedanke, die Entkopplung von Abnehmerproblemen und -bedürfnissen, wird bei Herstatt erkennbar, wenn er schreibt: "Bei der Problemanalyse werden Abnehmer aufgefordert, Probleme zu nennen, die sich bei der Verwendung bestimmter Produkte stellen. ... Jedes genannte <u>Problem</u> stellt dann wiederum eine <u>Quelle für ein entsprechendes Bedürfnis</u> nach einer geeigneten Problemlösung dar."[231]

Hierzu sind in der Praxis spezielle Methoden entwickelt worden, wie beispielsweise das "Problem Detection System" der Werbeagentur Team/BBDO oder die "Opus-

---

226) Siehe zu dieser Schlußfolgerung auch Schaible/Hönig (1991), S. 33f. sowie Herstatt (1991), S. 76.
227) Siehe dazu auch Gälweiler (1987), S. 253f.
228) Vgl. auch Herstatt (1991), S. 90. Die Funktionsanalyse stellt einen Kernbestandteil der sog. Wertanalyse dar, einer Methode, die die Kostensenkung und Wertsteigerung des jeweils betrachteten Objektes zum Gegenstand hat. Vgl. Jehle (1993), Sp. 4647ff.
229) Siehe dazu auch Abschnitt 2.4.2.
230) Vgl. Herstatt (1991), S. 76 und Pfohl (1989a), Sp. 943ff.
231) Herstatt (1991), S. 76 (Original ohne Hervorhebungen).

Methode" der schwedischen Beratungsfirma OPUS DEVELOPMENT.[232] Bei diesen
Methoden werden Abnehmer in Gruppendiskussionen oder Einzelinterviews aufgefordert, Probleme im Zusammenhang mit der Verwendung bestimmter Produkte anzuge-
ben. Stauss/Hentschel berichten darüber hinaus über dienstleistungsbezogene Anwendungen des "Problem Detection System".[233] Sie weisen aber auch darauf hin, daß
dieser Ansatz weniger zur Ermittlung von Abnehmerproblemen als zur Ermittlung der
Relevanz derselben für den Abnehmer geeignet sei.[234] In der "Critical Incident
Technique", bei der Abnehmer über kritische Ereignisse positiver oder negativer Art
im Verlaufe des Interaktionsprozesses mit dem Dienstleistungsanbieter befragt werden, sehen sie dagegen ein gut geeignetes Verfahren zur tatsächlichen Aufdeckung
von Problemen. Dabei können sich dann beispielsweise auch Hinweise auf die Mindestanforderungen an das Niveau einer Dienstleistung ergeben.[235]

Es muß aber festgehalten werden, daß bei der Problemanalyse prinzipiell die gleiche
Gefahr wie bei der Bedürfnisermittlung besteht, nämlich daß sich die befragten Abnehmer bei ihren Antworten lediglich in den ihnen bekannten Problembereichen bewegen und versteckte Probleme sowie gänzlich andere Sichtweisen nicht aufgedeckt
werden.[236] Deshalb ist auch bei der Ermittlung von Abnehmerproblemen an die Befragung von Experten zu denken.

Eine andere Möglichkeit, die Schwierigkeit einer mangelnden Problemerkenntnis und
Artikulationsfähigkeit auf der Abnehmerseite zu überwinden, ist die Anwenderbeobachtung.[237] Ihr Ziel ist es, eine vertiefte Kenntnis der spezifischen Problemsituation
bei den zu beobachtenden Anwendern zu erhalten. Objekt einer Anwenderbeobachtung können in diesem Zusammenhang typische Verfahrensabläufe oder Verwen-
dungssituationen sein. Durch die Beobachter werden Protokolle erstellt, oder es werden technische Aufzeichnungsmethoden wie Film- und Videoaufnahmen, Zeitnahme
mit Stoppuhren, Zählvorrichtungen u.ä. eingesetzt.[238] Als Beobachter kommen
sowohl interne Mitarbeiter (z.B. Mitarbeiter der Produktentwicklungsabteilung) als
auch externe Personen in Frage, die über den notwendigen Sachverstand und entsprechende Fachkenntnisse verfügen.[239]

Um das Verständnis der Abnehmerprobleme weiter zu fördern, ist die Gewinnung
aktiver Erfahrungen im Anwenderbereich durch die sogenannte teilnehmende Beob-

---

232) Vgl. ausführlicher zu diesen Methoden Herstatt (1991), S. 76ff. und Koppelmann
    (1993), S. 93ff. sowie die dort angegebene Literatur.
233) Vgl. Stauss/Hentschel (1990), S. 247f.
234) Siehe Stauss/Hentschel (1990), S. 247.
235) Vgl. Stauss/Hentschel (1990), S. 240ff.
236) Siehe dazu auch Herstatt (1991), S. 82.
237) Vgl. Herstatt (1991), S. 70.
238) Siehe Geschka (1986), S. 130.
239) Vgl. Herstatt (1991), S. 70.

achtung eine Alternative zur nichtteilnehmenden Beobachtung.[240] Einem solchen Vorgehen liegt die Annahme zugrunde, daß Anwenderprobleme erst dann richtig erfaßt und interpretiert werden können, wenn man aktiv an den Geschehnissen im Beobachtungsfeld teilnimmt. Zu diesem Zweck können beispielsweise Mitarbeiter der Produktentwicklung in spezifische Anwendungssituationen gemeinsam mit einem Anwender gebracht werden.[241] Dies kann auch in sogenannten Anwenderlabors beim Hersteller geschehen. Solche Personen sind dann in ihrer Eigenschaft als ehemalige Beobachter gegebenenfalls wertvolle Partner für die weiter oben erwähnten Expertenbefragungen zur qualitativen Ermittlung von Abnehmerbedürfnissen.

Die Anwenderbeobachtung eignet sich vorwiegend für solche Bereiche, bei denen die Problemstellung relativ exakt und umfassend erfaßt werden kann, primär also für Abnehmerprobleme technisch-ökonomischer Natur, so wie sie bei Anwendung von Hochtechnologieprodukten erwartet werden können.

Schließlich können Abnehmerprobleme auch durch die systematische Auswertung unternehmensinterner und -externer Quellen ermittelt werden. Zusätzlich zu den bereits weiter oben angeführten Beispielen kommt hier auch die systematische Analyse von Abnehmerbeschwerden in Frage, die in den meisten Fällen weniger auf Bedürfnisse der Abnehmer als auf deren Probleme Rückschlüsse zulassen. Ihnen kommt insbesondere bei Dienstleistungen eine hervorgehobene Bedeutung zu.[242] Die inhaltliche Interpretation von Abnehmerberichten setzt natürlich entsprechende Maßnahmen zur Stimulierung des Beschwerdeverhaltens voraus.

In der Gesamtrückschau auf den vorliegenden Abschnitt kann festgehalten werden, daß auch die qualitative Segmentbildung auf ähnliche Schwierigkeiten stoßen kann wie die quantitative Segmentbildung: das mangelnde Bewußtsein der Abnehmer für ihre Bedürfnisse, eine mangelnde Artikulationsfähigkeit sowie ein begrenztes Vorstellungsvermögen im Hinblick auf neuartige Möglichkeiten der Bedürfnisbefriedigung. Die Analyse von Abnehmerproblemen ist aber ein erster Schritt, um dennoch zu einer Einschätzung von Bedürfnisstrukturen und Segmentprofilen zu gelangen. Expertenbefragungen zu Abnehmerbedürfnissen und -problemen sind eine weitere Alternative und erscheinen insofern erfolgversprechend, als daß der Sachverstand und der über einen einzelnen Abnehmer hinausgehende Blickwinkel eine hohe "Vorstellungskraft" der Experten erwarten läßt. Dies trifft insbesondere dann zu, wenn die befragten Experten gleichzeitig in Beobachtungsstudien mitgewirkt haben.

---

240) Zur Unterscheidung zwischen teilnehmender und nichtteilnehmender Beobachtung vgl. Böhler (1992), S. 93.
241) Vgl. Herstatt (1991), S. 72.
242) Vgl. dazu Stauss/Hentschel (1990), S. 237ff. und Herstatt (1991), S. 65ff.

	Primärforschung		Sekundärforschung	
Informationsquellen und Methoden der Informationsgewinnung	interne Quellen	externe Quellen	interne Quellen	externe Quellen
Informations-grundlagen für eine quantitative Segmentbildung	qualitative Expertenbefragung (Vorstudie zur Generierung von Segmentierungskriterien) z.B. Außendienst, Schulungspersonal, techn. Kundendienst	z.B. Industrieverbände, Forschungseinrichtungen, Beratungsfirmen, Engineering Consultants quantitative Abnehmerbefragung (breiter angelegt, weitgehend standardisiert)		
Informations-grundlagen für eine qualitative Segmentbildung	Expertenbefragung zu Abnehmerbedürfnissen und -problemen z.B. Außendienst, Schulungspersonal, techn. Kundendienst	z.B. Industrieverbände, Forschungseinrichtungen, Beratungsfirmen, Engineering Consultants qualitative Befragung von Abnehmern bzgl. ihrer Bedürfnisse z.B. Focus Group Interviews Abnehmerproblemanalyse z.B. Opus-Methode, Problem Detection System, Critical Incident Technique Anwenderbeobachtung zur Ermittlung von Problemen (teilnehmende oder nichtteilnehmende Beobachtung von Prozessen der Leistungserstellung)	° Auswertung von Außendienstberichten, Messeberichten, Serviceberichten des techn. Kundendienstes, Kundenkarteien ° Kundendatenbanken im Rahmen eines Database-Marketing ° Abnehmer-beschwerdeberichte	° Auswertung von Fachzeitschriften, Veröffentlichungen von Industrie-verbänden oder Forschungs-einrichtungen ° Auswertung der Publikationen von User Groups ° Nutzung externer Datenbanken

Abb. 30: Informationsgrundlagen einer gegenwartsbezogenen Segmentbildung

Letztlich bleibt aber immer die Frage bestehen, inwieweit sich in den auf diese Art und Weise Segmentprofilen die Sichtweise der Abnehmer widerspiegelt oder ob diese nicht doch durch subjektiv-interpretative Einflüsse der Experten bei der Segmentbildung verzerrt werden.

Eine zusammenfassende Übersicht zu den Ausführungen des vorliegenden Abschnitts findet sich auf der vorangehenden Seite in Abbildung 30. Da für eine quantitative bedürfnisbezogene Segmentbildung nur eine Abnehmerbefragung in Betracht kommt, bleiben die Felder der Sekundärforschung zwangsläufig unbesetzt. Die Übersicht ist keineswegs als umfassend zu verstehen. Nichtsdestoweniger kann sie aber den Pool an Informationsquellen und Methoden der Informationsgewinnung umreißen, auf den die Informationsbereitstellung im Rahmen eines dynamischen Segment-Managements zurückgreifen kann. Sie kann ferner als Bezugsrahmen verstanden werden, der die Informationssuche steuert.

In diesem Abschnitt ging es "nur" um die Gewinnung von Informationen für eine gegenwartsbezogene Segmentbildung. Die Schwierigkeiten sind naturgemäß noch größer, wenn es um die Antizipation zukünftiger Bedürfnisstrukturen geht.

4.2.2.1.3 Informationsgrundlagen einer zukunftsbezogenen Segmentbildung

4.2.2.1.3.1 Die Abgrenzung unterschiedlicher Prognoseebenen

Angesichts der obigen Darlegungen bedarf es an dieser Stelle keiner weiteren Erläuterung mehr, daß eine zukunftsbezogene Segmentbildung auf Basis einer quantitativen Analyse im vorliegenden Zusammenhang nicht in Betracht kommt. Im Rahmen einer qualitativen zukunftsbezogenen Segmentbildung rücken zunächst einmal qualitative Prognoseverfahren in den Mittelpunkt der Überlegungen. Unter einer Prognose versteht man die Vorhersage wahrscheinlicher oder möglicher Zustände, Ereignisse oder Entwicklungen.[243] Bei der Unterscheidung zwischen qualitativen und quantitativen Prognoseverfahren kann an die Abgrenzung von qualitativer und quantitativer Marktforschung angeknüpft werden. Während quantitative Prognoseverfahren auf der Verwendung mathematisch-statistischer Verfahren und in erster Linie auf einer Extrapolation vergangenheitsorientierter Zeitreihen beruhen, treten diese bei qualitativen Prognoseverfahren zugunsten subjektiver, d.h. nicht unmittelbar nachprüfbarer, verbalargumentativer Aussagen zurück.[244] Man spricht auch von heuristischen[245] oder inexakten[246] Prognoseverfahren.

---

243) Vgl. Berekoven/Eckert/Ellenrieder (1993), S. 269 und Wild (1974), S. 89.
244) Vgl. dazu Hansmann (1993), Sp. 3551, Berekoven/Eckert/Ellenrieder (1993), S. 271 und Umminger (1990), S. 15ff. Selbstverständlich ist eine Quantifizierung der Ergeb-

Für eine zukunftsbezogene Segmentbildung ist es nun von Interesse, einerseits unmittelbare Prognoseinformationen im Hinblick auf zukünftige Bedürfnisstrukturen zu gewinnen, andererseits aber auch Informationen über die Entwicklung der in Abschnitt 4.1.3.4 beispielhaft skizzierten Einflußfaktoren zu erhalten, die ja letztlich ursächlich für die Veränderungen der Bedürfnisstrukturen sind und diesen zeitlich vorauseilen.[247]

In einem ganz ähnlichen Zusammenhang unterscheidet Umminger zwischen unterschiedlichen Prognoseebenen und darauf aufbauend zwischen direkten und indirekten Prognosen.[248] Bei einer Übertragung auf die vorliegende Problemstellung kann zwischen einer Prognoseebene 1, die die Einflußfaktoren von Bedürfnisstrukturen beinhaltet, und einer Prognoseebene 2, die die Bedürfnisstrukturen unmittelbar erfaßt, unterschieden werden. Eine <u>direkte Prognose</u> liegt dann vor, wenn die Veränderung von Einflußfaktoren (Ebene 1) oder die Veränderung von Bedürfnisstrukturen (Ebene 2) unmittelbar prognostiziert wird. Um eine <u>indirekte Prognose</u> handelt es sich dagegen, wenn aus der direkten Prognose von Einflußfaktoren (Ebene 1) eine Prognose der Bedürfnisstrukturen (Ebene 2) abgeleitet wird.[249]

Es stellt sich nun die Frage, in welchem Fall sich die direkte und wann sich die indirekte Prognose von Bedürfnisstrukturen empfiehlt. Umminger argumentiert, daß im Falle von Produktentwicklungen, bei denen Prognosen umfassender komplexer Bedürfnisstrukturen im Vordergrund stehen, direkte Prognosen eher in Betracht kämen, da sich mit demselben Prognoseverfahren häufig mehrere Bedürfniskomponenten gleichzeitig erfassen ließen. Seien dagegen nur wenige Bedürfniskomponenten Gegenstand der Vorhersage, da nur bei wenigen Änderungen zu erwarten seien, biete sich die indirekte Prognose an.[250] Ganz einleuchtend ist dieser Gedankengang aber nicht, da es keinen Grund zu der Annahme gibt, daß sich die direkte Methode besser zu einer Prognose von Bedürfnisstrukturen mit einer Vielzahl einzelner Komponenten eignet. Zudem würde es wenig Sinn machen, bei dem "einfacheren" Fall der Prognose einzelner Bedürfniskomponenten ein mehrstufiges und damit zwangsläufig umfangreicheres Verfahren zu wählen.

---

nisse auch bei qualitativen Prognosen nicht ausgeschlossen. Vgl. Hüttner (1986a), S. 217.

245) Vgl. Hansmann (1993), Sp. 3551.
246) Siehe Köhler (1976b), S. 39ff.
247) Zur Vermeidung von Wiederholungen wird im folgenden nicht mehr zwischen Abnehmerbedürfnissen und Abnehmerproblemen unterschieden. Der Grundgedanke dieser Unterscheidung ist im vorangegangenen Abschnitt deutlich geworden und kann analog auf die Ausführungen zur zukunftsbezogenen Segmentbildung übertragen werden.
248) Vgl. Umminger (1990), S. 146f.
249) In Anlehnung an Umminger (1990), S. 148f.
250) Vgl. Umminger (1990), S. 150f.

Versteht man demgegenüber die Einflußfaktoren von Bedürfnisstrukturen und Segmentveränderungen als Vorlaufindikatoren im Rahmen eines Systems der Früherkennung - darauf wird in Abschnitt 4.2.2.1.3.5 noch etwas ausführlicher eingegangen -, dann erkennt man, daß sich die zeitliche Reichweite der Prognosebene 2, je nach Wahl der direkten oder indirekten Prognosemethode, verändert. Die direkte Prognose von Bedürfnisstrukturen wird im Regelfall eine geringere zeitliche Reichweite aufweisen als die indirekte Prognose. Angesichts dessen läßt sich festhalten: Direkte Prognosen eignen sich tendenziell eher für die Vorhersage kürzerfristiger Segmentveränderungen, indirekte Prognosen dagegen für solche längerfristiger Natur.

Es gilt nun für jede dieser beiden Ebenen eine grundsätzliche Zuordnung von Prognoseverfahren vorzunehmen und dabei auch auf die Quellen der heranzuziehenden Informationen einzugehen. Für die direkte Prognose von Bedürfnisstrukturen kommen lediglich qualitative Prognoseverfahren in Betracht[251], für die direkte Prognose von Einflußfaktoren dagegen auch quantitative Prognoseverfahren. Letzteres steht dem Begriff einer qualitativen Segmentbildung keineswegs entgegen, da die auf der Ebene 1 quantitativ gewonnenen Prognoseinformationen wiederum in die auf die Ebene 2 gerichteten qualitativen Prognoseverfahren einfließen.

Dabei wird im folgenden nicht die gesamte Bandbreite von Prognoseverfahren behandelt. Es soll vielmehr eine Grundvorstellung davon vermittelt werden, an welche prognostischen Möglichkeiten im Rahmen einer zukunftsbezogenen Segmentbildung gedacht werden kann.

4.2.2.1.3.2 Die direkte Prognose von Bedürfnisstrukturen

Im Hinblick auf die Gewinnung sich unmittelbar an Abnehmerbedürfnissen orientierender zukunftsbezogener Informationen (Prognoseebene 2) können grundsätzlich die gleichen Informationsquellen und Informationsgewinnungsmethoden Verwendung finden wie bei der gegenwartsbezogenen Segmentbildung. Es geht dann um die Gewinnung sogenannter Trendinformationen, d.h. Informationen über die grundlegend zu erwartenden Entwicklungen in einem bestimmten Bereich.[252] Die im Rahmen eines dynamischen Segment-Managements anzustrebende regelmäßige Wiederholung der Trendermittlung, also die Überwachung eines Trends, wird auch als Trend-Monitoring bezeichnet.[253]

---

251) Siehe hierzu auch Gisholt (1978), S. 172.
252) Vgl. Umminger (1990), S. 29f.
253) Siehe auch Umminger (1990), S. 30.

Die Abnehmer selbst kommen für eine Trendermittlung nur dann in Frage, wenn sie hinsichtlich ihrer Bedürfnis- und Problemerkennung eine führende Rolle in ihrer Branche einnehmen. Solche trendanführenden Abnehmer (sogenannte "Lead User") werden wegen ihrer Bedeutung für die vorliegende Problemstellung im anschließenden Abschnitt gesondert behandelt. Angedeutet sei lediglich, daß es sich dabei um Abnehmer handelt, bei denen man vermutet, daß sich ein bei ihnen festgestellter Trend mit einem gewissen time lag auch bei anderen Abnehmern zeigt.

Eine ganz zentrale Informationsquelle zur Einschätzung zukünftiger Bedürfnisstrukturen stellen interne und externe Experten dar.[254] "Einfache" Expertenbefragungen haben für die Praktikabilität eines dynamischen Segment-Managements den Vorteil, daß verhältnismäßig schnell Ergebnisse zu erhalten sind.[255] Ferner ist zu erwarten, daß je nach Tiefe der Gesprächsführung auch komplexere Bedürfnisstrukturen Gegenstand einer Einschätzung sein können.

Im Zusammenhang mit Expertenbefragungen ist auch die Delphi-Methode zu nennen. Bei ihr handelt es sich um eine stärker formalisierte, iterative und schriftliche Befragung von Experten im Hinblick auf das Eintreffen bestimmter zukünftiger Ereignisse oder die Beurteilung bestimmter Entwicklungstrends.[256] Charakteristisch für die Delphi-Methode sind Wiederholungsrunden, in denen die Experten die statistische Auswertung der Vorrunde in Form einer Informationsrückkopplung mitgeteilt bekommen und zu Extremurteilen Stellung nehmen müssen. Das Verfahren hat zum Ziel, eine möglichst hohe Konvergenz der Expertenmeinungen zu erreichen. Obwohl die Delphi-Methode ihren originären Einsatzschwerpunkt in der technologischen Prognose hat, wird ihr auch eine Eignung für die unmittelbare Prognose zukünftiger Bedürfnisstrukturen zugeschrieben.[257] Die Durchführung einer Delphi-Prognose kann einer sogenannten Monitorgruppe übertragen werden.[258] Bei genügender Erfahrung könnte sich eine solche Gruppe unter anderem aus Mitarbeitern des Kreises zusammensetzen, der mit den Aufgaben des dynamischen Segment-Managements betraut ist.

Die Delphi-Methode erfordert allerdings einen nicht unerheblichen zeitlichen und personellen Aufwand.[259] Für die Anpassung der Produktentwicklung an sich verän-

---

254) Vgl. Gisholt (1978), S. 176f. und Umminger (1990), S. 33.
    Hüttner weist in diesem Zusammenhang auf die Bedeutung des Außendienstes als Befragungspartner hin. Siehe Hüttner (1986a), S. 218.
255) Siehe Berekoven/Eckert/Ellenrieder (1993), S. 277.
256) Vgl. ausführlicher dazu Gisholt (1976), S. 114f., Umminger (1990), S. 82ff. und Hüttner (1986a), S. 220ff.
257) Siehe dazu Holt/Geschka/Peterlongo (1984), S. 108f. und Gisholt (1976), S. 114 und S. 189ff.
258) Vgl. Umminger (1990), S. 84 und Welters (1989), Sp. 263.
259) Vgl. Hüttner (1986a), S. 224 und Umminger (1990), S. 92, wobei letzterer auf einen Zeitaufwand hinweist, der zwischen drei und zwölf Monaten liegen kann.

dernde Bedürfnisstrukturen könnte es bereits zu spät sein, wenn die Ergebnisse der Delphi-Prognose vorliegen. Zu bedenken ist ferner, daß im Rahmen eines dynamischen Segment-Managements ein ständiges Trend-Monitoring angebracht ist und von daher gegebenenfalls die weniger formalisierten und deswegen auch zeitlich flexibler einsetzbaren "einfachen" Expertenbefragungen eher angebracht erscheinen. Angesichts dessen kann das einfacher konzipierte Mini-Delphi hervorgehoben werden, das unter Zugrundelegung einer managementorientierten Perspektive wesentlich raschere Entscheidungen ermöglicht.[260] Es hat allerdings den Nachteil, daß es sich für die Prognose umfassender und komplexer Bedürfnisstrukturen weniger eignet. Insofern ist hier eher an einen Einsatz zur Prognose der Entwicklung singulärer technisch-ökonomischer Anforderungen zu denken.

Neben einer Befragung von Abnehmern und Experten ist auch die Beobachtung von Anwendern in die Überlegungen einzubeziehen. Obwohl bei einer Anwenderbeobachtung grundsätzlich nur gegenwärtige Problemlagen erfaßt werden können, ist die Möglichkeit der Gewinnung von Trendinformationen nicht auszuschließen. In diesem Zusammenhang ist beispielsweise an die Identifizierung neuartiger, zukünftiger Anwendungsbereiche für bestehende Produkte zu denken.[261] Damit können dann Hinweise für Anwendungsinnovationen gewonnen werden. Voraussetzung wäre allerdings, daß es sich hierbei um Abnehmer handelt, die eine Vorreiterfunktion für Trends übernehmen. Deshalb kommen für die Anwenderbeobachtung wiederum nur Lead User in Betracht.

Schließlich bietet sich auch die Sekundärforschung zur Gewinnung von Trendinformationen an.[262] Die hierbei grundsätzlich denkbaren unternehmensinternen und -externen Quellen wurden bereits im vorangegangenen Abschnitt genannt. Insbesondere die Berichte von User Groups können gewinnbringend sein, da in diesen möglicherweise Aussagen darüber gemacht werden, welche technisch-ökonomischen Anforderungen an zukünftige Produkte gestellt werden.

4.2.2.1.3.3 Lead User als Quelle zukunftsbezogener Informationen

Es wurde bereits darauf aufmerksam gemacht, daß Abnehmer als Informationsquelle bedeutenden Restriktionen unterliegen können: Sie verfügen oftmals nur über eine mangelnde Problemerkenntnis, eine nur bedingte Artikulationsfähigkeit sowie ein eingeschränktes Vorstellungsvermögen im Hinblick auf zukünftige technisch-ökonomische Anforderungen. Die von Abnehmern angeregten Innovationen sind deshalb

---

260) Vgl. Gisholt (1976), S. 116f. und Umminger (1990), S. 95.
261) Siehe hierzu Herstatt (1991), S. 71 und Umminger (1990), S. 38f.
262) Vgl. auch Umminger (1990), S. 43ff.

möglicherweise schon veraltet, wenn sie auf den Markt kommen. Hiervon sind insbesondere sehr dynamische Märkte mit kurzen Produktlebenszyklen, wie z.B. Hochtechnologiemärkte, betroffen.[263] Genau dieses Problem zeigt sich beispielsweise auch im Bereich der Computertomographie: Auch hier ist das Vorstellungsvermögen der Abnehmer im Hinblick auf zukünftige Entwicklungen im Bereich radiologischer Untersuchungen zum Großteil sehr begrenzt.[264]

Eine Lösung des dargelegten Problems kann durch die Kommunikation mit Abnehmern, die hinsichtlich der Frühzeitigkeit ihrer Bedürfnis- und Problemerkennung eine führende Rolle einnehmen, erreicht werden. Die Existenz solcher trendanführenden Abnehmer läßt sich für unterschiedliche Bereiche - hierunter auch Investitionsgüter- und Hochtechnologiemärkte - empirisch belegen.[265] Eric von Hippel hat einen Ansatz entwickelt, um Lead User zu identifizieren und ihre Informationen sinnvoll nutzbar zu machen. Auch wenn dieses Konzept seinem Ursprung nach für die Ideenfindung im Rahmen des Produktinnovationsprozesses entwickelt wurde, können Lead User desgleichen als Informationsquelle im Rahmen eines dynamischen Segment-Managements Verwendung finden. Von Hippel selbst weist auf die hohe Aussagefähigkeit des Ansatzes für die Marktforschung im Hochtechnologiebereich hin.[266]

Lead User können anhand folgender Eigenschaften charakterisiert werden: 1) Sie weisen ein trendbezogenes Bedürfnis oft Monate oder Jahre früher als die Masse der Abnehmer auf und können deshalb frühzeitig Aufschluß über zukünftige Bedürfnisse geben. 2) Sie erwarten einen hohen Nutzen von einer dieses Bedürfnis deckenden Problemlösung.[267] Dieses zweite Merkmal ist von Bedeutung, da bei einer hohen Nutzenerwartung von einem verstärkten Problemlösungsinteresse der Abnehmer ausgegangen werden kann. Dies ist deshalb wichtig, um die potentiellen Lead User aktiv in die Informationsgewinnung eines dynamischen Segment-Managements integrieren zu können. Zur praktischen Umsetzung des Ansatzes schlägt von Hippel mehrere Schritte vor.[268]

---

263) Vgl. von Hippel (1988), S. 107.
264) Vgl. hierzu auch Burkhardt (1994), S. 98.
265) Vgl. bspw. Shaw (1985), S. 285ff. oder von Hippel (1976), S. 214ff.
266) Vgl. von Hippel (1986), S. 791. Siehe dazu auch Shanklin/Ryans (1987), S. 175ff.
267) Vgl. von Hippel (1988), S. 107. Eine davon abweichende Interpretation des Lead User-Begriffs, übertragen auf den konkreten Fall der Leiterplattenindustrie, findet sich bei Nagel (1993), S. 121. Dort wird einfach der Erstanwender einer Technologie als Lead User definiert. Die auf diesem Begriffsverständnis aufbauende empirische Studie hat daher nur einen geringeren Aussagewert für die eigentliche mit dem Lead User-Ansatz in Verbindung stehende Problemstellung.
268) Vgl. von Hippel (1986), S. 797ff. und Herstatt (1991), S. 135ff. Zu einer fallweisen Umsetzung des Ansatzes vgl. beispielsweise Urban/von Hippel (1988), S. 571ff. (CAD-

Hinsichtlich der ersten genannten Eigenschaft gilt es zunächst einmal, einen bedeutenden marktbezogenen Trend zu identifizieren. Als Mittel zur Trendidentifizierung bieten sich hier insbesondere Expertenbefragungen an, so wie sie bereits weiter oben dargelegt wurden.[269] Neben der Trendidentifikation müssen Größen definiert werden, die auf eine hohe Nutzenerwartung der potentiellen Abnehmer hinweisen. Die Unzufriedenheit mit existierenden Produkten sowie selbstinitiierte problemlösungsbezogene Aktivitäten der Abnehmer sind denkbare Ansatzpunkte.[270] Ein bedeutender Trend ist im Bereich der Computertomographie beispielsweise in einer weiteren Verkürzung der Scanzeiten zu sehen.[271] Ein Indikator für eine hohe Nutzenerwartung kooperierender Kliniken könnte darin zu sehen sein, daß solche Krankenhäuser häufig medizinische "Schulen" prägen und daran interessiert sind, diese Rolle auch in Zukunft beizubehalten.[272]

Nachdem ein wesentlicher Trend erkannt und der Indikator "hohe Nutzenerwartung" näher spezifiziert wurde, lassen sich dann etwa durch eine telefonische Umfrage oder durch eine Befragung des kaufmännischen oder technischen Vertriebs Abnehmer identifizieren, die bei einer ersten groben Betrachtung die beiden geforderten Charakteristika aufweisen.[273] Aus den identifizierten Abnehmerunternehmen wird dann eine kleinere Gruppe besonders qualifizierter Abnehmer ausgewählt. Die Suche nach Lead Usern darf sich dabei nicht nur auf den gegenwärtigen Abnehmerkreis der Unternehmung erstrecken, sondern muß auch potentielle Abnehmer aus angrenzenden Märkten mit einbeziehen. Im Rahmen dieses Vorgehens können Lead User auch ganz gezielt für die genauere Ermittlung einzelner Bedürfniskomponenten ausgesucht werden, wobei es dann durchaus denkbar ist, daß für unterschiedliche Bedürfniskomponenten eine Zusammenarbeit mit unterschiedlichen Lead Usern angestrebt wird.[274] In diesem Zusammenhang kann dann auch daran gedacht werden, für die auf produktbegleitende Dienstleistungen abstellenden technisch-ökonomischen Anforderungen andere Lead User auszuwählen als für solche, die sich auf die rein technische Problemlösung richten.

In einem Workshop, der sich aus Mitgliedern der ausgewählten Abnehmerunternehmen und des Herstellers zusammensetzt, werden sodann die konzeptionellen und technischen Grundlagen für eine neue oder auch veränderte Problemlösung ent-

Systeme (Computer Aided Design)) und Herstatt/von Hippel (1992), S. 215ff. (Befestigungssysteme).
269) Vgl. dazu auch von Hippel (1986), S. 798 und Herstatt (1991), S. 135f.
270) Vgl. von Hippel (1986), S. 799 und Herstatt (1991), S. 137.
271) Siehe dazu auch Burkhardt (1994), S. 98.
272) Vgl. dazu Siemens AG (o.J.), S. 13.
273) Vgl. Herstatt (1991), S. 138f.
274) Siehe von Hippel (1986), S. 799f.

wickelt.[275] Hierbei folgt einer sorgfältigen Problemanalyse die Erarbeitung von Lösungsansätzen in einzelnen Arbeitsgruppen. Diese werden anschließend durch die Teilnehmer gemeinsam bewertet und - falls erforderlich - modifiziert. Denkbar ist dabei, daß Gruppen von Lead Usern zu im Kern zwar ähnlichen, sich aber in bestimmten Produkteigenschaften unterscheidenden Konzepten gelangen. Hierdurch können dann erste Hinweise auf zukünftige Marktsegmente mit unterschiedlichen Segmentprofilen gewonnen werden. Darauf aufbauend ist es dann gegebenenfalls möglich, die Evolution von Marktsegmenten mit einem gewissen zeitlichen Vorlauf zu antizipieren.[276]

Neben der Voraussetzung, daß Lead User überhaupt identifiziert werden können,[277] hängt der Erfolg des Lead User-Ansatzes grundsätzlich davon ab, ob sich der angenommene Trend auch tatsächlich auf den Gesamtmarkt überträgt. Dies kann insbesondere auf Hochtechnologiemärkten nicht ohne weiteres angenommen werden.[278] Möglicherweise ist ein solcher Trend dort nicht stabil oder er beschränkt sich auf wenige Marktsegmente. Der erste Einwand kann in gleichem Maße für die im vorangegangenen Abschnitt diskutierten Methoden geltend gemacht werden. Letzterer dagegen schränkt die Brauchbarkeit des Lead User-Ansatzes im Rahmen eines dynamischen Segment-Managements kaum ein, da dessen Aufgabe ja auch darin besteht, die Bedürfnisstrukturen kleinerer Abnehmergruppen, hinter denen sich gegebenenfalls interessante Teilmärkte verbergen, aufzudecken.

Im Hinblick auf eine praktische Umsetzung und die kontinuierliche Einbindung von Lead Usern in ein dynamisches Segment-Management ist eine Reihe von Gesichtspunkten zu beachten. Neben den Beziehungen zwischen der Herstellerunternehmung und den Lead Usern sind auch die Beziehungen zu anderen Marktteilnehmern zu berücksichtigen.[279] So muß etwa sichergestellt sein, daß durch die für die Kooperation gewonnenen Abnehmer nicht frühzeitig Informationen über Entwicklungsvorhaben an die Konkurrenten gelangen. Im Hinblick auf das Verhältnis zwischen Lead Usern und ihren eigenen Wettbewerbern ist zu berücksichtigen, daß erstere sich möglicherweise bereits durch eigene Problemlösungsaktivitäten einen potentiellen Wettbewerbsvorteil verschafft haben. Es stellt sich deshalb die Frage, inwieweit die Lead User überhaupt an einer Zusammenarbeit interessiert sind, ist es doch durchaus möglich, daß sie dabei Wettbewerbsvorteile aufgegeben.

---

275) Vgl. Herstatt/von Hippel (1992), S. 218f.
276) Siehe Breuer/Schwamborn (1993), S. 847.
277) Herstatt weist bspw. darauf hin, daß dies keineswegs selbstverständlich ist. Vgl. Herstatt (1991), S. 223f.
278) Vgl. dazu auch Herstatt (1991), S. 223.
279) Vgl. zum folgenden auch Breuer/Schwamborn (1993), S. 847.

Im Ergebnis läßt sich festhalten, daß der Lead User-Ansatz trotz der eben skizzierten Problempunkte eine interessante Möglichkeit darstellt, um im Rahmen eines dynamischen Segment-Managements frühzeitig Informationen für eine abnehmerorientierte Ausrichtung der Produktentwicklung zu gewinnen. Letztlich kann damit auch einer Überbrückung des bereits weiter oben diskutierten Gegensatzes von technology push- und demand pull-Innovationen Vorschub geleistet werden.[280]

4.2.2.1.3.4 Die indirekte Prognose von Bedürfnisstrukturen

Nach den Darlegungen zu Informationsquellen und Informationsgewinnungsmethoden im Rahmen direkter Prognosen von Bedürfnisveränderungen konzentrieren sich die folgenden Ausführungen zunächst auf eine exemplarische Erörterung der direkten Prognose von Einflußfaktoren (Prognoseebene 1). Zu diesem Zweck werden der Preisverfall auf Hochtechnologiemärkten als wettbewerbsbezogener Einflußfaktor, die technologiebezogenen Lernprozesse als abnehmerbezogener Einflußfaktor sowie "Unerwünschte Technologiefolgen" als Einflußfaktor der sonstigen Umwelt herangezogen.[281]

1. Beispiel: Der Preisverfall auf Hochtechnologiemärkten

Ein regelmäßig zu beobachtender Preisverfall im Hochtechnologiebereich liegt beispielsweise bei mikroelektronischen Bauelementen vor. Eine Studie zum Preisverfall von DRAM-Speicherbauelementen findet sich bei Maringer.[282] Dort wird ein Verfall des Preises je Bit in Höhe von ca. 30% pro Jahr nicht nur für jede einzelne Produktgeneration, sondern über alle Produktgenerationen hinweg nachgewiesen.[283] Die Zeitreihe quantitativer Vergangenheitsdaten eröffnet hier grundsätzlich die Möglichkeit des Einsatzes der Trendextrapolation als quantitatives Prognoseverfahren.[284] Dabei wird lediglich die Zeit als "erklärende" Variable für den Entwicklungsverlauf des Trends herangezogen.[285] Es wird gleichzeitig unterstellt, daß die in der Zeitreihe der Vergangenheitswerte beobachteten Gesetzmäßigkeiten auch im Prognosezeitraum konstant bleiben.[286] Während die Voraussetzung der Quantifizierbarkeit der Zusammenhänge im genannten Beispiel zweifellos gegeben ist, kann die Erfüllung der beiden anderen Voraussetzungen mit Problemen verbunden sein. So weist Marin-

---

280) Vgl. dazu auch Köhler (1991a), S. 165.
281) Siehe hierzu auch die Ausführungen in Abschnitt 4.1.3.4.
282) Vgl. Maringer (1990), S. 423ff. (DRAM (engl.) = Dynamic Random Access Memory).
283) Vgl. Maringer (1990), S. 428f.
284) Siehe ausführlicher zum Verfahren der Trendextrapolation
Berekoven/Eckert/Ellenrieder (1993), S. 274ff., Weßner (1988), S. 215f. und Meffert (1986), S. 224ff.
285) Sie ist damit als Ersatzgröße für einen ganzen Komplex von Einflußfaktoren anzusehen.
286) Vgl. Meffert (1986), S. 224 und Weßner (1988), S. 213f.

ger auf eine Vielzahl von Determinanten des Preisverfalls hin, worunter die Steigerung der mengenmäßigen Nachfrage nach Speicherchips pro Jahr in Verbindung mit Erfahrungskurveneffekten eine wichtige Rolle spielt.[287] Diese korreliert aber nicht in jedem Fall mit der Zeit. Ferner lassen beispielsweise gezielte Dumping-Maßnahmen japanischer Hersteller die Frage entstehen, inwieweit die Gesetzmäßigkeiten der Vergangenheit in die Zukunft extrapoliert werden können.[288] Dennoch kann quantitativen Prognoseverfahren durchaus ein gewisser Stellenwert zukommen, um die Veränderung von segmentierungsrelevanten Einflußfaktoren abzuschätzen. Im Rahmen einer schrittweisen Verfeinerung durch die Verknüpfung mit anderen Einflußfaktoren können derart prognostizierte Sachverhalte eine erste Annäherung an das Problem leisten. Als sekundäre Informationsquellen kämen im genannten Beispiel Außendienst- und Messeberichte sowie Preislisten oder auch externe Datenbanken in Frage. Im Rahmen der Primärforschung wäre an Befragungen des Außendienstes oder auch der Abnehmer selbst zu denken.

2. Beispiel: Technologiebezogene Lernprozesse

Im Hinblick auf die Vorhersage technologiebezogener Lernprozesse bzw. Veränderungen der Abnehmererfahrung bietet sich der in jüngerer Zeit verstärkt diskutierte kohortenanalytische Ansatz an.

Üblicherweise versteht man unter einer Kohorte "ein Aggregat von Personen, die im Hinblick auf ein bestimmtes Ereignis gleichaltrig sind."[289] Der Begriff ist aber verallgemeinerbar. Genausogut können auch Organisationen als Mitglieder einer Kohorte aufgefaßt werden.[290] In dem hier diskutierten Fall würde es sich dann bei den Kohorten um die zeitlich aufeinanderfolgenden Adoptergruppen einer Technologie handeln.[291] Ziel einer Kohortenanalyse ist es, "einzelne Altersgruppen im Zeitablauf zu beobachten, so daß die Analyse von Veränderungen pro Altersgruppe im Zeitablauf ebenso möglich ist wie die Analyse von Unterschieden zwischen den einzelnen Altersgruppen im Zeitablauf."[292]

Die dem kohortenanalytischen Ansatz zugrunde liegende Unterscheidung von sogenannten Alterungseffekten, Kohorteneffekten und Periodeneffekten läßt sich auch auf

287) Vgl. Maringer (1990), S. 423ff.
288) Siehe auch dazu Maringer (1990), S. 437f.
289) Kaas (1982), S. 238. Vgl. auch Weßner (1989), S. 79.
290) Siehe Kaas (1982), S. 242 sowie Hüttner (1986b), S. 312.
291) Ganz ähnlich Köhler (1993a), S. 73. Mit Adoption ist die erstmalige Anwendung einer Technologie gemeint.
292) Wimmer/Weßner (1990), S. 172.

den Sachverhalt technologiebezogener Lernprozesse übertragen.[293] Bei den genannten Effekten handelt es sich zum einen um Veränderungen, die systematisch und gewissermaßen zwangsläufig im Zeitablauf auftreten, zum anderen - im Falle der Periodeneffekte - um solche, die nur zufällig in Erscheinung treten.[294]

Mit zunehmender Zeitdauer der unternehmensinternen Anwendung einer Technologie nimmt die Erfahrung zu, es finden Lernprozesse statt. Dieses kann als <u>Alterungseffekt</u> bezeichnet werden. Auf das Beispiel der Computertomographie angewendet: In Krankenhäusern, in denen die digitalen bildgebenden Verfahren bereits seit längerem den "state-of-the-art" der radiologischen Abteilungen darstellen, haben sich aufgrund der zeitlich länger andauernden Erfahrung spezifische technisch-ökonomische Anforderungen herausgebildet, die sich beispielsweise auf die Integrationsfähigkeit eines Computertomographen in ein digitales Bildarchivierungs- und Kommunikationssystem richten.[295]

Zum anderen geht es aber auch darum, zu welchem Zeitpunkt im Technologielebenszyklus eine Technologie erstmalig von einem Abnehmer adoptiert wurde. Hierdurch wird nämlich ganz entscheidend die "Menge" der extern aufnehmbaren technologiespezifischen Informationen und die dadurch (potentiell) zu gewinnende Erfahrung bestimmt. So haben beispielsweise die radiologischen Abteilungen in Krankenhäusern, die in der ersten Hälfte der siebziger Jahre - also zu Beginn des Lebenszyklus der Computertomographie - dieses bildgebende Verfahren erstmalig einsetzten, unter anderen Bedingungen "ihre Erfahrung" gesammelt als solche, die dies erst gegen Ende der achtziger Jahre taten. Anfangs gab es naturgemäß nur wenige Radiologen, die in den Universitätskliniken dazu ausgebildet worden waren, Diagnosen auf der Basis von Computertomogrammen zu erstellen.[296] Die aus dem Zeitpunkt der Adoption einer Technologie resultierenden Prägungen führen dementsprechend zu ganz spezifischen Lernprozessen. Man kann in diesem Fall von einem <u>Kohorteneffekt</u> sprechen.

Unabhängig von der Zeitdauer der Nutzung einer Technologie und des Zeitpunkts ihrer erstmaligen Adoption tragen zufällige Umweltereignisse bei allen Abnehmern in gleicher Weise zu Lernprozessen bei. In der Terminologie der Kohortenanalyse wird dieses auch als <u>Periodeneffekt</u> bezeichnet.

---

293) Vgl. zu den genannten Effekten ausführlicher Kaas (1982), S. 238f., Weßner (1989), S. 63ff., Wimmer/Weßner (1990), S. 170f., Hüttner (1986b), S. 312f. und Hüttner (1986c), S. 14f.,
294) Vgl. Wimmer/Weßner (1990), S. 170f.
295) Vgl. Ammann (1992). Wie bereits oben erwähnt, führt die zunehmende Einbindung von Computertomographen in solche Systeme wiederum zu Rückwirkungen auf andere technisch-ökonomische Anforderungen.
296) Vgl. Ohnemüller (1992).

Kohortenanalytische Untersuchungsdesigns dienen nun dazu, auf Basis einer systematisch-inhaltlichen Analyse möglichst genaue Rückschlüsse auf den Beitrag von Alterungs-, Kohorten- und Periodeneffekten zu den sich vollziehenden Veränderungen zu ermöglichen.[297] Dabei wird der Kohortenanalyse grundsätzlich die Eignung zur Prognose solcher Veränderungen zugeschrieben.[298] Eine Erschwernis ist jedoch die sogenannte Konfundierungsproblematik, die aufgrund der wechselseitigen Abhängigkeit der genannten Effekte dazu führt, daß eine eindeutige mathematische Separierung jedes einzelnen Effekts nicht möglich ist. In einem inhaltlich-interpretativen - also qualitativen - Vorgehen wird aber eine Möglichkeit gesehen, um dennoch zu verwertbaren Ergebnissen zu gelangen.[299]

Ohne hier auf Grundtypen von Untersuchungsdesigns näher einzugehen, kann festgehalten werden, daß das Grundprinzip des kohortenanalytischen Ansatzes als ein interessantes Denkmodell im Rahmen eines dynamischen Segment-Managements Verwendung finden kann, das auch bei einer rein qualitativen Anwendung der notwendigen gedanklichen Auseinandersetzung mit Veränderungsprozessen förderlich ist. Im konkreten Anwendungsfall kämen als Informationsquellen sowohl unternehmensinterne als auch -externe Quellen im Rahmen der Primär- und Sekundärforschung in Frage (z.B. Schulungspersonal, Messeberichte oder User Groups).

3. Beispiel: Unerwünschte Technologiefolgen

Bei der sogenannten Technologiefolgen-Abschätzung, die auch als Technology Assessment bezeichnet wird, handelt es sich um Ansätze, deren Aufgabe in der Bereitstellung adäquater prognostischer Informationen über technologische Entwicklungen zu sehen ist. Dabei geht es vor allem um die Auswirkungen der erstmaligen Anwendung neuer Technologien oder der verstärkten oder modifizierten Anwendung bekannter Technologien auf die sozio-kulturelle und natürliche Umwelt.[300] Zum Aufgabenbereich gehört nicht nur die Aufdeckung gewollter Veränderungen, sondern auch die Identifikation nicht beabsichtigter Folgen.

Angesichts der komplexen Wirkungszusammenhänge verwundert es nicht, daß dabei auf eine ganze Palette qualitativer und quantitativer Verfahren zurückgegriffen werden

---

297) Siehe Wimmer/Weßner (1990), S. 172 und Berekoven/Eckert/Ellenrieder (1993), S. 280.
298) Vgl. dazu auch Wimmer/Weßner (1990), S. 176ff. und Berekoven/Eckert/Ellenrieder (1993), S. 281.
299) Zu den mit der Kohortenanalyse verbundenen Problemen vgl. ausführlicher Wimmer/Weßner (1990), S. 172ff. und Kaas (1982), S. 239.
300) Vgl. dazu Wicher (1989), S. 42 und Zahn (1993), Sp. 4141.

kann. Die Trendextrapolation und Delphi-Prognose werden häufig genannt. Dazu kommen aber auch Verfahren wie etwa die Szenario-Technik.[301]

Neben der Vorbereitung politischer Grundsatzentscheidungen im Rahmen politisch institutionalisierter Technologiefolgen-Abschätzungen wird die Konzeption auch verstärkt von privatwirtschaftlichen Unternehmen angewandt, um die Chancen und Risiken des Einsatzes einer Technologie besser beurteilen zu können.[302] Im Rahmen eines dynamischen Segment-Managements können die entsprechenden Informationen dazu herangezogen werden, die aufgrund eines Technologieeinsatzes zukünftig zu erwartenden - ungewollten aber auch beabsichtigten - Veränderungen der Bedürfnisstrukturen zu antizipieren und die Entwicklung neuer Produktgenerationen so abzustimmen, daß problematische Technologiefolgen vermieden, gemindert oder durch Verbesserungsinnovationen kompensiert werden.

Neben der Nutzung öffentlich bekannt gegebener Technologiefolgen-Abschätzungen können im Rahmen der Primärforschung auch spezielle Studien bei entsprechenden Instituten in Auftrag gegeben oder in eigener Regie erstellt werden. So richten neuerdings immer mehr Unternehmen besondere Abteilungen für diese Aufgabe ein.[303]

Die vorangegangenen Ausführungen haben anhand ausgewählter Einflußfaktoren und Prognoseansätze einen Eindruck davon vermittelt, wie im Rahmen eines dynamischen Segment-Managements im Grundsatz mit der Prognoseebene 1 zu verfahren ist. Im konkreten Einzelfall würde es nun vor allem darum gehen, die Entwicklung dieser Einflußfaktoren miteinander zu verknüpfen und alternativ mögliche Zukünfte zu entwickeln, die sich auf die Prognoseebene 2 beziehen, also darauf, wie zukünftige Bedürfnisstrukturen auf dieser Basis aussehen könnten. Eine hierzu geeignete Methode stellt die Szenario-Technik dar. Sie wird im folgenden etwas ausführlicher behandelt, da sie das Verständnis für die grundsätzliche Denkhaltung eines dynamischen Segment-Managements weiter vertiefen kann.

Unter Szenarien versteht man zum einen die Beschreibung von hypothetischen Zukunftsbildern eines sozio-ökonomischen Untersuchungsfeldes wie auch zum anderen das Aufzeigen der Entwicklungspfade, die zu diesen Zukunftsmöglichkeiten hinführen.[304] Jedes Szenario stellt ein unter bestimmten Annahmen gültiges, in sich möglichst konsistentes Bild der Zukunft dar. Auf der Grundlage alternativer Annah-

---

301) Siehe Zahn (1993), Sp. 4151 und Wicher (1989), S. 43.
302) Siehe hierzu auch Berke/Schmelzer (1994), S. 95.
303) Vgl. Berke/Schmelzer (1994), S. 95.
304) Vgl. von Reibnitz (1989), Sp. 1985 und Götze (1991), S. 38.

menbündel entstehen unterschiedliche Zukunftsbilder. Die Szenario-Technik selbst ist im Sinne eines Methodenverbundes die Vorgehensweise zur Erstellung dieser Zukunftsbilder.[305] Sie versucht angesichts der Unmöglichkeit, die Zukunft vorherzusagen, die Auseinandersetzung mit alternativen Zukunftsbildern zu unterstützen.[306]

Aufbauend auf einer gründlichen Ist-Analyse des Untersuchungsfeldes, die die Identifizierung von Einflußfaktoren - Beispiele hierzu wurden oben genannt - und deren Beziehungen untereinander beinhaltet, werden zur Charakterisierung jedes Einflußfaktors Deskriptoren definiert. Anhand des koordinierten Einsatzes verschiedener Prognosemethoden (Methodenmix) werden nun Entwicklungspfade dieser Deskriptoren erstellt und darauf aufbauend in sich konsistente Zukunftsbilder für das Untersuchungsfeld entwickelt.[307] Kennzeichnend für die Szenario-Technik ist daher, daß sowohl quantitative als auch qualitative Aussagen verarbeitet werden.[308]

Die prinzipielle Denkweise der Szenario-Technik läßt sich anschaulich durch den sogenannten Szenario-Trichter, welcher die möglichen Entwicklungspfade des Untersuchungsfeldes im Zeitablauf modellhaft abbildet, darstellen (siehe Abbildung 31).[309]

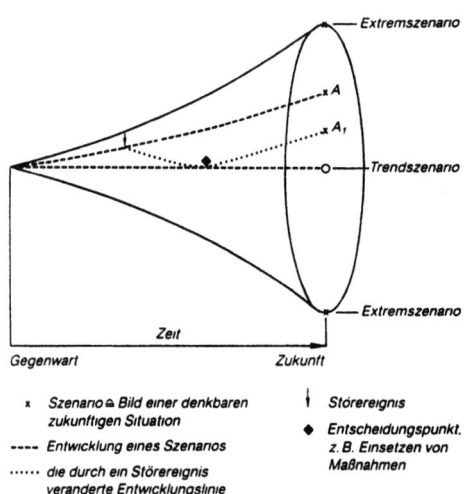

Abb. 31: Grundprinzip der Szenario-Technik
Quelle: von Reibnitz (1989), Sp. 1984.

---

305) Vgl. Krystek/Müller-Stewens (1993), S. 216.
306) Vgl. Brauers/Weber (1986), S. 632.
307) Vgl. Berekoven/Eckert/Ellenrieder (1993), S. 279.
308) Vgl. Götze (1991), S. 39.
309) Siehe zum folgenden von Reibnitz (1989), Sp. 1984f. und Götze (1991), S. 39f.

Sieht man von unvorhersehbaren Ereignissen ab, wird die Entwicklung der näheren Zukunft in starkem Maße durch die gegenwärtige Situation geprägt. Der Einfluß der Gegenwart nimmt jedoch mit zunehmender Reichweite der Zukunftsbetrachtung ab, wodurch sich der Bereich möglicher Entwicklungen trichterförmig erweitert. Auf einer beliebigen Schnittfläche dieses Trichters finden sich alle für möglich gehaltenen Zukunftssituationen zu dem entsprechenden Zeitpunkt. Im Prinzip reicht es aus, zwei Szenarien, die dann aber möglichst unterschiedlich sein sollten, zu entwickeln (Extremszenarien). Eine mittlere trendmäßige Entwicklung wird durch das sogenannte Trendszenario repräsentiert. Störereignisse bzw. Anpassungsmaßnahmen können dabei den Entwicklungspfad eines Szenarios verändern.

Die Szenario-Technik liegt in vielerlei Ausgestaltungsvarianten vor. Neben globalen Szenarien, die sich auf relativ umfassende Untersuchungsgegenstände beziehen - zum Beispiel auf die Entwicklung der ökologischen Umwelt - können unternehmensspezifische Szenarien unterschieden werden, die die Zukunftsperspektiven eines enger abgegrenzten Untersuchungsfeldes des jeweiligen Unternehmens aus dessen Blickwinkel zum Gegenstand haben.[310] Darunter fallen beispielsweise Vertriebsszenarien oder Absatzprogrammszenarien.[311] Im vorliegenden Zusammenhang bezieht sich das Untersuchungsfeld auf die zukünftige Entwicklung der Bedürfnisstrukturen im jeweils interessierenden Markt, etwa dem Markt für "Bildgebende Verfahren der medizinischen Diagnostik". Die Eignung der Szenario-Technik für die Abschätzung zukünftiger Bedürfnisstrukturen wird dabei in der Literatur unterstrichen.[312]

Im Zusammenhang eines dynamischen Segment-Managements ergibt sich der Nutzen der Szenario-Technik vor allen Dingen aus den folgenden Gesichtspunkten: Zum einen bezieht die Szenario-Technik sinnvollerweise mehr als eine Zukunftsvorstellung in die Betrachtung ein. Daß Störereignisse den Entwicklungspfad verändern können, daß im Hinblick darauf aber auch präventive oder reaktive Maßnahmen (etwa Anpassungen in der Produktentwicklung) getroffen werden können, entspricht der grundsätzlichen Denkhaltung eines dynamischen Segment-Managements. Die Erstellung von Szenarien zwingt zum anderen zu einer Auseinandersetzung mit dem Untersuchungsgegenstand und kann schon alleine dadurch - insbesonders wenn sie in Teams erarbeitet werden, die sich aus Personen unterschiedlicher Unternehmensbereiche zusammensetzen - den Gedankenaustausch anregen.[313]

310) Vgl. Götze (1991), S. 41ff. und Brauers/Weber (1986), S. 632.
311) Siehe dazu Brauers/Weber (1986), S. 632.
312) Vgl. hierzu Holt/Geschka/Peterlongo (1984), S. 108ff. Eine konkrete Anwendung der Szenario-Technik im Hochtechnologiebereich (Glasfaserkabel) wird bei Brunner-Schwer (1986), S. 34ff. beschrieben.
313) Siehe dazu auch Götze (1991), S. 51f. und Gisholt (1976), S. 119f.

Informationsquellen und Methoden der Informationsgewinnung

	Primärforschung		Sekundärforschung	
	interne Quellen	externe Quellen	interne Quellen	externe Quellen
Direkte Prognose von Bedürfnisstrukturen (Prognoseebene 2)	Expertenbefragung zur Gewinnung von Trendinformationen Delphi-Methode / Mini-Delphi		Auswertung von Außendienstberichten, Messeberichten, Serviceberichten des techn. Kundendienstes	° Auswertung von Fachzeitschriften und Fachliteratur, Veröffentlichungen von Industrieverbänden oder Forschungseinrichtungen
	z.B. Außendienst, Schulungspersonal, techn. Kundendienst	z.B. Industrieverbände, Forschungseinrichtungen, Beratungsfirmen		° Auswertung der Publikationen von User Groups
		Lead User - Befragung		
		Lead User - Beobachtung		
	Beispiel: quantitative Prognose des Preisverfalls mittels Trendextrapolation			
	z.B. Außendienst	z.B. Abnehmer	z.B. Außendienstberichte, Messeberichte	z.B. Preislisten, Datenbanken
Direkte Prognose der Einflußfaktoren von Bedürfnisstrukturen (Prognoseebene 1)	Beispiel: Vorhersage technologiebezogener Lernprozesse bzw. der Anwendererfahrung auf Basis des Grundprinzips des kohortenanalytischen Ansatzes			
	z.B. Schulungspersonal	z.B. Engineering Consultants, externe Schulungseinrichtungen	z.B. Messeberichte	z.B. Auswertung der Publikationen von User Groups
	Beispiel: Technologiefolgen-Abschätzung (Technology Assessment) anhand verschiedener quantitativer und qualitativer Verfahren			
	Unternehmenseigene Abteilungen oder spezielle Institute für Technologiefolgen-Abschätzungen, öffentliche Technologiefolgen-Abschätzungen			
Indirekte Prognose d. Bedürfnisstrukturen (ausgehend von der Prognoseebene 1)	Szenario-Technik (Methodenmix)			

Abb. 32: Informationsgrundlagen einer zukunftsbezogenen Segmentbildung

Wenn auch ein relativ langfristiger Betrachtungszeitraum für die Szenario-Technik charakteristisch ist, so kann sie dennoch im Rahmen kürzerfristiger Prognosen Verwendung finden.[314] Um den zeitlichen Aufwand der Durchführung zu verringern, können an Stelle umfangreicherer Studien auch Szenario-Workshops mit unternehmensinternen und unternehmensexternen Experten durchgeführt werden.[315]

Eine zusammenfassende Übersicht zu den Ausführungen des vorliegenden Abschnitts findet sich in Abbildung 32 auf der vorangegangenen Seite. Auch hier ist die Übersicht keineswegs als umfassend zu verstehen.

4.2.2.1.3.5 Früherkennung im Rahmen eines dynamisches Segment-Managements

Die Ausführungen im vorangegangenen Abschnitt ließen bereits deutlich werden, daß die frühzeitige Antizipation des Wandels von Bedürfnisstrukturen und Marktsegmenten Informationen erfordert, wie sie etwa durch die strategische Früherkennung zur Verfügung gestellt werden können.

Unter Früherkennung versteht man die auf die rechtzeitige Erfassung von Umweltveränderungen gerichtete systematische Gewinnung und Verarbeitung von Informationen, mit dem Ziel, eine ausreichende Reaktionszeit für die Planung und Realisierung geeigneter Maßnahmen zu gewährleisten.[316]

Das Spektrum der zu beobachtenden Umweltbereiche hängt dabei von den zu bewältigenden Planungs- und Kontrollaufgaben ab. Im Rahmen des dynamischen Segment-Managements geht es insbesondere um Früherkennungsinformationen, die auf eine zukünftige Veränderung von Bedürfnisstrukturen hindeuten.

Dabei kann es sich beispielsweise um Informationen im Sinne von Früherkennungsindikatoren handeln oder auch um sogenannte schwache Signale.[317] Bei letzteren handelt es sich um Anzeichen, die zum gegebenen Zeitpunkt lediglich undeutliche Hinweise auf kommende Diskontinuitäten geben.[318] In Anbetracht einer praktischen Anwendung geht es bei ersterem vor allem darum, ein überschaubares System von Früherkennungsindikatoren aufzubauen, die zwar durchaus quantifizierbare Größen umfassen können, bei denen aber insbesondere auch qualitative Tatbestände zum Zuge kommen sollten. Denn für eine praktikable Anwendung ist es sinnvoller, "ungefähre

---

314) Vgl. Götze (1991), S. 47.
315) Siehe dazu auch Umminger (1990), S. 114 und Holt/Geschka/Peterlongo (1984), S. 111.
316) Vgl. Böhler (1993), Sp. 1257 und Muchna (1990), S. 116.
317) Siehe dazu auch Köhler (1993a), S. 39f. sowie Köhler (1991b), S. 9.
318) Zum Konzept der "schwachen Signale" vgl. Ansoff (1976), S. 129ff.

und in Expertensitzungen abschätzbare Anhaltspunkte mit ausreichendem zeitlichen Vorlauf zu haben, als statt dessen rechnerisch exakte Kenngrößen zu verlangen, die sich kaum beschaffen lassen oder ... eher 'Heckwasser'-Informationen denn Früherkennungsgrößen sind."[319]

Die Bestimmung von Früherkennungsindikatoren erfordert zunächst einmal eine Strukturierung des Analysefeldes. Die Gruppierung von Einflußfaktoren in Abschnitt 4.1.3.4. dieser Arbeit kann hierzu den Ausgangspunkt bilden. Die dort exemplarisch diskutierten Einflußfaktoren von Segmentveränderungen könnten als Indikatoren im Rahmen eines für den Zweck des dynamischen Segment-Managements aufzubauenden Früherkennungssystems Verwendung finden. Der prognostizierte Preisverfall in einer Branche wäre dann beispielsweise eine typische quantitative Kennzahl, das Auftreten ungewollter Technologiefolgen wäre demgegenüber eine typische qualitative Größe.

Letztlich kann aber die Vielzahl der zu beobachtenden Einflußgrößen und erfaßbaren schwachen Signale die Aufnahme- und Verarbeitungskapazität der Unternehmung in informationeller Hinsicht bei weitem übersteigen.[320] Eine Lösung kann in einem differenzierteren Früherkennungssystem gesehen werden, bei dem Beobachtungsbereiche mit abgestufter Relevanz sowie Aktivitäten der Informationsgewinnung mit einem abgestuftem Grad der Konkretisierung unterschieden werden.[321] Die Basisaktivitäten des "Monitoring" und des "Scanning" spiegeln diese Vorgehensweise wider:[322] Monitoring befaßt sich mit der vertieften und kontinuierlichen Beobachtung und Analyse eines bereits vorher konkretisierten Problemfeldes. Demgegenüber befaßt sich Scanning mit dem ungerichteten Aufspüren ganz neuer Sachverhalte, die sich - bezogen auf die vorliegende Problemstellung - insbesondere durch schwache Signale innerhalb, aber auch außerhalb des der Segmentierung zugrunde gelegten relevanten Marktes andeuten. Der Beobachtungsbereich schwacher Signale ist damit als offen zu betrachten. Krystek und Müller-Stewens sprechen deshalb auch von einem "360-Grad-Radar, über welches im Prinzip überall und zu jeder Zeit nach .. 'schwachen Signalen' gesucht wird."[323] Der Übergang zwischen diesen beiden Basisaktivitäten ist fließend. Die Überwachung der durch Früherkennungsindikatoren abgesteckten Bereiche - z.B. die preisliche Entwicklung oder die Technologiefolgen - sollten aber Gegenstand des Monitoring und damit einer vertieften und ständigen Überwachung sein.

Unter methodischen Gesichtspunkten kommt für die Entwicklungsprognose der als kritisch erkannten Größen das gesamte Spektrum quantitativer und qualitativer Pro-

---

319) Köhler (1991b), S. 11.
320) Vgl. Krystek/Müller-Stewens (1993), S. 177 und Böhler (1993), Sp. 1262.
321) Vgl. Böhler (1993), Sp. 1262.
322) Siehe dazu Böhler (1993), Sp. 1262 und Krystek/Müller-Stewens (1993), S. 175f.
323) Krystek/Müller-Stewens (1993), S. 175.

gnoseverfahren in Betracht, so wie es zum Teil bereits im vorangegangenen Abschnitt vorgestellt wurde. Die Szenario-Technik und die Expertenbefragung - hierbei insbesondere die Delphi-Methode - werden regelmäßig als die in diesem Zusammenhang häufig Anwendung findenden Verfahren genannt.[324]

Die erkannten Veränderungen müssen letztlich daraufhin untersucht werden, inwieweit sie einen Wandel von Bedürfnisstrukturen bewirken können und inwieweit Anpassungen im Rahmen des dynamischen Segment-Managements erforderlich sind. Wichtig ist hierbei auch die Beurteilung der Reaktionsdringlichkeit, die sich aus dem Vergleich der erwarteten Reaktionszeit - der Zeit, die notwendig ist, um etwaige Anpassungsmaßnahmen beispielsweise in der Produktentwicklung durchführen zu können - und der Veränderungsgeschwindigkeit der festgestellten Entwicklungen ermitteln läßt.[325]

Abschließend sei darauf hingewiesen, daß ein so verstandenes Früherkennungssystem wesentliche Kontrollinformationen für die in Abschnitt 4.2.3 zu erörternde Planprämissen-Kontrolle bereitstellen kann.[326]

4.2.2.2 Die Bewertung von Marktsegmenten und die Auswahl von Zielgruppen

Nachdem im Rahmen der Markterfassung Segmente gebildet und die möglichen zukünftigen Entwicklungspfade antizipiert wurden, liegen nun zum einen Informationen über die Anzahl und Größe von Marktsegmenten sowie über die entsprechenden Segmentprofile zu einem bestimmten Zeitpunkt vor. Zum anderen sind - bezogen auf Segmentveränderungen - Daten im Hinblick auf die Änderung der Segmentgrößen und/oder Segmentprofile sowie die Neubildung und Auflösung von Segmenten verfügbar.

Angesichts einer segmentspezifischen Marktbearbeitung stellt sich nunmehr das Entscheidungsproblem, welche dieser Marktsegmente zum Zwecke einer zielgruppenspezifischen Marktbearbeitung auszuwählen sind.

In der Literatur werden in diesem Zusammenhang idealtypische Basisalternativen der Marktbearbeitung formuliert, die eine erste <u>Annäherung</u> an das Auswahlproblem ermöglichen sollen. Diese Alternativen leiten sich aus einer Verknüpfung zweier Ent-

---

324) Siehe dazu auch Muchna (1990), S. 125, Böhler (1993), Sp. 1266 und Köhler (1993a), S. 56.
325) Vgl. hierzu auch Köhler (1993a), S. 56 und Böhler (1993), Sp. 1267ff.
326) Siehe dazu auch Köhler (1993a), S. 76 und S. 69f.

scheidungstatbestände ab: dem Umfang der Marktabdeckung und dem Ausmaß der Differenzierung der Marktbearbeitungsmaßnahmen (siehe Abbildung 33).[327]

Ausmaß der Differenzierung \ Umfang der Marktabdeckung	vollständig	teilweise
undifferenziert	undifferenzierte Marktbearbeitung	konzentrierte Marktbearbeitung
differenziert	differenzierte Marktbearbeitung	selektiv-differenzierte Marktbearbeitung

Abb. 33: Basisalternativen der Marktbearbeitung
Quelle: In Anlehnung an Gröne (1977), S. 38.

Die Strategie der underschiedlichen Marktbearbeitung geht von der Vorstellung eines homogenen Marktes aus. Dabei wird versucht, den gesamten Markt mit einem einheitlichen Marketing-Programm und damit auch einheitlichen Produkten abzudecken. Die Strategie der differenzierten Marktbearbeitung zielt ebenfalls auf die Abdeckung des gesamten Marktes ab, wobei aber den heterogenen Bedürfnisstrukturen der Abnehmer durch differenzierte Produkte und unterschiedliche sonstige Marketing-Maßnahmen Rechnung getragen wird. Bei der Strategie der konzentrierten Marktbearbeitung wendet sich die Unternehmung unter anderem mit hochgradig spezialisierten Produkten an ein ganz bestimmtes Marktsegment. Die selektiv-differenzierte Marktbearbeitung trägt den heterogenen Anforderungen der Abnehmer ebenfalls durch differenzierte Marktbearbeitungsmaßnahmen Rechnung, richtet sich aber nicht auf alle, sondern auf eine Auswahl von Marktsegmenten.

Angesichts der bisherigen Überlegungen scheidet die Basisalternative der undifferenzierten Marktbearbeitung (Massenmarktstrategie) aus den weiteren Betrachtungen aus.[328] Im Hinblick auf die drei anderen Alternativen ist festzustellen, daß - erstens - mit einer dahingehenden Grundsatzentscheidung noch keine konkreten Hinweise gewonnen sind, welche Segmente bearbeitet werden sollten,[329] und - zweitens - eine solche Entscheidung nur dann Sinn macht, wenn eine weitestgehende Stabilität der Marktverhältnisse und die "Richtigkeit" der Marktabgrenzung angenommen werden

---

327) Siehe dazu Gröne (1977), S. 37ff., Freter (1983), S. 110ff. und Becker (1993), S. 216f.
328) Vgl. hierzu auch Benkenstein (1992), S. 12, der auf die untergeordnete Bedeutung einer undifferenzierten Bearbeitung von Hochtechnologiemärkten hinweist.
329) Vgl. Freter (1993), Sp. 2813.

kann.[330] Im Falle von Hochtechnologiemärkten trifft aber genau dieses nicht zu. Deshalb wurde weiter oben eine dynamische Betrachtung der Marktgrenzen vorgeschlagen, die im Rahmen eines heuristischen Vorgehens aus den Veränderungen des Segmentgefüges erkannt werden können.[331] Die mit den genannten Basisalternativen einhergehende "Entweder-Oder-Entscheidung" zu einem bestimmten Zeitpunkt wäre deshalb wenig effektiv. Bei einer dynamischen Interpretation der Marktsegmentierung liegt es vielmehr nahe, zunächst einmal alle sich im Verlauf der Segmentevolution abzeichnenden Segmente als grundsätzlich für eine Marktbearbeitung in Frage kommend zu begreifen. Die Veränderung des Segmentgefüges im Zeitablauf zwingt dabei zu einer ständigen gedanklichen Beschäftigung mit dem Auswahlproblem, das durch eine bereits vorher festlegende Entscheidung im Hinblick auf eine differenzierte oder konzentrierte Marktbearbeitung gar nicht zu lösen wäre. So zeigt zum einen bereits die Möglichkeit der Auflösung von Segmenten, daß eine Konzentrationsstratgie in dynamischen Märkten wenig sinnvoll wäre.[332] Angesichts der vielfältigen denkbaren Entwicklungspfade der Segmentevolution erscheint zum anderen auch eine sämtliche Marktsegmente umfassende differenzierte Marktbearbeitung wenig realistisch.[333] Die selektiv-differenzierte Marktbearbeitung kann dagegen als eine freiheitsgraderhöhende "Sowohl-Als-Auch-Entscheidung" verstanden werden, in deren Rahmen der Unternehmung auch zu späteren Zeitpunkten vielfältige Auswahlmöglichkeiten offenstehen. Dabei kann es durchaus dazu kommen, daß zu bestimmten Zeitpunkten alle oder auch nur ein einziges Marktsegment bearbeitet werden.

Zusammenfassend kann festgehalten werden, daß die Segmentauswahl im Rahmen eines dynamischen Segment-Managements nicht statisch vorgenommen werden darf, sondern dem Zeitablauf Rechnung zu tragen hat. So verlieren etwa einzelne Segmente im Zeitablauf an Attraktivität und führen zu einem Rückzug aus dem entsprechenden Teilmarkt, während neue Segmente auftauchen und zu einer Verlagerung des Engagements anreizen. Eine implizit dynamische Betrachtung der Segmentauswahl zeigt sich auch bei Kotler und Bliemel, wenn die beiden Autoren von einem "Plan für das segmentweise Vordringen"[334] sprechen, der die Festlegung der Reihenfolge und des Zeitpunkts der einzelnen Segmenteintritte zum Gegenstand hat. Die Überlegungen zu einer die zeitliche Dimension einbeziehenden Interpretation des Fits zwischen Technologiepotential und Bedürfnispotential finden darin ihren Ausdruck. Demnach

---

330) So weist etwa Freter darauf hin, daß der Aussagewert dieser grundsätzlichen Marktbearbeitungsstrategien letztlich auch von der Weite der Marktabgrenzung abhängt. Vgl. Freter (1983), S. 115.
331) Siehe Abschnitt 4.1.2.
332) Siehe hierzu auch Freter (1993), Sp. 2813, Porter (1986), S. 347 und auch Bauer (1977), S. 39f.
333) Vgl. dazu auch Benkenstein (1992), S. 11.
334) Kotler/Bliemel (1992), S. 445.

müssen also die richtigen Zeitpunkte gefunden werden, zu denen ein Segment für einen Eintritt "reif" ist und zu denen es gegebenenfalls auch wieder aufgegeben werden sollte.

Um das Problem der Segmentauswahl zu lösen, müssen die einzelnen Marktsegmente und ihre Veränderungen Gegenstand einer fortlaufenden Bewertung sein. Unter Bewertung ist allgemein die Ermittlung und Zuordnung von Kriterienwerten (Ausprägungen von Bewertungskriterien) zu Bewertungsobjekten zu verstehen, um diese dann nach dem Grad ihrer Zielwirksamkeit in eine Rangfolge zu bringen und eine Entscheidung über die Auswahl zu treffen.[335] Als Bewertungsobjekte sind im vorliegenden Zusammenhang die einzelnen Marktsegmente anzusehen. Dabei kommt es allerdings zu einem grundlegenden Dilemma: Die Überlegungen zur Zielgruppenauswahl können letztlich nicht losgelöst von der geplanten Form der segmentspezifischen Marktbearbeitung durchgeführt werden. So ist etwa bei Annahme der Zielsetzung der Gewinnmaximierung der Zielbeitrag eines Segments von den segmentspezifischen Umsätzen und Kosten und damit von den segmentspezifischen Marktbearbeitungsmaßnahmen abhängig.[336]

Der übergeordnete Bewertungsmaßstab der Zielgruppenauswahl im Rahmen der vorliegenden Problemstellung wird deutlich, wenn auf das Oberziel des Hochtechnologiemarketing rekurriert wird. Als solches wurde die Maximierung des technologiebezogenen Gewinns über den gesamten Technologielebenszyklus hinweg formuliert.[337] Eine vorrangige Aufgabe im Rahmen des Segmentbewertungs- und -auswahlprozesses besteht mithin in der Einschätzung der bei einer Vermarktung der Technologie in ausgewählten Marktsegmenten zu erwartenden Umsätze und Kosten. Der sich daraus ergebende technologiebezogene Gewinn - also die Summe der in den Segmenten erzielbaren Gewinne - gibt dann Hinweise darauf, ob sich etwa eine gezielte Produktentwicklung oder die Einführung eines unveränderten Produkts in ein bis dahin noch nicht bearbeitetes oder auch neu entstandenes Segment lohnt.

Dieses bereits schwierig zu lösende Problem wird zusätzlich dadurch verschärft, daß aus einer unternehmensinternen Sicht zwischen den einzelnen Segmenten "segmentübergreifende Wechselbeziehungen"[338] - oder auch anders genannt - "Segmentverflechtungen"[339] bestehen können. Erinnert sei an dieser Stelle an die Ausführungen zur stammbaumartigen Entwicklung von Produkten im Hochtechnologiebereich im Sinne einer Evolution, die bestimmte Abfolgen von technischen Reali-

335) Vgl. zum Begriff der Bewertung Wild (1974), S. 101ff.
336) Vgl. Freter (1993), Sp. 2812, Cravens (1987), S. 304f. und Groh (1974), Sp. 1410.
337) Siehe dazu auch Abschnitt 3.1.
338) Kotler/Bliemel (1992), S. 444.
339) Porter (1986), S. 333.

sierungen einer Technologie repräsentiert.[340] Die bereits genannten "platform projects" können beispielsweise als segmentübergreifende Produktentwicklungstätigkeiten verstanden werden, während "derivative projects" eher segmentspezifischer Natur sind.[341] Desgleichen kann bei anderen "complementary assets" sowohl an segmentübergreifende als auch an segmentspezifische Sachverhalte gedacht werden. So können Fertigungsanlagen, technische Servicedienste oder Vertriebseinrichtungen für mehrere Segmente (Segmentgruppen) genutzt werden oder auch lediglich auf ein ganz bestimmtes Segment ausgerichtet sein.

Segmentverflechtungen können ganz entscheidend die in die Segmentbewertung einzubeziehenden Kostenstrukturen bestimmen: Sind die Gesamtkosten für die gemeinsame Bedienung von zwei (oder mehr) Marktsegmenten niedriger als die Kosten für die isolierte Bearbeitung der Segmente, ergeben sich durch eine entsprechende Segmentauswahl - bei Annahme gleicher Umsatzwirkungen - Wirtschaftlichkeitsvorteile.[342] Im Falle von Segmentverflechtungen sind die einzelnen Marktsegmente im Hinblick auf ihre Zielwirksamkeit bzw. ihren Gewinnbeitrag nicht unabhängig voneinander und müssen deshalb in einer Gesamtschau betrachtet werden.

Zur Ermittlung der Zielwirksamkeit von Segmenten eignet sich grundsätzlich eine auf Planrechnungen basierende Deckungsbeitragsrechnung.[343] Anhand der Höhe der erwarteten Segment-Deckungsbeiträge können die prinzipiell in Frage kommenden Segmente in eine Rangfolge gebracht und einer Auswahl unterzogen werden.[344] Bei einer solchen Rechnung wären als entscheidungsrelevante Kosten selbstverständlich nur jene Kosten zu betrachten, die nach dem Prinzip der Veränderungsrechnung durch die segmentspezifische Marktbearbeitung verursacht werden.[345] Dazu gehören im Zusammenhang mit der vorliegenden Problemstellung vor allem Kosten, die durch

---

340) Siehe dazu auch Abschnitt 3.3.3.
341) Siehe zu diesen unterschiedlichen Formen von Produktentwicklungstätigkeiten Wheelwright/Clark (1992), S. 78.
342) Vgl. Kotler/Bliemel (1992), S. 444.
343) Vgl. dazu etwa Cravens (1987), S. 306f., Kols (1986), S. 179f. und Hamann (1975), S. 228ff. Vgl. ferner die grundlegenden Ausführungen von Köhler (1993a), S. 383ff. zur sogenannten Absatzsegmentrechnung, in der Abnehmergruppen, also Marktsegmente, als ein entsprechendes Absatzsegment aufgefaßt werden können. Voraussetzung dafür ist, daß Kosten und Umsätze den einzelnen Marktsegmenten (bzw. Segmentgruppen) gesondert zugerechnet werden können.
344) Vgl. Hamann (1975), S. 217 und Groh (1974), Sp. 1410.
345) Entsprechendes gilt auch für die durch die Marktbearbeitung generierten Umsätze. Der Grundsatz der Veränderungsrechnung besagt, "daß in einen vorausschauenden Entscheidungskalkül nur solche rechnerischen Größen einzubeziehen sind, die sich durch die Wahl einer bestimmten Enscheidungsalternative verändern; die also nicht ohnehin schon fest und unabhängig vom Entscheidungsfall gegeben sind." Köhler (1993a), S. 287. Im vorliegenden Fall wären dann neben segmentspezifischen Fixkosten auch Veränderungen variabler Kostenbestandteile einzubeziehen. Siehe hierzu auch Freter (1993), Sp. 2813.

eine segmentspezifische Produktentwicklung verursacht werden, aber auch solche, die im Rahmen segmentbezogener Vertriebsaktivitäten oder Serviceleistungen entstehen. In einer mehrstufig angelegten Segment-Deckungsbeitragsrechnung, die sowohl für einzelne Marktsegmente als auch für die verflochtenen Teilmärkte entsprechende Deckungsbeiträge liefert, wäre dann ein Instrument zu sehen, das auch die Kostenstrukturen im Falle segmentübergreifender Wechselbeziehungen berücksichtigen könnte. Die Einbeziehung von Segmentverflechtungen in die Überlegungen zur Segmentauswahl kann dabei durchaus zu der Erkenntnis führen, daß mehrere Einzelsegmente im Hinblick auf ihre Bearbeitung zu sogenannten Übersegmenten zu gruppieren sind, um synergetische Effekte, wie beispielsweise die umfassende Nutzung einer mehreren Produkten gemeinsamen Computerplattform, zu ermöglichen.[346] Ferner ist bei der Segmentbewertung und Zielgruppenauswahl aber auch der Gefahr der sogenannten "oversegmentation" Rechnung zu tragen, die im Regelfall zu einer unverhältnismäßigen Kostenprogression führt.[347]

Als Zwischenergebnis kann die in erwarteten Segment-Deckungsbeiträgen zusammengefaßte Umsatz-Kosten-Betrachtung von Teilmärkten als ein wichtiges Segmentbewertungskriterium festgehalten werden. Nichtdestoweniger stellt sich nun die Frage, wie eine Segmentauswahl vorgenommen werden kann, wenn eine gewinnbezogene Segmentbewertung bereits eine konkretere Planung der Bearbeitungsmaßnahmen voraussetzt. In diesem Zusammenhang kann auf Bewertungskriterien verwiesen werden, die auch ohne eine genauere Kenntnis der Marktbearbeitungspläne Hinweise darauf geben, ob die Auswahl eines Segmentes grundsätzlich in Frage kommt. Dabei kann dem Vorschlag von Cravens gefolgt werden, der auf einer aggregierten Ebene die "Segmentattraktivität" und die "Relative segmentspezifische Wettbewerbsstärke" als Beurteilungsdimensionen unterscheidet.[348] Anhand dieser Kriterien kann eine Bewertung im Sinne einer Vorauswahl vorgenommen werden, um daraufhin die grundsätzlich in Betracht kommenden Segmente im Rahmen einer Feinauswahl einer genaueren Umsatz-Kosten-Betrachtung nach der soeben angedeuteten Vorgehensweise zu unterziehen.[349]

In diesem Zusammenhang ist auch auf sogenannte Segmentportfolios hinzuweisen, die in der Literatur als Bewertungsverfahren und anschauliche Entscheidungshilfe für die Zielgruppenauswahl vorgeschlagen werden.[350] Ganz analog zum Aufbau der be-

---

346) Vgl. dazu auch Kotler/Bliemel (1992), S. 444 und Porter (1986), S. 339.
347) Siehe hierzu Kotler/Bliemel (1992), S. 443, Becker (1993), S. 444 und Resnik/Turney/Mason (1979), S. 101f.
348) Nach Cravens (1987), S. 305.
349) Ganz ähnlich die Vorgehensweise bei Cravens (1987), S. 305 und Kols (1986), S. 178f.
350) Siehe etwa Köhler (1994), S. 122, Hofmaier (1992b), S. 154ff. und Kluyver/Whitlark (1986), S. 283. Vgl. auch Köhler/Hüttemann (1989), Sp. 1438, wo es um eine im

kannten Portfolio-Darstellungen in der strategischen Planung können Marktsegmente in ein zweidimensionales Schema eingeordnet werden, in dem sich als Beurteilungsdimensionen die von der Unternehmung nicht beeinflußbaren Gegebenheiten der einzelnen Segmente - operationalisiert durch einen Index "Segmentattraktivität" - und die (beinflußbaren) Unternehmensstärken - operationalisiert durch einen Index "Relative segmentspezifische Wettbewerbsstärke" - einander gegenüberstehen.

Die Dimensionsbezeichnungen der vorgeschlagenen Segmentportfolios zeigen bereits die Nähe zum "Marktattraktivitäts-Wettbewerbsstärken-Portfolio" auf. In dieser auch als "Business Screen" bekannt gewordenen Darstellung ist jede der beiden Beurteilungsdimensionen als Verknüpfung einer ganzen Reihe von Bewertungskriterien zu verstehen, die zum Großteil auf qualitativen Sachverhalten basieren.[351] Die Übertragung einer Auswahl der dabei verwendeten Beurteilungskriterien auf die vorliegende Problemstellung findet sich in Abbildung 34.

SEGMENTATTRAKTIVITÄT	RELATIVE SEGMENTSPEZIFISCHE WETTBEWERBSSTÄRKE

- Segmentpotential und Segmentvolumen
- Segmentwachstum (Potential und Volumen)
- Segmentprofil
- segmentspezifische Wettbewerbssituation
  - Ausmaß des Innovationswettbewerbs
  - Ausmaß des Preiswettbewerbs
  - Relevanz von Substitutionsprodukten
  - Eintrittsgefahr neuer Wettbewerber
- synergetische Wechselwirkungen zwischen Segmenten
u.a.m.
	- relativer Anteil der eigenen Unternehmung am Segmentvolumen
	- relativer bedürfnisbezogener Fit der eigenen Produkte (produktbezogene Wettbewerbsvorteile)
	- relativer technologiebezogener Fit (Position des eigenen technologischen Potentials im Vergleich zu Wettbewerbern und zu Substitutionstechnologien)
	- relative Position der "complementary assets" (Fertigungsverfahren, Technischer Kundendienst, Vertrieb usw.)
	u.a.m.

Abb. 34: Überblick zu den Bewertungskriterien "Segmentattraktivität" und "Relative segmentspezifische Wettbewerbsstärke"

Grundsatz ganz ähnliche Problemstellung geht: Die Auswahl von Ländermärkten im internationalen Marketing.
351) Vgl. zu entsprechenden Kriterienkatalogen etwa Cravens (1987), S. 81, Hinterhuber (1984), S. 100ff., Neubauer (1979), S. 30ff. und Dunst (1979), S. 100ff.

Gleichzeitig sind in der Übersicht auch die Kriterien berücksichtigt, die in den Literaturbeiträgen zu Segmentportfolios[352] und zur Marktsegmentierung genannt werden.[353] Die Liste der Beurteilungskriterien ist selbstverständlich erweiterbar, in der hier vorgelegten Übersicht sind nur die offenkundig wichtigsten angeführt.

Im Kern geht es bei der Segmentbewertung also um folgende Fragen:

- Welche Segmente erscheinen einer Unternehmung gegenwärtig oder - unter Berücksichtigung von Segmentveränderungen - zukünftig grundsätzlich attraktiv genug, um sie bearbeiten zu wollen?

- Verfügt die Unternehmung im Wettbewerbsvergleich über die notwendigen Stärken, Fähigkeiten und Ressourcen, um diese Segmente mit überlegenen Leistungen oder Preisvorteilen bearbeiten zu können bzw. kann sie sich diese aneignen? Mit anderen Worten: Verfügt sie über Wettbewerbsvorteile oder die Grundlagen dazu?

- Ist die Bearbeitung der Segmente in ihrem Zusammenspiel dem Ziel der technologiebezogenen Gewinnmaximierung förderlich?

Vor allem in der Beurteilungsdimension der relativen segmentspezifischen Wettbewerbsstärke findet sich ein Gedanke wieder, der bereits in Abschnitt 3.3.2.3.2 formuliert wurde: die Umsetzung der Wettbewerbsorientierung eines Hochtechnologiemarketing in der Bewertung von Marktsegmenten.[354] Im Zentrum der dahingehenden Überlegungen steht die Frage, wie die gegenwärtigen Produkte einer Unternehmung im Hinblick auf die Erfüllung der Anforderungsprofile der Abnehmer im Wettbewerbsvergleich abschneiden. Von gleicher Bedeutung ist es, die relativen Fähigkeiten (z.B. in der Produktentwicklung) und Ressourcen als Grundlage für zukünftige Wettbewerbsvorteile auf der Produktebene in die Betrachtung einzubeziehen. Als methodisches Hilfsmittel kann hierzu die konkurrenzbezogene Stärken/Schwächen-Analyse einbezogen werden, die die Erfassung und Bewertung der Fähigkeiten und Ressourcen einer Unternehmung im Vergleich zu den Wettbewerbern zum Gegenstand hat.[355]

Auch wenn ein bedürfnisorientiert abgegrenztes Marktsegment im Grundsatz einen hohen Attraktivitätsgrad aufweist, muß dieses Segment also in einem eigenständigen Analyseschritt daraufhin überprüft werden, inwieweit in diesem Segment Wettbe-

---

352) Vgl. Köhler (1994), S. 122 und Hofmaier (1992b), S. 154.
353) Vgl. dazu Freter (1993), Sp. 2813, Kotler/Bliemel (1992), S. 436ff., Porter (1986), S. 330ff., Kols (1986), S. 158ff. und Uebele (1984), S. 165.
354) Siehe dazu auch Ohmae (1986), S. 79.
355) Vgl. ausführlicher zur Stärken/Schwächen-Analyse Brezski (1993), S. 118ff. und Kreilkamp (1987), S. 199ff.

werbsvorteile erzielt werden können.[356] Denkbar ist beispielsweise, daß aufgrund eines bereits ausgeschöpften technologischen Potentials der technologiebezogene Fit nicht mehr erreicht werden kann, während Wettbewerber aus angrenzenden Märkten aufgrund leistungsfähigerer Substitutionstechnologien in das entsprechende Segment eindringen. Die Unternehmung steht dann ob dieser outside-in-Substitution vor der Entscheidung, ob sie dieses Segment aufgibt oder den Übergang zu einer anderen Technologie einleitet. Denkbar ist auch, daß zwar der technologiebezogene Fit erreicht werden könnte, aufgrund einer schwächeren Position der Produktentwicklungsfähigkeiten aber der bedürfnisbezogene Fit nicht realisiert werden kann. Gleiches gilt für die im Wettbewerbsvergleich schwach abschneidenden anderen "complementary assets", wie etwa die Fähigkeiten im technischen Kundendienst. Schließlich ist im Hinblick auf den zeitlichen Fit zwischen Technologiepotential und Bedürfnispotential zu prüfen, ob die Umsetzung der Unternehmensstärken in konkrete Wettbewerbsvorteile noch so rechtzeitig möglich ist, daß das "Strategische Fenster" noch offen bzw. die Marktperiode ausreichend lang ist, um entsprechende Gewinne erzielen zu können. Sind diese Voraussetzungen nicht gegeben, sollte von einem Segmenteintritt abgesehen werden.

4.2.2.3 Anpassungen der segmentspezifischen Marktbearbeitung im Rahmen einer erweiterten Abnehmerorientierung

4.2.2.3.1 Die Erzielung des bedürfnisbezogenen Fits in den Zielgruppen

Die Anknüpfpunkte für den segmentspezifischen Einsatz der Produktpolitik zur Erreichung des bedürfnisorientierten Fits in den ausgewählten Zielgruppen ergeben sich im Falle einer zunächst rein abnehmerorientierten Betrachtung unmittelbar aus den bei der zukunftsbezogenen Segmentbildung hervorgegangenen Segmentprofilen. Deshalb kann an dieser Stelle auf die ausführlichen Darlegungen in früheren Abschnitten dieser Arbeit verwiesen werden.[357] Das Basiskonzept der bedürfnisorientierten Marktsegmentierung bezieht nicht nur die technisch-ökonomischen Anforderungen an das Kernprodukt, sondern auch die Erwartungen an die produktbegleitenden Dienstleistungen sowie die Anforderungen preislicher Art in die Segmentbildung ein. Die sich ergebenden Segmentprofile stellen mithin auch die Grundlage für die Ausgestaltung der funktionellen Dienstleistungen und der Preisfestsetzungen dar. Als eine mögliche heuristische Vorgehensweise zur Transformation der technisch-ökonomischen Anforderungen in die entsprechenden Produkteigenschaften bei der Produktentwicklung wurde bereits an früherer Stelle das Instrument des "House of Quality" erörtert.[358]

---

356) Siehe auch Kotler/Bliemel (1992), S. 438f.
357) Siehe insbesondere die Abschnitte 3.3.2.2.1.4 und 4.1.1.2.
358) Vgl. dazu Abschnitt 3.3.3.

Die anpassungsbezogenen Maßnahmen im Rahmen der Produktpolitik konkretisieren
sich letztlich in der Einführung neuer Produktgenerationen und der damit einhergehenden Elimination von Vorgängergenerationen sowie in den Modifikationen einzelner Produkte einer Generation. Die Bedienung mehrerer Segmente führt dabei zur
Entwicklung segmentspezifischer Produktvarianten (Produktdifferenzierung), um den
bedürfnisbezogenen "Sub"-Fit in einem möglichst hohen Ausmaß zu erzielen.[359]
Während also im Falle der Produktdifferenzierung neben dem ursprünglichen Produkt zeitgleich noch ein weiteres oder auch mehrere modifizierte Produkte angeboten
werden, beinhaltet der Begriff der Produktvariation die Veränderung von Eigenschaften des gleichen Produkts im Zeitablauf.[360] Das Ursprungsprodukt wird dabei durch
ein verändertes Produkt substituiert und abgelöst.

Prinzipiell ist mit der konsequenten Orientierung der Planung produktpolitischer
Maßnahmen an den Segmentprofilen auch das Problem der Erzielung des zeitlichen
Fits zwischen Produkteigenschaften und Abnehmerbedürfnissen gelöst. Denn wenn
Informationen darüber vorliegen, zu welchem Zeitpunkt die Bedürfnisstrukturen dergestalt sind, daß die Eigenschaften eines Produktes mit diesen zur Deckung gelangen,
liegen gleichzeitig auch Hinweise auf den richtigen Zeitpunkt des Einsatzes der entsprechenden Maßnahmen vor. Erinnert sei hier an die Ausführungen zum
"strategischen Fenster" bzw. zur Marktperiode in Abschnitt 3.3.1.2. Freilich sind bezüglich der zeitlichen Synchronisation von Aktivitäten der segmentspezifischen
Marktbearbeitung und der Aufnahmebereitschaft der entsprechenden Segmente die
Auswirkungen auf den technologiebezogenen Gewinn zu berücksichtigen. Je nachdem, wie sich eventuelle Kannibalisierungseffekte im Zeitablauf darstellen, sollten
frühere oder spätere Wechsel von Produktgenerationen in Erwägung gezogen werden,
um den Gewinnentgang durch einen zu späten Wechsel auf die nachfolgende Generation oder eine zu frühzeitige Elimination der Vorgängergeneration so gering wie
möglich zu halten.[361]

Die gleiche Problematik stellt sich auch im Falle von Produktdifferenzierungen, wenn
man diese einer dynamischen Betrachtung unterzieht. Neben simultanen Produktdifferenzierungen, die mit der Einführung des ursprünglichen Produkts zeitgleich vorgenommen werden, können auch sequentielle Produktdifferenzierungen unterschieden

---

359) Bezieht man wiederum die Gesamtheit der technisch-ökonomischen Anforderungen der
Abnehmer in die Überlegungen ein, dann kann in Anlehnung an Bauer von einer substantiellen, einer leistungsadditiven und einer preisbezogenen Produktdifferenzierung gesprochen werden. Vgl. Bauer (1976), S. 93ff.
360) Vgl. Brockhoff (1993a), S. 268 und S. 279 sowie Nieschlag/Dichtl/Hörschgen (1991),
S. 203f.
361) Ausdrücklich für den Hochtechnologiebereich wird dieser Sachverhalt von Norton/Bass
(1987), S. 1069ff. und MacInnis/Heslop (1990), S. 109 problematisiert. Siehe aber auch
Sabel (1991), S. 235ff. und Brockhoff (1993a), S. 286ff.

werden. Letztere korrespondieren mit dem Sachverhalt, der im vorangegangenen Abschnitt mit einem segmentweisen Vordringen bezeichnet wurde. Je nach situationsspezifischem Einzelfall kann es nun wirtschaftlich vorteilhafter sein, mehrere Varianten gleichzeitig oder eben mit einem zeitlichen Abstand einzuführen.[362]

Beeinflußt werden solche Entscheidungen aber auch in einem hohen Maße durch die innovierenden Tätigkeiten der Wettbewerber.[363] So ist denkbar, daß die frühzeitige Einführung einer neuen Produktgeneration nur in einem oder wenigen Marktsegmenten angestrebt wird, während man in anderen Marktsegmenten den Wettbewerbern erst zu einem späteren Zeitpunkt folgt.[364] Damit ist bereits die Wettbewerbsorientierung im Rahmen der segmentspezifischen Marktbearbeitung angesprochen.

4.2.2.3.2 Die Schaffung von Wettbewerbsvorteilen zur Erzielung des relativen bedürfnisbezogenen Fits in den Zielgruppen

Unter Zugrundelegung einer erweiterten Abnehmerorientierung rückt der relative Fit in den Mittelpunkt der Überlegungen. In jedem zu bearbeitenden Marktsegment gilt es, in den von den Abnehmern als wichtig erachteten technisch-ökonomischen Anforderungen besser abzuschneiden als die Wettbewerber. Gegenstand einer segmentspezifischen Marktbearbeitung ist mithin auch der Aufbau von Wettbewerbsvorteilen, deren konkrete Ausprägungen im Hinblick auf die zu bearbeitenden Zielgruppen zu definieren sind.[365] Die Definition von Wettbewerbsvorteilen für jedes einzelne Marktsegment ist auch deshalb wichtig, weil sich in der Regel nicht immer die gleichen Wettbewerber in den verschiedenen Teilmärkten betätigen.[366] Dies ergibt sich schon alleine aus der Tatsache, daß die Wettbewerber im Rahmen "ihrer" Auswahl der zu bearbeitenden Zielgruppen die eigenen relativen Fähigkeiten und Ressourcen zugrunde legen. Insbesondere im Zusammenhang mit den im vorangegangenen Abschnitt erörterten Segmentverflechtungen und Übersegmenten ist aber zu beachten, daß sich im Zuge der Marktentwicklung sogenannte strategische Gruppen von Unternehmen herausbilden können,[367] die sich unter anderem im Hinblick auf die Auswahl der von ihnen bedienten Marktsegmente weitgehend ähnlich verhalten und gegebenenfalls auch ähnliche Pläne im Hinblick auf die Reihenfolge und die Zeitpunkte der Segmenteintritte verfolgen.[368] In diesen Fällen sind die anzustrebenden

---

362) Vgl. dazu auch Brockhoff (1993a), S. 286f.
363) Siehe hierzu auch Becker (1993), S. 337ff.
364) Vgl. hierzu auch Specht/Zörgiebel (1985), S. 169.
365) Vgl. dazu Porter (1986), S. 330, Backhaus (1992), S. 30, Ohmae (1986), S. 71f. und Kliche (1991), S. 164f.
366) Vgl. Backhaus (1992), S. 30.
367) Siehe zum Konzept der strategischen Gruppen Porter (1983), S. 177ff. und Bauer (1991), S. 393ff.
368) Vgl. dazu auch Porter (1986), S. 338.

Wettbewerbsvorteile dann bezüglich solcher Übersegmente zu definieren. Ganz analog zur Evolution von Marktsegmenten ist auch eine Evolution von Strategischen Gruppen festzustellen,[369] was bereits verdeutlicht, daß die Festlegung der angestrebten Wettbewerbsvorteile einer ständigen Revision zu unterziehen ist.

Als Anknüpfpunkte zur Definition der zu erzielenden Wettbewerbsvorteile eignen sich sowohl die segmentspezifischen Anforderungen an das substantielle Produkt und die funktionellen Dienstleistungen als auch die preislichen Erwartungen der Abnehmer. Im Hochtechnologiebereich sind funktionelle Dienstleistungen oftmals ein wichtiger Ansatzpunkt für Wettbewerbsvorteile. Dies trifft insbesondere auf die späteren Phasen des Technologielebenszyklus zu, wenn die Kernprodukte aufgrund einer weitgehenden Ausschöpfung des technologischen Potentials kaum mehr Differenzierungsmöglichkeiten zwischen den Wettbewerbern zulassen. Den funktionellen Dienstleistungen kommt dann eine enthomogenisierende Wirkung zu.[370]

Insgesamt betrachtet geht es aus der Sicht einer planenden Unternehmung um die Frage, ob gegenüber den Konkurrenten in erster Linie Differenzierungsvorteile oder Kosten- bzw. Preisvorteile erzielt werden sollen.[371] Aus diesen beiden Arten von Wettbewerbsvorteilen ergeben sich nach dem Ansatz von Porter zwei wettbewerbsstrategische Basisoptionen: die Strategie der Kostenführerschaft und die Strategie der Differenzierung.[372]

Die Strategie der Kostenführerschaft stellt darauf ab, die Stückkosten der angebotenen Produkte unter das Niveau der Konkurrenten zu senken, um höhere Gewinnmargen zu erzielen oder - insbesondere im Falle zunehmenden Preiswettbewerbs - durch eine Politik niedriger Preise Wettbewerbsvorteile zu realisieren.[373] Dabei muß ein Kostenführer im Vergleich zu seinen Konkurrenten eine "paritätische oder beinahe paritätische Differenzierung"[374] vorweisen können. Die Differenzierungsstrategie versucht, für den Abnehmer ein einzigartiges Produkt zu schaffen, welches aus der - im Vergleich zu den Wettbewerbern - besseren Ausgestaltung der vom Abnehmer als

---

369) Siehe Bauer (1991), S. 399.
370) Vgl. hierzu auch Forschner (1989), S. 154.
371) Vgl. Porter (1986), S. 21. Der Begriff Differenzierung bezieht sich hier also auf die Abhebung der eigenen Produkte von denen der Konkurrenten.
372) Vgl. Porter (1986), S. 31.
    Anzumerken ist, daß Porter diese beiden grundlegenden Alternativen - ganz analog zur Ableitung der Basisalternativen der Marktbearbeitung im vorangegangenen Abschnitt - ferner mit dem "Umfang der Marktabdeckung" kombiniert und als dritte wettbewerbsstrategische Option die "Konzentration auf Schwerpunkte" unterscheidet. Diese stellt im Kern auf die konzentrierte Bearbeitung eines Marktsegments ab. Es wurde bereits darauf hingewiesen, daß eine solche Strategie in dynamischen Märkten aufgrund der Möglichkeit der Auflösung eines Segments wenig sinnvoll erscheint.
373) Siehe Porter (1983), S. 63ff.
374) Porter (1986), S. 33 (Original mit Hervorhebungen).

besonders wichtig eingestuften Produkteigenschaften resultiert.[375] Diese Einmalig-keit kann eine erhöhte Preisbereitschaft der Abnehmer bewirken. Dennoch muß auch eine differenzierende Unternehmung eine "vollständige oder annähernde Kostenpari-tät"[376] im Vergleich zu ihren Wettbewerbern erzielen.

Der Ansatz von Porter ist in der Vergangenheit oftmals kritisch hinterfragt worden - vor allem angesichts der These Porters, daß eine Unternehmung im Regelfall eine eindeutige Entscheidung für die eine oder die andere Strategie zu treffen habe.[377] Kritisch wird in der Literatur dazu bemerkt, daß es sich bei diesen beiden strate-gischen Optionen keineswegs um zwingende Alternativen handelt, da sie auf unter-schiedlichen Betrachtungsebenen beruhen: Die Kostenführerschaftsstrategie stellt auf die unternehmensinternen Voraussetzungen beim Anbieter ab, während die Differen-zierungsstrategie auf die Bedürfnisstrukturen der Abnehmer ausgerichtet ist.[378] Hieraus folgert Speed: "Differentiation leads to products that fulfill needs better by being different ... Cost leadership does not lead to any increased benefits to the consumer unless the lower costs lead to lower prices."[379] Hinzu kommt, daß - so Porter selbst - auch der Kostenführer eine genügende Differenzierung seiner Produkte aufweisen muß und es schließlich auch nur einen einzigen Kostenführer geben kann. Angesichts dieser Überlegungen wird denn auch aus einer marketingorientierten Per-spektive in Frage gestellt, ob es sich bei diesen beiden Strategietypen um eigenstän-dige strategische Optionen handelt.[380] Denn betrachtet man den Preis als ein Leistungsmerkmal wie jedes andere auch, so dient eine Kostenführerschaftsstrategie letztlich dazu, eine Differenzierung über den Preis zu unterstützen.[381]

Jeder Wettbewerbsvorteil kann insofern nur über die differenzierten Nutzenerwar-tungen auf der Abnehmerebene definiert werden.[382] Die modellhafte Formulierung von Bedürfnisstrukturen in Kapitel 3, die ja auch dem Basiskonzept der bedürfnis-orientierten Marktsegmentierung zugrunde gelegt wurde, beinhaltet alle Bezugspunkte für eine segmentspezifische Gestaltung der Produktpolitik und zeichnet sich durch eine integrierte Betrachtung leistungsbezogener und preisbezogener Abnehmeranforde-rungen aus. Durch die Einbeziehung der wettbewerblichen Position der von einer Unternehmung angebotenen Produkte in die Überlegungen können dann gezielt segmentspezifische Wettbewerbsvorteile definiert und durch die Ausnutzung bzw. Schaffung der entsprechenden Grundlagen realisiert werden. Kommt den leistungsbe-

---

375) Vgl. Porter (1983), S. 65f.
376) Porter (1986), S. 35 (Original mit Hervorhebungen).
377) Siehe Porter (1986), S. 38ff.
378) Vgl. dazu Becker (1993), S. 330, Speed (1989), S. 10 und Sharp (1991), S. 6.
379) Speed (1989), S. 10f.
380) Siehe etwa Speed (1989), S. 11 oder Sharp (1991), S. 6.
381) Vgl. Speed (1989), S. 11 und Sharp (1991), S. 6.
382) Vgl. Becker (1993), S. 330 und Meffert (1989), S. 300.

zogenen Anforderungen in einem bestimmten Segment eine hohe Bedeutung zu, dann rücken insbesondere die Fähigkeiten in den Vordergrund, die mit einer Differenzierungsstrategie assoziiert werden - wie etwa ein flächendeckendes Servicenetz. Sind dagegen die preislichen Anforderungen ausschlaggebend, dann sind vor allem die Gesichtspunkte bedeutsam, die gemeinhin mit einer Kostenführerschaftsstrategie in Verbindung gebracht werden, wie etwa die Kostengünstigkeit von Einbauteilen, geringe Fertigungskosten oder die Effizienz der Produktentwicklung.[383] Besonders in wettbewerbsintensiven Märkten ist aber zunehmend zu beobachten, daß sowohl den leistungsbezogenen als auch gleichzeitig den preislichen Anforderungen der Abnehmer eine hohe Bedeutung zukommt.[384]

Die konsequente Orientierung an den Bedürfnisstrukturen der Abnehmer und der Wettbewerbsposition der Unternehmung in preis- und kostenbezogener Hinsicht liegt dem Verfahren des Target Costing zugrunde, das vor allem in japanischen Unternehmen angewendet, neuerdings aber auch in westlichen Ländern im wissenschaftlichen Bereich diskutiert und in der unternehmerischen Praxis eingesetzt wird. Target Costing ist ein Ansatz, der für eine konsequente Marktorientierung der Produktentwicklung sorgt, indem den an der Produktentwicklung beteiligten betrieblichen Tätigkeitsbereichen für jedes neu zu entwickelnde oder zu modifizierende Produkt detaillierte Kostenziele (Zielkosten) im Hinblick auf die Realisierung der von den Abnehmern erwarteten Produkteigenschaften verbindlich vorgegeben werden.[385] Bei der Festlegung der Zielkosten spielt die genaue Kenntnis der Bedürfnisstrukturen der Abnehmer und des (zukünftigen) Preisniveaus in dem anzusprechenden Marktsegment eine herausragende Rolle. Die Zielkosten werden dabei ausgehend von einem nicht zu überschreitenden Preis des entsprechenden Produkts (Zielpreis) und unter der Berücksichtigung einer zufriedenstellenden Gewinnmarge in einer retrograden Rechnung auf die einzelnen Komponenten des entsprechenden Produkts "heruntergebrochen".[386] Der Kerngedanke des Target Costing läßt sich demnach in einer vereinfachten Form wie folgt kennzeichnen: "Zielkosten sind nicht intern definierte Plankosten aus der bekannten Kostenrechnung, sondern die von den Kunden gewünschten Preise und von den Wettbewerbern höchstens zugelassenen Kosten."[387] Ein solches Verfahren ist unmittelbar dazu geeignet, die segmentspezifische Produktentwicklung im Rahmen einer erweiterten Abnehmerorientierung zu steuern.[388] Der Ansatz dient dabei in

---

383) Siehe hierzu auch Murray (1988), S. 394.
384) Vgl. Corsten/Will (1992), S. 2.
385) Vgl. Seidenschwarz (1993), S. 626 und Köhler (1993e), S. 12.
386) Siehe Köhler (1993e), S. 12 und Simon (1992), S. 62f.
387) Seidenschwarz (1994), S. 97.
388) Im Hinblick auf die damit verbundene Zielsetzung ist ein erst vor kurzem von Bauer, Herrmann und Mengen vorgestellter Ansatz ganz ähnlich zu beurteilen. Die Idee, die abnehmerseitigen Anforderungen einschließlich der Preisbereitschaft mit den kostenmäßigen Auswirkungen einer entsprechenden Produktgestaltung zu verknüpfen, wird

erster Linie der Unterstützung des Kostenmanagements einer Unternehmung, die - wie im Falle von Hochtechnologiemärkten - kurzen Produktlebenszyklen und einem intensiven Preiswettbewerb ausgesetzt sind.[389] Über einen sehr erfolgreichen Anwendungsfall des Target Costing im Bereich der Computertomographie wurde kürzlich berichtet. Das Preisniveau auf diesem Markt wird in hohem Maße durch die preisaggressiven japanischen Wettbewerber, wie etwa die Firma Toshiba, bestimmt. Ohne auf einen hohen Abnehmernutzen zu verzichten, gelang es in diesem Fall der Firma Siemens, eine neue, auf preissensitive Marktsegmente gerichtete Computertomographie-Generation zu entwickeln, deren Geräte nur noch die Hälfte der Vorgängergeneration kosten.[390]

Angesichts ähnlicher Beispiele wird deshalb in der Literatur kritisch bemerkt, daß der Ansatz von Porter die Möglichkeit einer Kombination von Differenzierungsstrategie und Kostenführerschaft vernachlässige.[391] Dieser Gesichtspunkt ist Gegenstand der Ausführungen im folgenden Abschnitt.

4.2.2.3.3 Outpacing Strategies als Ausdruck einer dynamischen Wettbewerbsorientierung auf Hochtechnologiemärkten

In einem Versuch, die Dichotomisierung in Kostenführerschafts- und Differenzierungsstrategie zu überwinden, wird in jüngeren Veröffentlichungen das Konzept sogenannter "Outpacing Strategies" von Gilbert und Strebel diskutiert, das eine dynamische Sicht der Zusammenhänge eröffnet.[392] Ausgehend von der Überlegung, daß Unternehmen grundsätzlich die strategischen Alternativen einer Kostenführerschaft oder Differenzierung offenstehen, versucht das Outpacing-Konzept, die beiden strategischen Optionen im Verlaufe der Marktevolution zu kombinieren (siehe Abbildung 35).[393]

---

von den Autoren im Rahmen eines modifizierten Ansatzes des Conjoint Measurement realisiert. Vgl. dazu Bauer/Herrmann/Mengen (1994), S. 82ff.
Der Gedanke, kostenbezogene Gesichtspunkte mit den Ergebnissen einer zu Marktsegmentierungszwecken herangezogenen Conjoint Measurement-Studie zu verknüpfen, wurde aber auch schon in einem Vorschlag von Resnik/Turney/Mason (1979), S. 103ff. verfolgt.

389) Vgl. Seidenschwarz (1993), S. 626.
390) Vgl. Burkhardt (1994), S. 95ff.
391) Siehe hierzu Murray (1991), S. 396, Phillips/Chang/Buzzell (1983), S. 27, Corsten/Will (1992), S. 2f. und Hill (1988), S. 402.
392) Vgl. dazu Gilbert/Strebel (1985), S. 1ff., Gilbert/Strebel (1987), S. 28ff., Gilbert/Strebel (1988), S. 77ff. und Kleinaltenkamp (1987), S. 31ff.
393) Siehe Gilbert/Strebel (1987), S. 28 und Gilbert/Strebel (1988), S. 77.

- 192 -

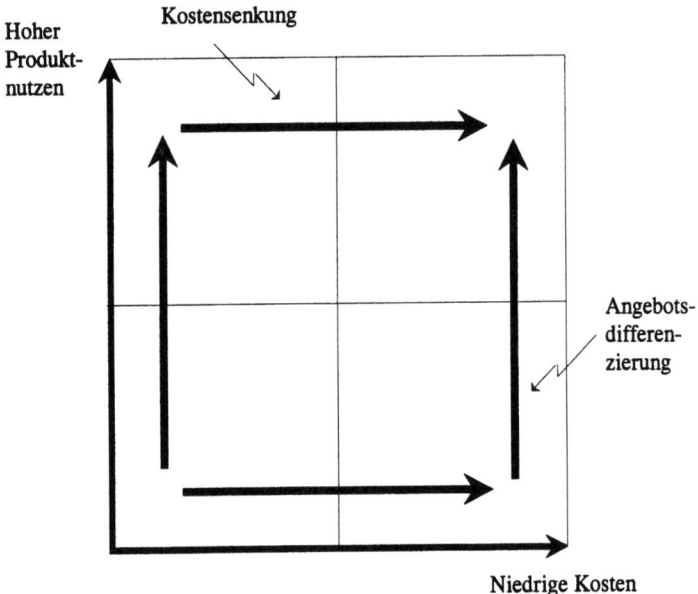

Abb. 35: Verknüpfung von Wettbewerbsstrategien durch "Outpacing"
Quelle: In Anlehnung an Gilbert/Strebel (1987), S. 32.

Der Grundgedanke des Konzepts lautet, daß eine Unternehmung in Abhängigkeit von der Marktsituation einen geplanten Wechsel zwischen diesen beiden Strategietypen herbeiführt bzw. sie kombiniert, um damit die Wettbewerber gewissermaßen zu "überholen" und nachhaltig Wettbewerbsvorteile zu erzielen. Das Konzept berücksichtigt sowohl einen Wechsel von der Differenzierungsstrategie zur Kostenführerschaftsstrategie als auch umgekehrt.[394] Dabei folgen die Wettbewerbsstrategien der Marktentwicklung in der Weise, daß die beiden strategischen Alternativen zu einer "ganzheitlichen, symbiotischen Strategie"[395] verschmelzen. Outpacing Strategies sind demnach dadurch gekennzeichnet, daß eine Unternehmung danach strebt, mit einem Produkt auf dem Markt bzw. in einem Marktsegment vertreten zu sein, das sich sowohl durch einen hohen Nutzen für den Abnehmer als auch durch verhältnismäßig niedrige Kosten und Preise auszeichnet.[396] Outpacing Strategies werden von

---

394) Vgl. Gilbert/Strebel (1987), S. 78f.
395) Meffert (1989), S. 301 (Original mit Hervorhebungen).
396) Vgl. Kleinaltenkamp (1987), S. 42.

Gilbert und Strebel deshalb auch als eine eigenständige strategische Option verstanden.[397]

Segmentspezifische Wettbewerbsstrategien können nach diesem Ansatz also dadurch beschrieben werden, daß Wettbewerbsvorteile in bezug auf bestimmte Eigenschaften des angebotenen Kernprodukts sowie der funktionellen Dienstleistungen und/oder den Preis gesucht und realisiert werden. Auf Hochtechnologiemärkten kommt aber der Verknüpfung der leistungsbezogenen und preislichen Komponente eine ganz besondere Bedeutung zu. Dies war auch der Hintergrund für die Entwicklung einer neuen Generation von Computertomographen bei der Firma Siemens anhand des Target Costing-Verfahrens: "In immer mehr Segmenten gelten, wie in der Medizintechnik, Outpacing-Bedingungen: Wer überleben will, muß Qualität, Kosten und Zeit zugleich beherrschen."[398]

Dem Konzept der Outpacing Strategies kommt zweifellos das Verdienst zu, die Möglichkeit der Kombination von Kostenführerschaftsstrategie und Qualitätsführerschaft als eine eigenständige Strategie zu betonen. Angesichts der obigen Ausführungen ergeben sich aber Zweifel gegenüber der von Gilbert und Strebel angenommenen strikten Unvereinbarkeit der beiden Strategietypen zu Beginn des Marktlebenszyklus, die erst durch die Kombination in einer Outpacing Strategy in späteren Phasen wieder aufgelöst wird.[399] Eine Bestätigung für die Zweckmäßigkeit und Möglichkeit der Zusammenführung der beiden grundlegenden Alternativen ergibt sich aus der in der Praxis schon seit längerem beobachtbaren Tendenz zu flexiblen Fertigungsanlagen und einer Veränderung informationstechnologischer und arbeitsorganisatorischer Konzepte, so daß eine hohe Differenzierungsmöglichkeit der Produkte bei gleichzeitig geringen Kosten erreicht werden kann.[400]

Ganz besonders auf Hochtechnologiemärkten ist allerdings darauf zu achten, daß die Anbieter ihre durch einmaliges oder mehrfaches Outpacing erreichte Position nie als endgültig gesichert ansehen. Der technische Wandel, neue arbeitsorganisatorische Konzepte und die Veränderung der Bedürfnisstrukturen eröffnen ständig neue Kostensenkungs- oder Differenzierungspotentiale, die neue Outpacing-Aktivitäten erfordern.[401] So folgert Benkenstein, daß im Hochtechnologiebereich "ein Wechsel zwischen den Grundkonzeptionen der Wettbewerbsstrategie in besonders kurzen Zeiträumen notwendig"[402] sei. Bei einer so engen Verschmelzung kann dann aber

---

397) Vgl. Gilbert/Strebel (1988), S. 77.
398) Burkhardt (1994), S. 96.
399) Siehe hierzu auch Kleinaltenkamp (1987), S. 46.
400) Vgl. Corsten/Will (1992), S. 3.
401) Siehe Benkenstein (1992), S. 13.
402) Benkenstein (1992), S. 13.

nicht mehr ohne weiteres von zwei eigenständigen Strategietypen gesprochen werden. Die Definition von Wettbewerbsvorteilen zum Zwecke der segmentspezifischen Bearbeitung von Hochtechnologiemärkten sollte sich deshalb konsequent an den leistungs- und preisbezogenen Anforderungen der Abnehmer ausrichten und deren ständigen Wandel in die Planungen einbeziehen.

4.2.3 Kontrolle und Steuerung im Rahmen eines dynamischen Segment-Managements

Als Ergebnis der Planungen zur segmentspezifischen Marktbearbeitung liegen zur Realisierung vorgesehene Pläne bzw. Handlungsprogramme vor, in denen Aussagen über die Bestimmungsmerkmale des zukünftigen Handelns getroffen werden.[403] Hierbei sind im Hinblick auf die beabsichtigten Maßnahmen beispielsweise folgende Angaben notwendig:

- Kennzeichnung der Marktsegmente, in denen sich die Unternehmung in einem definierten Zeitraum betätigen will

- Festlegung der Reihenfolge und Zeitpunkte der Segmenteintritte

- Beschreibung der Eigenschaften der Produkte, die den ausgewählten Segmenten angeboten werden sollen, und des geplanten Wandels dieser Produkteigenschaften im Zeitablauf

- Kennzeichnung der angestrebten Wettbewerbsvorteile

- Bestimmung der mit der Segmentbearbeitung erwarteten Zielerreichung (z.B. eine bestimmte Höhe des technologiebezogenen Gewinns in dem betrachteten Zeitraum).

Die segmentspezifischen Marktbearbeitungspläne informieren also im Kern darüber, welches Produkt welchem Marktsegment zu welchem Zeitpunkt bzw. in welchem Zeitraum angeboten werden soll und welcher Gewinnbeitrag damit erwartet wird. Die Realisation dieser Pläne sowie die dazu notwendigen Vorbereitungen führen zu einem Ressourceneinsatz, wie etwa Aktivitäten der Vor- und Endentwicklung von Produkten oder Investitionen in die Produktions- und Absatzvorbereitung.

Grundlage einer jeden Planung sind bestimmte Prämissen.[404] Der auf einer bedürfnisorientierten und dynamisch angelegten Markterfassung aufbauenden Planung der

---

403) Zum Begriff und zu den Bestandteilen eines Plans siehe ausführlicher Wild (1974), S. 14.
404) Siehe Wild (1974), S. 49.

Marktbearbeitung liegen ganz bestimmte Annahmen hinsichtlich zukünftiger segment-spezifischer Bedürfnisstrukturen zugrunde (Wird-Informationen). Angesichts der Ausführungen in Abschnitt 4.2.2.1 sind diese Prämissen als mehr oder weniger zufallsbehaftet und unscharf formuliert zu bezeichnen.[405] Im Hinblick auf die sich ständig wandelnden Bedürfnisstrukturen auf Hochtechnologiemärkten besteht die Gefahr, daß die Planung der segmentspezifischen Marktbearbeitungsmaßnahmen bereits im Vorfeld ihrer Realisierung auf inzwischen unzutreffenden Prämissen beruht. Die auf den antizipierten Bedürfnisstrukturen aufbauenden Planungen wären dann gegebenenfalls unbrauchbar, zumindest bestände die Möglichkeit, daß ein geringerer Zielerreichungsgrad als erwartet realisiert würde.[406] Derartige Risiken zu vermeiden ist Aufgabe der Planprämissen-Kontrolle.[407] Kontrollen basieren ganz allgemein auf der Durchführung eines Vergleichs von zwei Größen, von denen eine die Funktion einer normativen Vergleichsbasis übernimmt.[408] Im Falle von Planprämissen-Kontrollen handelt es sich dabei um einen Wird-Ist-Vergleich.[409] Angesichts der vorliegenden Problemstellung ist dies so zu verstehen, daß im Vorfeld der endgültigen Planrealisation laufend überprüft wird, inwieweit die prognostizierten Bedürfnistrukturen (Wird-Aussagen), die die Ausgangsannahmen der Planung darstellten, noch zutreffen, also mit den gegenwärtigen Bedürfnisstrukturen (Ist-Aussagen) übereinstimmen. An den vorhergesagten Bedürfnisstrukturen setzt mithin die normative Vergleichsgröße an. Eine kontinuierliche Prämissen-Kontrolle trägt dazu bei, daß die in die Planung der segmentspezifischen Marktbearbeitung einfließenden Annahmen zunehmend schärfer und weniger zufallsbehaftet formuliert werden können. Eine laufende Überprüfung der Prämissen gibt die Möglichkeit, zu adäquaten Plänen zu gelangen bzw. rechtzeitige Anpassungen von ratifizierten Plänen oder bereits eingeleiteten Realisierungsmaßnahmen, wie etwa Aktivitäten der Vorentwicklung oder Endentwicklung von Produkten, vorzunehmen.[410]

Eine so verstandene Planprämissen-Kontrolle ist eine wesentliche Komponente der sogenannten strategischen Kontrolle.[411] "Strategische Kontrolle läßt sich .. als Auf-

---

405) Zu dieser Charakterisierung von Prämissen und den entsprechenden Gegenbegriffen siehe Böcker (1988), S. 70.
406) Zu erwarteteten und realisierten Zielerreichungsgraden siehe Wild (1974), S. 49.
407) Es wird auch von Prämissen-Audits gesprochen. Siehe Köhler (1993a), S. 397 und Böcker (1988), S. 69.
408) Siehe Pfohl (1981), S. 59.
409) Vgl. Wild (1974), S. 44, Pfohl (1981), S. 60f. und Delfmann (1993), Sp. 3233.
410) Siehe dazu auch Böcker (1988), S. 70.
411) Vgl. dazu Schreyögg/Steinmann (1985), S. 401, Steinmann/Schreyögg (1990), S. 202 und Köhler (1993a), S. 397. Nach Schreyögg und Steinmann gehören zum System der strategischen Kontrolle ferner die Durchführungskontrolle und die strategische Überwachung. Vgl. Schreyögg/Steinmann (1985), S. 402ff. Bei der strategischen Überwachung geht es im wesentlichen um den Sachverhalt, der im Rahmen der Erörterung von Früherkennungssytemen in Abschnitt 4.2.2.1.3.5 als Scanning bezeichnet wurde.

gabe definieren, die strategischen Pläne ... fortlaufend auf ihre weitere Tragfähigkeit hin zu überprüfen, um Bedrohungen und dadurch notwendige Veränderungen des strategischen Kurses rechtzeitig zu signalisieren."[412] Es geht also darum, rechtzeitig Anhaltspunkte für notwendige Änderungen von Plänen zu erhalten. Bei der strategischen Kontrolle handelt es sich demnach um eine zukunftsbezogene Vorkopplung (feed forward-Kontrolle).[413] Damit tritt die Kontrolle "aus dem Status eines nachgeordneten, an fertige Planungen angeschlossenen Prüfverfahrens heraus und begleitet den gesamten Planungs- und Realisierungsprozeß ... von Anfang an."[414] Planung und Kontrolle übernehmen dann gleichermaßen Steuerungsfunktionen.[415]

Bedürfnisstrukturen von Abnehmern als Objekt einer Planprämissen-Kontrolle sind in der Literatur nur recht selten Gegenstand einer expliziten und eingehenderen Betrachtung.[416] In einem Beitrag von Steinmann und Hasselberg werden dagegen die Annahmen über segmentspezifische Bedürfnisstrukturen zum zentralen Objekt einer strategischen Kontrollkonzeption für eine Differenzierungsstrategie im wettbewerbsstrategischen Sinne: "Auf der Relevanz dieser Basisannahmen über die Bedürfnisstruktur der Zielgruppen gründet die Differenzierungsstrategie, so daß sie in der strategischen Planung expliziert und zum Gegenstand der Prämissenkontrolle gemacht werden müssen."[417]

Im Rahmen einer kontinuierlich durchgeführten Planprämissen-Kontrolle muß eine Reihe von Informationen auf eine geeignete Art und Weise gesammelt und verknüpft werden. Die Methoden zur Gewinnung der notwendigen Ist- und Wird-Informationen über Bedürfnisstrukturen sowie deren Quellen wurden bereits ausführlich im Rahmen der Darlegungen zur gegenwarts- und zukunftsbezogenen Segmentbildung behandelt. Das System der Planung und Kontrolle ist nun so einzurichten, daß die Verarbeitung und Verknüpfung dieser Informationen bestmöglich abläuft. Da die Informationen zugleich an den verschiedensten Stellen und zu den verschiedensten Zeitpunkten erfaßt

---

412) Steinmann/Schreyögg (1990), S. 202.
413) Vgl. Köhler (1993a), S. 397 und Schreyögg/Steinmann (1985), S. 392.
   Bei feed back-Kontrollen handelt es sich dagegen um die Gegenüberstellung von Soll-Größen mit Ist-Größen, wobei die Ist-Größen aus den Ergebnissen bereits realisierter Maßnahmen stammen (Ergebniskontrollen). Diese Art der Kontrolle führt zu Informationen, die erst im nachhinein auf Abweichungen hinweisen und Anpassungsmaßnahmen zu einem dann schon (zu) späten Zeitpunkt veranlassen.
414) Schreyögg/Steinmann (1985), S. 397. Siehe aber auch Delfmann (1993), Sp. 3249 und Böcker (1988), S. 31f.
415) Siehe Gälweiler (1981), S. 384f. und Delfmann (1993), Sp. 3249.
416) Andeutungsweise geschieht dies bspw. bei Böcker (1988), S. 73, Gälweiler (1981), S. 389 und Schreyögg/Steinmann (1985), S. 393.
417) Steinmann/Hasselberg (1988), S. 376.
   Darüber hinaus werden in dem genannten Beitrag auch die beiden anderen Eckpunkte des strategischen Dreiecks als Kontrollobjekte diskutiert: die Annahmen über das strategische Verhalten der Wettbewerber sowie die Prämissen über die relativen Stärken und Schwächen der eigenen Unternehmung.

und an Informationsverarbeitungsstellen weitergegeben werden müssen, kommt deshalb einem gut funktionierenden Controlling eine wichtige Rolle zu. Controlling umfaßt grundsätzlich die Koordination von Planung, Kontrolle und Informationsversorgung.[418] In einer der vorliegenden Problemstellung angepaßten Ausgestaltung kann es als eine Steuerungshilfe für das dynamische Segment-Management verstanden werden. Dem Controlling käme dann beispielsweise die Aufgabe zu, durch geeignete Auslösemechanismen die Gewinnung bzw. Übermittlung von Ist-Informationen über Bedürfnisstrukturen in einzelnen Marktsegmenten zu initiieren oder etwa Informationen aus einem Früherkennungssystem abzurufen.

Wie ist aber nun das Zusammenspiel von Planung und Kontrolle im Rahmen eines dynamischen Segment-Managements konkret zu verstehen? Zur ansatzweisen Beantwortung dieser Frage sind zunächst einige grundsätzliche Bemerkungen zur Flexibilität von Plänen notwendig.

Unter Flexibilität ist ganz allgemein die Anpassungsfähigkeit von Plänen an alternative Situationen zu verstehen. In der Literatur werden zwei grundsätzliche Möglichkeiten der Plananpassung unterschieden: zum einen die laufende nachträgliche Anpassung von Plänen und zum anderen die vorweggenommene Berücksichtigung möglicher Notwendigkeiten der Plananpassung.[419]

Bei der zuletzt genannten Möglichkeit, der flexiblen Planung im engeren Sinne, werden bereits zu Beginn der Planung alle alternativen Entscheidungsmöglichkeiten und die eventuell notwendigen Korrekturmaßnahmen berücksichtigt.[420] Die Entscheidungen werden sukzessive konkretisiert, wobei die in den einzelnen Entscheidungszeitpunkten vorliegenden Informationen berücksichtigt werden. Zu Beginn der Realisierung eines flexiblen Plans steht das endgültige Handlungsprogramm also noch nicht fest.[421] Endgültige (definitive) Entscheidungen betreffen nur die jeweils nächste Periode, die späteren Entwicklungsmöglichkeiten und Alternativen werden aber bereits in Form bedingter Entscheidungen (Eventualentscheidungen) berücksichtigt. Folgeentscheidungen werden nicht aufgeschoben, sondern als Eventualentscheidungen antizipiert.[422] Die Vorwegnahme der möglichen Folgeentscheidungen bereits bei der Festlegung des ersten Planabschnitts erfordert demnach eine vollständige Beschreibung aller denkbaren Alternativen mit sämtlichen situationsabhängigen Verzweigungen.[423] Die bereits weiter oben erörterte Szenario-Technik kann hierzu eine ge-

418) Vgl. Köhler (1993a), S. 256 und Horváth (1993), S. 113.
419) Vgl. Wild (1974), S. 76f. und Kaluza (1993), Sp. 1176.
420) Siehe Wild (1974), S. 77 und Dinkelbach (1989), Sp. 510.
421) Vgl. Szyperski/Winand (1980), S. 146.
422) Vgl. Wild (1974), S. 77.
423) Siehe Wild (1974), S. 77.

eignete Grundlage bilden, da sie nicht nur alternative Bilder im Hinblick auf zukünftige Bedürfnisstrukturen generiert, sondern auch die Entwicklungspfade - also denkbare Wege der Segmentevolution - aufzeigt, die zu diesen Zukunftsmöglichkeiten hinführen.[424] Bei einer praktischen Anwendung der flexiblen Planung ist es aber recht
unwahrscheinlich, daß eine vollständige Beschreibung aller möglichen künftigen Situationen vorliegt sowie sämtliche alternativen Entscheidungsmöglichkeiten in Form
von Eventualplänen Berücksichtigung finden können. Schließlich sind auch hinsichtlich der Effizienz eines solchen Vorgehens Zweifel angebracht. Deshalb werden in der
Regel auch bei der flexiblen Planung nachträgliche Plananpassungen notwendig.[425]

Die nachträgliche Anpassungsfähigkeit von Plänen ist eine Frage der sogenannten
"Anpassungsrhythmik".[426] Bei diesem Sachverhalt geht es im Kern um die zeitliche
Koordination von Kontrollen, Änderungen, Konkretisierungen und Fortschreibungen
von Plänen.[427] Hierzu bietet sich eine Vielzahl von Möglichkeiten an. Das in
diesem Zusammenhang häufig genannte Konzept der rollenden Planung - das in
seinem Grundgedanken der flexiblen Planung im engeren Sinne entspricht[428] - sieht
etwa vor, daß für jede Teilperiode im Rahmen eines festgelegten Planungshorizontes
zu Beginn der Planung Entscheidungen gefällt werden, wobei im Unterschied zu den
folgenden Perioden lediglich die erste Periode detailliert geplant und die getroffenen
Entscheidungen zunächst auch nur dort realisiert werden. Im Verlaufe der ersten Teilperiode wird dann die zweite Teilperiode, die bis dahin nur grob geplant wurde, unter
Berücksichtigung der neuesten Informationen konkreter geplant. Nach Ablauf der
ersten Teilperiode werden dann in der zweiten Teilperiode die getroffenen Entscheidungen realisiert. Die gesamte Planperiode wird gleichzeitig um eine Teilperiode ausgeweitet und auf diese Weise wieder auf die ursprüngliche Anzahl von Perioden gebracht. Bei der rollenden Planung wird somit jede Teilperiode mehrfach erst grob,
dann aber detailliert und abschließend geplant.[429] Die Aufgabe der Planprämissen-
Kontrolle würde dann bei der rollenden Planung darin bestehen, die noch nicht ganz
detaillierten Pläne aus früheren Teilperioden vor einer weiteren Konkretisierung dahingehend zu überprüfen, ob die grundlegenden Annahmen der Planung noch zutreffen.[430]

Nach diesen Ausführungen zur flexiblen Planung geht es abschließend darum, die im
Grundsatz zutage getretenen Planungs- und Kontrollmechanismen aus der Perspektive

424) Ähnlich Böcker (1993), Sp. 2753.
425) Siehe Wild (1974), S. 177.
426) Wild (1974), S. 176.
427) Vgl. Wild (1974), S. 177 und Gaitanides (1989), Sp. 2260ff.
428) Siehe Wild (1974), S. 144.
429) Vgl. hierzu Gaitanides (1989), Sp. 2263f., Szyperski/Winand (1980), S. 57f. und Wild
    (1974), S. 178f.
430) Vgl. dazu Böcker (1988), S. 31.

des dynamischen Segment-Mangements zu betrachten. Die Verknüpfung zwischen Planung und Kontrolle im Zeitablauf kann in Anlehnung an die in der Literatur als idealisierte Phasenschemata vorgelegten "Management-Zyklen" bzw. "Planungs-Kontroll-Spiralen" verdeutlicht werden (siehe Abbildung 36 auf der folgenden Seite).[431]

Die Planungs-Kontroll-Spirale führt von den Planannahmen (bezüglich der segment-spezifischen Bedürfnisstrukturen zum Zeitpunkt t_n) über die Planung der segmentspe-zifischen Marktbearbeitungsmaßnahmen und die feed forward-Kontrolle zu einer Fort-schreibung oder Revision der Planannahmen,[432] um dann in der nächsten Teilperi-ode mit einer Anpassung der Maßnahmenplanung fortgeführt zu werden. In einer Fiktion könnte einer solchen Spirale beispielsweise der Fall einer Produkteinführung in einem ganz bestimmten Marktsegment zum Zeitpunkt t_n zugrunde liegen. Im Rah-men des weiter fortlaufenden Planungs- und Kontrollprozesses kommt es zu einer zu-nehmenden Eingrenzung alternativ denkbarer Zukünfte und einer fortschreitenden Konkretisierung der segmentspezifischen Marktbearbeitungsplanung sowie bereits zu realisationsvorbereitenden Aktivitäten in der Produktentwicklung und im Rahmen der Produktions- und Absatzvorbereitungen.[433] Im Zuge dieser schrittweisen Verfeine-rung ergibt sich im Idealfall in der letzten Planungsperiode das Ergebnis, daß eine weitestgehende Deckung der Bedürfnisstrukturen des betreffenden Marktsegments mit den Produkteigenschaften zum Realisationszeitpunkt t_n erreicht werden kann. Ist dies aufgrund des Wird-Ist-Vergleichs in t_{n-1} nicht der Fall, ist zu entscheiden, ob es trotz eines dann im Regelfall nicht erwünschten Zielerreichungsgrades zu einer Produktein-führung in dem betreffenden Segment kommen soll (Go-Entscheidung) oder ob die Einführung aufgeschoben wird und dementsprechend eine Anpassung der Planung und der bisherigen realisationsvorbereitenden Tätigkeiten vorgenommen werden muß (vorläufige Stop-Entscheidung). Dann würde die Planungs- und Kontrollspirale ent-sprechend der Anzahl der aufgeschobenen Perioden erneut durchlaufen werden (angedeutet durch die rückwärts gerichtete gestrichelte Linie). Genauso ist aber auch denkbar, daß aufgrund einer zu Beginn der Planung nicht erwarteten Veränderung der Bedürfnisstrukturen - etwa in Richtung einer wesentlich höheren Ausprägungsintensi-tät bestimmter technisch-ökonomischer Anforderungen - die Entscheidung getroffen werden muß, das anvisierte Segment nicht zu bearbeiten und die bereits begonnenen Produktentwicklungstätigkeiten abzubrechen, da der bedürfnisbezogene Fit aufgrund

---

431) Siehe dazu Wild (1974), S. 45ff. und Berndt (1991), S. 109f.
432) In der Abbildung ist aus Vereinfachungsgründen lediglich der näherliegende Fall der Annahmenrevision vorgesehen.
433) Im Rahmen der schrittweisen Realisation könnte dann bei der Produktentwicklung auf einen eventuell vorhandenen Pool an Produkttechnologien zurückgegriffen werden, der sich aus den Ergebnissen der Vorentwicklung (d.h. der unmittelbar auf Produkttechno-logien gerichteten angewandten Forschung) speist und dessen Technologien zum betref-fenden Zeitpunkt lediglich noch einer Ausentwicklung bedürfen (siehe hierzu auch die Ausführungen in Abschnitt 2.5).

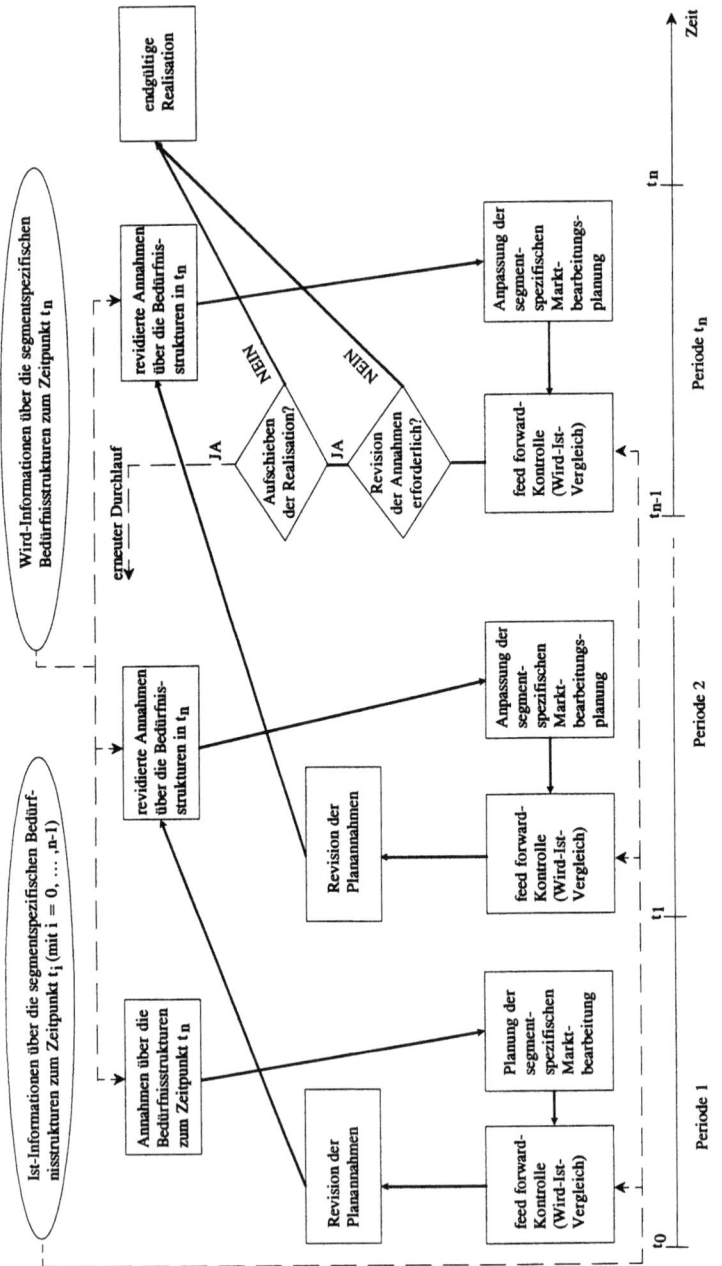

Abb. 36: Schema des Management-Zyklus im Rahmen des dynamischen Segment-Managements

einer bereits weit fortgeschrittenen Ausschöpfung des technologischen Potentials nicht mehr erreicht werden kann (endgültige Stop-Entscheidung). Die Umsteuerung der Ressourcen, gegebenenfalls unter einer Aufgabe der bereits investierten Mittel, die dann die Eigenschaft von sunk costs hätten, steht also jederzeit zur Disposition.

In der Abbildung ist ferner anhand der gestrichelten Linien zu erkennen, auf welche Art und Weise die Ist- bzw. Wird-Informationen über die Bedürfnisstrukturen in den Gesamtprozeß einfließen.

Da bei der vorliegenden Problemstellung - hier geht es ja um Zwischenkontrollen - die einzelnen Kontrollzeitpunkte dem geplanten Realisationszeitpunkt vorgelagert sind, müssen die letztlich aber auf die Kontrollzeitpunkte gerichteten Wird-Informationen im Wege der Antizipation abgeleitet werden. Dieses bereitet dann keine Probleme, wenn im Rahmen der zukunftsbezogenen Segmentbildung so verfahren wurde, daß neben der Erfassung zeitpunktbezogener Bedürfnisstrukturen auch die möglichen Entwicklungspfade der Segmentevolution - etwa im Rahmen einer Szenario-Analyse - zuverlässig ermittelt wurden.

Im Gesamtbild zeigt sich hier eine Analogie zur sogenannten Ziel-Stufenplanung anhand strategischer Leitlinien (sogenannte Trajektorien, die eine Folge von Zuständen wiedergeben).[434] Diese zwar in erster Linie der Ergebniskontrolle dienende Konzeption kann aber zur weiteren Verdeutlichung der Steuerung im Rahmen eines dynamischen Segment-Managements durchaus Verwendung finden.

Auf eine singuläre technisch-ökonomische Anforderung bezogen - und im folgenden Beispiel weiter eingeschränkt auf ihre Ausprägungsintensität (beispielsweise die Scanzeit eines Computertomographen) - zeigt sich dann der Grundgedanke des Wird-Ist-Vergleichs vereinfacht wie in Abbildung 37:

---

434) Vgl. ausführlicher dazu Köhler (1993a), S. 35ff. und den dortigen Literaturhinweis auf Crawford, auf die die Anwendung des Trajektorien-Konzepts in der Marketing-Planung ursprünglich zurückgeht.

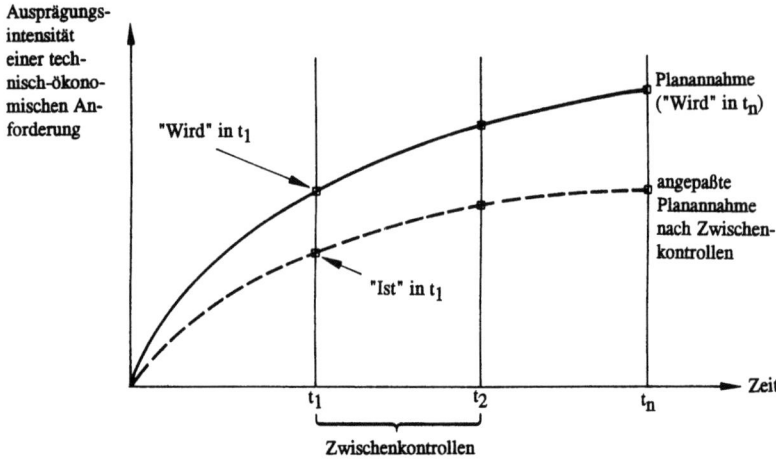

Abb. 37: Das Leitlinien-Konzept bei der Planprämissen-Kontrolle

Die durchgezogene Linie gibt einen der möglichen und der Planung als Annahme zugrunde gelegten antizipierten Entwicklungspfade der Ausprägungsintensität an (Leitlinie). Die gestrichelte Linie zeigt dagegen den nach Zwischenkontrollen angepaßten Verlauf des Entwicklungspfads. Im Idealfall kann nun für jede der für das entsprechende Marktsegment relevanten singulären technisch-ökonomischen Anforderungen eine solche Leitlinie erstellt werden, so daß sich in der Gesamtschau eine Bedürfnis-Trajektorie ergibt. Genauso kann letztlich auch mit der Gewichtung einzelner Anforderungen verfahren werden. Als Maßgröße für die Ordinate wäre dann eine Prozentgröße zu wählen.

4.2.4 Überlegungen zu organisatorischen und führungsbezogenen Aspekten im Rahmen eines dynamischen Segment-Managements

In den vorangegangenen Abschnitten wurden die Aufgaben des dynamischen Segment-Managements in ihrer inhaltlichen Ausgestaltung behandelt. Damit ist eine erste Grundlage für die Realisierung eines dynamischen Segment-Managements gelegt. Eine Voraussetzung für den erfolgreichen Einsatz in der unternehmerischen Praxis sind aber auch entsprechende organisatorische Bedingungen.

Die folgenden Ausführungen gehen von einer Unternehmung aus, die eine produktorientierte Spartenorganisation aufweist. Als Beispiel kann hier der Geschäftsbereich "Medizinische Technik" der Siemens AG angeführt werden, der unter anderem in die Geschäftsgebiete Computertomographie, Kernspintomographie und Röntgensysteme aufgegliedert ist.[435] Die Produkte dieser Geschäftszweige beruhen also jeweils auf einer ganz bestimmten Technologie, zu deren umfassender Ausschöpfung ein dynamisches Segment-Management beitragen kann.

In dem genannten Beispiel ist das Geschäftsgebiet Computertomographie funktionsorientiert gegliedert. Neben einem Zuständigkeitsbereich für Marketing finden sich weitere wesentliche Organisationseinheiten für Forschung und Entwicklung, Fertigung und Kundendienst. Das Marketing-Ressort weist wiederum mehrere in einem Produkt-Management zusammengefaßte Zuständigkeitsbereiche für ein breiteres Spektrum verschiedenartiger Computertomographen auf.[436] Ferner sind dem Marketingbereich diverse Marketing-Services-Stellen, wie etwa Marktforschung und Marktbeobachtung, zugeordnet.

Das Produkt-Management ist eine Organisationsform, bei der eine produktspezifische Querschnittskoordination der verschiedenen zur Aufgabenerfüllung notwendigen betrieblichen Funktionen erfolgt. Als Aufgaben obliegen ihm die Planung produktbezogener Marketing-Strategien (dazu gehören auch Vorschläge zur Produktinnovation, -modifikation und -elimination) sowie die Mitwirkung an deren Realisation und Kontrolle.[437] Mit Hilfe des Produkt-Managements hofft man die "klare Kennzeichnung der anvisierten Märkte bzw. Marktsegmente, die problembewußte Informationssuche und Informationsauswertung, die einheitliche Planung aller absatzfördernden Maßnahmen für ein Produkt und die Anpassungsfähigkeit an Marktveränderungen ... zu verbessern."[438] Die Aufgaben des Produkt-Managements erfordern eine ständige Abstimmung der Aktivitäten und Pläne mit den verschiedensten Stellen bzw. Abteilungen. Abstimmungserfordernisse bestehen im wesentlichen mit den außerhalb des Marketing-Ressorts liegenden Funktionsabteilungen (angesichts der vorliegenden Problemstellung ist dabei insbesondere an die Produktentwicklung zu denken), zwischen verschiedenen Produkt-Managern untereinander sowie mit den Marketing-Services-Stellen.[439]

Die Aufgabenbeschreibung des Produkt-Managements läßt erkennen, daß diesem einige der inhaltlichen Aufgaben eines dynamischen Segment-Managements zugeordnet werden können. Hierbei ist insbesondere an die Konzeption segmentspezifischer Marktbearbeitungsmaßnahmen sowie an Teilzuständigkeiten bei ihrer Durchführung und Kontrolle zu denken. Zu hinterfragen ist allerdings, ob und inwieweit dies auch für die der Segmentbearbeitung vorgelagerten Aufgaben der dynamischen Segmentbil-

---

435) Vgl. dazu Maly (1992), S. 24f.
436) Vgl. Ohnemüller (1992) und Weber (1992).
437) Siehe Köhler (1993a), S. 132 und S. 180.
438) Köhler (1993a), S. 174.
439) Vgl. Köhler (1993a), S. 182f.

dung und Segmentbewertung einschließlich der Zielgruppenauswahl sinnvoll ist. Für diese Aufgaben ist auf jeden Fall eine über die einzelnen von einem Produkt-Management "bedienten" Marktsegmente hinausgehende Perspektive erforderlich, die nicht nur den relevanten Markt, sondern den Gesamtmarkt im oben definierten Sinne umfassen sollte. Darüber hinaus ist anzunehmen, daß das Produkt-Management für diese beiden Teilaspekte einer dynamischen Marktsegmentierung aufgrund einer mangelnden Spezialisierung in fachlicher sowie zeitlicher Hinsicht überfordert wäre.

Es bedarf also einer übergreifend denkenden, neutralen und spezialisierten Instanz, die sowohl die Aufgaben der dynamischen Segmentbildung und Segmentbewertung mit anschließender Zielgruppenauswahl wahrnimmt als auch Unterstützung bei der Planung segmentspezifischer Marktbearbeitungsmaßnahmen und deren Kontrolle leistet.

Um die Marketing-Leitung nicht mit dieser Aufgabe zu überlasten, ist deshalb an die Einrichtung einer Stabsstelle zu denken. Dieser können dann auch wesentliche Steuerungsfunktionen zugeordnet werden, wobei die eigentlichen Entscheidungen den Linien-Instanzen des Marketing-Ressorts vorbehalten bleiben.[440] Dabei stellt sich das Problem der Durchsetzbarkeit segmentierungsbezogener Konzeptionen. Eine deutliche Unterstützung durch die Marketing-Leitung ist eine erste Voraussetzung, um ein konstruktives Mitwirken des Produkt-Managements sicherzustellen. Insofern kommen einer solchen Stabsstelle Beraterfunktionen mit durch die Marketing-Leitung zu gewährleistenden Eingriffsmöglichkeiten zu.

Darüber hinaus sind in bestimmten Zeitabständen zusammenkommende oder - zwecks laufender Abstimmung - ständig zusammenwirkende Arbeits-, Planungs- und Steuerungsgruppen einzurichten, die die Koordination zwischen einzelnen Stellen oder Abteilungen fördern und die internen Kommunikationsbedingungen verbessern.[441] In diesen Teams, die dann als "Segmentierungs-Teams",[442] "Segmentierungs-Ausschüsse" oder "Segmentierungs-Kommissionen" bezeichnet werden können, sollten natürlich nicht nur die Mitarbeiter der Stabsstelle und des Marketing-Ressorts (einschließlich der Marktforschung) vertreten sein, sondern selbstverständlich auch die entsprechenden Mitarbeiter aus dem Bereich der Produktentwicklung, des technischen Kundendienstes, des Vertriebs und gegebenenfalls der Produktion.[443] Dem Einbezug

---

440) Hierbei zeigen sich Parallelen zur institutionalisierten Einrichtung eines Marketing-Controlling mit Stabsaufgaben. Vgl. dazu Köhler (1993a), S. 268. Siehe auch die Bemerkungen zur Bedeutung des Controlling für das dynamische Segment-Management im vorangegangenen Abschnitt.
441) Vgl. zu solchen Koordinationsorganen auch Köhler (1993a), S. 183.
442) Siehe hierzu Brown/Shivashankar/Brucker (1989), S. 105.
443) Vgl. Brown/Shivashankar/Brucker (1989), S. 105f. und Hlavacek/Ames (1986), S. 47f. Siehe ferner Shanklin/Ryans (1984), S. 170f.

der Produktentwicklung kommt dabei eine ganz besondere Bedeutung zu, nicht zuletzt auch wegen der Notwendigkeit, bereits frühzeitig technologieinduzierte Innovationsaktivitäten mit den Bedürfnisstrukturen der Abnehmer abstimmen zu müssen. Grundsätzlich sind als Teammitglieder alle Personen denkbar, die bei der Erörterung der gegenwarts- und zukunftsbezogenen Segmentbildung als Informationsquellen genannt wurden.[444] Dementsprechend ist auch an die Einbindung unternehmensexterner Personen zu denken, wie etwa an die Mitarbeiter kooperierender Lead User. Segmentierungs-Teams können schließlich auch die Aufgabe der Durchführung von Szenario-Workshops oder Mini-Delphis wahrnehmen.

Die eigentliche Planung der segmentspezifischen Marktbearbeitungsmaßnahmen sowie deren Abstimmung mit der Produktentwicklung kommt dann dem Produkt-Management unter Beteiligung der Marketing-Leitung zu. Die hierzu notwendige Schnittstellenüberbrückung kann durch zeitlich befristete und beidseitig besetzte Projektteams geleistet werden, denen insbesondere bei der Planung gänzlich neuer Produktgenerationen Bedeutung zukommt (Neuproduktteams).[445] Um aber im Sinne einer dynamischen Produktentwicklung zu einer permanenten Abstimmung zu gelangen, die auch Produktvariationen und -differenzierungen einbezieht, sind ferner fest institutionalisierte und zeitlich nicht befristete funktionsübergreifende Arbeitsgruppen von hoher Bedeutung.[446]

Die hier in aller Kürze angedeuteten Abstimmungsprozesse stehen in einem engen Zusammenhang mit führungsbezogenen Gesichtspunkten. In den folgenden Überlegungen geht es allerdings weniger um Aspekte der Führung im Rahmen eines dynamischen Segment-Managements, sondern vielmehr darum, daß eine solche Konzeption selbst als ein verhaltensbeeinflussender Faktor aufzufassen ist.

Aufgabe der Führung ist allgemein die "zielorientierte ... Harmonisation des arbeitsteiligen sozialen Systems Unternehmung, um die Erfüllung der gemeinsamen Ziele zu sichern."[447] In Kapitel 3 wurde im Rahmen der Erörterungen zur unternehmensinternen Orientierung des Führungssystems bereits ausführlicher dargelegt, daß die zur Realisierung einer konsequenten Marktorientierung notwendigen funktionsübergreifenden Kommunikationsprozesse eine Übersetzungsleistung insbesondere zwischen den marktnahen und den technisch orientierten Funktionsbereichen voraussetzen.[448] In den Ausführungen zur bedürfnisorientierten Segmentbildung wurde dann darauf

---

444) Vgl. hierzu die Abbildungen 30 und 32.
445) Siehe dazu auch Köhler (1993a), S. 170 und Benkenstein (1987), S. 195ff.
446) Solche Produktentwicklungs-Teams dürfen bezüglich ihrer Aufgabe nicht mit Segmentierungs-Teams verwechselt werden, obgleich sich natürlich Überschneidungen im Hinblick auf ihre Mitglieder ergeben können.
447) Bleicher (1993), Sp. 1277 (Original mit Hervorhebungen).
448) Siehe dazu Abschnitt 3.3.2.4.

hingewiesen, daß das Kommunizieren in Termini bedürfnisorientiert abgegrenzter Segmente die Kommunikation zwischen dem Marketing-Bereich und der Produktentwicklung erleichtert und ein wechselseitiges Erlernen der unterschiedlichen Kontexte fördert. Die modellhafte graphische Darstellung segmentspezifischer Bedürfnisstrukturen nach Art, Ausprägungsintensität und relativer Bedeutung ihrer Komponenten kann hierzu einen gemeinsamen Referenzpunkt darstellen. Die Konzeption einer bedürfnisorientierten und dynamisch angelegten Marktsegmentierung sollte deshalb als eine unter mehreren Möglichkeiten verstanden werden, verhaltenswirksamen Einfluß auf die Organisationsmitglieder zu nehmen, um die Erfüllung der gemeinsamen Aufgabe der möglichst umfassenden Ausschöpfung eines technologischen Potentials zu sichern. Gerade im Hinblick auf die sich ständig verändernden Strukturen von Hochtechnologiemärkten erscheint dies von ganz besonderer Wichtigkeit: "Das Führungssystem muß auf das Erreichen bzw. Absichern von Wettbewerbsvorteilen und das Realisieren von Kundenvorteilen gerichtet sein. ... Darüber hinaus muß das Führungssystem auf Wandel orientiert sein."[449]

Zudem können die im Rahmen eines dynamischen Segment-Managements Anwendung findenden Planungstechniken zu vermehrten ziel- und aufgabenbezogenen interpersonellen Abstimmungen und damit einer verhaltenswirksamen Beeinflussung der Mitarbeiter führen.[450] "Planungstechniken sind Hilfsmittel zur Informationsgewinnung und Informationsverarbeitung für entscheidungs- bzw. handlungsorientierte Zukunftsanalysen."[451] Prognosetechniken (z.B. die Szenario-Technik und Delphi-Methode) oder die Bewertung von Marktsegmenten mit Hilfe der weiter oben genannten Bewertungskriterien (einschließlich der Anwendung einer segmentspezifischen Deckungsbeitragsrechnung) können zu einer erhöhten Problemwahrnehmung, einem deutlicher gesehenen Informationsbedarf und einer systematischeren Alternativenbeurteilung seitens der Mitarbeiter führen.[452] Eine vergleichbare verhaltenssteuernde Wirkung geht auch von Kontrollhilfen aus, wie etwa der Unterstützung der Planprämissen-Kontrolle durch Bedürfnis-Trajektorien. Die Gegenüberstellung von Planannahmen und der tatsächlichen Entwicklung der Bedürfnisstrukturen regt frühzeitig zu Steuerungsmaßnahmen an und bildet eine Grundlage für bewußte Korrektureingriffe.[453]

Angesichts der bisherigen Ausführungen kann dann gegebenenfalls - hier noch ungeachtet der Frage, ob und inwieweit sich durch die Realisierung eines dynamischen

---

449) Große-Oetringhaus (1991), S. 115 (Hervorhebungen durch Verf. geändert).
450) Siehe zur Verhaltensbeeinflussung durch Planungs- bzw. Führungstechniken auch Köhler (1993a), S. 227.
451) Köhler (1989), Sp. 1529.
452) Ähnlich Köhler (1993a), S. 227.
453) Ganz ähnlich Köhler (1993a), S. 37.

Segment-Managements tatsächlich verhaltensbeeinflussende Wirkungen ergeben - in Anlehnung an den Ansatz des "Behavioral Accounting"[454] von einer "Behavioral Segmentation" gesprochen werden.

5. Schlußbemerkungen zum Konzept des dynamischen Segment-Managements

Am Ende dieser Arbeit steht der gedankliche Entwurf eines dynamischen Segment-Managements als ein möglicher Lösungsweg zur Erfüllung der Anforderungen an ein Hochtechnologiemarketing. Dabei ging es um die Erarbeitung einer spezifischen Betrachtungsweise von Hochtechnologiemärkten, die auch als ein "Denken in Marktsegmenten" charakterisiert wurde. Ausgangspunkt der Überlegungen war die Notwendigkeit der Schaffung einer entsprechenden Markttransparenz auf Hochtechnologiemärkten als grundlegende Voraussetzung für eine konsequente Marktorientierung. Sie ermöglicht es, den zu erreichenden Fit zwischen Technologie- und Bedürfnispotential in einzelne "handhabbare" Sub-Fits aufzuspalten.

Zu berücksichtigen ist freilich, daß eine zunehmende Marktorientierung unter ansonsten gleichen Bedingungen in der Regel auch mit erhöhten Kosten verbunden ist.[455] Dabei ist zum einen an höhere Kosten der Informationsversorgung, der Planungs- und Kontrollaktivitäten sowie der organisatorischen Maßnahmen zu denken, zum anderen an höhere Kosten der Marktbearbeitung. Marktorientierung darf deshalb kein "Maximierungsziel" um jeden Preis sein,[456] vielmehr muß sich das Konzept des dynamischen Segment-Managements im Falle eines praktischen Einsatzes an seiner Effizienz messen lassen. Die "richtige" Abbildung der realen (und sich verändernden) Marktstrukturen und die "richtige" segmentspezifische Marktbearbeitung (dies würde die Effektivität einer Marktsegmentierungskonzeption berühren) ist noch nicht ausreichend, um das Ziel des Hochtechnologiemarketing - die gewinnmaximale Ausschöpfung eines technologischen Potentials - zu erreichen. Die Effizienz eines dynamischen Segment-Managements ist erst dann gegeben, wenn - im Sinne einer Input-Output-Relation - die durch seinen Einsatz erzielten Umsatzsteigerungen größer sind als die damit verbundenen Kostensteigerungen.[457] Die Frage - "Lohnt" sich der Einsatz einer solchen Konzeption? - kann selbstverständlich nur im konkreten Einzelfall und auch nur ex post beantwortet werden.

Das Konzept des dynamischen Segment-Managements kann in der Rückschau durchaus als eine neue Sichtweise der "traditionellen" Marktsegmentierung bezeichnet werden. Dabei wurden in den Ausführungen zu den Basiskonzepten des dynamischen

---

454) Vgl. dazu Schoenfeld (1993), Sp. 280ff. und Köhler (1993e), S. 11.
455) Siehe Plinke (1992), S. 839.
456) Vgl. auch dazu Plinke (1992), S. 840.
457) Vgl. zur sog. "Markteffizienz" auch Köhler (1984), S. 227ff.

Segment-Managements die wenigen in der Literatur zu findenden Hinweise, die auf die Notwendigkeit einer dynamischen Betrachtung der Marktsegmentierung hindeuten, recherchiert und berücksichtigt. Gleiches trifft auf die bedürfnisorientierten Ansätze zu, denen - nach Ansicht des Verfassers unberechtigterweise - ein "Schattendasein" in der Marktsegmentierungsliteratur zukommt, obwohl sie für eine segmentspezifische Produktentwicklung und Produktpolitik unverzichtbar sind.

Die kritische Diskussion der Zeitstabilitätsbedingung und ihr Ergebnis, eine die realen Veränderungen widerspiegelnde Segmentierungskonzeption einzufordern, stellte den zentralen Anknüpfpunkt für die dynamische Betrachtung einer bedürfnisorientierten Marktsegmentierungskonzeption für Hochtechnologiemärkte dar. Hieraus ergaben sich der begriffliche Inhalt einer dynamischen Marktsegmentierung und die wesentlichen Implikationen für das dynamische Segment-Management.

Zu den wichtigsten gehört zweifellos die Notwendigkeit einer fortlaufenden Anpassung der gegenwartsbezogenen Segmentbildung und die Antizipation zukünftiger Bedürfnisstrukturen zum Zwecke der zukunftsbezogenen Segmentbildung. Im Hinblick auf die Deckung des dadurch entstehenden Informationsbedarfs wurden zahlreiche Informationsquellen und Methoden der Informationsgewinnung aufgezeigt. Um wegen des auf Hochtechnologiemärkten besonders stark ausgeprägten Informationsproblems zu praktikablen Lösungsvorschlägen zu gelangen, wurde dabei zwischen einer quantitativen und qualitativen Segmentbildung unterschieden.

Ein wesentliches Merkmal des erarbeiteten Konzepts ist ferner, daß die sich aus der zukunftsbezogenen Segmentbildung ergebenden Wird-Informationen als Prämissen in die Planungen zur segmentspezifischen Marktbearbeitung einfließen, nachdem die zu bearbeitenden Segmente bewertet und ausgewählt wurden. Diese Informationen stellen gleichzeitig und zusammen mit den aus der gegenwartsbezogenen Segmentbildung resultierenden Ist-Informationen die Kontrollinformationen für die Planprämissen-Kontrolle dar. Die sogenannte Planungs-Kontroll-Spirale verdeutlichte die grundsätzliche "Mechanik" der Steuerung im Rahmen eines dynamischen Segment-Managements.

Schließlich wurden - ausgehend von der Organisationsform des Produkt-Managements - erste Hinweise gegeben, welche organisatorischen und führungsbezogenen Gesichtspunkte bei einem Einsatz des dynamischen Segment-Managements zu berücksichtigen sind.

Der Neuigkeitsgrad und die offensichtliche Komplexität der bearbeiteten Problemstellung erlaubten es weder, jede Detailfrage eines dynamischen Segment-Managements erschöpfend anzugehen, noch ein "fertiges", in der unternehmerischen Praxis unmittelbar einsetzbares "Programm" zu liefern. Schließlich wurde bereits in der Einführung zu dieser Arbeit darauf hingewiesen, daß eine konsequente Orientierung an Marktsegmenten kein einfaches Erfolgsrezept ist, sondern offenkundig mit zahlreichen Schwierigkeiten und Hürden verbunden ist. Naturgemäß sind die Probleme noch reichhaltiger und erscheinen zunächst noch "unlösbarer", wenn es sich um eine dynamische Betrachtung handelt.

Nichtsdestoweniger und trotz der nur im konkreten Einzelfall zu klärenden Effizienzfrage zeigt sich die praktische Relevanz eines solchen Konzepts - eingebettet in den Bezugsrahmen des auch in zeitlicher Hinsicht zu erzielenden Fits zwischen Technologiepotential und Bedürfnispotential - in der folgenden Aussage einer ehemaligen Führungskraft der Deutschen Babcock Anlagen AG:

> " ... Daraus ergibt sich, daß immer seltener in der Planungsrunde für den Auftragseingang der kommenden Jahre von 'interessanten' Marktsegmenten oder 'uninteressanten' Marktsegmenten gesprochen wird, sondern z.B. von 'heute noch nicht interessant, aber in zwei Jahren paßt es genau in unsere Strategie'. Der zeitliche Fit einzelner Marktsegmente und damit die Inanspruchnahme betrieblicher Ressourcen für die Bearbeitung einzelner Segmente wird heute schon in einigen Branchen mit einer Genauigkeit von ein bis zwei Jahren geplant. ... Eine der wichtigsten Aufgaben des Vertriebs ist seine Funktion als Frühsensor am Markt. Die Fragen nach dem "Was wird in Zukunft gefragt?" und "Wann müssen wir termingerecht mit der Marktbearbeitung präsent sein?" werden daher von einem professionellen Vertrieb zu einem sehr frühen Zeitpunkt aufgeworfen. Es ist daher ohne weiteres möglich, daß mit recht langen Planungshorizonten von z.B. fünf Jahren Marktbearbeitungskonzepte entworfen werden, die heute schon festlegen, was - aus heutiger Sicht - in fünf Jahren ... akquisitorisch zu tun ist."[458]

Die reale Existenz der im vorangegangenen Kapitel aufgeworfenen Fragestellungen kann also keineswegs geleugnet werden. Vielmehr läßt sich aus dieser Aussage ableiten, daß ein Aufgreifen dieser Problematik durch die Marketing-Wissenschaft dringend geboten ist. Der grundlegend-konzeptionelle Charakter der vorliegenden Untersuchung kann dabei als Vorlage für weitere (auch empirische) Forschungsbemühungen dienen.

---

458) Hemmer (1988), S. 104f. (Original ohne Hervorhebungen).

ANHANG

Technologiefeld / Basistechnologie	Wissenschaft	Kommunikation	Automation	Gesundheit	Umwelt	Dienstleistungen	Bildung	Wohnungswesen	Transportwesen	Nahrung	Energie	Rohstoffe	Anwendungsreife	1995 <50	1995 50–100	1995 100–500	1995 500–1000	1995 >1000	2000 <50	2000 50–100	2000 100–500	2000 500–1000	2000 >1000
Elektronik																							
Hochauflösendes TV	●	●	●	●	●	●	●	●					●										●
Konsumelektronik		●		●	●	●	●	●	●	●			●				●						●
Mikroelektronikbausteine	●	●	●	●	●	●	●	●	●	●	●	●					●						●
Leistungshalbleiter	●	●				●	●	●					●			●							●
Digitaler Schalter	●	●	●		●		●		●	●			●			●							●
Hochentwickelte Silicon-Mikroelektronik (ULSI)	●	●	●	●			●						●	●								●	
Flachbildschirme	●	●	●	●	●	●	●	●		●	●		●			●							●
Optoelektronikkomponenten	●	●	●	●	●	●	●	●	●				●				●						●
Optische Speicher	●	●	●			●		●					●				●						●
Laser	●	●	●	●	●	●	●		●		●		●				●						●
Optische Netzwerke	●	●	●	●		●		●	●				●				●				●		
Chemische Sensoren	●		●	●	●								●				●				●		
Fiberoptische Sensoren	●		●	●	●		●	●	●		●		●			●						●	
Medikamentendosiersysteme	●			●						●			●		●						●		
Quanteneffekt-Halbleiter	●	●	●					●					●		●						●		
Informationstechnik																							
Parallel-/Superrechner	●		●		●	●		●		●			●					●					●
Mainframes	●	●	●	●	●	●	●	●	●										●				●
Servers / Minicomputer	●	●		●				●					●					●					●
PC / Workstations	●	●	●	●	●	●	●	●	●	●								●					●
Wissensbasierte Systeme	●	●	●		●		●						●				●						●
Verarbeitung natürlicher Sprache		●	●		●			●					●		●								●
Spracherkennung		●		●				●					●		●						●		
Sprachsynthese		●		●				●					●		●						●		
Sprachüberprüfung				●			●						●				●				●		
Sprachanalyse			●				●						●				●				●		
Automatisierter Unterricht	●	●	●	●	●	●	●	●	●	●	●		●				●						●
Fehlertolerante Rechnersysteme	●	●	●		●	●	●		●	●			●										●
Automatische Software-Herstellung	●	●	●	●	●	●		●		●			●				●						●
Systemarchitektur und -Entwurf	●	●	●	●	●	●	●	●	●		●		●				●						●
Computerunterstützte Entwicklung von Molekülen	●		●	●		●				●			●		●						●		
Computerunterstütztes Publizieren	●	●			●								●				●						●
Bildverarbeitung	●		●	●	●		●		●	●			●				●						●
Kommunikationstechnik																							
Mehrwertnetze	●	●	●	●	●	●	●	●	●	●	●		●				●						●
Breitbandnetze	●	●		●	●	●	●		●				●				●						●
ISDN	●	●	●	●	●	●	●	●	●	●			●					●			●		
LAN	●	●	●	●	●	●	●	●	●	●	●		●										●
»Packet Switching«	●	●	●	●	●	●	●	●	●	●			●										●
Satellitenübertragung	●	●		●	●		●	●	●				●				●					●	
Fiberoptische Kommunikation	●	●	●	●	●	●	●		●	●			●				●				●		

Spaltenkopf der Makromärkte: Potentielle/Realisierte Makromärkte — Innovationsdynamik: hoch ← mittel → niedrig.
Anwendungsreife (life cycle): Ertrag (Geld) / Entwicklungsphase (Zeit).
Weltmarktvolumen (Größenordnung in Mio. DM p.a.): 1995 / 2000.

Technologiefeld/ Basistechnologie	Wissenschaft	Kommunikation	Automation	Gesundheit	Umwelt	Dienstleistungen	Bildung	Wohnungswesen	Transportwesen	Nahrung	Energie	Rohstoffe	Anwendungsreife (Ertrag/Zeit)	1995 <50	1995 50-100	1995 100-500	1995 500-1000	1995 >1000	2000 <50	2000 50-100	2000 100-500	2000 500-1000	2000 >1000
Werkstoffe																							
Steife Polymere		●				●	●			●			●			●							●
Polymer-Verbundwerkstoffe		●				●	●						●			●							●
Verbundwerkstoffe mit Kohlenstoffmatrix	●	●	●			●		●	●				●			●							●
Polymermembranen				●	●								●			●							●
Leitfähige Polymere	●	●	●	●					●				●	●							●		
Optische Polymere	●	●			●	●				●				●						●			
Klebstoffe	●		●			●	●						●			●							●
Fortgeschrittene Keramik	●	●					●	●					●			●							●
Verbundwerkstoffe mit keramischer Matrix	●						●	●						●							●		
Neue metallische Werkstoffe		●				●		●					●								●		●
Verbundwerkstoffe mit metallischer Matrix						●		●					●								●		●
Amorphe Metalle/ metallisches Glas	●	●	●					●						●							●		
Hochtemperatur-Supraleiter	●	●	●				●							●							●		
Elektronische Werkstoffe	●	●	●		●	●		●							●								●
Fortgeschrittene Gallium-arsenid-Werkstoffe	●	●	●				●	●		●			●									●	●
Sperrschicht-Fotoeffekt	●	●		●						●					●								●
Mikrosensoren	●	●	●	●	●				●				●	●									●
Batterien			●			●		●					●			●							●
Biokompatible Materialien			●	●					●				●	●									●
Bio- und Gentechnik																							
Biokatalyse	●		●	●			●	●					●	●							●		
Biopestizide				●					●				●		●							●	
Biosensoren	●		●	●		●		●		●			●	●								●	
Fermentierung			●	●			●	●	●				●			●							●
Protein-Engineering	●		●				●	●		●			●			●							●
Biopolymere	●		●	●			●						●	●								●	
Pflanzliche Gentechnik	●			●			●		●				●		●							●	
Bakterielle Gentechnik	●		●	●		●			●	●			●		●								●
Monoklonale Antikörper	●		●							●			●		●							●	
Genmapping	●		●	●			●						●	●								●	
Automationstechnik																							
Maschinensicht (machine vision)		●	●			●		●	●				●	●								●	
Simulation	●		●	●	●		●		●				●	●									●
Nichtzerstörende Prüfmethoden	●	●	●	●	●		●						●				●						●
CAD/CAM/CAE/CIM	●		●	●		●	●						●					●					●

Quelle: Entnommen aus Gazdar (Hrsg.) (1992), S. 44f., 106f., 128f., 148f., 168f. und 224f.

VERZEICHNIS DER ABKÜRZUNGEN IM LITERATURVERZEICHNIS

ASQ	Administrative Science Quarterly
asw	Absatzwirtschaft
BFuP	Betriebswirtschaftliche Forschung und Praxis
BL	Der Betriebsleiter
DBW	Die Betriebswirtschaft
DU	Die Unternehmung
EJM	European Journal of Marketing
GBM	Handbook of German Business Management
HBR	Harvard Business Review
HM	Harvard Manager
HWA	Handwörterbuch der Absatzwirtschaft
HWB	Handwörterbuch der Betriebswirtschaft
HWInt	Handwörterbuch Export und Internationale Unternehmung
HWO	Handwörterbuch der Organisation
HWProd	Handwörterbuch der Produktionswirtschaft
IfM	Institut für Marketing
IMM	Industrial Marketing Management
JAR	Journal of Advertising Research
JBAVF	Jahrbuch der Absatz- und Verbrauchsforschung
JBR	Journal of Business Research
JBStr	Journal of Business Strategy
JM	Journal of Marketing
JMR	Journal of Marketing Research
JPIM	The Journal of Product Innovation Management
LRP	Long Range Planning
M&M	Marktforschung und Management
Man.Sc.	Management Science
Marketing-ZFP	Marketing - Zeitschrift für Forschung und Praxis
MM	Manager Magazin
RP	Research Policy
SMJ	Strategic Management Journal
SMR	Sloan Management Review
VDI	Verein Deutscher Ingenieure
VDI-Z	Zeitschrift des Vereins Deutscher Ingenieure für Maschinenbau und Metallbearbeitung
WiSt	Wirtschaftswissenschaftliches Studium
WISU	Das Wirtschaftstudium

ZfbF	Schmalenbachs Zeitschrift für betriebswirtschaftliche Forschung
ZfB	Zeitschrift für Betriebswirtschaft

LITERATURVERZEICHNIS

Abbott, L. (1958): Qualität und Wettbewerb, München u. a. 1958.

Abell, D.F. (1978): Strategic Windows, in: JM, Vol. 42, 1978, July, S. 21 - 26.

Abell, D.F. (1980): Defining the Business: The Starting Point of Strategic Planning, Englewood Cliffs, N.J. 1980.

Abernathy, W./Clark, K.B. (1985): Innovation: Mapping the Winds of Creative Destruction, in: RP, Vol. 14, 1985, S. 3 - 22.

Alexander, J./Kalender, W./Linke, G. (1985): Computertomographie, Berlin u.a. 1985.

Ammann, E. (1992): Gespräch mit Dr. E. Ammann, Vertriebsleiter PACS, Siemens AG, Erlangen, am 21. Dezember 1992.

Andritzky, K. (1974a): Die Ermittlung geeigneter Kriterien zur Bildung von Zielgruppen in Investitionsgütermärkten, in: Der Marktforscher, 18. Jg., 1974, H. 6, S. 133 - 139.

Andritzky, K. (1974b): Know How für segmentierte Investgütermärkte, in: asw, 17. Jg., 1974, H. 10, S. 76 - 82.

Andritzky, K. (1976): Die Operationalisierbarkeit von Theorien zum Konsumentenverhalten, Berlin 1976.

Ansoff, H.I. (1976): Managing Surprise and Discontinuity - Strategic Response to Weak Signals, in: ZfbF, 28. Jg., 1976, S. 129 - 152.

Ansoff, H.I. (1984): Implanting Strategic Management, Englewood Cliffs, N.J. u. a. 1984.

Ansoff, H.I./Kirsch, W./Roventa, P. (1983): Unschärfenpositionierung in der Strategischen Portfolio-Analyse, in: Bausteine eines strategischen Managements (Hrsg.: Kirsch, W./Roventa, P.), Berlin u.a. 1983, S. 237 - 264.

Ansoff, H.I./Stewart, J.M. (1967): Strategies for a Technology-based Business, in: HBR, Vol. 45, 1967, No. 6, S. 71 - 83.

Asenkerschbaumer, S. (1987): Analyse und Beurteilung von technischem Know-how, Göttingen 1987.

Baaken, Th. (1987): Besonderheiten des Technologiemarketing - Veränderungen im Marketing durch technologische Entwicklungen, in: Abnehmerqualifizierung als Instrument des Technologiemarketing (Hrsg.: Baaken, Th./ Simon, D.), Berlin 1987, S. 1 - 13.

Baaken, Th. (1990): Technologie-Marketing, in: Investitionsgütermarketing, Festschrift zum 60. Geburtstag von K.-H. Strothmann (Hrsg.: Kliche, M.), Wiesbaden 1990, S. 289 - 309.

Backhaus, K. (1991): Auswirkungen kurzer Lebenszyklen bei High-Tech-Produkten, in: Thexis, 8. Jg., 1991, H. 6, S. 11 - 13.

Backhaus, K. (1992): Investitionsgütermarketing, 3. Aufl., München 1992.

Backhaus, K. (1993): Investitionsgütermarketing, in: HWB, 5. Aufl. (Hrsg.: Wittmann, W./Kern, W./Köhler, R. et al.), Stuttgart 1993, Sp. 1936 - 1951.

Backhaus, K./Weiber, R. (1986): Marktsegmentierungsprobleme in sich verändernden Märkten, in: Wege zur Branchenspitze (Hrsg.: VDI-Verlag), VDI-Berichte 616, Düsseldorf 1986, S. 139 - 155.

Backhaus, K./Weiber, R. (1989): Entwicklung einer Marketing-Konzeption mit SPSS/PC$^+$, Berlin u. a. 1989.

Baden, K. (1992): Umstrittene Milliarden, in: MM, 22. Jg., 1992, H. 9, S. 140 - 149.

Barnett, H. G. (1953): Innovation: The Basis of Cultural Change, New York 1953.

Bauer, E. (1976): Markt-Segmentierung als Marketing-Strategie, Berlin 1976.

Bauer, E. (1977): Markt-Segmentierung, Stuttgart 1977.

Bauer, H.H. (1989): Marktabgrenzung, Berlin 1989.

Bauer, H.H. (1991): Unternehmensstrategie und Strategische Gruppen, in: Unternehmensdynamik, Festschrift zum 60. Geburtstag von H. Albach (Hrsg.: Kistner, K.-P./Schmidt, R.), Wiesbaden 1991, S. 389 - 416.

Bauer, H.H./Hannig, U./Mierzwa, M. (1991): Verkürzung von Produktentwicklungszeiten, in: Hochschulnachrichten aus der Wissenschaftlichen Hochschule für Unternehmensführung Koblenz, 6. Jg., 1991, H. 15, S. 8 - 11.

Bauer, H.H./Herrmann, A./Mengen, A. (1994): Eine Methode zur gewinnmaximalen Produktgestaltung auf der Basis des Conjoint Measurement, in: ZfB, 64. Jg., 1994, S. 81 - 94.

Becker, J. (1993): Marketing-Konzeption. Grundlagen des strategischen Marketing-Managements, 5. Aufl., München 1993.

Bednarczuk, P. (1990): Strategische Kommunikationspolitik, Offenbach 1990.

Bell, M.L. (1979): Marketing, 3. Aufl., Boston 1979.

Bender, H.O. (1986): High Technology Marketing, in: Industrial Marketing (Hrsg.: Backhaus, K./Wilson, D.T.), Berlin u.a. 1986, S. 191 - 223.

Bender, H.O. (1989): Innovationsmarketing - mehr Kundennutzen durch technologische Neuerungen, in: M&M, 33. Jg., 1989, H. 3, S. 70 - 73.

Benkenstein, M. (1987): F & E und Marketing, Wiesbaden 1987.

Benkenstein, M. (1989): Modelle technologischer Entwicklungen als Grundlage für das Technologiemanagement, in: DBW, 49. Jg., 1989, S. 497 - 512.

Benkenstein, M. (1990): High-Tech-Marketing, in: DBW, 50. Jg., 1990, S. 397 - 398.

Benkenstein, M. (1992): Strategisches Marketing-Management in High-Tech-Branchen, in: Thexis, 9. Jg., 1992, H. 1, S. 8 - 14.

Berekoven, L./Eckert, W./Ellenrieder, P. (1993): Marktforschung, 6. Aufl., Wiesbaden 1993.

Berke, J. (1993): Elektrosmog: Empfindliche Verbraucher, in: Wirtschaftswoche, 47. Jg., 1993, H. 11, S. 66.

Berke, J./Schmelzer, G. (1994): Gewagter Balanceakt, in: Wirtschaftswoche, 48. Jg., 1994, H. 7, S. 92 - 98.

Berndt, R. (1991): Marketing 3 - Marketing-Management, Berlin u.a. 1991.

Böcker, F. (1988): Marketing-Kontrolle, Stuttgart u.a. 1988.

Böhler, H. (1977): Methoden und Modelle der Marksegmentierung, Stuttgart 1977.

Böhler, H. (1983): Strategische Marketing-Früherkennung, Habil. Köln 1983.

Böhler, H. (1989): Gentechnologie, in: Marktökonomie (Hrsg.: Oberender, P.), München 1989, S. 633 - 664.

Böhler, H. (1992): Marktforschung, 2. Auflage, Stuttgart u.a. 1992.

Böhler, H. (1993): Früherkennungssysteme, in: HWB, 5. Aufl. (Hrsg.: Wittmann, W./Kern, W./Köhler, R. et al.), Stuttgart 1993, Sp. 1256 - 1270.

Bower, G.H./Hilgard, E.R. (1984): Theorien des Lernens, 2. Bd., 3. Aufl., Stuttgart 1984.

Brauers, J./Weber, M. (1986): Szenario-Analyse als Hilsmittel der strategischen Planung: Methodenvergleich und Darstellung einer neuen Methode, in: ZfB, 56. Jg., 1986, S. 631 - 651.

Brecht, W. (1991): Effiziente F&E-Organisation, in: Integriertes Technologie- und Innovationsmanagement (Hrsg.: Booz, Allen & Hamilton), Berlin 1991, S. 75 - 91.

Breuer, W./Schwamborn, S. (1993): Der Lead User-Ansatz, in: DBW, 53. Jg., 1993, S. 845 - 847.

Brezski, E. (1993): Konkurrenzforschung im Marketing, Wiesbaden 1993.

Brockhoff, K. (1984): Technologischer Wandel und Unternehmenspolitik, in: DBW, 44. Jg., 1984, S. 619 - 635.

Brockhoff, K. (1985): Abstimmungsprobleme von Marketing und Technologiepolitik, in: DBW, 45. Jg., 1985, S. 623 - 632.

Brockhoff, K. (1986): Spitzentechnik, in: WiSt, 15. Jg., 1986, S. 431 - 435.

Brockhoff, K. (1992): Vor den Zahlen wird gewarnt, in: MM, 22. Jg., 1992, H. 9, S. 142.

Brockhoff, K. (1993a): Produktpolitik, 3. Aufl., Stuttgart u.a. 1993.

Brockhoff, K. (1993b): Produktpolitik, in: HWB, 5. Aufl. (Hrsg.: Wittmann, W./Kern, W./Köhler, R. et al.), Stuttgart 1993, Sp. 3530 - 3545.

Bronner, R. (1992): Komplexität, in: HWO (Hrsg.: Frese, E.), 3. Aufl., Stuttgart 1992, Sp. 1122 - 1130.

Brose, P. (1982): Planung, Bewertung und Kontrolle technologischer Innovationen, Berlin 1982.

Brown, H.E./Shivashankar, R./Brucker, R.W. (1989): Requirements Driven Market Segmentation, in: IMM, Vol. 18, 1989, S. 105 - 112.

Brunner-Schwer, A. (1986): Szenario-Technik bei High-Tech-Produkten, München 1986.

Bühner, R. (1988): Gefährliche Versuchung High-Tech, in: HM, 10. Jg., 1988, H. 3, S. 92 - 96.

Bull, A.T./Holt, G./Lilly, M.D. (1982): Biotechnology. International Trends and Perspectives, Paris 1982.

Burkhardt , R. (1994): Target Costing: Volltreffer mit Methode, in: Top Business, o. Jg., 1994, H. 2, S. 94 - 99.

Busse von Colbe, W./Laßmann, G. (1990): Betriebswirtschaftstheorie, 3. Bd.: Investitionstheorie, 3. Aufl., Berlin u.a. 1990.

Calantone, R.J./Sawyer, A.G. (1978): The Stability of Benefit Segments, in: JMR, Vol. 15, 1978, August, S. 395 - 404.

Chmielewicz, K. (1968): Grundlagen der industriellen Produktgestaltung, Berlin 1968.

Chmielewicz, K. (1994): Forschungskonzeptionen der Wirtschaftswissenschaft, 3. Aufl., Stuttgart 1994.

Clark, K.B. (1985): The Interaction of Design Hierarchies and Market Concepts in Technological Evolution, in: RP, Vol. 14, 1985, S. 235 - 251.

Cooper, R.G. (1984): New Product Strategies: What Distinguishes the Top Performers?, in: JPIM, Vol. 1, 1984, S. 151 - 164.

Corsten, H./Will, Th. (1992): Simultanität von Kostenführerschaft und Differenzierung durch neuere informationstechnologische und arbeitsorganisatorische Produktionskonzepte, Ingolstadt 1992.

Coyne, K.P. (1988): Die Struktur dauerhafter Wettbewerbsvorteile, in: Wettbewerbsvorteile und Wettbewerbsfähigkeit (Hrsg.: Simon, H.), Stuttgart 1988, S. 18 - 29.

Cravens, D.W. (1987): Strategic Marketing, 2. Aufl., Homewood, Ill. 1987.

Davidow, W.H. (1987): High Tech Marketing, Frankfurt a.M. 1987.

Day, G.S./Shocker, A.D./Srivastava, R.K. (1979): Customer-Oriented Approaches to Identifying Product-Markets, in: JM, Vol. 43, 1979, Fall, S. 8 - 19.

Day, G.S./Wensley, R. (1988): Assessing Advantage: A Framework for Diagnosing Competitive Superiority, in: JM, Vol. 52, 1988, April, S. 1 - 20.

Delfmann, W. (1993): Planungs- und Kontrollprozesse, in: HWB, 5. Aufl. (Hrsg.: Wittmann, W./Kern, W./Köhler, R. et al.), Stuttgart 1993, Sp. 3232 - 3251.

Dichtl, E./Bauer, H.H./Schobert, R. (1980): Die Dynamisierung mehrdimensionaler Marktmodelle am Beispiel des deutschen Automobilmarktes, in: Marketing-ZFP, 2. Jg., 1980, S. 163 - 177.

Dichtl, E./Engelhardt, W.H. (1980): Investitionsgütermarketing, in: WiSt, 9. Jg., 1980, S. 145 - 153.

Diez, W. (1990): Modellzyklen als produktpolitisches Entscheidungsproblem, in: ZfbF, 42. Jg., 1990, S. 263 - 275.

Diller, H. (1975): Produkt-Management und Marketing-Informationssysteme, Berlin 1975.

Dinkelbach, W. (1989): Flexible Planung, in: HWPlan (Hrsg.: Szyperski, N. mit Unterstützung von U. Winand), Stuttgart 1989, Sp. 507 - 512.

Droege, W./Backhaus, K./Weiber, R. (1993): Trends und Perspektiven im Investitionsgütermarketing - eine empirische Bestandsaufnahme, in: Strategien für Investitionsgütermärkte (Hrsg.: Droege, W./Backhaus, K./Weiber, R.), Landsberg am Lech 1993, S. 17 - 98.

Dümmling, K. (1984): 10 Jahre Computertomographie - ein Rückblick, in: electromedica, 52. Jg., 1984, H. 1, S. 13 - 28.

Dunst, K.H. (1979): Portfolio-Management, Berlin u.a. 1979.

Eichenberger, H. (1991): Kontextadäquate Zielmärkte, Stuttgart 1991.

Eiting, H. (1989): Manager der Funktionen Marketing, Entwicklung, Fertigung und Feldunterstützung zusammenspannen, in: Handelsblatt, o.Jg., Nr. 136 vom 18.07.1989, S. 12.

Ellinger, Th. (1974): Marktperiode, in: HWA (Hrsg.: Tietz, B.), Stuttgart 1974, Sp. 1395 - 1401.

Engelhardt, W.H. (1974): Qualitätspolitik, in: HWA (Hrsg.: Tietz, B.), Stuttgart 1974, Sp. 1799 - 1816.

Engelhardt, W.H./Günter, B. (1981): Investitionsgütermarketing, Stuttgart u.a. 1981.

Engelhardt, W.H./Kleinaltenkamp, M./Reckenfelderbäumer, M. (1993): Leistungsbündel als Absatzobjekte, in: ZfbF, 45. Jg., 1993, S. 395 - 426.

Engelhardt, W.H./Witte, P. (1990): Konzeptionen des Investitionsgüter-Marketing - eine kritische Bestandsaufnahme ausgewählter Ansätze, in: Investitionsgütermarketing, Festschrift zum 60. Geburtstag von K.-H. Strothmann (Hrsg.: Kliche, M.), Wiesbaden 1990, S. 3 - 17.

Erickson, T.J./Magee, J.F./Roussel, P.A. et al. (1990): Managing Technology as a Business Strategy, in: SMR, Vol. 31, 1990, Spring, S. 73 - 78.

Ewald, A. (1989): Organisation des Strategischen Technologie-Managements, Berlin 1989.

Faix, A./Görgen, W. (1994): Das "Konstrukt" Wettbewerbsvorteil - Grundlagen, Kennzeichnung und Planung, in: Marketing-ZFP, 16. Jg., 1994, H. 3, im Druck.

Fitzgerald, R.L. (1989): Investitionsgütermarketing auf Basis industrieller Beschaf-fungsentscheidungen, Wiesbaden 1989.

Ford, D./Ryan, C. (1981): Taking Technology to Market, in: HBR, Vol. 59, 1981, March/April, S. 117 - 126.

Forschner, G. (1989): Investitionsgüter-Marketing mit funktionellen Dienstleistungen, Berlin 1989.

Forsthuber, W./Kropfberger, D. (1989): Kundenorientiertes Technologiemanage-ment, in: M&M, 33. Jg., 1989, H. 3, S. 76 - 81.

Frank, R.E./Massy, W.F./Wind, Y. (1972): Market Segmentation, Englewood Cliffs, N.J. 1972.

Freeman, C./Cooper, C.M./Pavitt, K. (1978): Policies for Technical Change, in: World Futures: The Great Debate, (Hrsg.: Freeman, C./Oldham, C.H.G./Cooper, C.M.), London 1978, S. 206 - 229.

Freter, H. (1983): Marktsegmentierung, Stuttgart u.a. 1983.

Freter, H. (1993): Marktsegmentierung, in: HWB, 5. Aufl. (Hrsg.: Wittmann, W./Kern, W./Köhler, R. et al.), Stuttgart 1993, Sp. 2803 - 2818.

Freudiger, M.P. (1992): Ein Verfahren zur Identifikation von Marktsegmenten dokumentiert anhand eines Anwendungsfalles aus dem Investitionsgüter-bereich, Arbeitspapier des Instituts für Marketing und Unternehmens-führung der Universität Bern, Bern 1992.

Fritz, W. (1990): Ansätze der Wettbewerbstheorie aus der Sicht der Marketing-Wissenschaft, in: DBW, 50. Jg, 1990, S. 491 - 512.

Fritz, W. (1992): Marktorientierte Unternehmensführung und Unternehmenserfolg, Stuttgart 1992.

Fronhoff, B. (1986): Die Gestaltung von Marketing-Strategien, Bergisch Gladbach u.a. 1986.

Fuchs, H.-J. (1990): Die Stunde der Trommler, in: High Tech, 4. Jg., 1990, H. 9, S. 46 - 64.

Gabler Wirtschafts Lexikon (1992), 13. Auflage, Wiesbaden 1992.

Gälweiler, A. (1981): Zur Kontrolle strategischer Pläne, in: Planung und Kontrolle (Hrsg.: Steinmann, H./Achenbach, R.), München 1981, S. 383 - 399.

Gälweiler, A. (1987): Strategische Unternehmensführung, Frankfurt u.a. 1987.

Gaitanides, M. (1989): Zeitliche Koordination, Konzepte zur, in: HWPlan (Hrsg.: Szyperski, N. mit Unterstützung von U. Winand), Stuttgart 1989, Sp. 2258 - 2270.

Gazdar, K. (Hrsg.) (1992): High-Tech Handbuch, Bonn 1992.

Gazdar, K. (1992): Zauberwort und Zeitphänomen - High-Tech als Gegenstand der Definition und der Diskussion, in: High-Tech Handbuch (Hrsg.: Gazdar, K.), Bonn 1992, S. 9 - 27.

Gerpott, T.J./Wittkemper, G. (1991): Verkürzung von Produktentwicklungszeiten, in: Integriertes Technologie- und Innovationsmanagement (Hrsg.: Booz Allen & Hamilton), Berlin 1991, S. 117 - 145.

Gerybadze, A. (1982): Innovation, Wettbewerb und Evolution, Tübingen 1982.

Gerybadze, A. (1988): Innovationswettbewerb: Der Hase und der Igel in den Märkten von morgen, in: Management des geordneten Wandels (Hrsg.: Arthur D. Little International), Wiesbaden 1988, S. 107 - 122.

Gerybadze, A. (1993): Kritische Thesen zu integrierten Technologie- und Marketingstrategien, in: Thexis, 10. Jg., 1993, H. 1, S. 40 - 45.

Geschka, H. (1986): Markt-Informationen für neue Produkte, in: Wege zur Branchenspitze (Hrsg.: VDI-Verlag), VDI-Berichte 616, Düsseldorf 1986, S. 119 - 138.

Ghazanfar, A./McGee, J./Howard, T. (1987): The Impact of Technological Change on Industry Structure and Corporate Strategy: The Case of the Reprographics Industry in the United Kingdom, in: The Management of Strategic Change (Hrsg.: Pettigrew, A.M.), Oxford 1987, S. 166 - 191.

Gilbert, X./Strebel, P. (1985): Outpacing Strategies, in: IMEDE Perspectives for Managers, o. Jg., 1985, H. 2, S. 1 - 4.

Gilbert, X./Strebel, P. (1987): Strategies to Outpace the Competition, in: JBstr, Vol. 8, 1987, S. 28 - 36.

Gilbert, X./Strebel, P. (1988): Developing Competitive Advantage, in: The Strategy Process - Concepts, Contexts and Cases (Hrsg.: Quinn, J.B./Mintzberg, H./James, R.M.), London u.a. 1988, S. 70 - 79.

Gisholt, O. (1976): Marketing-Prognosen, Bern u.a. 1976.

Gisholt, O. (1978): Möglichkeiten des Einsatzes von qualitativen Prognosemethoden in der Marketing-Forschung, in: Unternehmung und Markt (Hrsg.: Weinhold-Stünzi, H.), Zürich 1978, S. 165 - 186.

Gobeli, D.H./Brown, D.J. (1987): Analyzing Product Innovations, in: Research Management, Vol. 30, 1987, No. 4, S. 25 - 31.

Görgen, W. (1992): Strategische Wettbewerbsforschung, Bergisch Gladbach u.a. 1992.

Götze, U. (1991): Szenario-Technik in der strategischen Unternehmensplanung, Wiesbaden 1991.

Green, P.E./Krieger, A.M./Schaffer, C.M. (1985): Quick and Simple Benefit Segmentation, in: JAR, Vol. 25, 1985, No. 3, S. 9 - 17.

Green, P.E./Wind, Y./Jain, A.K. (1972): Benefit Bundle Anlaysis, in: JAR, Vol. 12, 1972, No. 2, S. 31 - 36.

Grochla, E. (1980): Betriebswirtschaftlich-organisatorische Voraussetzungen technologischer Innovationen, in: Neue Technologien - neue Märkte (Hrsg.: Schmalenbach-Gesellschaft - Deutsche Gesellschaft für Betriebswirtschaft e.V.), ZfbF Sonderheft 11, Köln 1980, S. 30 - 42.

Groh, G. (1974): Marktsegmentierung, in: HWA (Hrsg.: Tietz, B.), Stuttgart 1974, Sp. 1408 - 1420.

Gröne, A. (1977): Marksegmentierung bei Investitionsgütern, Wiesbaden 1977.

Große-Oetringhaus, W.F. (1990): Das Geheimnis strategischen Verkaufens, in: HM, 12. Jg., 1990, H. 3, S. 93 - 101.

Große-Oetringhaus, W.F. (1991): Mega- und Supratechnologien: Kundenorientierte Wege zum Verständnis und zur Gestaltung des Technologiewandels, in: Technologie-Marketing (Hrsg: Töpfer, A./Sommerlatte, T.), Landsberg am Lech 1991, S. 113 - 140.

Große-Oetringhaus, W.F. (1992a): Internationale Marketingstrategien von Großunternehmen in den Investitionsgüter- und High-Tech-Märkten, in: Investitionsgüter- und High-Tech-Marketing (ITM) (Hrsg.: Hofmaier, R.), Landsberg am Lech 1992, S. 23 - 44.

Große-Oetringhaus, W.F. (1992b): Telefonisches Gespräch mit Dr. W.F. Große-Oetringhaus, Leiter des Top-Management-Trainings der Siemens AG, München, am 25. März 1992.

Günter, B. (1990): Markt- und Kundensegmentierung in dynamischer Betrachtungsweise, in: Investitionsgütermarketing, Festschrift zum 60. Geburtstag von K.-H. Strothmann (Hrsg.: Kliche, M.), Wiesbaden 1990, S. 113 - 130.

Gupta, A.K./Raj, S.P./Wilemon, D.L. (1985): R & D and Marketing Dialogue in High-Tech Firms, in: IMM, Vol. 14, 1985, S. 289 - 300.

Gutenberg, E. (1976): Grundlagen der Betriebswirtschaftslehre, 2. Bd.: Der Absatz, 15. Aufl., Berlin u.a., 1976.

Haley, R.I. (1968): Benefit Segmentation: A Decision-oriented Research Tool, in: JM, Vol. 32, 1968, July, S. 30 - 35.

Hamann, M. (1975): Die Produktgestaltung, Würzburg u.a. 1975.

Hammann, P. (1977): Marktforschung für Investitionsgüter, in: Anlagen-Marketing (Hrsg: Engelhardt, W.H./Laßmann, G.), Opladen 1977, S. 87 - 101.

Hansen, U./Leitherer, E. (1984): Produktpolitik, 2. Aufl., Stuttgart 1984.

Hansmann, K.-W. (1993): Prognose und Prognosemethoden, in: HWB, 5. Aufl. (Hrsg.: Wittmann, W./Kern, W./Köhler, R. et al.), Stuttgart 1993, Sp. 3546 - 3559.

Harbrecht, W.: (1993): Bedürfnis, Bedarf, Gut, Nutzen, in: HWB, 5. Aufl. (Hrsg.: Wittmann, W./Kern, W./Köhler, R. et al.), Stuttgart 1993, Sp. 266 - 280.

Hauschildt, J. (1993): Innovationsmanagement, München 1993.

Hauser, J.R./Clausing, D. (1988): The House of Quality, in: HBR, Vol. 66, 1988, No. 3, S. 63 - 73.

Heinen, E. (1966): Das Zielsystem der Unternehmung, Wiesbaden 1966.

Hemmer, Ch. (1988): Markt- und Kundenselektion - eine Vertriebsaufgabe mit strategischer Bedeutung, in: Innovation braucht den Vertrieb - Vertrieb braucht Innovation (Hrsg.: VDI-Verlag), VDI-Berichte 709, Düsseldorf 1988, S. 103 - 123.

Henderson, R.M./Clark, K.B (1990): Architectural Innovation: The Reconfiguration of Existing Product Technologies and the Failure of Established Firms, in: ASQ, Vol. 35, 1990, No. 1, S. 9 - 30.

Hermanns, A. (1984): Marketing und Technologie. Zusammenhänge und Folgerungen für die marketingorientierte Unternehmensführung, in: Zukunftsorientiertes Marketing für Theorie und Praxis, Festschrift zum sechzigsten Geburtstag von P.W. Meyer (Hrsg.: Hermanns, A./Meyer, A.), Berlin 1984, S. 89 - 106.

Hermanns, A./Flegel, V. (1993): Wettbewerbsvorteile durch Datenbanksysteme - Database Marketing in Investitionsgüterunternehmen, in: M&M, 37. Jg., 1993, S. 99 - 108.

Herrmann, A. (1992): Produktwahlverhalten, Stuttgart 1992.

Herstatt, C. (1991): Anwender als Quellen für die Produktinnovation, Diss. Zürich 1991.

Herstatt, C./Hippel, E. von (1992): From Experience: Developing New Product Concepts Via the Lead User Method: A Case Study in a "Low-Tech" Field, in: JPIM, Vol. 9, 1992, S. 213 - 221.

Herzberg, F. (1982): The managerial choice. To be efficient and to be human, 2. Aufl., Homewood, Ill. 1982.

Hilke, W. (1993): Markt, Marktformen und Marktverhaltensweisen, in: HWB, 5. Aufl. (Hrsg.: Wittmann, W./Kern, W./Köhler, R. et al.), Stuttgart 1993, Sp. 2769 - 2782.

Hill, C.W.L. (1988): Differentiation Versus Low Cost or Differentiation and Low Cost: A Contingency Framework, in: Academy of Management Review, Vol. 13, 1988, S. 401 - 412.

Hill, W./Rieser, I. (1993): Marketing-Management, 2. Aufl., Bern u.a. 1993.

Hinterhuber, H.H. (1984): Strategische Unternehmungsführung, 3. Aufl., Berlin u.a. 1984.

Hippel, E. von (1976): The Dominant Role of Users in the Scientific Instrument Innovation Process, in: RP, Vol. 5, 1976, S. 212 - 239.

Hippel, E. von (1986): Lead Users: A Source of Novel Product Concepts, in: Man.Sc., Vol. 32, 1986, S. 791 - 805.

Hippel, E.von (1988): The Sources of Innovation, New York u.a. 1988.

Hlavacek, J.D./Ames, B.C. (1986): Segmenting Industrial and High-Tech Markets, in: JBStr, Vol. 7, 1986, No. 7, S. 39 - 50.

Hofer, Ch.W./Schendel, D. (1978): Strategy Formulation: Analytical Concepts, St. Paul u.a. 1978.

Hofmaier, R. (1990): Fahrplan für ein Erfolgspotential- und Segmentmanagement, in: asw, 33. Jg., Sondernummer Oktober 1990, S. 124 - 132.

Hofmaier, R. (1991): Segmentmanagement nach außen, Schnittstellen-Management nach innen, in: asw, 34. Jg., 1991, H. 4, S. 110 - 115.

Hofmaier, R. (Hrsg.) (1992): Investitionsgüter- und High-Tech-Marketing (ITM), Landsberg am Lech 1992, S. 15 - 22.

Hofmaier, R. (1992a): Aktuelle Herausforderungen und kritische Fragen hinsichtlich eines effizienten und systematischen Investitionsgüter- und High-Tech-Marketing (ITM), in: Investitionsgüter- und High-Tech-Marketing (ITM) (Hrsg.: Hofmaier, R.), Landsberg am Lech 1992, S. 15 - 22.

Hofmaier, R. (1992b): Ein systematischer I+T-Marketing-Gesamtansatz. Vom klassischen Verkaufs- und Produktmanagement hin zum "integrativen" Segment- und Erfolgspotentialmanagement, in: Investitionsgüter- und High-Tech-Marketing (ITM) (Hrsg.: Hofmaier, R.), Landsberg am Lech 1992, S. 141 - 172.

Höft, U. (1992): Lebenszykluskonzepte, Berlin 1992.

Holt, K./Geschka, H./Peterlongo, G. (1984): Need Assessment. A Key to User-oriented Product Innovation, Chichester u.a. 1984.

Horst, B. (1988): Ein mehrdimensionaler Ansatz zur Segmentierung von Investitions-gütermärkten, Pfaffenweiler 1988.

Horváth, P. (1993): Controlling, in: Vahlens Großes Controllinglexikon (Hrsg.: Horváth, P./Reichmann, Th.), München 1993, S. 112 - 114.

Hruschka, H./Natter, M. (1993): Analyse von Marktsegmenten mit Hilfe konnexio-nistischer Modelle, in: ZfB, 63. Jg., 1993, S. 425 - 442.

Huber, M. (1984): Markt-Konkurrenz-Angebotskombinationen, Diss. St. Gallen 1984.

Hüttner, M. (1986a): Prognoseverfahren und ihre Anwendung, Berlin u.a. 1986.

Hüttner, M. (1986b): Die Kohortenanalyse als Instrument der strategischen Markt-forschung, in: Realisierung des Marketing, 1. Bd., Savosa u.a. 1986, S. 309 - 327.

Hüttner, M. (1986c): Auf dem Wege zur "Strategischen Marktforschung"?, in Thexis, 3. Jg., 1986, H. 4, S.10 - 21.

Hüttner, M. (1989): Grundzüge der Marktforschung, 4. Auflage, Berlin u.a. 1989.

Huxold, St. (1990): Marketingforschung und strategische Planung von Produktinno-vationen, Berlin 1990.

Inderfurth, K. (1993): Investitionsprogrammplanung, in: HWB, 5. Aufl. (Hrsg.: Wittmann, W./Kern, W./Köhler, R. et al.), Stuttgart 1993, Sp. 2011 - 2020.

Jacob, R. (1972): Marktsegmentierung auf Investitionsgütermärkten als Grundlage der Steuerung absatzpolitischen Mitteleinsatzes, Bern u.a. 1972.

Jehle, E. (1993): Wertanalyse, in: HWB, 5. Aufl. (Hrsg.: Wittmann, W./Kern, W./Köhler, R. et al.), Stuttgart 1993, Sp. 4647 - 4659.

Johne, F.A. (1984): Segmenting High Technology Adopters, in: IMM, Vol. 13, 1984, S. 59 - 63.

Johnson, R.M. (1974): Trade-Off Analysis of Consumer Values, in: JMR, Vol. 11, 1974, S. 121 - 127.

Jugel, S. (1991): Ansatzpunkte einer Marketing-Konzeption für technologische Innovationen, Stuttgart 1991.

Jugel, S./Zerr, K. (1989): Dienstleistungen als strategisches Element eines Technologie-Marketing, in: Marketing-ZFP, 11. Jg., 1989, S. 162 - 172.

Kaas, P.K. (1982): Zeitbezogene Untersuchungspläne, in: Marketing-ZFP, 4. Jg., 1982, S. 237 - 245.

Kaas, P.K. (1990): Marketing als Bewältigung von Informations- und Unsicherheitsproblemen im Markt, in: DBW, 50. Jg., 1990, S. 539 - 548.

Kaluza, B. (1993): Flexibilität, betriebliche, in: HWB, 5. Aufl. (Hrsg.: Wittmann, W./Kern, W./Köhler, R. et al.), Stuttgart 1993, Sp. 1173 - 1184.

Kaufer, E. (1980): Industrieökonomik, München 1980.

Kawakatsu, S. (1985): Marketingstrategien in High-Tech-Märkten, dargestellt am Beispiel des Marktes für Unterhaltungselektronik, in: Vom operativen zum strategischen Marketing, Arbeitspapier der Wissenschaftlichen Gesellschaft für Marketing und Unternehmensführung e.V. (Hrsg.: Meffert, H./Wegner, H.), Münster 1985, S. 34 - 46.

Kern, W. (1973): Zur Analyse des internationalen Transfers von Technologien - ein Forschungsbericht, in: ZfbF, 25. Jg., 1973, S. 85 - 98.

Kern, W. (1979): Produkte, Problemlösungen als, in: HWProd (Hrsg.: Kern, W.), Stuttgart 1979, Sp. 1433 - 1441.

Kern, W. (1992): Die Zeit als Dimension betriebswirtschaftlichen Denkens und Handelns, in: DBW, 52. Jg., 1992, S. 41 - 58.

Kern, W./Schröder, H.-H. (1977): Forschung und Entwicklung in der Unternehmung, Reinbek bei Hamburg 1977.

Kieser, A. (1974): Produktinnovation, in: HWA (Hrsg.: Tietz, B.), Stuttgart 1974, Sp. 1733 - 1743.

Kirchgeorg, M. (1992): Gespräch mit Dr. M. Kirchgeorg, Produktmanager Computertomographie, Siemens AG, Erlangen, am 22. Oktober 1992.

Kirsch, W. (1989): Strategisches Management, in: HWPlan (Hrsg.: Szyperski, N. mit Unterstützung von U. Winand), Stuttgart 1989, Sp. 1924 - 1934.

Kirsch, W. (1993): Strategische Unternehmensführung, in: HWB, 5. Aufl. (Hrsg.: Wittmann, W./Kern, W./Köhler, R. et al.), Stuttgart 1993, Sp. 4094 - 4110.

Kleinaltenkamp, M. (1987): Die Dynamisierung strategischer Marketing-Konzepte, in: ZfbF, 39. Jg., 1987, S. 31 - 52.

Kliche, M. (1985): Marktsegmentierung für technische Innovationen - dargestellt am Beispiel des Industrieroboters, Düsseldorf 1985.

Kliche, M. (1991): Industrielles Innovationsmarketing, Wiesbaden 1991.

Kliche, M./Tomczak, T. (1988): Innovations-Positionen im industriellen Wettbewerb, Teil 1: Innovationswettbewerb: Orientierungsbasis für High-Tech-Unternehmen, in: BL, 29. Jg., 1988, H. 5, Sonderteil Fabrik der Zukunft, S. 18 - 22.

Kluyver, C.A. de/Whitlark, D.B. (1986): Benefit Segmentation for Industrial Products, in: IMM, 15. Jg., 1986, S. 273 - 286.

Knorr, J. (1991): High-Tech-Marketing in der Mikroelektronik: Erfahrungen aus dem Mega-Projekt, in: Technologie-Marketing (Hrsg.: Töpfer, A./Sommerlatte, T.), Landsberg/Lech 1991, S. 325 - 343.

Knyphausen, D. zu (1993): "Why are Firms different?", in: DBW, 53. Jg., 1993, S. 771 - 792.

Kocher, H. (1989): Marktgerechte Qualität, Bern u.a. 1989.

Kogler, A. (1991): Investitionen in Produkt- und Prozeßinnovationen, Frankfurt a.M. 1991.

Köhler, R. (1966): Theoretische Systeme der Betriebswirtschaftslehre im Lichte der neueren Wissenschaftslogik, Stuttgart 1966.

Köhler, R. (1974): Absatzlehre und Wissenschaftslogik, in: HWA (Hrsg.: Tietz, B.), Stuttgart 1974, Sp. 50 - 61.

Köhler, R. (1976a): Theoretische und technologische Forschung in der Betriebswirtschaftslehre, in: ZfbF, 28. Jg., 1976, S. 302 - 318.

Köhler, R. (1976b): "Inexakte Methoden" in der Betriebswirtschaftslehre, in: ZfB, 46. Jg., 1976, S. 27 - 46.

Köhler, R. (1984): Zur Problematik der Markteffizienz der Unternehmung, in: Probleme der Unternehmungseffizienz im Systemvergleich (Hrsg.: Dlugos, G./Napierala, M.), Bad Honnef 1984, S. 227 - 248.

Köhler, R. (1987): Informationen für die strategische Planung von Produktinnovationen, in: Distributionspolitik, Sonderheft 35 der Mitteilungen des Instituts für Handelsforschung an der Universität zu Köln (Hrsg.: Klein-Blenkers, F.), Göttingen 1987, S. 79 - 103.

Köhler, R. (1989): Planungstechniken, Einsatzbedingungen von, in: HWPlan (Hrsg.: Szyperski, N. mit Unterstützung von U. Winand), Stuttgart 1989, Sp. 1528 - 1541.

Köhler, R. (1991a): Produkt-Innovationsmanagement als Erfolgsfaktor, in: Innovations- und Technologiemanagement (Hrsg.: Müller-Böling, D./Seibt, D./Winand, U.), Stuttgart 1991, S. 153 - 175.

Köhler, R. (1991b): Strategische Früherkennung für die Planung von Produktinnovationen, in: Thexis, 8. Jg., 1991, H. 4, S. 9 - 14.

Köhler, R. (1993a): Beiträge zum Marketing-Management, 3. Aufl., Stuttgart 1993.

Köhler, R. (1993b): Wer Rezepte erwartet, liegt falsch, in: asw, 36. Jg., 1993, Sondernummer Oktober 1993, S. 72 - 73.

Köhler, R. (1993c):   Marktforschung, in: HWB, 5. Aufl. (Hrsg.: Wittmann, W./Kern, W./Köhler, R. et al.), Stuttgart 1993, Sp. 2782 - 2803.

Köhler, R. (1993d): Produktpolitik - Strategische Stoßrichtung und Erfolg von Produktinnovationen, in: Ergebnisse empirischer betriebswirtschaftlicher Forschung, Festschrift für E. Witte (Hrsg.: Hauschildt, J./Grün, O.), Stuttgart 1993, S. 255 - 293.

Köhler, R. (1993e): Bedeutung des Marketing-Accounting für die 90er Jahre, in: Marketing (Hrsg.: Fischer, G.), Landsberg am Lech 1993, Teil F, Abschnitt 2.1, S. 1 - 26.

Köhler, R. (1994): Target Marketing, in: DBW, 54. Jg, 1994, S. 121 - 123.

Köhler, R./Fronhoff, B./Huxold S. (1988): Ansatzpunkte für ein Indikatorensystem zur strategischen Planung von Produktinnovationen, Arbeitspapier des Instituts für Markt- und Distributionsforschung der Universität zu Köln, Köln 1988.

Köhler, R./Horst, B./Huxold, S. (1990): Strategie der Innovation. Früherkennung der Notwendigkeit von neuen Produkten, in: F+E Jahrbuch 1990, Landsberg am Lech 1990, S. 16 - 19.

Köhler, R./Hüttemann, H. (1989): Marktauswahl im internationalen Marketing, in: HWInt (Hrsg.: Macharzina, K./Welge, M.K.), Stuttgart 1989, Sp. 1428 - 1440.

Köhler, R./Uebele, H. (1983): Marktsegmentierung in der Industrieelektronik, Würzburg 1983.

Kollat, D.T./Blackwell R.D./Robeson, J.F. (1972): Strategic Marketing, New York u.a. 1972.

Kols, P. (1986): Bedarfsorientierte Marktsegmentierung auf Produktivgütermärkten, Frankfurt a.M. 1986.

Koppelmann, U. (1974): Marketing. Einführung in Entscheidungsprobleme des Absatzes, Düsseldorf 1974.

Koppelmann, U. (1976): Gedanken zur produktadäquaten Marktsegmentierung (Produktsegmentierung), in: JBAVF, 22. Jg, 1976, S. 355 - 385.

Koppelmann, U. (1982): Zur Entwicklung eines Anspruchskonzepts als Grundlage für innovative Marketingentscheidungen, in: Marketing-ZFP, 4. Jg., 1982, S. 165 - 175.

Koppelmann, U. (1993): Produktmarketing, 4. Aufl., Berlin u.a. 1993.

Korbmann, R. (1993): Bedingt wettbewerbsfähig, in: Bild der Wissenschaft, o. Jg., 1993, H. 8, S. 26 - 28.

Koreimann, D.S. (1976): Methoden der Informationsbedarfsanalyse, Berlin u.a. 1976.

Kotler, Ph. (1974): Marketing-Management: Analyse, Planung und Kontrolle, 2. Aufl., Stuttgart 1974.

Kotler, Ph. (1982): Marketing-Management: Analyse, Planung und Kontrolle, 4. Aufl., Stuttgart 1982.

Kotler, Ph./Bliemel, F. (1992): Marketing-Management: Analyse, Planung, Umsetzung und Steuerung, 7. Aufl., Stuttgart 1992.

Kramer, F. (1987): Innovative Produktpolitik, Berlin u.a. 1987.

Krautter, J. (1975): Zum Problem der optimalen Marktsegmentierung, in: ZfB, 45. Jg., 1975, S. 109 - 128.

Kreilkamp, E. (1987): Strategisches Management und Marketing, Berlin u.a. 1987.

Kremer, H.-H. (1986): Die Bestimmung von Produkt-Markt-Feldern als Kernproblem bei der Bildung strategischer Geschäftseinheiten, Frankfurt a.M. u.a. 1986.

Krestel, E. (1988): Bildgebende Systeme für die medizinische Diagnostik, 2. Aufl., Berlin u.a. 1988.

Kreutzer, R.T. (1991): Database-Marketing - Erfolgsstrategie für die 90er Jahre, in: Handbuch Direct Marketing (Hrsg.: Dallmer, H.), 6. Aufl., Wiesbaden 1991, S. 623 - 642.

Kroeber-Riel, W. (1992): Konsumentenverhalten, München 1992.

Krystek, U./Müller-Stewens, G. (1993): Frühaufklärung für Unternehmen, Stuttgart 1993.

Küffner, G. (1987): Spitzentechnik in Deutschland, Frankfurt a.M. u.a. 1987.

Kuhlmann, E. (1974): Markttransparenz, in: HWA (Hrsg.: Tietz, B.), Stuttgart 1974, Sp. 1420 - 1427.

Lambert, D.M./Marmorstein, H./Sharma, A. (1990): Industrial Salespeople as a Source of Market Information, in: IMM, Vol. 19, 1990, S. 141 - 147.

Lender, F. (1991): Innovatives Technologie-Marketing, Göttingen 1991.

Levitt, Th. (1984): Marketing Imagination: Die unbegrenzte Macht des kreativen Marketing, Landsberg am Lech 1984.

Liesegang, D.G. (1992): Produkt- und generationsübergreifende Integration, in: Integrationsmanagement für neue Produkte (Hrsg.: Hanssen, R.A./Kern, W.), ZfbF Sonderheft 30, Düsseldorf u.a. 1992, S. 93 - 101.

Lisowsky, P.E. (1968): Das Bedürfnis als absatzwirtschaftliches Problem, Zürich 1968.

Lücke, W. (1973): Qualitätsprobleme im Rahmen der Produktions- und Absatztheorie, in: Zur Theorie des Absatzes, Festschrift für Erich Gutenberg zum 75. Geburtstag (Hrsg.: Koch, H.), Wiesbaden 1973, S. 263 - 299.

Luhmann, N. (1980): Komplexität, in: HWO (Hrsg.: Grochla, E.), 2. Aufl., Stuttgart 1980, Sp. 1064 - 1070.

MacInnis, M./Heslop, L.A. (1990): Market Planning in a High-Tech Environment, in: IMM, Vol. 19, 1990, S. 107 - 116.

Maidique, M.A./Hayes. R.H. (1984): The Art of High Technology Management, in: SMR, Vol. 25, 1984, Winter, S. 17 - 31.

Maly, W. (1992): Internationalisierung im High-Tech-Wettbewerb, in: Internationaler High-Tech-Wettbewerb (Hrsg.: Pfeiffer, W./Weiss, E.), Berlin 1992, S. 19 - 52.

Maringer, A. (1990): Preisverfall mikroelektronischer Bauelemente am Beispiel der DRAM-Speicherbauelemente, in: ZfbF, 42. Jg., 1990, S. 423 - 439.

Marr, R. (1993): Innovationsmanagement, in: HWB, 5. Aufl. (Hrsg.: Wittmann, W./Kern, W./Köhler, R. et al.), Stuttgart 1993, Sp. 1796 - 1812.

Meffert, H. (1974): Interpretation und Aussagewert des Produktlebenszyklus-Konzeptes, in: Neuere Ansätze der Marketingtheorie, Festschrift zum 80. Geburtstag von Otto R. Schnutenhaus (Hrsg.: Hammann, P./Kroeber-Riel, W./Meyer, C.W.), Berlin 1974, S. 85 - 134.

Meffert, H. (1983): Strategische Planungskonzepte in stagnierenden und gesättigten Märkten, in: DBW, 43. Jg., 1983, S. 193 - 209.

Meffert, H. (1986): Marketing. Grundlagen der Absatzpolitik, 7. Aufl., Wiesbaden 1986.

Meffert, H. (1989): Marketingstrategien in unterschiedlichen Marktsituationen, in: Handbuch des Marketing (Hrsg.: Bruhn, M.), München 1989, S. 277 - 306.

Meffert, H. (1990): Markets, in: GBM (Hrsg.: Grochla, E./Gaugler, E./Büschgen, H.E. et al.), Stuttgart u.a. 1990, Sp. 1455 - 1460.

Meffert, H./Lamnek, S./Maisberger, P. et al. (1991): High-Tech-Marketing. Branchenspezifische Trends und Strategien für die 90er Jahre, Düsseldorf 1991.

Meffert, H./Remmerbach, K.-U. (1988): Marketingstrategien in jungen Märkten, in: DBW, 48. Jg., 1988, S. 331 - 346.

Meinig, W. (1985a): Bedarfsorientiertes Produktivgütermarketing, Berlin 1985.

Meinig, W. (1985b): Bedarfsorientierte Segmentierung von Produktivgütermärkten, in: Marktforschung, 29. Jg., 1985, S. 137 - 145.

Meinig, W. (1985c): Effiziente Bedarfssegmentierung von Pflaster- und Verbundsteinmärkten, in: Marktforschung, 29. Jg., 1985, S. 24 - 28.

Mensch, G. (1971): Zur Dynamik des technischen Fortschritts, in: ZfB, 41. Jg., 1971, S. 295 - 314.

Mensch, G. (1972): Basisinnovationen und Verbesserungsinnovationen, in: ZfB, 42. Jg., 1972, S. 291 - 297.

Mensch, G. (1975): Das technologische Patt, Frankfurt 1975.

Merkle, E. (1984): Technologiemarketing. Ein Ansatz zur Bewältigung des technologischen Wandels, in: Marketing-ZFP, 6. Jg., 1984, S. 5 - 14.

Meyer, A. (1985): Produktdifferenzierung durch Dienstleistungen, in: Marketing-ZFP, 7. Jg., 1985, S. 99 - 107.

Meyer, A. (1991): Dienstleistungs-Marketing, in: DBW, 51. Jg., 1991, S. 195 - 209.

Michel, K. (1987): Technologie im strategischen Management, Berlin 1987.

Mittag, H. (1985): Technologiemarketing, Bochum 1985.

Mollenhauer, M./Remmerbach, K.-U. (1988): Neue Spielregeln des Marketing: Wie aktivieren wir die Märkte für die nächste Produktgeneration?, in: Management des geordneten Wandels (Hrsg.: Arthur D. Little International), Wiesbaden 1988, S. 123 - 136.

Moore, W.L./Tushman, M.L. (1982): Managing Innovation Over the Product Life Cycle, in: Readings in the Management of Innovation (Hrsg.: Tushman, M.L./Moore, W.L.), Boston u.a. 1982, S. 131 - 150.

Moriarty, R.T./Kosnik, T.J. (1989): High-Tech Marketing: Concepts, Continuity, and Change, in: SMR, Vol. 30, 1989, Summer, S. 7 - 17.

Moriarty, R.T./Reibstein, D.J. (1986): Benefit Segmentation in Industrial Markets, in: JBR, Vol. 14, 1986, No. 6, S. 463 - 486.

Muchna, C. (1984): Stand und Entwicklungstendenzen der Investitionsgütermarktforschung, in: Marketing-ZFP, 6. Jg., 1984, S. 195 - 202.

Muchna, C. (1990): Radarsystem für das Marketing, in: asw, 33. Jg., 1990, H. 5, S. 116 - 126.

Mueller, R.K./Deschamps, J.-Ph. (1986): Die Herausforderung Innovation, in: Management der Geschäfte von morgen (Hrsg.: Arthur D. Little International), Wiesbaden 1986, S. 27 - 38.

Mühlbacher, H./Botschen, G. (1990): Benefit-Segmentierung auf Dienstleistungsmärkten, in: Marketing-ZFP, 12. Jg., 1990, S. 159 - 168.

Müller-Hagedorn, L. (1986): Das Konsumentenverhalten, Wiesbaden 1986.

Müller-Hagedorn, L./Sewing, E./Toporowski, W. (1992): Zur Validität von Conjoint-Analysen, Arbeitspapier des Seminars für Allgemeine Betriebswirtschaftslehre, Handel und Distribution der Universität zu Köln, Köln 1992.

Murray, A.I. (1988): A Contingency View of Porter's "Generic Strategies", in: Academy of Management Review, Vol. 13, 1988, No. 3, S. 390 - 400.

Myers, J.H. (1976): Benefit Structure Analysis: A New Tool for Product Planning, in: JM, Vol. 40, 1976, No. 4, S. 23 - 32.

Nagel, R. (1993): Lead User Innovationen, Wiesbaden 1993.

Nelson, R.R./Winter, S.G. (1977): In Search of Useful Theory of Innovation, in: RP, Vol. 6, 1977, S. 36 - 76.

Neubauer, F.-F. (1979): Portfolio-Management, in: Marketing (Hrsg.: L. G. Poth), Abschnitt 3.1.3, Neuwied 1979, S. 1 - 61.

Nevens, T.M./Summe, G.L./Uttal, B. (1990): Wie Spitzenunternehmen Technik vermarkten, in: HM, 12. Jg., 1990, H. 4, S. 56 - 68.

Nieschlag, R./Dichtl, E./Hörschgen, H. (1991): Marketing, 16. Aufl., Berlin 1991.

Norton, J.A./Bass, F.M. (1987): A Diffusion Theory Model of Adoption and Substitution for Successive Generations of High-Technology Products, in: Man.Sc., Vol. 33, 1987, S. 1069 - 1086.

o.V. (1985): Hi-Tech-Marketing: Wie Sie Anwender überzeugen, in: asw, 28. Jg., 1985, H. 4, S. 32 - 41.

o.V. (1990): Die High-Tech-Welle, in: MM, 20. Jg., 1990, H. 3, S. 186 - 193.

o.V. (1993a): Wer war Tjentmutengebtiu?, in: Siemens Zeitschrift, 67. Jg., 1993, H. 6, S. 12 - 17.

o.V. (1993b): Markterfolg von strategischen Gruppen in High-Tech-Märkten, in: IfM-News, o. Jg., 1993, H. 3, S. 22 - 23.

Ohmae, K. (1986): Japanische Strategien, Hamburg 1986.

Ohnemüller, H. (1992): Gespräch mit H. Ohnemüller, Marketing-Leitung Computertomographie, Siemens AG, Erlangen, am 20. Mai 1992.

Osten, H. von der (1989): Technologie-Transaktionen, Göttingen 1989.

Paass, W.M. (1974): Produktbeschreibung als Teilaspekt eines Produktinformations-systems, Köln 1974.

Perillieux, R. (1987): Der Zeitfaktor im strategischen Technologiemanagement, Berlin 1987.

Perillieux, R. (1991): Strategisches Timing von F&E und Markteintritt bei innovati-ven Produkten, in: Integriertes Technologie- und Innovationsmanage-ment (Hrsg.: Booz Allen & Hamilton), Berlin 1991, S. 21 - 48.

Pernicky, R. (1990): Die letzte Reserve, in: MM, 20. Jg., 1990, H. 3, S. 256 - 270.

Pfeiffer, W. (1965a): Absatzpolitik bei Investitionsgütern der Einzelfertigung, Stuttgart 1965.

Pfeiffer, W. (1965b): Integrale Qualität und Absatzpolitik bei hoch automatisierten Fertigungsanlagen, in: ZfB, 35. Jg., 1965, Ergänzungsheft, S. 109 - 124.

Pfeiffer, W. (1971): Allgemeine Theorie der technischen Entwicklung, Göttingen 1971.

Pfeiffer, W. (1980): Innovationsmanagement als Know-How-Management, in: Führungsprobleme industrieller Unternehmungen, Festschrift für Friedrich Thomée zum 60. Geburtstag (Hrsg.: Hahn, D.), Berlin u.a. 1980, S. 421 - 452.

Pfeiffer, W./Bischof, P. (1974a): Einflußgrößen von Produkt-Marktzyklen, Arbeits-papier des Betriebswirtschaftlichen Instituts der Friedrich-Alexander-Universität Erlangen-Nürnberg, Nürnberg 1974.

Pfeiffer, W./Bischof, P. (1974b): Investitionsgüterabsatz, in: HWA (Hrsg.: Tietz, B.), Stuttgart 1974, Sp. 918 - 938.

Pfeiffer, W./Bischof, P. (1981): Produktlebenszyklen - Instrument jeder strategischen Produktplanung, in: Planung und Kontrolle (Hrsg.: Steinmann, H.), München 1981, S. 133 - 166.

Pfeiffer, W./Dögl, R./Schneider, W. (1989): Denkperspektiven und Grundhaltungen der strategischen Technologieplanung, in: WISU, 18. Jg., 1989, S. 99 - 104.

Pfeiffer, W./Metze, G. (1989): Technologische Analyse, in: HWPlan (Hrsg.: Szyperski, N. mit Unterstützung von U. Winand), Stuttgart 1989, Sp. 2002 - 2015.

Pfeiffer, W./Metze, G./Schneider, W. et al. (1991): Technologie-Portfolio zum Management strategischer Zukunftsgeschäftsfelder, 6. Aufl., Göttingen 1991.

Pfeiffer, W./Weiss, E. (1990a): Zeitorientiertes Technologie-Management, in: Technologie-Management (Hrsg.: Pfeiffer, W./Weiss, E.), Göttingen 1990, S. 1 - 39.

Pfeiffer, W./Weiss, E. (1990b): Einführung der Herausgeber, in: Technologie-Management(Hrsg.: Pfeiffer, W./Weiss, E.), Göttingen 1990, S. XIII - XVIII.

Pfohl, H.-Ch. (1981): Planung und Kontrolle, Stuttgart u.a. 1981.

Pfohl, H.-Ch. (1989a): Kundenproblemanalyse, in: HWPlan (Hrsg.: Szyperski, N. mit Unterstützung von U. Winand), Stuttgart 1989, Sp. 943 - 952.

Pfohl, H.-Ch. (1989b): Problemstrukturierungstechniken, in: HWPlan (Hrsg.: Szyperski, N. mit Unterstützung von U. Winand), Stuttgart 1989, Sp. 1578 - 1591.

Phillips, L.W./Chang, D.R./Buzzell, R.D. (1983): Product Quality, Cost Position and Business Performance: A Test of Some Key Hypothesis, in: JM, Vol. 47, 1983, Spring, S. 26 - 43.

Picot, A. (1990): Strukturwandel und Wettbewerbsdruck, in: ZfbF, 42. Jg., 1990, S. 118 - 134.

Plank, R.E. (1985): A Critical Review of Industrial Market Segmentation, in: IMM, Vol. 14, 1985, S. 79 - 91.

Plinke, W. (1991): Investitionsgütermarketing, in: Marketing-ZFP, 13. Jg., 1991, S. 172 - 177.

Plinke, W. (1992): Ausprägungen der Marktorientierung im Investitionsgüter-Marketing, in: ZfbF, 44. Jg., 1992, S. 831 - 846.

Popper, K.R. (1972): Naturgesetze und theoretische Systeme, in: Theorie und Realität (Hrsg.: Albert, H.), 2. Aufl., Tübingen 1972, S. 43 - 58.

Popper, K.R. (1989): Logik der Forschung, 9. Aufl., Tübingen 1989.

Porter, M.E. (1983): Wettbewerbsstrategie, Frankfurt a.M. 1983.

Porter, M.E. (1986): Wettbewerbsvorteile, Frankfurt a.M. 1986.

Preissner-Polte, A./Schwarzer, U. (1992): Verlorene Ehre, in: MM, 22. Jg., 1992, H. 3, S. 86 - 92.

Raffée, H. (1985): Grundfragen und Ansätze des strategischen Marketing, in: Strategisches Marketing (Hrsg.: Raffée, H./Wiedmann, K.-P.), Stuttgart 1985, S. 3 - 33.

Rammert, W. (1988): Das Innovationsdilemma, Opladen 1988.

Rehder, H.K.K. (1975): Multidimensionale Produktmarktstrukturierung, Meisenheim am Glan 1975.

Reibnitz, U. von (1989): Szenario-Planung, in: HWPlan (Hrsg.: Szyperski, N. mit Unterstützung von U. Winand), Stuttgart 1989, Sp. 1980 - 1996.

Remmerbach, K.-U. (1988): Markteintrittsentscheidungen, Wiesbaden 1988.

Resnik, A.J./Turney, P.B.B./Mason, J.B. (1979): Marketers Turn to "Counter-segmentation", in: HBR, Vol. 57, 1979, September/October, S. 100 - 106.

Rexroad, R.A. (1983): High Technology Marketing Management, New York u.a. 1983.

Rogers, E.M. (1983): Diffusion of Innovation, New York u.a. 1983.

Romer, K./Van Doren, D.C. (1993): Implementing Marketing in a High-Tech Business, in: IMM, Vol. 22, 1993, S. 177 - 185.

Ropohl, G. (1979): Eine Systemtheorie der Technik. Zur Grundlegung der allgemeinen Technologie, München u.a. 1979.

Rosenstiel, L. von/Ewald, G. (1979): Marktpsychologie, 2. Bd.: Psychologie der absatzpolitischen Instrumente, Stuttgart u.a. 1979.

Roth, G./Wimmer, F. (1991): Software-Marktforschung - Problemfelder und Vorgehensweise einer marktorientierten Software-Entwicklung, in: JBAVF, 37. Jg., 1991, S. 186 - 209.

Rüdiger, B. (1991): Schlüsseltechnologien: Die Herausforderung für die 90er Jahre, in: Technologie-Marketing (Hrsg.: Töpfer, A./Sommerlatte, T.), Landsberg am Lech 1991, S. 35 - 52.

Saad, K.N./Roussel, Ph.A./Tiby, C. (1991): Management der F&E-Strategie, Wiesbaden 1991.

Sabel, H. (1991): Dynamiken im Marketing, in: Unternehmensdynamik, Festschrift zum 60. Geburtstag von H. Albach (Hrsg.: Kistner, K.-P./Schmidt, R.), Wiesbaden 1991, S. 209 - 252.

Sandig, C. (1966): Betriebswirtschaftspolitik, 2. Aufl., Stuttgart 1966.

Sandig, C. (1974): Bedarf, Bedarfsforschung, in: HWA (Hrsg.: Tietz, B.), Stuttgart 1974, Sp. 313 - 326.

Schaible, J./Hönig, A. (1991): High-Tech-Marketing in der Praxis, München 1991.

Schaller, G. (1988): Markterfolge aus der Datenbank, Landsberg am Lech 1988.

Schaumann, U.W. (1987): Schwache Produkte im Sortiment - was tun?, Zürich 1987.

Schneider, D.J.G. (1981): Investitionsgütermarketing und Marktsegmentierung: Segmentierungsprobleme beim Handel mit Baustoffen, in: Der Markt, 20. Jg., 1981, Nr. 78, S. 38 - 44.

Schobert, R. (1979): Die Dynamisierung komplexer Marktmodelle mit Hilfe von Verfahren der Mehrdimensionalen Skalierung, Berlin 1979.

Schoenfeld, W. (1993): Behavioral Accounting, in: HWB, 5. Aufl. (Hrsg.: Wittmann, W./Kern, W./Köhler, R. et al.), Stuttgart 1993, Sp. 280 - 292.

Schöttle, K.M. (1990): Jahrbuch Marketing, 5. Aufl., Wiesbaden 1990.

Scholz, Ch. (1985): Strategische Branchenanalyse durch Mustererkennung, in: ZfB, 55. Jg., 1985, S. 120 - 141.

Schreyögg, G./Steinmann, H. (1985): Strategische Kontrolle, in: ZfbF, 37. Jg., 1985, S. 391 - 410.

Schroeder, D.M./Hopley, R. (1988): Product Development Strategies for High-Tech Industries, in: JBStr, Vol. 9, 1988, No. 3, S. 38 - 43.

Schubert, B. (1991): Entwicklung von Konzepten für Produktinnovationen mittels Conjointanalyse, Stuttgart 1991.

Schubert, W. (1993): Wie im Bilderbuch, in: Wirtschaftswoche, 47. Jg., 1993, H. 24, S. 58 - 62.

Schumpeter, J.A. (1950): Kapitalismus, Sozialismus und Demokratie, 2. Aufl., Bern 1950.

Seidenschwarz, W. (1993): Target Costing, in: Vahlens Großes Controllinglexikon (Hrsg.: Horváth, P./Reichmann, Th.), München 1993, S. 626 - 629.

Seidenschwarz, W. (1994): Das Gesetz des Marktes, in: Top Business, o. Jg., 1994, H. 2, S. 97.

Servatius, H.-G. (1985): Methodik des strategischen Technologie-Managements, Berlin 1985.

Servatius, H.-G. (1988): New Venture Management, Wiesbaden 1988.

Servatius, H.-G. (1991): Vom strategischen Management zur evolutionären Führung, Stuttgart 1991.

Shanklin, W.L./Ryans, J.K. (1984): Organizing for high-tech marketing, in: HBR, Vol. 62, 1984, November/December, S. 164 - 171.

Shanklin, W.L./Ryans, J.K. (1987): Essentials of Marketing High Technology, Lexington, Mass. u.a. 1987.

Shapiro, B.P. (1988): What the Hell is 'Market Oriented'?, in: HBR, Vol. 66, 1988, No. 5, S. 119 - 125.

Sharp, B. (1991): Competitive Marketing Strategy: Porter Revisited, in: Marketing Intelligence & Planning, Vol. 9, 1991, No. 1, S. 4 - 10.

Shaw, B. (1985): The Role of the Interaction between the User and the Manufacturer in Medical Equipment Innovation, in: R&D Management, Vol. 15, 1985, S. 283 - 292.

Sheth, J.N. (1972): Marktsegmentierung als relevante Planungshilfe des Marketing, in: JBAVF, 18. Jg., 1972, S. 129 - 144.

Siegwart, H. (1974): Produktentwicklung in der industriellen Unternehmung, Bern u.a. 1974.

Siemens AG (o.J.): Wir knüpfen das Netz: SIENET, Informationsbroschüre des Bereichs Medizinische Technik der Siemens AG, Erlangen, o.J.

Siemens AG (1990): unveröffentlichte Fallstudie zur Computertomographie, München 1990.

Simon, H. (1988): Management strategischer Wettbewerbsvorteile, in: ZfB, 58. Jg., 1988, S. 461 - 480.

Simon, H. (1992): Preismanagement, 2. Aufl., Wiesbaden 1992.

Simon, H. (1993): Industrielle Dienstleistung und Wettbewerbsstrategie, in: Industrielle Dienstleistungen (Hrsg.: Simon, H.), Stuttgart 1993, S. 3 - 22.

Smith, W.R. (1956): Product Differentiation and Market Segmentation as Alternative Marketing Strategies, in: JM, Vol. 21, 1956, No. 1, S. 3 - 8.

Sommerlatte, T./Deschamps, J.-Ph. (1985): Der strategische Einsatz von Technologien - Konzepte und Methoden zur Einbeziehung von Technologien in die Strategieentwicklung des Unternehmens, in: Management im Zeitalter der Strategischen Führung (Hrsg.: Arthur D. Little International), Wiesbaden 1985, S. 37 - 76.

Sommerlatte, T./Töpfer, A. (1991): Die Integration von Technologie und Marketing als strategischer Erfolgsfaktor: Übersicht und Einordnung der Beiträge, in: Technologie-Marketing (Hrsg.: Töpfer, A./Sommerlatte, T.), Landsberg am Lech 1991, S. 11 - 33.

Specht, G. (1986): Grundprobleme eines strategischen markt- und technologieorientierten Innovationsmanagements, in: Seeheimer Seminare. Schnittstelle Marketing und Technologie (Hrsg.: AISEC), Darmstadt 1986, S. 5 - 12.

Specht, G. (1987): Schnittstelle Marketing und Technologie, in: Markt-Kommunikation. Jahrbuch der Industriewerbung 1987 (Hrsg.: Verlag für Wirtschaft und Technik), Wiesbaden 1987, S. 88 - 89.

Specht, G. (1992): Technologiemanagement, in: DBW, 52. Jg., 1992, S. 547 - 566.

Specht, G. (1993): Technologiemanagement, in: HWB, 5. Aufl. (Hrsg.: Wittmann, W./Kern, W./Köhler, R. et al.), Stuttgart 1993, Sp. 4154 - 4168.

Specht, G./Zörgiebel, W.W. (1985): Technologieorientierte Wettbewerbsstrategie, in: Marketing-ZfP, 7. Jg., 1985, S. 161 - 172.

Speed, R.J. (1989): Oh Mr Porter! A Re-Appraisal of Competitive Strategy, in: Marketing Intelligence & Planning, Vol. 7, 1989, No. 5, S. 8 - 11.

Spital, F.C. (1983): Gaining Market Share Advantage in the Semiconductor Industry by Lead Time in Innovation, in: Research on Technological Innovation Management and Policy (Hrsg.: Rosenbloom, R.S.), 1. Bd., Greenwich /London 1983, S. 55 - 68.

Stachowiak, H. (1969): Denken und Erkennen im kybernetischen Modell, Wien u.a. 1969.

Stachowiak, H. (1973): Allgemeine Modelltheorie, Wien u.a. 1973.

Staehle, W.H. (1991): Management, 6. Aufl., München 1991.

Stählin, W. (1973): Theoretische und technologische Forschung in der Betriebswirtschaftslehre, Stuttgart 1973.

Staudt, E. (1982): Widerstände bei der Einführung neuer Technologien, in: VDI-Z, o. Jg., 1982, S. 233 - 241.

Staudt, E. (1985): Innovation, in: DBW, 45. Jg., 1985, S. 486 - 487.

Staudt, E. (1993): Forschung und Entwicklung, in: HWB, 5. Aufl. (Hrsg.: Wittmann, W./Kern, W./Köhler, R. et al.), Stuttgart 1993, Sp. 1185 - 1198.

Stauss, B./Hentschel, B. (1990): Verfahren der Problementdeckung und -analyse im Qualitätsmanagement von Dienstleistungsunternehmen, in: JBAVF, 36. Jg, 1990, S. 232 - 259.

Stauss, B./Schulze, H.S. (1990): Internes Marketing, in: Marketing-ZFP, 12. Jg., 1990, S. 149 - 158.

Steffenhagen, H. (1982): Der Strategiebegriff in der Marketingplanung, Arbeitsbericht des Instituts für Wirtschaftswissenschaften der RWTH Aachen, Lehrstuhl für Betriebswirtschaftspolitik und Marketing, Aachen 1982.

Steffenhagen, H. (1991): Marketing, 2. Aufl., Stuttgart u.a. 1991.

Steinmann, H./Hasselberg, F. (1988): Die strategische Kontrolle von Differenzierungsstrategien und der Beitrag des Marketing, in: DBW, 48. Jg., 1988, S. 371 - 392.

Steinmann, H./Schreyögg, G. (1990): Management, Wiesbaden 1990.

Stewart, J.B. (1963): Functional Features in Product Strategy, in: Product Strategy and Management (Hrsg.: Berg, L.Th./Shuchman, A.), New York u.a. 1963, S. 248 - 267.

Strebel, H. (1990): Technologietransfer im Investitionsgütermarketing, in: Investitionsgütermarketing, Festschrift zum 60. Geburtstag von K.-H. Strothmann (Hrsg.: Kliche, M.), Wiesbaden 1990, S. 363 - 380.

Strothmann, K.-H. (1979): Investitionsgütermarketing, München 1979.

Strothmann, K.-H./Kliche, M. (1989a): Marktsegmentierung für High-Tech-Anbieter, in: M&M, 33. Jg., 1989, S. 82 - 88.

Strothmann, K.-H./Kliche, M. (1989b): Innovationsmarketing, Wiesbaden 1989.

Szyperski, N./Winand, U. (1980): Grundbegriffe der Unternehmensplanung, Stuttgart 1980.

Tebbe, K. (1990): Die Organisation von Produktinnovationsprozessen, Stuttgart 1990.

Teece, D.J. (1987): Profiting from Technological Innovation: Implications for Integration, Collaboration, Licensing and Public Policy, in: The Competitive Challenge (Hrsg.: Teece, D.J.), Cambridge, Mass. 1987, S. 185 - 219.

Thom, N. (1992): Innovationsmanagement, Bern 1992.

Töpfer, A. (1991): Marketing für Start-up-Geschäfte mit Technologieprodukten, in: Technologie-Marketing (Hrsg.: Töpfer, A./Sommerlatte, T.), Landsberg am Lech 1991, S. 163 - 200.

Tornatzky, L.G./Fleischer, M. (1990): The Process of Technological Innovation, Lexington, Mass. u.a. 1990.

Trommsdorff, V. (1991): Innovationsmarketing - Querfunktion der Unternehmensführung, in: Marketing-ZFP, 13. Jg., 1991, S. 178 - 185.

Trommsdorff, V. (1993): Käuferverhalten, in: HWB, 5. Aufl. (Hrsg.: Wittmann, W./Kern, W./Köhler, R. et al.), Stuttgart 1993, Sp. 2139 - 2159.

Uebele, H. (1984): Marktsegmentierung im Investitionsgüterbereich, in: ZfbF, 36. Jg., 1984, S. 158 - 170.

Umminger, P. (1990): Einsatzmöglichkeiten qualitativer Prognoseverfahren im Produktmarketing, Köln 1990.

Urban, G.L./Hippel, E. von (1988): Lead User Analyses for the Development of New Industrial Products, in: Man.Sc., Vol. 34, 1988, S. 569 - 582.

Vershofen, W. (1959): Die Marktentnahme als Kernstück der Wirtschaftsforschung, Berlin u.a. 1959.

Walters, M. (1984): Marktwiderstände und Marketingplanung, Wiesbaden 1984.

Wasson, Ch.R. (1974): Dynamic Competitive Strategy & Product Life Cycles, St. Charles, Ill. 1974.

Weber, H. (1992): Gespräch mit H. Weber, Leiter Vertriebsunterstützung Computertomographie, Siemens AG, Erlangen, am 20. Mai 1992.

Webster, F.E./Wind, Y. (1972): Organizational Buying Behavior, Englewood Cliffs, N.J. 1972.

Weisenfeld, U./Chakrabarti, A.K. (1990): Technologie- und Marketingstrategien in der Biotechnologie: Ergebnisse einer deutschen und amerikanischen Studie, in: DBW, 50. Jg., 1990, S. 747 - 758.

Weiss, E. (1989): Management diskontinuierlicher Technologie-Übergänge, Göttingen 1989.

Welters, K.: (1989): Delphi-Technik, in: HWPlan (Hrsg.: Szyperski, N. mit Unterstützung von U. Winand), Stuttgart 1989, Sp. 262 - 269.

Wernerfelt, B. (1984): A Resource-based View of the Firm, in: SMJ, Vol. 5, 1984, S. 171 - 180.

Weßner, K. (1988): Prognoseverfahren als Instrumente zur Absicherung strategischer Marketingentscheidungen, in: JBAVF, 34. Jg., 1988, S. 208 - 234.

Weßner, K. (1989): Strategische Marktforschung mittels kohortenanalytischer Designs, Wiesbaden 1989.

Wheelwright, S.C./Clark, K.B. (1992): Creating Project Plans to Focus Product Development, in: HBR, Vol. 70, 1992, No. 2, 70 - 82.

Wheelwright, S.C./Sasser, W.E. (o.J.): Mit einer neuen Technik Flops bei Innovationen vermeiden, in: Innovationsmanagement (Hrsg.: Harvard Manager), 2. Bd., Hamburg o.J., S. 98 - 107.

Wicher, H. (1989): Technologiefolgenabschätzung - Konzept und Probleme, in: WISU, 18. Jg., 1989, S. 42 - 47.

Wild, J. (1974): Grundlagen der Unternehmensplanung, Reinbek bei Hamburg, 1974.

Wild, J. (1976): Theorienbildung, betriebswirtschaftliche, in: HWB, 4. Aufl. (Hrsg.: Grochla, E./Wittmann, W.), 3. Bd., Stuttgart 1976, Sp. 3898 - 3910.

Wimmer, F./Weßner, K. (1990): Strategische Prognose von Markt- und Absatzprognosen mit Kohortendesigns, in: Marketing-ZFP, 12. Jg., 1990, S. 169 - 180.

Wimmer, F./Zerr, K./Roth, G. (1993): Ansatzpunkte und Aufgaben des Software-Marketing, in: Software-Marketing (Hrsg.: Wimmer, F./Bittner, L.), Wiesbaden 1993, S. 11 - 41.

Winand, U. (1989): Erfolgspotentialplanung, in: HWPlan (Hrsg.: Szyperski, N. mit Unterstützung von U. Winand), Stuttgart 1989, Sp. 440 - 452.

Wind, Y. (1978): Issues and Advances in Segmentation Research, in: JMR, Vol. 15, 1978, S. 317 - 337.

Wind, Y./Cardozo R. (1974): Industrial Market Segmentation, in: IMM, Vol. 3, 1974, S. 153 - 166.

Wind, Y./Grashof, J.F./Goldhar, J.D. (1978): Market-Based Guidelines for Design of Industrial Products, in: JM, Vol. 42, 1978, No. 3, S. 27 - 37.

Wind, Y./Robertson, T.S. (1983): Marketing Strategy: New Directions for Theory and Research, in: JM, Vol. 47, 1983, No. 2, S. 12 - 25.

Wind, Y./Robertson, T.S./Fraser, C. (1982): Industrial Product Diffusion by Market Segment, in: IMM, Vol. 11, 1982, S. 1 - 8.

Wittek, B. (1988): Strategien auf Kundennutzen aufbauen, in: Wettbewerbsvorteile und Wettbewerbsfähigkeit (Hrsg.: Simon, H.), Stuttgart 1988, S. 66 - 72.

Wöhe, G. (1993): Einführung in die Allgemeine Betriebswirtschaftslehre, 18. Aufl., München 1993.

Wolfrum, B. (1991): Strategisches Technologiemanagement, Wiesbaden 1991.

Wolfrum, B. (1992): Technologiestrategien im strategischen Management, in: Marketing-ZFP, 14. Jg., 1992, S. 23 - 36.

Wolfrum, U. (1993): Erfolgspotentiale, München 1993.

Zäpfel, G. (1989): Strategisches Produktions-Management, Berlin u.a. 1989.

Zahn, E. (1986): Innovations- und Technologiemanagement, in: Technologie- und Innovationsmanagement (Hrsg.: Zahn, E.), Berlin 1986, S. 9 - 48.

Zahn, E. (1993): Technikfolgen-Abschätzung, in: HWB, 5. Aufl. (Hrsg.: Wittmann, W./Kern, W./Köhler, R. et al.), Stuttgart 1993, Sp. 4141 - 4154.

Zimmermann, A. (1987): High-Tech-Marketing, eine neue Dimension, in: Thexis, 4. Jg., 1987, H. 1, S. 17 - 18.

Zörgiebel, W. (1983): Technologie in der Wettbewerbsstrategie, Berlin 1983.

DUV Deutscher Universitäts Verlag
GABLER · VIEWEG · WESTDEUTSCHER VERLAG

Aus unserem Programm

Eberhard Brezski
Konkurrenzforschung im Marketing
Analyse und Prognose
1993. XIV, 223 Seiten, 39 Abb.,
Broschur DM 89,-/ ÖS 694,-/ SFr 89,-
ISBN 3-8244-0170-3
Die Konkurrentenforschung stellt eine Voraussetzung für das Treffen von
Marketingentscheidungen dar. In dieser Arbeit werden Ansätze skizziert,
die eine systematische Analyse und Prognose des Konkurrenzverhaltens im
Wettbewerbsprozeß gestatten.

Sabine Fließ
Messeselektion
Entscheidungskriterien für Investitionsgüteranbieter
1994. XIV, 301 Seiten, Broschur DM 98,-/ ÖS 765,-/ SFr 98,-
GABLER EDITION WISSENSCHAFT
ISBN 3-8244-6002-5
Auf der Basis theoretischer Überlegungen zeigt das Buch auf, welche Wir-
kungen Messen auf den Markt haben können und unter welchen Bedingun-
gen eine Messebeteiligung für den Anbieter lohnt.

Ralph Hartmann
Strategische Marketingplanung im Einzelhandel
Kritische Analyse spezifischer Planungsinstrumente
1992. XXIV, 472 Seiten, 29 Abb., 26 Tab.,
Broschur DM 128,-/ ÖS 999,-/ SFr 128,-
ISBN 3-8244-0102-9
Der Verfasser verdeutlicht den Ablauf der Entwicklung von Marketing-Stra-
tegien und erörtert das spezifische strategische Methodenrepertoire. Das
Buch ist ein Leitfaden für betriebliche Entscheidungsträger.

Gaby Kepper
Qualitative Marktforschung
Methoden, Einsatzmöglichkeiten und Beurteilungskriterien
1994. XV, 255 Seiten, 32 Abb., Broschur DM 98,-/ ÖS 765,-/ SFr 98,-
ISBN 3-8244-0216-5
Eine in sich geschlossene, konzeptionelle Darstellung qualitativer Marktfor-
schung, die vor allem die Eigenständigkeit des qualitativen Forschungsan-
satzes herausarbeitet.

MIX
Papier aus verantwortungsvollen Quellen
Paper from responsible sources
FSC® C105338

FSC
www.fsc.org
®

If you have any concerns about our products,
you can contact us on
ProductSafety@springernature.com

In case Publisher is established outside the EU,
the EU authorized representative is:
**Springer Nature Customer Service Center GmbH
Europaplatz 3, 69115 Heidelberg, Germany**

Printed by Libri Plureos GmbH
in Hamburg, Germany